金融投资建模

Excel金融数据探索、建模和分析手册

林斌 —— 著

人民邮电出版社

北　京

图书在版编目（CIP）数据

金融投资建模：Excel金融数据探索、建模和分析手册 / 林斌著. -- 北京 : 人民邮电出版社，2021.8
ISBN 978-7-115-56502-0

Ⅰ．①金… Ⅱ．①林… Ⅲ．①表处理软件－应用－金融投资－手册 Ⅳ．①F830.59-62

中国版本图书馆CIP数据核字（2021）第085901号

内 容 提 要

Excel 凭借着其强大的运算能力和多元的组件，现如今被广泛地应用于金融与投资领域的日常工作中，其中投资建模就是一个非常重要的应用。Excel 的函数功能和 VBA 组件可以灵活地建立投资估值模型、计算投资分析中的重要指标，从而帮助企业做出投资决策。本书分为四篇，Excel 及 VBA 基础、基础数据的处理、建模相关工具的应用以及统计分析、优化及模拟，本书从 Excel 操作基础和功能介绍引申至 Excel 建模流程、建模常用技巧和建模常用函数，对每一个功能都附有详细的操作步骤及实现相同功能时的 VBA 代码。对于较少运用 Excel、操作不熟练的读者，本书可以帮助其快速掌握 Excel 基本技能。对于已掌握 Excel 基本操作方法，但想进一步追求建模技巧和建模效率的读者，本书也可成为提高工具。

◆ 著　　　　林　斌
　　责任编辑　刘晓莹
　　责任印制　彭志环

◆ 人民邮电出版社出版发行　　北京市丰台区成寿寺路 11 号
　　邮编　100164　　电子邮件　315@ptpress.com.cn
　　网址　https://www.ptpress.com.cn
　　北京宝隆世纪印刷有限公司印刷

◆ 开本：787×1092　1/16
　　印张：25.75　　　　　　　　　　2021 年 8 月第 1 版
　　字数：504 千字　　　　　　　　2021 年 8 月北京第 1 次印刷

定价：148.00 元

读者服务热线：(010)81055296　印装质量热线：(010)81055316
反盗版热线：(010)81055315
广告经营许可证：京东市监广登字 20170147 号

前　言

Excel 经常在许多商业智能（BI）、可视化、数据库甚至统计分析等主题的书籍中客串亮相。这位"嘉宾"家喻户晓却又朴实无华，既通俗生动又不至于喧宾夺主。不过，Excel 的核心定位毕竟是多功能、普及性的数据工作平台，而非 BI、数据库、数学、统计或是编程软件。到底是"十八般武艺，样样不精"还是"面面俱到的好帮手"，很大程度上取决于用户所处的立场和角度。另一方面，平台性质又决定了 Excel 能够在多个领域以各种方式持续拓展，并在某些方面取得有竞争力的长足进步，推动用户群体稳定扩张。受此冲击，许多专业应用软件甚至将重心全面转向和 Excel 的融合。例如，基于 Excel 的 BI、统计分析及可视化等产品在市面上成长迅速。

以上两点也是本书的创作目的。从数据收集处理、探索、报表制作，到建模及各类分析和计算任务，Excel 活跃于数据世界的各个角落。本书将较为全面地展示 Excel 软件的功能框架。其次，从 Excel 问世至今的数十年间，上述各项工作的基本性质几乎未曾改变，具体实现方法和效能则在持续演化。例如，在数据处理（ETL）领域，基于单元格的公式函数仍是工作表的核心，但随着各类新式工具的加速拓展，其理念和方法正渐趋传统，在某些场景中已不是最佳或唯一选择。在分析应用方面，市场竞争和软硬件进步带动技术下沉，推动 Excel 不断升级原有分析工具、提升计算能力。本书将以对比方式同步介绍这些传统方法和现代工具。

本书围绕 Excel 的金融应用，共含四篇十章。第 1 篇 "Excel 及 VBA 基础"介绍 Excel 的金融应用框架、VBA 背景知识以及 Excel 基本功能。第 2～4 篇是本书的应用主题。第 2 篇 "数据导入、处理和探索"覆盖数据导入、数据清洗和转换以及数据探索和报表应用等主题。第 3 篇 "建模应用"介绍工作表建模的常用工具和辅助功能。第 4 篇 "统计分析、优化和模拟"详细介绍 Excel 的统计分析和预测、优化分析及模拟分析功能。

函数和 VBA 内容将贯穿全书。界面工具、公式和函数及 VBA 是 Excel 环境下实现各项任务的三种基本途径。和通常做法不同，本书并非通过专门章节介绍函数和 VBA，而是将相关内容分解至具体应用当中。我相信，逐步渗透和不断强化的方法将更有助于相关技能的学习和掌握。以函数为例，有着固定用途的专用函数容易掌握，而对于通用性强、用法灵活多变的函数，仅靠语法描述和简单示例的效果较差，通过创建适当的情境、结合实际案例，将更有助于建立连接，提升学习成效。当然，本书并非函数手册或 VBA 参考书，如有必要系统学习相关知识，建议读者参考相关书籍。

本书适合希望全面了解 Excel 功能框架及能力的读者阅读。财务金融背景的读者对书中相关案例应该较为熟悉，同时，本书侧重数据分析和计算应用，对 Excel 分析工具的介绍较为详细和全面，因此也适合商业财金领域从事数据分析工作的专业人士、商科及数据分析相关专业的大学生阅读。

我期望本书起到入门导航作用，不同背景的读者可以此为起点，根据兴趣和职业方向进一步选择进阶路线。受经验和时间所限，书中错误和遗漏在所难免，作者对此负完全责任。有和本书内容相关的意见或建议，欢迎与我联系。

林　斌

2021 年 1 月

致 谢

我感谢：注册估值分析师（CVA）协会的刘振山先生、人民邮电出版社策划编辑刘晓莹女士。注册估值分析师协会及刘振山先生一直致力于金融投资专业中文图书的策划和创作，本书得以出版离不开CVA协会的支持与刘振山先生的指导与启发。刘晓莹编辑工作高效且认真负责，她从读者视角出发，针对本书结构和内容提出过许多中肯意见。我也特别感谢曾勤、马畅和温世雪三位编辑老师的工作，凭借耐心和出色的职业素养，帮助修正了书中的众多文字和技术错误。

Jane & Joy用游戏世界的奇思妙想陪伴我度过一段不同寻常的旅程，我将这本书送给她们。

目　录

第 1 篇　Excel 及 VBA 基础

第 2 篇　数据导入、处理和探索

</br>

第3篇 建模应用

第 **4** 篇　统计分析、优化及模拟

第 **1** 篇

Excel 及 VBA 基础

本篇共含 3 章。

第 1 章 "认识电子表格" 从工作任务和实现方法两个维度建立 Excel 的认知框架,并提出 Excel 电子表格在金融领域的三类主要应用。VBA 代码贯穿本书各章节,为帮助无编程基础的用户阅读和理解这些代码,第 2 章以精简方式概括了 VBA 的相关背景知识和规范。第 3 章 "电子表格必知必会" 择要介绍 Excel 的基本功能,熟练掌握这些内容是学习后续章节知识的前提。

第 1 章 认识电子表格

世界首款电子表格软件 VisiCalc 诞生于 20 世纪 70 年代末，早期版本为苹果计算机专用，一经问世即推动苹果产品销量大幅攀升，成为当时苹果系统名副其实的"杀手级应用"。据估计，1979 年苹果计算机销量中，超过四分之一可归功于市场对 VisiCalc 的旺盛需求 [①]。远不止于此，VisiCalc 还常被认为是推动微型计算机从业余消遣向重要商业工具转变的关键力量。正如信息技术先驱人物 Ted Nelson（特德·尼尔森）所言，传统的软件程序都被视为一系列步骤的集合，VisiCalc 则代表了计算机应用的新方法和新思考方式：在某处做出一项改变，会立即触发所有其余各处自动随之而变。

在 VisiCalc 面市后的四十年时间里，陆续有多款电子表格软件投放市场，其中即包括著名的 Lotus 1-2-3。进入视窗时代后，微软的 Excel 电子表格软件凭借其直观的操作界面、出色的数据计算和分析功能、图表工具和强大的开发能力，迅速占领市场，发展成为最流行、应用最广泛的电子制表、计算和建模工具之一。

1.1 Excel 的更新换代

自 1987 年面向 Windows 的首个版本问世至今，Excel 已经历十余次版本升级。表 1-1 列示了包括 Excel 2003 在内的六个主要版本在基本环境、操作和格式化、数据探索、图表工具、函数和公式等方面的主要区别。

显然，在评估不同版本的优劣时，不同类型的用户会有不同的侧重点。例如，Excel 2007 通常都被认为是对 Excel 2003 的全方位革新。但对重点使用电子表格进行统计分析的用户来说，Excel 2010 在函数算法和精度方面的提升要远超其他版本。类似地，从数据处理能力角度看，由于集成了 Power Pivot 和 Power View，Excel 2013 对大规模数据的处理、挖掘和表现能力较此前版本有了质的飞跃。

除非特别说明，本书相关介绍和案例制作均以 Excel 2016/2019 为基准版本，部分内容所涉及的函数、功能可能仅适用于较新版本的 Excel，或是来自 Excel 的插件（加载项）而非标准版本模块，适用版本和相关说明将在具体章节另行备注。

---

① 《Computerworld》1999 年 8 月期，第 62 页。

表 1-1 Excel 主要版本对比 *

类别	项目	2003	2007	2010	2013	2016	2019
基本环境	版本号	11	12	14	15	16	16
	性能	单线程	多线程				
	内存	1GB	2GB	可用内存（64位）			
	容量	65,536 行 256 列	1,048,576（2^{20}）行 16,384（2^{14}）列				
	用户界面	传统	功能区和选项卡	自定义功能区 后台视图			
操作和格式化	条件格式	限 3 种	不限数量 数据条 / 色阶 / 图标				
	排序	限 3 列	64 列，支持颜色排序				
	筛选	单条件	多条件，支持颜色筛选				
	其他便利或改进		删除重复项、名称管理器	屏幕截图、粘贴实时预览、数据验证支持跨表引用	自动快速填充、集成的快速分析工具	手写（Inking）	改进公式记忆输入、精准更改选定区域、多语言翻译工具
数据探索	表格		将区域转换为格式化的表格		表格切片器		
	数据透视表		界面及操作方式改进	切片器	日程表、支持多数据表	字段搜索、时间分组、自动关联检测、切片器多选等	
	Power 工具				Power Pivot Power View	整合 Power Query（获取和转换）	数据导入功能整合、Power Query 多项改进
图表工具	外观与界面	传统图表	全新设计的外观和操作界面		全新的格式任务窗格和微调界面		
	图表操作	菜单 / 单击鼠标右键 / 双击	分解至"设计"和"布局"选项卡，不支持双击操作	恢复双击操作,支持录制宏	推荐的图表		
	新图表 / 图片			迷你图（微缩图，Sparkline）		瀑布图、箱形图、树状图等 6 种全新图表类型。整合 Power Map（三维地图）	新增漏斗图、着色地图。可缩放矢量图形（SVG）、3D 视效、500 多个全新图标
函数和公式	嵌套层数	7	64				
	函数参数	30	255				
	字符限制	1,024	8,192				
	函数数量**	329	343	400 以上	461	477	

类别	项目	2003	2007	2010	2013	2016	2019
函数和公式	新函数		IFERROR 及少量多条件统计函数	新增及更新大量统计及其他函数	50 个新函数	新增少量预测、文本和逻辑函数	新增 IFS 等6 个条件判断和字符串拼接函数
	分析工具库函数	外置，需加载	内置				
	数组公式		允许整列引用				
	其他	单行公示栏	多行可拓展公式栏				
分析工具	规划求解			改进界面和算法			
	数据分析			改进部分函数算法和精度			
	其他工具					时间序列数据预测	

* 基于中文版本，仅显示部分主要更新，空白单元格表示和此前版本无重大区别。
** 估计数。

1.2 功能强大的 Excel

在 Excel 电子表格软件中，用户可通过不同的途径完成各类与数据相关的工作任务。根据性质和目标的不同，上述任务通常包含数据导入、数据处理和转换、数据探索和挖掘、计算和分析以及可视化展现等五个不同层面。实现方法一般包含界面工具、公式和函数以及 VBA 等三种途径。表 1-2 是将 Excel 软件功能从工作任务和实现方法两个维度进行分解的示意。

表 1-2　Excel 电子表格软件功能分解*

任务	操作项目	实现方法		
可视化展现	图表、条件格式化、迷你图			VBA 编程
	Power View、Power Map			
计算和分析	数据分析、规划求解 情景分析、数据预测……	计算公式及函数		
数据探索和挖掘	数据透视表（PivotTable）	计算公式及函数		
	Power Pivot			
数据处理和转换	排序、筛选、删除重复项 分列、快速填充、格式设置……	查询和引用函数 日期函数 文本处理函数……		
	Power Query			
数据导入	获取外部数据			
	Power Query			

界面工具　　　　　**公式和函数**　　**VBA**
学习成本低 ──────────────→ 学习成本高

* 具体功能因版本而异，详情可查看表 1-1。

表 1-2 中，实现方法和工作任务分别被分解至水平和垂直方向。在水平方向上从左向右大致反映了学习成本的递增：界面工具最易理解和掌握，掌握 VBA 需要较长时间的经验积累，掌握公式和函数则介于二者中间[①]。

Power 家族工具

读者或已注意到，对于数据导入、数据处理和转换等不同任务，表 1-2 中列出了多个名称前缀为"Power"的功能模块，与其他 Excel 内置功能并列。换言之，"Power"模块和其他"传统"功能都可用于完成特定甚至相同的工作任务。

Power 系列大多以独立插件（加载项）形式存在，部分工具在 Excel 2013 或 Excel 2016 中被首次整合为 Excel 的内置功能（参考表 1-1）[②]。尽管通过某种形式和 Excel 环境融合，Power 家族工具和传统 Excel 仍存在重大差别，其中最明显的特征莫过于各项功能都拥有独立的操作界面。Power 系列工具的名称和核心用途各不相同，以下侧重从用户角度稍做介绍。

❶ Power Query：数据清洗和转换工具。

数据探索和分析需要数据。更准确地说，数据探索和分析需要的是符合一定规范、满足分析需求、经适当构形（Shaping）的数据，而由于来源、格式、用途、管理规范不一等各种因素，来自现实世界的数据总是存在众多噪声。将复杂多样、质量各异的原始数据转换为可供数据探索和分析工具使用的规范数据并非易事。事实上，Excel 函数中被使用最多的往往并非计算函数，而是各类文本、日期处理以及数据查询函数（有经验的读者可回顾一下 YEAR、MONTH、TRIM、LEN、RIGHT、VLOOKUP、INDEX、MATCH 等函数的使用频率）。Power Query 是一款高效的数据连接和预处理引擎，功能强大易用，且支持众多数据源，能够胜任各类数据的批量处理和转换操作。

❷ Power Pivot：基于数据模型的数据探索和分析工具。

长期以来，Excel 电子表格软件在大容量数据的存储、复杂数据的计算和分析能力方面存在较大限制。随着商业领域数据发布、采集、存储和传输规模的爆炸性增长以及众多桌面商业智能工具的兴起，上述限制变得日益突出。Power Pivot 代表了传统 Excel 和现代自助式商业智能（Business Intelligence, BI）工具的一次融合尝试。简单而言，Power Pivot 的问世给 Excel 带来了三个方面的重大拓展：几乎不

[①] 显然，以上仅为总体层面的粗略划分。在个体功能模块方面，学习成本存在较大差异。例如，Power Pivot 和 Power Query 分别内置 DAX 和 M 语言，熟练掌握也需时日。

[②] 从 Excel 2016 开始，Power Query 已被整合至"数据"选项卡下的"获得和转换"组，Power Map 更名为"三维地图"，此处暂且沿用旧名。

受限制的存储能力、在 Excel 环境下通过图形用户界面直接进行关系数据库建模，以及数据库级别的高效计算和分析能力。

❸ Power View：交互式可视化探索和报表工具。

在完成数据建模后，Power Pivot 仍需使用传统的数据透视表（PivotTable）展开数据探索和分析。问题是，数据透视表输出的是单元格数字，除非启用条件格式化或 KPI 功能，否则很难从数字中立即发现有价值的信息。Power View 的定位是以可视化为基础的探索工具，允许用户借助各类图表而非数据透视表，开展数据探索。Power View 设计简单，多数功能可通过单击或拖动完成，并支持包括表格、二维图表及地图在内的各类可视化展示。需要指出的是，Power View 完全依赖于 Power Pivot 的数据模型，无法在传统的工作表区域或表格数据中使用。

❹ Power Map：3D 地图可视化工具。

涉及地理信息（国家、城市、邮编、街道、经纬度……）的商业数据极为常见，在基于平面坐标的常规图表如柱形、折线图中，地理维度通常被绘制于横轴。Power Map 则可以自动识别上述地理信息，将其展现于平面或 3D 地图中。显然，由于地图没有数值轴，Power Map 仅支持面积类图表，如柱形、气泡（饼图）、填充区域、热力图等。此外，如果数据集中同时包含时间维度，在常规图表中通常需要展现为多个系列，而 Power Map 则可通过动画方式播放数据沿时间轴变动的过程！

从表 1-2 可以看出，Power 工具几乎在所有阶段的工作任务中，都极大丰富了 Excel 用户的工具选择范围。以可视化展现为例，用户可在图表、数据透视表以及 Power View 甚至 Power Map 范围内任意选择。事实上，甚至可以将 Power 家族从表 1-2 包括的界面工具中分离出来，当作完成各类工作的可选方法之一，与传统界面工具、公式和函数及 VBA 并列。另外，上述 Power 工具的定位和用途虽不同，但也存在局部重叠。例如，Power Query 和 Power Pivot 都有数据源访问、数据融合等方面的功能，Power Pivot 和 Power View 都支持报表和看板设计，Power View 和 Power Map 都支持地图可视化等。在未来的 Excel 版本中，Power 家族工具难免将进一步整合和优化。

本书将在相关章节详细介绍 Power Query，并简要涉及 Power Pivot，但不再涉及侧重可视化的 Power View 和 Power Map 模块[①]。

1.3 电子表格 + 金融应用 = ?

电子表格软件在各行各业都被普遍应用，和财务金融行业的关系尤为不同寻

---

① 本书侧重数据处理和分析，不含图表和其他可视化内容。对电子表格可视化感兴趣的读者可参阅拙著《数据可视化之道：数据分析中的图表制作思路与方法》（电子工业出版社，2020 年）一书。该书面向各类金融分析师，通过大量金融实例系统介绍可视化的基本原则和实践技巧。

常。首先，VisiCalc 软件的设计灵感完全来自财务和会计领域[①]。在电子化之前，财务模型在运算过程中如发生错误或需调整参数时，都要擦掉并重写模型中的多个计算步骤或中间结果。VisiCalc 电子表格的设计初衷就是为了解决此类试算和容错问题。金融业是数据密集行业，相关分析研究工作涉及数据、计算和报表展现等多个层面，不同的市场和工具又有着多样化的模型、计算逻辑和分析方法，很自然地成为电子表格全方位的重型应用领域。

具体来说，本书将电子表格在金融领域的常见应用大致分为数据探索和报表应用、计算与分析及金融建模等三个不同方向，全书章节设计和内容选择都将围绕该框架展开。

数据探索和报表应用

数据探索一词含义广泛。在 IT 和数据库领域，数据探索通常指在数据挖掘之前所进行的各类预处理和预分析活动。从分析和决策支持角度，数据探索的一般含义则是通过各种方法和途径从数据集中发掘有价值的信息，如展现趋势或现象、揭示某种关联特征、验证假设等。在实际应用中，上述探索活动常常借助于可视化软件、商业智能工具、编程和数据库语言甚至手工方法进行，最终生成各种形式的数据报表、图表或看板（Dashboard），或是为进一步的计算和分析工作提供数据支持。

Excel 为数据探索活动提供了许多资源。例如，数据探索过程经常需要从不同角度、在不同的细节层级上汇总和呈现数据。以股票市场为例，上市公司数据涉及时间、行业、板块等多个维度，某些维度可能存在层级结构，分析师往往要从多个不同的角度、不同的层级剖析其市场或财务表现。实际工作中，许多数据库或分析终端供应商可提供经加工汇总后的数据，但金融分析灵活多变，标准化数据经常难以满足具体需求。在 Excel 中，完成此类任务有不同的工具可供选择。较简单的应用可通过公式 / 函数实现，侧重于聚合和切分（Slice and Dice）操作的数据透视表[②]则可满足更复杂、灵活性要求更高的任务需要。

计算与分析

金融市场的衡量、分析及决策都以数据为核心，基于数据的计算与分析是

---

① 电子表格的概念最早可追溯至 20 世纪 60 年代，并非 VisiCalc 首创，但这些概念和应用原型无一例外都来自财务和会计领域。
② 数据透视表包括传统的数据透视表以及基于数据模型的数据透视表（Power Pivot）。

Excel 在金融领域的关键应用。

首先，金融市场存在众多资产和工具，不同类型资产的定价和风险度量、投资组合的评估和优化等涉及大量计算工作。此类计算大都基于特定的金融模型，具有较强的理论背景，并且存在普遍接受的行业规范。例如，投资项目的内部收益率（Internal Rate of Return，IRR）、期权定价、投资组合评价等。其次，金融分析涉及许多不同来源、不同性质的数据，如公司、产品、行业、宏观经济等基本面以及价格、成交量等技术数据。分析师需经常开展各类基于统计方法的实证或经验分析，通过考察和挖掘历史数据，寻找可识别的特征、规律、关联及启发。

Excel 为上述计算和分析工作提供大量函数资源及求解工具。针对专业计算，Excel 内置众多财务金融函数。例如，利用 PMT 函数计算分期付款、利用 IRR 函数计算投资项目的内部收益率、利用 Yield 和 Duration 函数可分别计算普通附息债券的到期收益率和持续期。针对统计分析，Excel 提供了大量与统计和概率相关的函数资源。

除函数之外，Excel 还集成了一系列基于用户界面的分析和求解工具。例如，数据分析工具（加载项）提供了常用的统计分析功能。此外，从求解方法来看，许多金融计算问题由于不存在闭式解（如内部收益率、债券到期收益率等）或者计算效率较低，通常需使用近似数值，求解决方法包括迭代和模拟等。Excel 为此提供了多种基于数值方法的通用工具，包括单变量求解、规划求解、蒙特卡洛模拟等。

凭借低成本、简单易用、丰富的函数和工具资源以及自定义开发能力等综合优势，Excel 已发展成为广受欢迎的金融计算平台，尤其适合各类中小型应用和探索性分析。事实上，熟练使用软件内置函数及相关工具进行各类金融问题的计算和求解，已成为金融分析师的必备技能。

金融建模

在电子表格软件的工作表中部署和实施模型的过程经常被泛称为工作表建模（Spreadsheet modeling），从技术层面而言，无非是借助于公式和函数，将变量之间的逻辑关系转变为电子表格内单元格之间的链接。财务金融建模（Financial modeling）一词则侧重于模型的金融内涵。从广义上来说，任何和公司金融、金融资产和工具有关的数量关系都可归入金融模型范畴，所谓金融建模就是通过数学模型，对相关金融问题及变量关系的揭示、求解或预测[①]。但在狭义层面，建模应用一般限于财务和会计领域，通常指代以公司财务报表或项目金融为基础的相关分析、预测和规划，目的通常是为估值、项目评估和选择、各类商业计划、资源分配

---

① 例如，Simon Benninga 西蒙·本尼卡的经典著作《Financial modeling》（中译本《财务金融建模》）内容涵盖公司金融、投资组合、债券及衍生品定价等多个领域。

等提供决策支持。

本书使用后一定义，原因是广义的金融建模以计算和求解为核心，已在前一主题中涵盖。同时，建模应用在性质上和金融计算应用存在重大差异，体现在输入输出、逻辑流程和结构、不确定性等多个层面。

❶ 在输入层面，多数金融模型源于理论推导，输入变量由模型或者分析方法明确指定，而建模应用大多是对现实情景的简化和模拟，输入变量依赖于一系列假设，在不同假设情景下会有不同的输入。在输出层面，金融计算的输出结果一般较为确定和单一，输入、输出之间通常存在多对一关系。建模应用的输出则复杂多样，在不同的决策目的下，建模输出可能大不相同。例如，报表建模输出的是多张财务报表。

❷ 金融计算以数学模型和算法为核心，从输入到输出的转换通常遵循单一方向，流程较为清晰简单，结构方面一般没有特殊要求。建模应用则大多具有突出的结构化特征。例如，在财务报表建模中，由于复式簿记和报表平衡特性，多张财务报表之间有着内在关联，决定了报表建模的计算逻辑自成体系，在流程上存在多个方向甚至循环特征。在执行过程中通常需要将假设、输入、输出及各个计算模块进行适当分离，对布局和结构设计要求较高。

❸ 常规计算应用大多基于历史数据，目的在于求得确定结果。建模应用则侧重于对现实情景的模拟和对未来的预测，不确定特征显著。因此，多数建模应用都会包含一定形式的不确定分析，如敏感性分析、方案分析甚至随机模拟，以评估在不同假设和输入情景下，模型运行的结果差异。上述差异也是建模应用在灵活性、动态化和结构化程度方面要求更高的重要原因。

在具体实施层面，金融计算大多需要借助专用函数或工具完成，金融建模在多数情况下只涉及普通四则运算和少数聚合函数。由于模型结构复杂、不同模块间存在相互关联的计算逻辑、从输入到输出的引用链条较长，金融建模尽管算法简单，但公式和函数的出错概率较高。实际上，Excel 中有许多功能模块和上述问题密切相关，也仅在建模应用中，才能发挥其全部效力，在其他类型的计算应用中则较少用到。

1.4 复盘与思考

本章首先简要介绍电子表格软件的发展历史，重点对比了 Excel 主要版本在基本环境、操作和格式化等六个方面的更新变化。本章第 2 节从数据工作任务和实现方法两个维度分解 Excel 电子表格软件的功能框架，列出各项数据任务的不同实现途径，并对比了不同方法学习成本的高低。其中，Power 家族极大拓展了 Excel 的边界，通过提供全新的工具和方法选择，为 Excel 用户创造了众多新的可能。第 3 节梳理电子表格和金融应用的关系，提出三类常见应用，并进一步剖析各类应用的特点、典型范例以及区别所在。

正是得益于 Excel 电子表格在基本报表应用、数据探索、计算分析和建模、图表可视化等方面的强大支持能力以及多样化的实现途径，分析和决策支持人员普遍使用 Excel 软件作为基本的工作平台，制作和发布各类数据报表、模型、图表甚至研究报告。本章目标是在总体层面上建立认识框架，包括 Excel 功能模块、Excel 电子表格在金融领域的应用方向。后续章节将以此为基础，深入介绍具体实践应用。

第 2 章　大名鼎鼎的 VBA

前文已说明，函数和 VBA 将贯穿本书各章节。函数相关内容基本上不需要额外知识储备，编写 VBA 代码则需要对编程环境有所了解。本章面向从未接触过 VBA 的读者，从实用角度出发，以极简方式介绍 VBA 及其在 Excel 环境下的具体操作，这些内容虽不系统，但足以满足阅读和动手编写简单 VBA 代码之需。熟悉 VBA 或无意阅读书中 VBA 相关内容的读者可跳过本章。

2.1 初识 VBA

VBA 全称为 Visual Basic for Application，是内嵌于微软 Office 软件产品套件的编程语言，在 Excel 5.0 中首次引入，用于取代之前版本中使用的 XLM 宏语言。XLM 宏在后续版本的 Excel 中仍可执行，但从 Excel 1997 开始，录制 XLM 宏的功能被取消。和 XLM 相比，VBA 功能更强大，更容易编写和修改，开发人员应当使用 VBA 而不是 XLM 编程。

VBA 的用途

根据本书定位，本章及后续章节中的代码内容限定于 VBA 的标准模块，包括 Sub 过程和自定义函数，不涉及用户窗体和类模块。在此框架内，不考虑综合应用、界面开发等重型任务，仅就工作表常规操作和计算而言，VBA 的主要用途可归结为以下三类。

❶ 流程和任务自动化。绝大多数的工作表操作都和数据有关，包括数据的查询和导入、数据整合和清洗以及使用 Excel 内置工具执行特定的工作任务或流程，如运行数据透视、使用规划求解工具开展优化分析、实施蒙特卡洛模拟等。以上任务或流程都可以借助 VBA 实现自动化。

❷ 创建自定义函数。Excel 提供了众多标准化的内置函数，但实际工作中仍会存在许多定制计算需求，如和特定领域相关的专业计算逻辑、计算流程的简化和优化等，可借助用户自定义函数（User Destined Function，UDF）实现。

❸ 对工作表内发生的特定事件做出响应。要求在特定事件发生时执行某种针对性的操作也是一种常见需求。例如，在工作簿打开时执行某种检查或数据更新、

在包含股票行情的工作表内监测单元格值的变化并对特定的价格变动发出警示等。和复制、粘贴等由用户发起的常规操作相比，上述行为的特别之处在于，事件需要由系统负责"监听"并触发。

开发环境

VBA 代码需要在编辑器（VBE）中编写和修改。在 Excel 中，可通过以下两种方式进入 VBA 开发环境。

❶ 按 Alt+F11 快捷键。

❷ 单击"开发工具"选项卡下的"Visual Basic"（如 Excel 界面中没有"开发工具"选项卡，需单击"文件"→"选项"打开"Excel 选项"对话框，选择"自定义功能区"标签并在右侧列表内选中"开发工具"后确认退出）。

默认情况下，VBE 会在左侧显示工程资源管理器和属性窗口，如图 2-1 所示。

❶ 工程资源管理器窗口显示所有处于活动状态的加载项（3.9 节），如"SOLVER.XLAM"和"FUNCRES.XLAM"分别对应规划求解和分析工具库 VBA 加载宏（图 2-1，#1，其中 #1 代表图中的①）。

❷ 除了加载宏，工程资源管理器窗口同时列出处于打开状态的用户工作簿对象，如"工作簿 1"（#2）、"工作簿 2"。

❸ 每一个工作簿都是一个独立的"工程"（项目），工程内列出对应的 Excel 对象。每一个工程都有一个名为"ThisWorkbook"的工作簿对象以及一个或多个工作表对象（#3）。显然，每一张工作表就是一个工作表对象，不同的工作簿可能包含不同数量的工作表对象。

❹ 双击以上不同的对象可进入相应的代码区域（#4），可在此区域内编写 VBA 代码。但一般情况下，上述工作簿和工作表对象的代码区域多用于编写与该对象有关的特定事件响应代码。例如，希望 Excel 在打开工作簿时自动执行的操作代码应在 ThisWorkbook 对象下编写，跟踪工作表单元格值变动的操作应保存在具体的工作表对象内。此外，保存在工作表对象下的 VBA 代码难以调用、无法导出，并且会因工作表删除而丢失。因此，普通代码应在专用的程序模块内编写。插入程序模块的具体方法是：

· 在工程管理器窗口内选定目标工作簿的任意对象。

· 单击鼠标右键打开快捷菜单，依次单击"插入"→"模块"（#5）。

· VBA 以"模块"＋序号为名，在目标工作簿下自动创建代码模块（#6）。

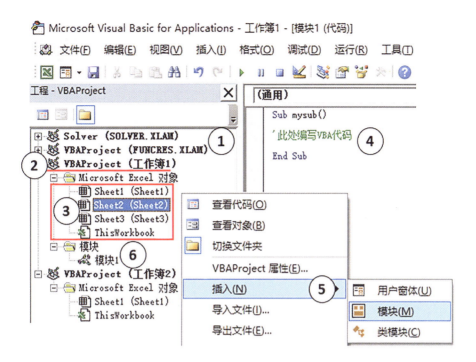

图 2-1　VBE 编辑器和工程资源管理器

2.2　编写你的第一段代码

VBA 代码需要存放于某种过程（Procedure）内。其中，子程序（Subroutine）和函数（Function）是最常用的两种过程。在编写程序之前，需首先明确代码为何种类型。

Sub 过程以 Sub 和 End Sub 声明为起止标记，通常用于执行特定操作但不返回具体数值。函数过程则以 Function 和 End Function 声明为起止标记，一般用于执行计算并返回运算结果。以下是一段简单的过程代码示例：

Sub testSub()

　　Debug.print Date

End Sub

Sub 表明这是一个子程序过程，testSub 为该过程的名称，空括号标明该过程不需要传入任何参数。中间的代码行将 VBA 函数 Date 的计算结果即当前日期输出到"立即窗口"。如当前视图下没有"立即窗口"，可通过 VBE 编辑器的视图菜单或 Ctrl+G 快捷键启用。

以上代码是在 VBE 环境下直接编写的，通常要求用户对 VBA 语法已有所了解。除此之外，Excel 还提供了另一种快速学习 VBA 的便捷途径：通过录制方式生成 Sub 过程代码，该功能称为"录制宏"（宏是 VBA 程序的别名）。

录制宏

录制宏的含义是将用户在当前工作簿环境下的各类键盘和鼠标操作转换为 VBA 代码。转换过程由 Excel 实时、自动进行，意味着借助于录制宏功能，可在无任何预备知识的前提下，立即获得实现某项操作的具体参考代码。尽管录制宏会产生大量冗余和低效代码，而且只能用于创建过程代码，无法创建函数，无法录制循环操作、条件判断、变量赋值和用户交互等，但凭借其快速生成代码的优势，使用者可在录制代码的基础上进一步调试和完善程序，极大降低学习成本，因此非常适合入门用户使用。录制宏的基本步骤介绍如下。

❶ 单击"开发工具"→"代码"→"录制宏"或工作簿左下角状态栏中的录制按钮（图 2-2）。

❷ 在打开的"录制宏"对话框中，确认宏名称后单击"确定"按钮即可启动录制宏。

❸ 进入录制状态，此时对工作表的所有操作将被记录为代码并保存。

❹ 与此同时，"开发工具"选项卡的"录制宏"变更为"停止录制"，工作簿左下角状态栏也切换为停止录制按钮。

❺ 完成所需操作后，必须单击上述菜单命令或快捷按钮，才可停止录制。

❻ 停止录制后，可进入 VBA 编辑器查看代码。

图 2-2 启动录制宏的两种方式

同步查看录制代码

事实上，录制宏产生的代码并非一定要在录制结束后才能进入 VBE 查看。通过适当的窗口分割编排，可以实时、同步观察到每一项 Excel 操作所产生的代码，从而有助于进一步提高学习效率和效果。基本步骤介绍如下。

❶ 创建一个空白工作簿，并确认 Excel 窗口未处于最大化状态。

❷ 激活 VBE 窗口，同样确认其未处于最大化状态。

❸ 重新编排 Excel 窗口和 VBE 窗口，使两者同时可见。

❹ 单击"开发工具"→"代码"→"录制宏"，确认开始录制。

❺ 进入 VBE，打开程序模块的代码区（确认录制宏的代码会在该模块内生成）。

❻ 回到 Excel 执行不同操作，并观察 VBE 代码窗口内的变化。效果如图 2-3 所示。

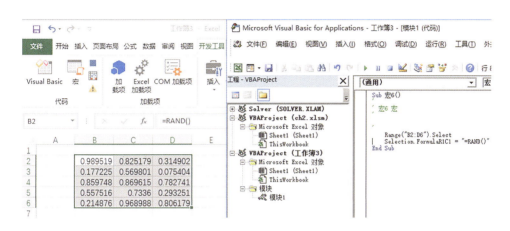

图 2-3　在操作工作表的同时观察宏代码变化

图 2-4 是一段录制宏所产生的代码的截图。仔细观察可发现，图 2-4 中下划线为实线的部分都是用户通过鼠标或键盘所选择的某种"实体"，如 B3 单元格、B5:D8 区域、第 6 行、工作表 Sheet4 等。下划线为虚线的部分则属于对上述实体的某种设置或操作，如选择（Select）、复制（Copy）、粘贴（Paste）、名称（Name）、清除内容（ClearContents）、删除（Delete）等。在 VBA 中，上述实体称为对象；对实体的设置或操作类似于改变实体的某种特征（如将工作表 Sheet4 的名称改为"mysheet"）、对实体施加某种行为和动作（如将 B6 单元格复制到 B10 单元格），在 VBA 中分别称为对象的属性和方法。

```
Sub 宏1()
'
' 宏1 宏
'

    Range("B3").Select
    ActiveCell.FormulaR1C1 = "=1"
    Range("B5:D8").Select
    Selection.FormulaR1C1 = "=RAND()"

    Range("B6").Select
    Application.CutCopyMode = False
    Selection.Copy
    Range("B10").Select
    ActiveSheet.Paste

    Sheets.Add After:=ActiveSheet
    Sheets("Sheet4").Select
    Sheets("Sheet4").Name = "mysheet"

    Sheets("Sheet1").Select
    Range("C5:E8").Select
    Selection.ClearContents

    Rows("7:7").Select
    Selection.Delete Shift:=xlUp
    Range("B6").Select
End Sub
```

图 2-4　录制宏代码示例

2.3 理解对象模型

作为一种基于对象的编程语言，VBA 的核心是对象模型。不同应用（Word、Excel）有着各不相同的对象模型。表面上，编写 VBA 代码似乎并不需要特别关注对象模型。例如，2.2 节已经说明 Sub 过程可以通过录制宏产生、自定义函数过程则一般不涉及对象模型。但是，理解和掌握 VBA 对象模型的概念和基本原则是从入门水平快速进阶、提升代码效率、拓展程序应用范围的重要前提。

属性、方法和事件

VBA 编程大量涉及对不同对象的操作。不同的对象拥有不同的属性（Properties）、方法（Methods）和事件（Events）。

❶ 简单而言，对象可理解为 Excel 中可被用户看见并选择的各类部件。例如，工作簿、工作表、图表、区域、数据透视表、图形、文本框等。

❷ 属性可理解成对象的某种特征，例如，工作表对象拥有名称（Name）属

性、区域对象拥有地址（Address）属性。正如一件物体大多同时具备多种特征，Excel 对象通常也存在多个属性。例如，区域的属性包括地址、值、公式、填充颜色等。某些属性还可能包含参数。例如，取决于所提供的参数，单元格 A1 的地址可以是 A1，也可以是 $A$1。显然，属性的这些参数可能是必须提供的，也可能只是可选项，在缺失情况下，由 VBA 使用默认值处理。

❸ 方法是向对象实施某种操作，或更改对象的某些属性，因此方法的具体名称的词性更接近动词。例如，工作表对象的删除（Delete）方法、区域对象的选择（Select）、复制（Copy）方法、清除（Clear）操作等。和属性相似，方法也可能携带进一步的可选参数或必需参数，用于进一步具体规定该方法应如何实施。例如，对于未携带参数的复制方法，VBA 只将区域复制至剪贴板，而如果复制方法后附带目标地址参数，则 VBA 执行复制操作并将其粘贴至目标地址。

❹ 事件是对象对某项动作或操作的响应。例如，工作簿对象对用户打开和关闭工作簿、切换、删除工作表的行为所做出的响应，工作表对象对单元格值的变化、用户双击单元格等行为所做出的反应等。事件的特别之处在于，上述响应由系统侦测用户动作并触发，响应代码必须在所属对象模块（如工作簿、工作表）的指定事件类型下编写，而不能保存在普通程序模块内。

第 2 章　大名鼎鼎的 VBA

对象集合和层级关系

此外，VBA 将一组有关联（但未必同类）的对象加以组合，构成了对象集合（Collection）。集合是 VBA 对象模型中的一个重要概念。例如：

❶ Workbooks 是所有处于打开状态的工作簿对象 Workbook 的集合。

❷ Worksheets 是指定或活动工作簿中所包含的所有工作表对象 Worksheet 的集合。

❸ Sheets 是工作表对象 Worksheet 和图表对象 Chart（仅含一张图表的工作表）的集合。

❹ WorksheetFunction 是全部工作表函数的集合等。

许多 VBA 对象是某个集合的成员，指向此类对象时，应采用“集合（索引号或名称）”的引用方式。例如，在图 2-4 的录制宏代码中，Sheets (Sheet4) 中的 Sheets 代表常规工作表和图表工作表的集合，括号内的“Sheet4”则是该集合内具体成员对象的名称。如果使用索引号指向成员，则无须使用双引号，如 Sheets(1)。一般来说，集合和成员对象会拥有不完全相同的属性和方法。例如，用 Sheets.Add 方法创建一个新的工作表对象，用 Sheets.Count 属性返回工作表计数，以上都仅对集合对象有效，而计算（Calculate）方法、名称（Name）属性等则仅对具体的成员对象有效，如 Sheets(1).Calculate。

上面的例子表明，在 VBA 中指向某些对象时，需要引用该对象的所属集合，可理解为集合和成员之间存在某种上下层关系。实际上，上述层级关系适用于所有的 VBA 对象。在 VBA 代码中指向某个对象时，完整的引用方式应当遵循 VBA 的对象层级结构、按照从上层到下层的顺序，列出该对象的所有父级对象，不同层级的对象之间使用点号分隔。例如，图 2-4 中的对象大多采用了简化引用的写法。

❶ Sheets（"Sheet4"）：含义是当前工作簿对象的工作表集合中的名为 "Sheet4" 的成员工作表，完整引用该对象有多种选择，如工作表集合可以使用 Worksheets 也可以使用 Sheets。以下是完整的代码写法之一：Workbooks（"Ch2.xlsm"）. Sheets（"Sheet4"）[①]。

❷ Range（"B5:D8"）：活动工作表对象的 Range 区域对象，完整结构是 Workbooks（"Ch2.xlsm"）.Sheets（1）.Range（"B5:D8"）。

❸ Rows（"7:7"）：活动工作表中的一个行区域对象，对应的完整引用可能是 Workbooks（"Ch2.xlsm"）.Sheets（1）.Rows（"7:7"）。

❹ ActiveSheet：工作簿对象的当前活动工作表对象，完整写法是 ActiveWorkbook. ActiveSheet。

以上简要介绍了 Excel 对象的层级关系。多数情况下，这些上下层级关系是通过属性和对象之间的相互转换实现的。例如，在上面的示例中，Range 是工作表对象的属性，返回一个区域对象。Rows 也是工作表对象的属性，同样返回一个区域对象。类似地，活动工作簿对象的 ActiveSheet 属性返回活动工作表对象。

智能提示和对象浏览器

VBA 中的对象数量众多，初学者想在短时间内全面掌握这些对象及其属性和方法既不现实也非必要。多数情况下，对象模型的具体信息可在使用过程中同步了解并积累相关知识，VBA 为此提供了便捷、友好的学习途径[②]。

❶ 智能提示（Intellisense）：只需在代码中输入对象名和点号，VBA 会自动在下方跟随提示可用方法和属性列表。例如，在图 2-5（左）中，输入工作表对象变量的名称 "ws" 和点号后，VBA 自动显示适用于该对象的所有方法和属性下拉列表。其中，方法和属性分别用不同的图标表示。可以看出，对于在图 2-5 左侧的工作表对象和右侧的区域对象，VBA 给出了不同的提示列表。

---

① 严格地说，Workbook 对象的上层是 Application 对象。Application 是代表整个 Excel 的最高等级对象，为简便起见，此处及下文均省略。
② 除 VBA 提供的便利外，还可前往微软的 Office 开发人员中心查看对象模型的详细介绍和应用示例。

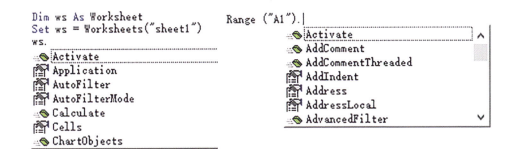

```
Dim ws As Worksheet               Range ("A1").|
Set ws = Worksheets("sheet1")          Activate
ws.                                    AddComment
   Activate                            AddCommentThreaded
   Application                         AddIndent
   AutoFilter                          Address
   AutoFilterMode                      AddressLocal
   Calculate                           AdvancedFilter
   Cells
   ChartObjects
```

图 2-5   VBA 的智能提示

❷ 对象浏览器（F2 键）：通过对象浏览器可浏览、检索所有 VBA 对象及其属性、方法和事件的具体信息。进入对象浏览器的方法是：在 VBE 环境下按 F2 键或单击"视图"→"对象浏览器"。

2.4 运行和调试

运行代码

无论是通过录制生成的宏程序，或是自行编写的其他 Sub 过程代码，都可以通过以下几种方式运行。

❶ 在 VBE 环境中执行代码：将鼠标指针放置于需要运行的过程内的任意位置，单击 VBA 编辑器工具栏中的"运行子过程 / 用户窗体"或按 F5 键。

❷ 通过 Excel 菜单执行代码。

·在"开发工具"（图 2-6，#1）选项卡下单击"宏"（#2），或按"Alt+F8"快捷键。

·在打开的"宏"对话框内输入宏名（#3）或在列表中选择过程名称（#4）。

·最后单击"执行"或"单步执行"按钮（#5）。

❸ 快捷方式：如果已通过"宏"对话框内的"选项"设置为特定宏过程指定快捷键，则该过程也可直接通过快捷方式运行。

❹ 通过单击 Excel 工作表内的控件对象执行代码。

·在"开发工具"选项卡下，单击"插入"（图 2-7，#1）。

·在控件列表中单击左上角的表单按钮（#2）。

·此时鼠标指针变成十字形，按住鼠标左键，在工作表的合适位置画出大小合适的控件（#3）。

·释放鼠标后自动打开"指定宏"对话框（或单击鼠标右键并在打开的快捷菜单中选择"指定宏"，#4），并在列表内选择需要执行的 Sub 过程的名称。

·完成后，控件和指定过程之间建立关联，单击此控件即可执行代码。

·除控件之外，以上过程同样适用于文本框等其他形状和图片对象。

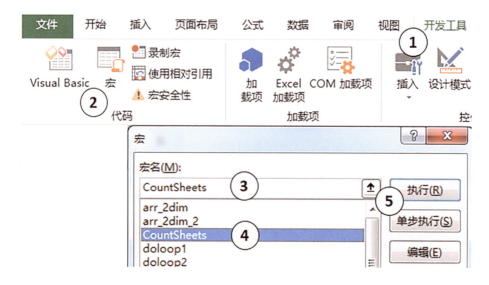

图 2-6　执行 VBA 代码："宏"对话框

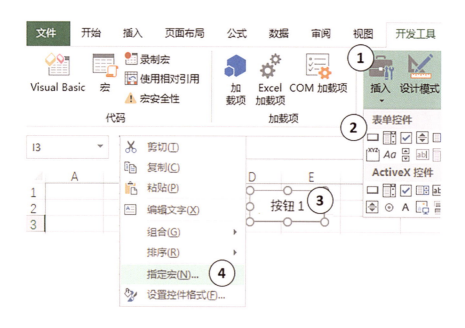

图 2-7　执行 VBA 代码：控件

调试代码

开始执行后，VBA 代码会在运行完毕、程序出错或用户强行中断（Ctrl+Break 快捷键）等情况下终止或暂停。如果运行结果不符合预期或运行过程出错，通常需要调试代码、寻找错误起源。在编程工作中，错误和代码总是密不可分的。一般来说，程序错误分为语法错误、运行时错误和逻辑错误等三类。VBA 能够在执行前的编译阶段自动检测出语法错误，但运行时错误只能在编译后的执行过程中遇错提示，逻辑错误则只能依赖开发或使用者自行检测发现。因此，以某种方式调试代码、分步骤执行代码、捕捉错误等是编程工作的重要环节。根据本节内容定位，以下仅列出几种最常用、最简单的代码调试方法。

❶ 编译：在 VBE 环境下单击"调试"→"编译"可在当前模块内检测基本的语法错误。

❷ 单步执行：按 F8 键或单击"调试"→"逐语句"，进入单步执行模式，即要求 VBA 逐行执行代码。在单步执行模式下，每一个即将执行的代码行都高亮显示为黄色，此时如按 F8 键，VBA 会执行当前高亮显示的代码行，而后将下一行即将执行的代码高亮显示，同时暂停并等待用户继续按 F8 键，直到代码结束。

❸ 从指定位置开始单步执行：将光标放在需要开始单步执行的代码行位置，按 Ctrl+F8 快捷键或单击"调试"→"运行到光标处"。VBA 将正常执行光标位置之前的代码，并从该位置开始进入单步执行模式。由于单步执行总是从第一行代码开始运行，如果确定光标位置之前的代码不存在问题，使用本功能可节省调试时间。

❹ 断点执行：断点是要求程序中断并等待的位置，VBA 将在此处暂停并等待用户下一步操作。在代码中设置或取消断点的办法相同，有以下几种基本途径。

- 单击代码行左侧的边栏可设置 / 取消断点。
- 光标放在需设置 / 取消断点的代码行处，按 F9 键。
- 光标放在目标代码行处，单击"调试"→"切换断点"。
- 按 Ctrl+Shift+F9 快捷键可取消所有断点。

设置断点后，代码行将以暗红色高亮显示，左侧边栏处同时出现相同颜色的圆点。图 2-8 中，左图为设置断点后的效果，右图为代码在执行过程遇断点暂停的效果。

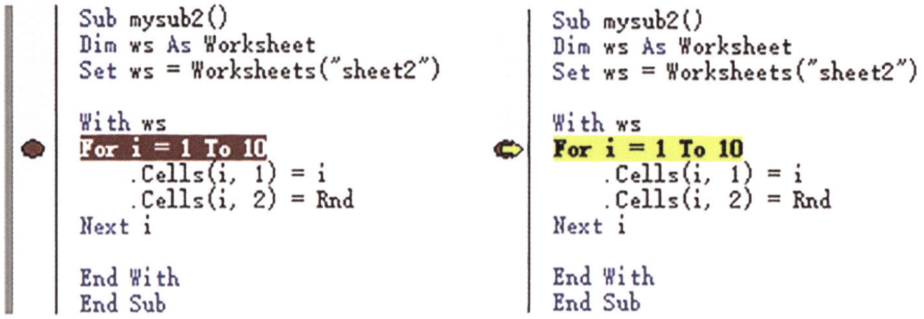

图 2-8　断点设置和执行效果

❶ 检查变量值：在代码调试过程中，经常需要检查变量值的变化，以确定代码运行是否符合预期。例如，图 2-8 中 For-Next 循环内的代码被执行了 10 次，变量 i 的取值从 1 开始，在每次循环过程中加 1，最后在变量等于 10 时结束循环。跟踪变量取值的变化，是检查代码运行是否正常的重要方法。在 VBA 中，检查变量值可通过以下几种方式实现。

· 在调试状态下，将鼠标指针悬浮在变量上方，屏幕上会自动显示变量的当前值。

· 在代码中使用 Debug.Print（图 2-9，#1），将变量值输出至"立即窗口"（#2）。

· 在代码中使用 MsgBox（#3），运行时打开提示框显示变量值（#4）。

· 将变量添加到"监视窗口"，方法是将光标放在变量内，单击鼠标右键，打开快捷菜单，单击"添加监视"。

· 单击"视图"→"本地窗口"，启用"本地窗口"。本地窗口将实时显示指定工程模块内的所有变量的取值变化。

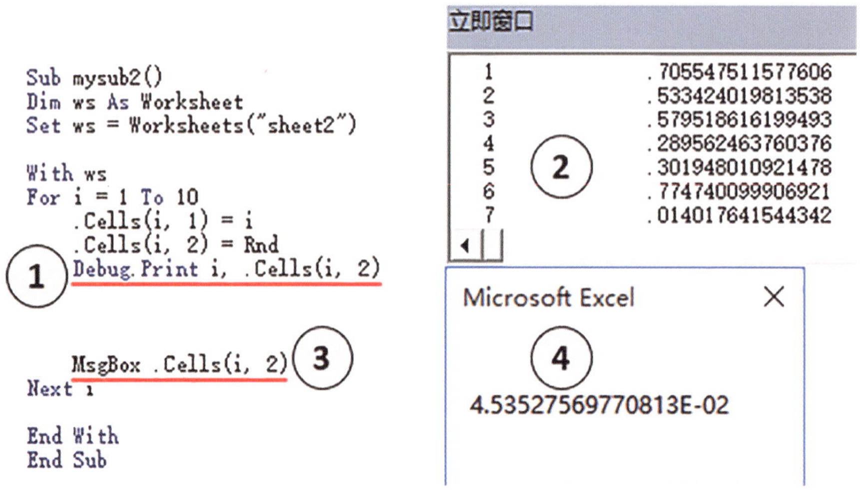

图 2-9　使用 Debug.Print 和 MsgBox 输出变量值

❷ 设置注释块：注释通常用来说明代码的用途、功能及注意事项，不作为代码执行，并显示为和代码不同的颜色。VBA 使用单引号或关键词"Rem"标记注释，行内注释则只能用单引号，例如：

' 注释：在 A1 单元格内写入公式 =Rand()

Sheet1.Range("A1").FormulaR1C1 = "=Rand()" ' 这是行内注释

Rem 输出当前日期至立即窗口

Debug.Print Date

注释的另一种用途是让代码行在调试过程中暂不运行。在代码行前加上单引号标记，可将代码改为注释，取消单引号可恢复正常状态。如需注释整段代码，除了逐行添加单引号外，可使用以下快捷方式。

· 单击鼠标右键 VBE 工具栏的空白处并打开快捷菜单。

· 在快捷菜单中单击"自定义"。

· 在打开的"自定义"对话框的"工具栏"标签下，选中"编辑"。

· 将出现的编辑工具栏固定到 VBE 工具栏中。

· 选中需要注释的代码块，单击编辑工具栏中的"设置注释块"或"解除注释块"可将整段代码注释或解除注释。

2.5 简要的代码规范

本节择要介绍一些基本的代码规范。虽然在多数情况下并非必须遵循这些规范，但遵循规范将有助于提高代码效率、减少错误、提高代码的可读性。

完整引用对象

前文已说明，VBA 对象存在层级结构。在图 2-4 中，类似 Range（"B3"）的写法未明确指定 B3 单元格所属的工作表和工作簿，在此情况下，VBA 将其默认为活动工作簿下活动工作表中的单元格。在简单的应用中，上述默认的对象引用方法一般不会造成代码运行异常。但在较复杂情况下，如操作涉及多个工作簿或多个工作表中的数据区域，则应尽量避免类似的不完整引用。

完整引用可能造成代码较长，使用 With…End With 有助于简化代码。

With…End With

VBA 代码经常需要对同一个对象编写多行代码、执行多项不同操作，为了避免反复指向该对象，可将相关代码在同一个 With…End With 控制结构内汇合，只需在每行代码的开头处输入点号（.）即可指代 With 语句中的对象，从而避免在每行代码中反复引用。例如，以下代码依次设置 Sheet1 工作表 A1 单元格字体对象的名称、大小、粗体和颜色属性：

```
Worksheets("sheet1").Range("A1").Font.Name="Arial"
Worksheets("sheet1").Range("A1").Font.Size=11
Worksheets("sheet1").Range("A1").Font.Bold=True
Worksheets("sheet1").Range("A1").Font.Color =RGB(255，0，0)
```

使用 With 汇总后，代码可简化成：

```
With Worksheets("sheet1").Range("A1"). Font
    . Name="Arial"
        .Size=11
        .Bold=True
        .Color =RGB(255，0，0)
End With
```

变量声明

和许多编程语言一样，VBA 支持多种变量，不同变量的不同性质通常体现在其数据类型上，如整数（Integer）、单精度浮点数（Single）、双精度浮点数（Double）、字符串（String）、布尔值（Boolean）、对象（Object）等。在未明确指定变量类型的情况下，VBA 将其视为变体变量（Variant）。尽管并非必须，但显示声明变量类型有助于提高代码运行速度，也有助于减少各类潜在错误。变量声明一般使用 Dim…As 语句，如 Dim x As Double。

通过 Option Explicit 语句可强制要求变量声明，该语句等价于在 VBA 选项（"工具" → "选项"）内选中"要求变量声明"。图 2-10 中，由于代码中存在未声明的循环体变量 i，运行时 VBA 提示变量未定义错误。

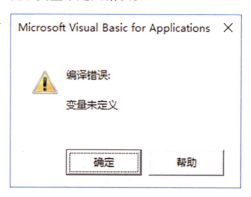

图 2-10　变量未定义编译错误

Set 语句

工作表、区域等各类对象变量需使用 Set 语句进行对象引用赋值。多数 VBA 应用涉及对工作表和区域对象的各种操作。前面介绍的 With…End With 语句将同一对象的各种操作放在同一个框架内，实际应用中还经常需要在代码的不同位置反复引用某一个工作表或区域对象，使用 Set 语句能够有效地简化代码。在图 2-11 中，代码在不同的位置操作 sheet1 工作表和 A2 单元格，通过事先定义并使用 Set 语句向对象赋值，可以避免反复完全引用 VBA 对象层级结构。

```vba
Sub mysub5()
Dim ws As Worksheet
Set ws = Worksheets("sheet1")
Dim rng As Range
Set rng = ws.Range("A2")

With rng.Font
    .Name = "Arial"
    .Size = 11
    .Bold = True
    .Color = RGB(255, 0, 0)
End With
'其他代码
rng.Formula = "=Rand()"

'其他代码
Dim rcount
rcount = ws.UsedRange.Rows.Count
End Sub
```

图 2-11　使用 Set 语句进行对象变量赋值

2.6　复盘与思考

本书许多章节都将涉及 VBA 应用，阅读书中代码前需对相关背景知识有所了解。为帮助未接触过 VBA 的读者快速掌握上述前提，本章简要介绍了 VBA 语言的基本知识，包括 VBA 的用途、VBA 开发环境的构成、如何生成第一段代码、VBA 对象模型、代码的运行和调试以及基本的代码规范。本章侧重概念和框架，可与后续各章节中涉及的 VBA 代码相互对照，在阅读具体代码的过程中提升和巩固对 VBA 的理解。

第 3 章　电子表格必知必会

　　本章面向预备知识不足的入门用户，提供精简的 Excel 电子表格操作指南，包括工作表区域的定位和选择、输入和编辑、公式和函数规范、计算选项和设定等。本章内容的选取以通用、效率和多种途径为导向。一方面，相关知识在性质上高度通用，为各类电子表格操作所必需，无论是日常报表或是分析研究应用都会涉及。另一方面，侧重介绍如何以高效率的方式完成各项操作。例如，在初始阶段就习惯使用快捷键，可简化操作过程、提升信心进而减少错误。最后，本章重视方式和方法的多样性，包括同步介绍相关操作的 VBA 实现等。因此，本章内容虽基础，但熟练掌握将有助于快速进阶。

3.1　单元格区域选择

　　工作表区域由行列单元格构成，在电子表格中执行大多数和数据有关的操作前，均需选择或定位至目标单元格或区域。在这方面，使用快捷键优于鼠标操作，数据所含行列数量越多，两者的效率差异越显著。在数据区域超出屏幕可视范围时，通过快捷键可完全避免滚动条操作。

选择连续区域

> **本节要点**
>
> 使用快捷键快速定位和选择连续区域。

· **应用场景**

　　最常用的快捷键是方向键和 Ctrl 及 Shift 键的组合，包括以下三种基本类型。

❶ Ctrl+ 方向键：快速移动至当前数据区域在对应方向上的非空边缘单元格或边界。

❷ Shift+ 方向键：向某个方向连续选择，按住 Shift 键的同时，每按一次方向键则向对应方向扩展一行或一列。

❸ Ctrl+Shift+ 方向键：用于选择连续的单元格区域，从活动单元格开始，将

选择范围扩展至和起始单元格在相同方向上的最后一个非空单元格或边界。如下一单元格为空则跳过空白间隔，扩展至对应方向上的第一个非空单元格或边界。

· **操作实务**

图 3-1 用线条和边框标注了 5 种不同的快捷操作示例，深色单元格代表使用快捷键的起始位置。

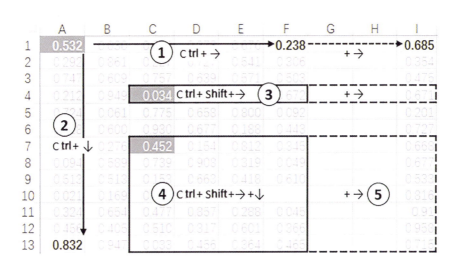

图 3-1　工作表区域的快速定位和连续选择

❶ 从左上角的 A1 单元格开始，按 Ctrl+ → 快捷键可快速定位至当前行的最后一个非空单元格 F1（图 3-1，#1）。

❷ 从 A1 单元格开始，按 Ctrl+ ↓ 快捷键定位至当前列的最后一个非空单元格——A13 单元格（#2）。

❸ 从 C4 单元格开始，按 Ctrl+Shift+ → 快捷键，将选择 C4:F4 同行连续区域（#3）。

❹ 在 C7 单元格处，使用 Ctrl+Shift+ → + ↓ 快捷键，可选择从该单元格开始向右和向下拓展、包含多行和多列的连续数据区域 C7:F13（#4）。

❺ 在上述快捷键的基础上再次按方向键，可跳过对应方向的空白间隔，定位或连续选择至下一个非空位置，效果如图 3-1 中虚线区域所示。例如，在选择 C7:F13 区域后，按住 Ctrl+Shift 快捷键不变，此时继续按→键，所选区域会向右连续扩展至 I 列，即 C7:I13 区域（#5）。以上快捷方式对操作包含空白间隔的数据十分有用。

❻ 如需选择 A1:F13 连续区域，除了从 A1 单元格出发按 Ctrl + Shift+ → + ↓

快捷键外，还可选择该区域内的任意单元格，而后按 Ctrl+A 或 Ctrl + Shift + 空格快捷键快速选择。但在实际应用中，方向快捷键无疑最高效、也最便捷易用，是入门必学操作技巧之一。

VBA

单元格区域操作是最常见的工作表应用，区域（Range）也因此成为最重要的 Excel VBA 对象之一。在区域地址已知的情况下，一般可直接使用地址或行列信息作为参数，指向区域的常用写法包括：

- Range("A1") 指向单个单元格 A1；
- Range("A1:B10") 或 Range("A1"，"B10") 指向 A1:B10 区域；
- 通过 Cells、Rows 等属性返回单元格区域，如 Worksheets("Sheet1").Cells(3, 2) 指向第 3 行、第 2 列即 B3 单元格、Worksheets("Sheet1").Rows(3) 指向第 3 行。

在结束单元格不确定的情况下，图 3-1 中的方向箭头快捷操作所指向的区域在 VBA 中可借助 Range 对象的 End 属性实现。End 属性需要同时提供方向参数，分别是 xlUp（上）、xlDown（下）、xlToLeft（左） 和 xlToRight（右），属性参数需包含在括号内。例如，以下代码使用 Select 方法选择所指向的区域，效果和图 3-1 中的 #1~#4 相同。

- Ctrl + →   Range("A1").End(xlToRight).Select
- Ctrl + ↓   Range("A1").End(xlDown) .Select
- Ctrl + Shift + →   Range("C4", Range("C4").End(xlToRight)).Select
- Ctrl + Shift + → + ↓   Range("C7", Range("C7").End
                                (xlToRight).End(xlDown)).Select

不过，在实际应用当中，针对不确定连续区域的操作更多使用 CurrentRegion 属性。继续以图 3-1 中的数据为例，Range("A1").CurrentRegion 指向包含 A1 单元格在内的最大连续二维区域即 A1:F13 区域。如需返回该连续区域内的部分行列或子区域，可进一步使用 Rows、Columns 等属性，例如：

- Range("A1").CurrentRegion   A1:F13 区域
- Range("A1").CurrentRegion.Rows(2)   A1:F13 区域的第 2 行即 A2:F2 区域
- Range("A1").CurrentRegion. Columns (6)   A1:F13 区域的第 6 列即 1:F13 区域

在更复杂的情况下，起始单元格和区域大小都未知。在确定工作表内只有一个连续区域的前提下，可结合使用 SpecialCells 方法和 CurrentRegion 属性得到目标区域。例如，下面的代码使用 SpecialCells 方法并指定其参数为 xlLastCell，返回工作表中最后一个已使用的单元格（作用等价于 Ctrl+End 快捷键），然后利用 CurrentRegion 属性返回该单元格所属的连续区域，两种写法效果等同。

- Range("A1").SpecialCells(xlLastCell).CurrentRegion
- Worksheets("Sheet1").Cells.SpecialCells(xlLastCell).CurrentRegion

非连续区域的选择和反选

本节要点

使用快捷键选择非连续区域。对选择区域的局部进行反选操作。

· **应用场景**

前文介绍均为连续区域的选择，某些时候需要选择非连续的数据区域，典型应用包括复制非连续的多个区域、选择非连续的数据列生成图表等。

选择非连续区域的一般方法是：选择第一个区域后，在按住 Ctrl 键的同时，通过单击（对于单个单元格）或者按住鼠标左键并拖动（对于连续区域）鼠标，继续选择其他区域。多数情况下，以上操作同样可被快捷键替代。

· **操作实务**

图 3-2 中的美元指数数据包含日期以及开、高、低及收盘价格等，在不删除数据、不改变各列顺序的前提下，如使用收盘价格作图，需要跨列选择 A 列和 E 列。使用 Ctrl+Shift+ ↑（或↓、←、→）快捷键可完成上述任务，具体操作步骤如下，更多跨列数据的选择可依此类推。

❶ 使用 Ctrl+Shift+ ↓快捷键选择 A 列数据（图 3-2，#1）。

❷ 按住 Ctrl 键，选择 E 列的第一个单元格（#2）。

❸ 再次按 Ctrl+Shift+ ↓快捷键完成跨列选择（#3）。

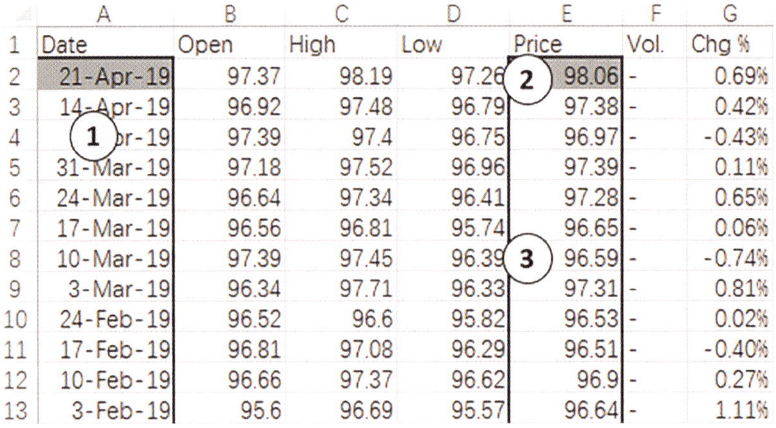

图 3-2　跨列数据的快捷选择

VBA

使用 Range 只能指向连续区域，使用 Application 对象的 Union 方法则可返回两个或更多非连续区域。以图 3-2 为例，以下代码将区域对象 Rng 设为 A 列和 E 列数据。

```
Set Rng=Application.Union  (Range("A1").CurrentRegion.Columns(1), _
                   Range("A1").CurrentRegion.Columns(5))
```

区域操作过程经常误选，如包含了多余的单元格或区域，为避免全部重新选择，可在按住 Ctrl 键的同时，单击或按住鼠标左键并拖动鼠标，将多余的目标单元格或区域反选即可 [1]。

3.2　输入和填充

输入或导入数据是绝大多数电子表格工作的起点。多数时候，用户使用键盘输入或通过公式和函数在单元格区域中产生数据，两种方式产生的分别是静态数据和动态数据，如函数 TODAY( ) 和 NOW( ) 分别返回当前日期和时间，数据会在重新计算时自动改变。Excel 还提供了众多与输入和编辑相关的快捷键，如使用 Alt+Enter 快捷键可在单元格内换行等，详情可参考本书附录的快捷键清单。

电子表格用户经常需要在特定区域内批量产生数据。对于公式和函数，常见

---

① 此功能仅适用 Excel 2019 及之后版本。

应用是将起始单元格内的公式函数快速复制至指定区域，相关内容将在下一小节介绍。对于静态数据，除复制相同数据之外，典型需求还包括快速批量生成一组有规律的数据，如按工作日递增的日期序列、将一组给定数据按某种固定模式快速转换为另一组数据等。Excel 的填充工具可为上述需要提供便利。

VBA

区域对象拥有众多属性。其中，值（Value）是 Range 对象的默认属性。如果在代码中仅出现对象却未写明任何属性和方法，VBA 将视其为针对该对象默认属性的操作。例如，"Range("A1") =1" 的完整写法应为 "Range("A1"),Value =1"。以下代码表示向工作表区域写入值。

· Worksheets("Sheet1").Range("A1")= 1	A1=1
· ActiveSheet.Range("A1", "B10") = 2	A1:B10=2
· Cells(3, 4)=7	D3=7
· Range("A1:C1") = Array("a", "b", "c")	A1=a B1=b C1=c

填充工具

本节要点

通过拖动鼠标自动产生日期、数值和自定义的文本序列。修改序列的填充规则。创建自定义序列。

· 应用场景

Excel 支持数值、日期的自动填充，即在工作表中输入此类数据时，无须逐项输入，只需提供初始项，而后拖动鼠标即可完成自动填充。Excel 自动识别初始值的类型和规则，并在选定区域内产生填充结果，这些结果可能是数据或格式的简单复制，更多时候则是基于某种规律的拓展序列。例如，根据给定的初始日期，生成日、月、年、星期等各类日期相关序列。根据给定的数值，产生基于等差或等比规律的"预测"序列。如果返回结果不符合预期，还可以进一步修改自动填充规则以改变填充结果。

第 3 章　电子表格必知必会

· 操作实务

例如，图3-3中的B2单元格为初始的月末日期，可通过自动填充生成一个按月递增、仅含月末的日期系列。操作基本步骤及图示对应说明如下。

❶ 选择起始区域，即包含序列初始值的单元格，将鼠标指针移至初始单元格的右下角，屏幕上会在操作时自动出现十字填充柄（图3-3，#1）。

❷ 按住鼠标左键向目标方向拖动（#2）。

❸ 到达目标单元格后释放鼠标，Excel会根据事先定义的序列自动完成填充（#3）。如果初始单元格的值不在可识别的序列之内，则执行复制填充。

❹ 由于默认填充结果不符合预期，可直接在上一步操作结果的基础上更改填充规则，单击填充结果区域右下角的"自动填充选项"（#4），在打开的快捷菜单中将填充规则修改为"以月填充"（#5）。

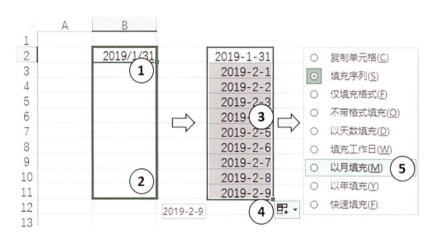

图3-3 序列填充

如果初始选择区域包含多个单元格，填充工具还能够识别其中的间隔规则，并执行更灵活的自动序列拓展。例如，如需按季填充，只需提供两个间隔为3个月的初始日期即可。同理，如需按降序生成日期系列，可提供两个按降序排列的初始日期。

VBA

Range对象的AutoFill方法用于执行序列填充，该方法需要填充目标区域（Destination）和填充类型（Type）两个参数。和属性的参数需包含在括号内不同，对于不返回值的方法，参数不使用括号，多个参数间只需使用逗号分隔。

- 目标区域：需执行自动填充的区域。
- 填充类型：可选参数，默认情况下由 Excel 自动识别。常见类型有 xlFillDays（以天数填充）、xlFillWeekdays（以工作日填充）、xlFillYears（以年填充）、xlFillSeries（填充序列）。

以下代码执行和图 3-3 相同的操作。

```
With Range("B2")
    .Value = "2019-1-31"                      写入一个初始值
    .AutoFill Range("B2:B11"), xlFillMonths   在 B2:B11 目标区域内按月填充
End With
```

自定义列表

本节要点

自定义序列的用途。创建和编辑自定义序列。

·应用场景

除了广泛用于生成日、月、年、星期等各类日期相关系列，填充工具还支持用户自定义序列。例如，实际工作中经常需要按固定顺序重复生成某种定制序列，如区域名称、产品列表、职位清单、财务报表科目、投资组合内的证券代码、行业或指数名称或代码以及各类常用分组名称等。此类标签难以通过函数生成，一般需要复制或直接输入，自定义序列和填充工具能够有效提升处理效率。此外，自定义序列还可用于排序操作，即要求数据项按照自定义序列的顺序排序，从而摆脱内置排序的规则限制。

·操作实务

如需查看 Excel 现有序列或创建自定义序列，可单击"文件"→"选项"，打开"Excel 选项"对话框。选择界面左侧的"高级"标签，在右侧的"常规"选项组下，单击"编辑自定义列表"，对话框界面如图 3-4 所示。

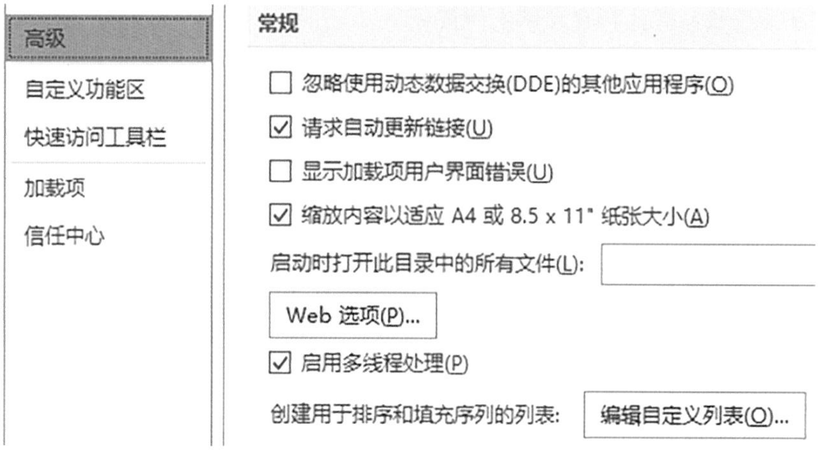

图 3-4 创建自定义序列

VBA

使用 Application 对象的 AddCustomList 方法可创建自定义序列，该方法需要提供序列数据参数。例如，以下代码分别使用来自数组和工作表区域的数据源创建序列。

- Application.AddCustomList Array(" 区域 1", " 区域 2", " 区域 3")
- Application.AddCustomList Range("Sheet1!A1:A10")

Excel 的内置序列无法编辑和删除，用户可通过直接输入或引用工作表区域并导入的方式创建自定义序列。Excel 将自定义序列保存于计算机注册表内，因此创建完成后，用户可在其他 Excel 文件中自由使用自定义序列，而不限于当前工作簿范围。自定义序列所允许的项目个数没有限制，仅存在总字符数上限，但完全可满足绝大多数情况下的需要。

快速填充

本节要点

快速填充是一种简单的数据清洗工具，主要用于字符串和日期的合并、提取及格式化。

· 应用场景

快速填充（Flash Fill）工具是 Excel 2013 的新增功能，用于简单数据模式的快速识别和转换。具体而言，快速填充主要用于单列或多列数据的合并及抽取。例如，用户在源数据列的相邻单元格内输入一个或数个输出示例，快速填充会识别从源数据到用户输出值之间的转换模式，而后使用该模式执行全列填充。快速填充非常适合字符串和日期的合并、提取以及格式化。

❶ 从电子邮件或身份证号码中截取部分字符或数字。

❷ 将姓名数据拆分为姓和名。

❸ 从日期数据中单独抽取年、月、日。

❹ 将年、月、日合并为日期。

❺ 特殊数字的格式化处理，如将电话号码每间隔 3 位数添加连接符。

· 操作实务

图 3-5 中，K 列是一组包含数值的文本（#1），如需从中提取数值，可在其右侧相邻的任意单元格内输入一个输出示例如"12.3"（#2），而后通过以下三种方式之一启动快速填充。

❶ 按 Ctrl+E 快捷键。

❷ 在"数据"选项卡中单击"数据工具"组下的"快速填充"（#3）。

❸ 在"开始"选项卡中依序单击"编辑"组下的"填充"和"快速填充"。

图 3-5　快速填充

快速填充工具有助于快速执行简单的数据转换，但只生成静态结果，因此一般情况下更适合临时性的应用。如果需输出动态结果，应使用公式和函数。

3.3 公式和函数

公式和函数是试算软件的核心。在 Excel 中，公式和函数都需以等号"="开头，单元格内所包含的公式和函数体现在公式栏内，通过鼠标指针或 F2 键可激活公式栏进入编辑状态。默认情况下，Excel 显示公式或函数的计算结果，可通过单击"公式"→"公式审核"→"显示公式"，在显示结果和显示公式两种格式之间切换，这一操作也可通过 Ctrl+`（重音符）快捷键实现。

函数简介

本节要点

Excel 函数的基本结构。函数及参数自动提示。

· **应用场景**

函数是用于执行特定计算过程的指令集合或预先定义的公式，是 Excel 强大数据处理能力的重要组成部分。函数必须以等号"="开头，并使用圆括号包含其所有参数。函数中的参数可能是必需的，也可能是可选的，必需参数不可留空。Excel 函数同时支持多重嵌套，即将一个函数的返回结果作为另一个函数的参数。Excel 函数的结构分解如图 3-6 所示。

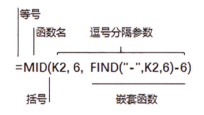

图 3-6　函数结构分解

在 Excel 单元格中插入函数的方式如下。

❶ 选定单元格后依次输入"="、函数名称及对应参数，如"=WEEKDAY (TODAY)(,2)"。

❷ 单击公式栏左侧的"插入函数"按钮，按顺序打开"函数选择"和"参数"对话框。

❸ 在"公式"选项卡中在单击"插入函数"进入函数选择界面，或打开"函数库"组中的分类列表并选取目标函数，最后打开"函数参数"对话框。

以上方式中，后两种属于界面操作，适合函数检索和分类浏览。较新版本的 Excel 提供了优秀的函数及参数提示功能，可根据用户输入状态实时、自动给出符合输入条件的函数列表、参数及其含义。只要对函数名称有所了解，应习惯使用第一种方式在单元格中插入函数。

· 操作实务

图 3-7 以星期日期函数 WEEKDAY 为例，介绍 Excel 的实时提示功能，以及如何使用键盘而非鼠标快速选择函数和参数。

❶ 在选定单元格中输入函数名称中的任意部分字符[①]，如"=we"（图 3-7，#1）。

❷ Excel 自动显示名称中包含输入字符的函数列表，用上下方向键定位至目标函数（#2）。

❸ 按 Tab 键完成函数选择，Excel 会在单元格内返回完整函数名及左括号，同时在函数下方自动显示参数清单，等待用户输入第一个参数（#3）。

❹ 本例的第一个参数为日期，使用函数 TODAY 可生成当天日期：输入首字符"TO"后，继续按步骤 2~3 相同的方法返回嵌套函数的名称和左括号（#4）。

❺ TODAY 函数无须参数，因此直接补充右括号完成第一个参数输入，然后输入用于区分多个参数的逗号分隔符（#5）。

❻ 此时进入第二个参数的输入状态，该参数名称被加粗显示，参数名前后的方括号表明该参数为可选参数。同时，由于该参数有取值限制，Excel 在其下方跟随显示可选值列表（#6），继续使用上下方向键和 Tab 键进行选择即可。

[①] 2019 版本支持任意部分字符。在之前版本中，自动提示功能要求用户输入函数名称的起始部分字符。

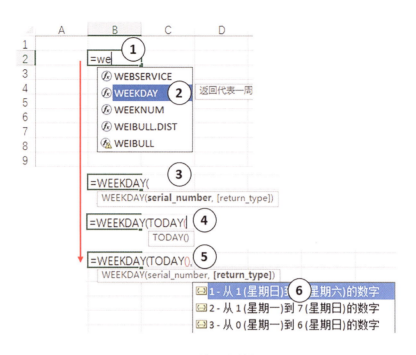

图 3-7　函数和参数提示

绝对引用和相对引用

本节要点

绝对引用或相对引用反映公式单元格和参数单元格间的关系。使用 F4 键切换引用状态。

·应用场景

绝大多数公式函数的计算都需要参数，除了直接输入或使用无参数的嵌套函数（如前例中 WEEKDAY 函数），通常需要引用工作表内的一个单元格或区域作为参数。取决于使用需要，公式函数在引用单元格时可能使用绝对不变的单元格地址，也可能引用相对的单元格地址，前者称为绝对引用，后者称为相对引用。

Excel 单元格地址由行号和列标构成，默认情况下列在前行在后，绝对引用和相对引用的区别体现在单元格地址的行号（数字）和列标（字母）之前是否有符号"$"标识，因此引用类型共有 4 种可能。该符号无须键入，在公式栏的编辑状态下，将鼠标指针移至引用参数位置，重复按 F4 键即可在不同的引用状态之间循环切换。表 3-1 列出了从最初的相对引用开始，按不同次数的 F4 键，切换成其他引用类型再回到初始状态的循环过程。

表 3-1　不同类型的引用及 F4 循环

类型	示例	重复按 F4 键
相对引用	C3	（初始状态）
绝对引用	$C$3	1 次
行绝对、列相对	C$3	2 次
行相对、列绝对	$C3	3 次
相对引用	C3	4 次

在单个单元格的公式函数中，只要引用了正确的参数，使用绝对引用或相对引用没有差别。绝对引用和相对引用的意义主要体现在公式复制和区域批量计算中。

正如使用填充工具可以在指定区域快速产生数据，公式也经常需要批量扩展到整个计算区域。在复制和拓展过程中，公式所在单元格及其引用参数单元格之间的关系会发生变化，而决定这种关系如何改变的正是绝对引用或相对引用。绝对引用基于一个固定不变的单元格地址，体现的是一种绝对关系，即无论公式如何拓展，引用单元格的地址保持绝对不变。相对引用则与之相反，随着公式从初始单元格向其他单元格拓展，所引用单元格的地址会跟随公式所在单元格而变，从而保持两者相对位置关系，即行列差或"距离"的不变。

· 操作实务

例如，Excel 函数 PMT 根据贷款利率、期限和金额等参数，返回等额本息下的分期还款金额。现在假设贷款期限和金额保持固定，需要计算不同利率条件下的每月还款额。图 3-8 给出了参数组织，其中贷款金额和期限分别位于 B1 和 B2 单元格，从 A4 单元格开始是不同的年利率参数。为了更清晰地展示相对关系的变化，本例特意从 D9 单元格开始计算。

在 D9 单元格中输入公式 =PMT($A4/12,$B$2*12,$B$1)，三个参数中，$B$1 和 $B$2 为绝对引用，即随着计算公式的拓展，上述参数的地址均不变，反映贷款金额和期限保持固定。利率参数 $A4 为行相对、列绝对引用，含义为 A 列固定不变，行号则跟随变化，从而保持引用行和公式行的距离不变。图 3-8 中，计算公式从 D9 单元格向下拓展，利率参数的引用地址跟随公式而变，E-G 列显示，公式所在行和引用参数所在行的相对关系保持不变，体现在二者的行号之差始终为 5。

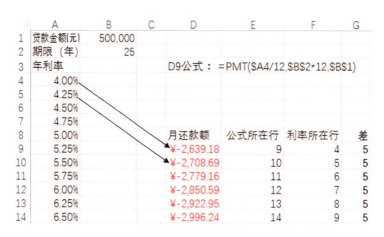

图 3-8   绝对引用和相对引用的区别

公式和函数

PMT 函数要求贷款期限、贷款利率和还款周期的正确对应，本例还款周期为月，因此 $B$2*12 将贷款期限由年转换为月份数，$A4/12 则将年利率转换为月利率（单利）。

公式复制和区域计算

本节要点

在特定区域内复制公式的 5 种快捷途径。

· 应用场景

由于绝大多数电子表格应用都涉及区域而不仅仅是单个单元格的计算，因此正确设置绝对引用和相对引用是在工作表中完成高效计算的关键。图 3-8 中，引用类型的变化可能会导致扩展计算错误，尽管起始单元格（D9 单元格）的计算结果不受影响。

· 操作实务

将公式从初始单元格扩充到整个区域，至少有 5 种途径可供选择。

❶ 拖动操作：选中初始单元格（D9 单元格），将鼠标指针移至单元格右下角，出现十字填充柄后按住鼠标左键并往下拖动，到达目标单元格后释放鼠标。

❷ 复制法：选中初始单元格（D9 单元格），按 Ctrl+C 快捷键复制，而后选

中目标扩展区域，按 Ctrl+V 快捷键完成粘贴。

❸ 十字填充柄：选中初始单元格，鼠标指针移至单元格右下角，出现十字填充柄后双击，完成快速填充。

❹ Ctrl+D 快捷键：选中首行为初始计算单元格的目标区域（如 D9 ： D18 区域），按 Ctrl+D 快捷键实现区域公式复制填充。（如为横向填充，则可使用 Ctrl+R 快捷键）。

❺ Ctrl+Enter 快捷键：选中目标区域（图 3-9，#1）后激活公式栏（F2 键），输入公式（#2）后按 Ctrl+Enter 快捷键（#3）完成区域填充。在包含多行多列的区域中，通过 3.1 节介绍的快捷键选中目标区域，然后再使用 Ctrl+Enter 快捷键，能够一次性高效完成二维表格的公式填充。

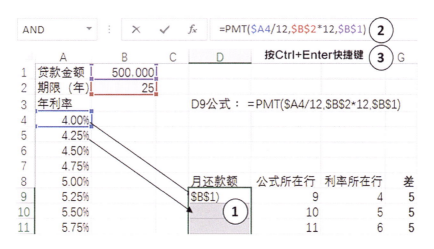

图 3-9　使用 Ctrl+Enter 快捷键

公式复制拓展能够大幅提高计算效率，计算区域越大，效果越显著。显然，高效完成公式复制的前提有两个：首先是能够快速选中需要拓展的目标区域（3.1 节），其次是公式中正确使用了绝对引用和相对引用。

VBA

向单元格区域写入公式的操作和写入值类似，写入公式应和单元格内输入的公式完全相同，包含等号，并用双引号（半角）引用整个公式。例如，以下代码使用 Range 对象的 Offset 属性，从 A1 单元格开始分别偏移 0~9 行，并逐行写入序号和随机数函数。

```
With ActiveSheet.Range("A1")     A1 单元格为起始参照点
For i = 0 To 9                   循环 10 次，代表较 A1 单元格的偏移行数
    .Offset(i, 0) = i            将 i 的当前值写入偏移 i 行 0 列后的单元格即 A1:A10 区域
    .Offset(i, 1) = "=Rand()"    将随机函数写入偏移 i 行 1 列后的单元格即
B1:B10
Next i
End With
```

向区域写入公式同样应正确使用绝对引用和相对引用，例如：Range("B4:B16").
Formula = "=PMT($A4/12,$B$2*12,$B$1)"。

如果公式内的参数包含使用双引号引用的文本，则应使用双重引用，即每个引号
重复两次。例如：=Right("name@domain",6) 应替换为 =Right(" "name@domain" ",6)。

3.4 选择性粘贴

选择性粘贴支持常规粘贴和运算粘贴两种基本类型，前者指粘贴数值、公式等
内容及各类格式，后者指在待粘贴区域内执行某种指定运算操作。

粘贴公式、数值或格式

本节要点

选择性粘贴的常见选项。

· **应用场景**

3.3 节介绍了如何将初始单元格的公式快速拓展至其他单元格，各种方法的本
质都是公式复制。由于 Excel 单元格存在多种属性，如单元格所包含的公式、数
据、单元格的格式、边框等，复制单元格时自然也存在不同的复制需求，如全部复
制、只复制公式、只复制数值、只复制格式等。

· **操作实务**

Excel 中进行单元格复制粘贴的基本步骤是：首先通过 Ctrl+C 快捷键复制单元
格，而后移动至需要粘贴的目标单元格，以下是各种不同的复制粘贴选择。

❶ 按 Ctrl+V 快捷键直接粘贴，该操作复制源单元格的所有属性，包括公式、数据、格式等。

❷ 单击 "开始"→"粘贴"（图 3-10，#1），选择合适的常用粘贴选项。

❸ 打开"选择性粘贴"对话框获得更多粘贴选项，打开该对话框的方式包括：

· 使用 Ctrl+Alt+V 快捷键。

· 在"粘贴"下拉菜单中，继续单击"选择性粘贴"（图 3-10，#2）。

· 在目标单元格中单击鼠标右键，在打开的快捷菜单中单击"选择性粘贴"。

图 3-10　"粘贴"下拉菜单和"选择性粘贴"对话框

图 3-11 列出了几种常用粘贴选项的含义和结果示例。本例的源单元格为 D3 单元格，除计算公式（B3/C3）外，还包含背景颜色、自定义数字格式以及边框等多项格式设置。D4:D10 区域展示了不同选项的粘贴效果，F 列给出了对应的粘贴类型说明。

	A	B	C	D	E	F	G
1							
2	价格	EPS	PE		公式	说明	
3		8.49	0.45	18.9 x	=B3/C3	源单元格	
4		8.49	0.45	18.9 x	=B4/C4	全部，Ctrl +V	
5		8.49	0.45	18.866667	=B5/C5	仅公式	
6		8.49	0.45	18.866667		粘贴值	
7		8.49	0.45			仅格式	
8		8.49	0.45	18.9 x	=B8/C8	公式和数字格式	
9		8.49	0.45	18.9 x		值和数字格式	
10		8.49	0.45	18.9 x	=B40/C40	无边框	

图 3-11　不同粘贴类型的结果示例

粘贴运算

选择性粘贴的运算功能。

· 应用场景

除了上述公式、数值和格式复制，选择性粘贴还可用于执行一些特殊的运算操作。例如，要求将某个区域的数据全部乘以 10%，一般做法是在新的区域内写入公式并返回计算结果。选择性粘贴则可在原数据基础上直接计算，产生结果并覆盖原有数据，无须再使用新的区域执行计算。操作支持的运算类型包括加减乘除（图 3-10 界面内的"运算"选项组），运算对象（被加数、被乘数等）可以是数字或公式。

图 3-12 给出了三种常见的应用情景。I 列包含一组文本格式的日期和数字，需要全部转换为正常数值格式。J 列包含一组两位数，但正确格式应该是百分数。K 列包含一组四位数，要求将每个数字都乘以一个 0~1 区间的随机数字。当然，以上需求很容易通过在空白列编写公式完成，但选择性粘贴的运算操作可实现原位置转换，直接覆盖原数据，无须额外的中间计算过程。

· 操作实务

以 I 列为例，粘贴运算的具体操作步骤说明如下。

❶ 在任意空白单元格如 I1 单元格内输入数字 0，并按 Ctrl+C 快捷键复制（图 3-12，#1）。

❷ 选择 I3:I10 区域（#2），按 Ctrl+Alt+V 快捷键打开"选择性粘贴"对话框。

❸ 选择粘贴类型为"数值"（#3），在"运算"选项组下，选择类型为"加"（#4）。

❹ 单击"确定"按钮完成（#5）。

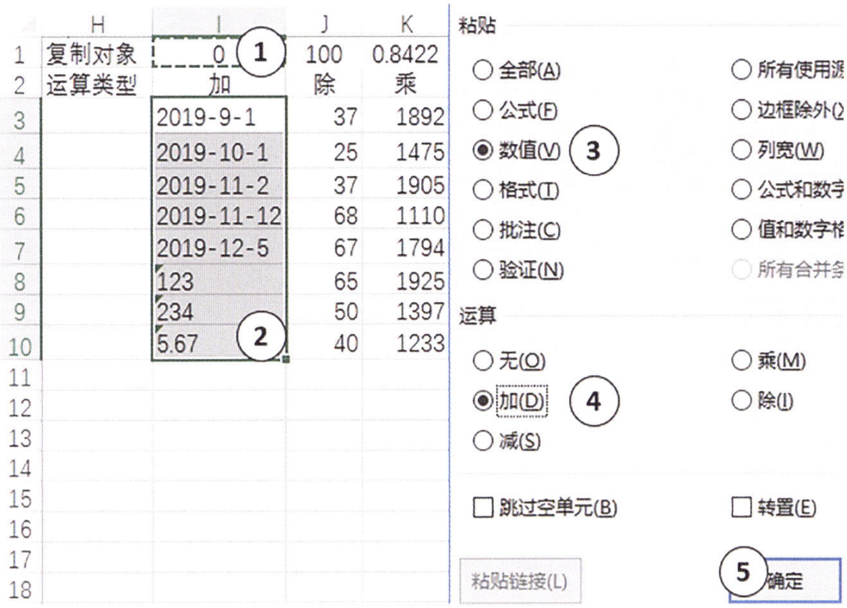

图 3-12　选择性粘贴的运算操作

以上操作的思路是将文本数据强制加 0，从而实现数据类型转换。对于 J 列和 K 列，操作过程相同，区别仅在于运算类型和运算对象的差异。例如，J 列转换需要选择 J1 单元格中的 100 并使用除法运算。K 列转换使用乘法，需要复制的运算对象是 K1 单元格，K1 单元格内包含公式“=RAND()”。图 3-13 对比了操作前后的区别。

	I	J	K
1	0	100	0.8422
2	加	除	乘
3	2019-9-1	37	1892
4	2019-10-1	25	1475
5	2019-11-2	37	1905
6	2019-11-12	68	1110
7	2019-12-5	67	1794
8	123	65	1925
9	234	50	1397
10	5.67	40	1233

⇨

I	J	K
0	100	0.8422
加	除	乘
43709	0.37	1593.5
43739	0.25	1242.3
43771	0.37	1604.5
43781	0.68	934.89
43804	0.67	1511
123	0.65	1621.3
234	0.5	1176.6
5.67	0.4	1038.5

图 3-13　运算结果对比

显然，由于互逆性质，加减和乘除可以替换。例如，J 列的除以 100 也可以是乘以 0.01。另外，上例中的运算对象或复制单元格是单个单元格，目标区域的每个单元格都和同一单元格执行指定运算（如 J2:J10 区域都除以 J1 单元格的值）。反之，如果复制的是包含多个单元格的区域，Excel 将自动在目标区域和复制区域的单元格间执行逐项匹配计算。

VBA

区域对象复制和粘贴操作使用 Range 对象的 Copy 和 PasteSpecial 方法，前者和 Ctrl+C/V 快捷键等效，后者执行选择性粘贴操作。对于不返回值的方法，参数不使用括号，多个参数间使用逗号分隔。

Copy 方法：Range.Copy(Destination)

- Range("B4").Copy Destination:=Range("B5:B16")
  将 B4 单元格粘贴至 B5:B16 区域
- Range("B4").Copy Range("B5:B16")
  省略参数名后的简化写法

PasteSpecial 方法：Range.PasteSpecial(Paste, Operation, SkipBlanks, Transpose)
4 个参数全部为可选参数，和图 3-10 中的粘贴选项一一对应。

- Paste（粘贴类型）：xlValues（数值）、xlFormulas（公式）、xlFormats（格式）等。
- Operation（运算类型）：xlAdd（加）、xlSubtract（减）、xlMultiply（乘）、xlDivide（除）。
- SkipBlanks（是否跳过空单元格）：True（是）或 False（否，默认）。
- Transpose（是否转置）：True（是）或 False（否，默认）。

以下代码执行和图 3-12 等效的选择性粘贴运算操作。

```
Range("I1").Copy
Range("I3:I10").PasteSpecial xlValues, xlAdd
```

公式和函数

Excel 将日期存储为序列号，大部分函数都会自动将日期值转换为序列数，从而可直接进行计算。在默认设置下，1900 年 1 月 1 日的序列号为 1。函数 DATEVALUE 可将日期字符串（如"2019-9-1"）转换为序列值（如 4 3709）。Excel 还提供了众多不同数据类型的转换及判断函数。例如，N（将非数值转换成数值）、VALUE（将代表数值的文本字符串转换为数值）、ISNUMBER（检测是否为数值）、ISTEXT（检测是否为文本）。

·总结和拓展

选择性粘贴同时提供转置操作，即在粘贴操作的基础上，将复制区域行列交换。假设复制区域包含 m 行 n 列，则粘贴结果包含 n 列 m 行，复制区域内第 i 行第 j 列的数据，将被转置到目标区域的第 j 行第 i 列。操作效果等价于使用 Excel 函数 Transpose。

3.5 区域命名

Excel 单元格区域的地址由行号和列标构成（如 C1 单元格、B3:F6 区域）。在需要反复引用、数据源区域更改、引用单元格和公式单元格距离较远甚至不在同一工作表内等情形下，使用地址引用的办法效率较低且易出错。在相关工具的对话界面中，使用引用编辑框（如图表中的数据源编辑）引用工作表区域数据更是经常发生意外错误。克服地址引用限制的办法之一是使用名称指代单元格区域，而后在公式函数中直接使用该名称作为参数。名称有具体含义，方便记忆和写出。同时，使用名称还可避免使用绝对引用符号、减少公式中使用的引用地址数量，使公式更简洁且容易检查。例如，公式" =PMT(pmt!$A4/12,pmt!$B$2*12,pmt!$B$1) "在使用名称后可转变成类似"=PMT(利率 /12, 年限 *12, 贷款额)"的形式。

定义名称

本节要点

不同类型的名称和应用情景。名称的 3 种命名途径。

·应用场景

从最终形式看，名称可能指向单个单元格、一行或一列、多行多列区域以及包括以上多种形式混合的非连续区域。

❶ 单个单元格：例如，PMT 函数中的贷款金额参数位于 B1 单元格，将 B1 单元格命名为"贷款额"，而后在函数中使用该名称而非单元格地址。针对单个单元

格的命名并不多见，一般适用于需要跨工作表重复引用的某种全局参数或设置变量，如利率、起始日期、日期计数基准、时间周期等。

❷ 行列：在结构化表格中，经常用行列标题给对应的数据命名。多数情况下，数据采用纵向组织，如在图 3-14 中，可使用首行的指标名称命名所在列的数据，如名称"Name"（公司名）对应 B 列，"EPS"（每股收益）对应 G 列。

❸ 多行多列区域：名称包含一个或多个连续或不连续的工作表区域，多数情况下是一个由多行多列构成的矩形区域。

· 操作实务

针对不同类型的名称及应用情景，Excel 提供了 3 种名称定义方式。

❶ 单个名称命名，可直接使用名称框定义。名称框位于公式栏的左侧。以图 3-15 为例，将图中 A2:H470 静态区域命名为"科技股"的具体步骤是：首先选定需要命名的单元格或区域（图 3-14，#1），而后单击名称框，直接输入名称后按 Enter 键完成（#2）。名称"科技股"将指代 A2:H470 区域。

	A	B	C	D	E	F	G	H
1	Symbol	Name	Price	Change	PctChange	Volume	EPS	MarketCap
2	MSFT	Microsoft (	128.9	2.69	2.13%	24.911	4.501	9877.37
3	AAPL	pple Inc.	211.75	2.6	1.24%	20.892	11.889	9742.79
4	GOOG	Alphabet I	1185.4	22.79	1.96%	1.981	39.859	8241.99
5	FB	Facebook,	195.47	2.94	1.53%	14.575	6.738	5579.67
468	RELL	Richardson	5.87	0.14	2.44%	15921	0.059	0.77
469	AVNW	Aviat Netw	13.6	-0.04	-0.29%	11937		0.73
470	MINDP	Mitcham Ir	24.37	-0.03	-0.13%	5168		0.47

图 3-14　使用名称框命名

❷ 使用标题行列创建名称。如需分别命名多个行列或单元格，使用名称框定义需要反复选定操作，过程较为烦琐，以下方法则可一次性完成批量命名。操作步骤如下。

· 首先选定包含标题在内的全部区域（图 3-15，#1）。

· 按 Ctrl+Shift+F3 快捷键（或单击"公式"→"定义的名称"→"根据所选内容创建"）。从对话框可以看出，批量命名支持标题位于所选区域的首行、末行、最左列和最右列等 4 种情形，应根据数据组织特点正确选择。

· 根据本例数据特征，在对话框内选择名称位于"首行"（#2）。

·最后单击"确定"按钮退出（#3）。

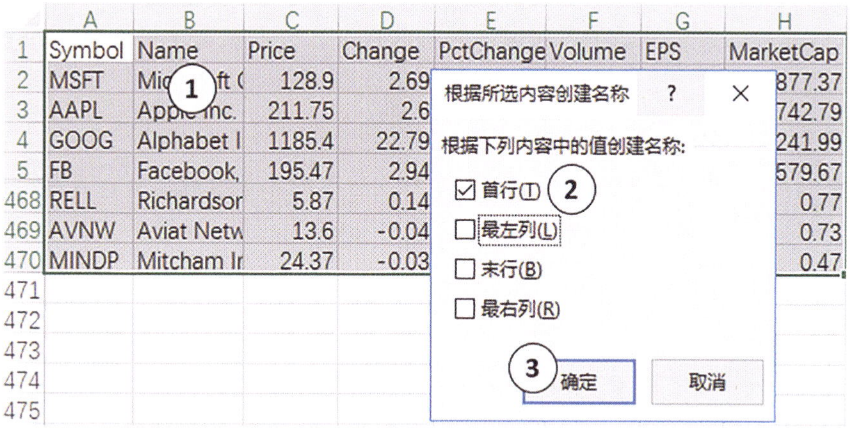

图 3-15　批量命名

❸ 名称管理器。通过名称管理器界面，用户可浏览当前工作簿内已定义名称的详细信息，包括名称、数值、引用位置、适用范围等，也可执行名称的定义、编辑和删除操作。可使用 Ctrl+F3 快捷键（或单击"公式" → "定义的名称" → "名称管理器"）启动名称管理器界面（图 3-21）。单击名称管理器上方的"新建"按钮，在打开的"新建名称"对话框内输入名称、引用位置等信息后单击"确定"按钮即可完成名称定义。

· **总结和拓展**

事实上，所有直接引用工作表地址的静态名称都可采用名称框、根据标题创建（Ctrl+Shift+F3 快捷键）以及名称管理器（Ctrl +F3 快捷键）创建。以上三种命名方式的区别主要在两个方面。首先是便利程度上的差异，名称框和名称管理器一次仅可定义一个名称，而根据标题创建方式则同时支持单个或批量命名。其次，动态名称只能通过名称管理器定义。动态名称基于公式产生，无法直接引用工作表区域，相关内容将在第 4 章介绍。

在公式中使用名称

名称创建完成后，可直接在公式中使用。在公式中访问已定义名称有以下三种途径。

❶ 直接输入：如 PMT 函数中直接输入"年限*12"。

❷ 名称提示：在公式编辑状态下（以"="开始）的任意光标位置，只需输入名称中的任意字符，Excel 自动提示功能会列出所有包含输入字符串的函数和名称列表，此时只需使用上下方向键，选定后双击鼠标左键或按 Tab 键，Excel 会在公式中的当前位置插入所选名称。以上智能提示功能和函数相同，界面可参考图3-7。显然，此功能对英文名称更有效，对使用中文的名称则用处不大。

❸ 粘贴名称：Excel 自动提示列表会列示所有满足条件的函数和名称。和函数一样，为了利用自动提示功能产生名称，至少需要输入名称中的部分字符串，如果对名称一无所知，也就无法使用自动提示功能，因此在实际使用过程难免受限。粘贴名称则可解决上述不便。只需在要输入名称的光标位置，按 F3 键，Excel 会自动打开"粘贴名称"对话框，对话框中包含了工作表中的所有可用名称，使用上下方向键选择其一后，通过双击名称、按 Enter 键或单击对话框中的"确定"按钮等方式执行粘贴操作。图 3-16 以公式"=PMT(利率 /12，年限 *12，贷款额）"为例，3个参数的输入可通过先后 3 次名称粘贴完成。操作步骤介绍如下。

· 输入公式"=PMT("并按 F3 键（#1）。

· 在"粘贴名称"对话框中双击"利率"或者选定后单击"确定"按钮（#2）。

· 返回公式编辑状态，并在光标位置自动生成名称"利率"（#3）。

· 在返回名称之后输入"/12"，将年利率转换为月利率，而后继续输入逗号开始下一个参数，在此位置再次按 F3 键（#4）。

· 重复第 2 步的操作，粘贴第 2 个参数的名称。

· 其余参数依此类推，直到完成公式输入（#5）。

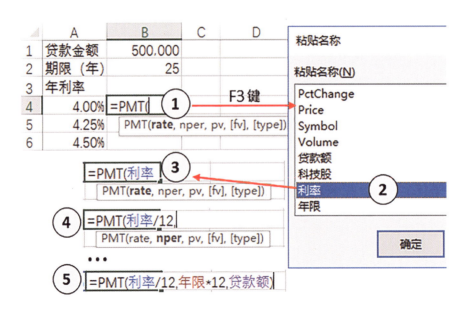

图 3-16　粘贴名称

使用 F3 键除了可在公式中粘贴名称，还可将工作簿中的所有名称及其引用位置以列表形式粘贴在指定区域。使用方法是，选择作为输出起始位置的单元格，按 F3 键，在打开的"粘贴名称"对话框中单击"粘贴列表"按钮。

名称应用简例

> **本节要点**
>
> 使用名称解决地址依赖问题。行列名称和矩形区域名称的区别。

· **应用场景**

除了可替代地址、简化公式之外，名称还有许多灵活用途。结合前文介绍的几种类型，本节通过两个简例，介绍区域命名在各类报表中的使用。

在实际应用中，源数据和输出报表经常不在同一工作表，报表中的行列顺序可能和源数据不同，或者只针对源数据中的部分行列执行计算。以图 3-17 为例，上方工作表是部分科技股的价格和基本面数据，下方工作表用于执行相关计算。

· **操作实务**

执行计算的工作表内，第 2 行的公式使用地址引用，B2 单元格公式为："=AVERAGE(tech!C2:C470)"，但因 EPS 等计算列的排列顺序和源数据不一致，公式向右复制返回的是错列结果。第 3 行改用名称引用，C2 单元格公式为"=AVERAGE(INDIRECT(B1))"，其中 INDIRECT 函数将 B1 单元格的文本转换为已定义的同名名称，公式向右复制返回正确结果，无须考虑各列的顺序对应问题。

	A	B	C	D	E	F	G	H
1	Symbol	Name	Price	Change	PctChange	Volume	EPS	Marke
2	MSFT	Microsoft (	128.9	2.69	2.13%	24.911	4.501	98
3	AAPL	Apple Inc.	211.75	2.6	1.24%	20.892	11.889	97
4	GOOG	Alphabet I	1185.4	22.79	1.96%	1.981	39.859	82
5	FB	Facebook,	195.47	2.94	1.53%	14.575	6.738	55
468	RELL	Richardsor	5.87	0.14	2.44%	15921	0.059	
469	AVNW	Aviat Netw	13.6	-0.04	-0.29%	11937		
470	MINDP	Mitcham Ir	24.37	-0.03	-0.13%	5168		

	A	B	C	D	E	F	G
1		Price	EPS	MarketCap	B列公式		
2	地址	64.648	0.756	0.016	=AVERAGE(tech!C2:C470)		
3	名称	64.648	2.592	184.969	=AVERAGE(INDIRECT(B1))		

图 3-17　名称应用示例 1

在图 3-14 中将 A2:H470 数据区域命名为"科技股"，对于此类覆盖矩形区域的名称，通常还需要使用 INDEX 函数从中取值用于进一步计算。以图 3-18 为例，第 5 行首先使用 MATCH 函数返回指标在数据源区域位于第几列，而后再使用 IINDEX 函数返回该列的全部值，最后执行求平均计算。B6 单元格的公式为"=AVERAGE(INDEX(科技股 ,0,B5))"，向右拖动复制公式后的结果和第 3 行的计算结果一致。

	A	B	C	D	E	F	G
1		Price	EPS	MarketCap	B列公式		
2	地址	64.648	0.756	0.016	=AVERAGE(tech!C2:C470)		
3	名称	64.648	2.592	184.969	=AVERAGE(INDIRECT(B1))		
4							
5		3	7	8	=MATCH(B1,tech!$A$1:$H$1,0)		
6		64.648	2.592	184.969	=AVERAGE(INDEX(科技股,0,B5))		

图 3-18　名称应用示例 2

和行列命名相比，矩形区域命名的好处是只用一个名称，不需要每一列都分别定义，在数据区域面积较大的情况下优势明显；缺点是在具体使用时通常需要借助 MATCH、INDEX 等函数进行数据转换和读取，过程稍显复杂。

公式和函数

查找和引用函数是 Excel 的重要基础函数。简单地说，查找函数返回查询目标的值或相对位置，但用户无法从结果得知其具体的工作表地址。引用函数则返回目标地址，该结果可进一步被其他公式引用。

MATCH(lookup_value, lookup_array, [match_type]) 在指定区域（lookup_array）内搜索指定值（lookup_value），并返回查询值在该区域内的相对位置。可选参数 [match_type] 规定了匹配规则，0 代表精确匹配，1 代表查找小于或等于查询值的最大值，同时要求查询区域的值按升序排列，−1 则与之相反。图 3-18 中，B5 单元格在 A1:H1 区域范围内搜索 B1 单元格的值（Price），返回结果为 3。显然，该结果无法作为地址使用。

INDIRECT 函数将文本字符串转换为有效引用，输入参数必须是文本格式的工作表地址、已定义的名称，或包含上述字符串的单元格引用。例如，INDIRECT(B1) 和 INDIRECT("B1") 分别使用引用（B1）和字符串（"B1"）作为参数，图 3-19 对比了二者的区别。

```
=AVERAGE(  INDIRECT(B1)          )      =AVERAGE(  INDIRECT("B1")  )

=AVERAGE(  INDIRECT("Price")     )      =AVERAGE( ↓B1 )
=AVERAGE(↓tech!$C$2:$C$470 )
=64.648                                 =#DIV/0!
```

图 3-19　两种参数的区别

INDEX(reference, row_num, [column_num]) 返回引用区域（reference）内指定行（row_num）和指定列（[column_num]）位置的单元格的值和引用。在行参数为 0 时，INDEX 函数返回全部行，列参数为 0 时返回全部列。因此，INDEX(科技股 ,0,3) 返回科技股区域的第 3 列全部数据，而后可用于进一步计算。

本书第 5 章将结合案例详细介绍查找和引用函数的应用情景、使用方法及不同函数之间的异同。

在非聚合应用中使用名称

本节要点

同行引用规则。在数组公式中使用名称。

· 应用场景

前例在求平均计算中使用区域命名，实际应用中还经常需要以非聚合的方式使用区域名称，此时需遵守同行（假设数据纵向组织，即每行为一条记录、每列为一个指标）引用规则。例如，计算市盈率可直接使用公式 "=Price/EPS"（价格除以每股收益），但此公式仅在公式单元格和引用单元格位于同行的前提下才可正确计算，否则将返回错误结果。

· 操作实务

在图 3-20 中，I3 单元格和 I4 单元格都正确返回了 C3 单元格和 G3 单元格、C4 单元格和 G4 单元格的比值，在 I471 单元格输入相同公式，Excel 则直接返回 "#VALUE"，即计算参数错误。

同行引用规则意味着公式所在行必须和引用的名称区域匹配，如需在任意位置更灵活地返回完整结果，可使用数组方法。第 6 章将详细介绍数组公式的应用，此处仅列出本例的具体操作步骤。

❶ 选定需要产生计算结果的输出区域。

❷ 进入公式编辑状态，输入公式"{=Price/EPS}"。

❸ 按 Ctrl+Shift+Enter 快捷键，返回数组计算结果。

❹ 最终效果如图 3-20 中的 I473 单元格所示，数组公式使用花括号标识，和普通公式不同。

	C	D	E	F	G	H	I	J
1	Price	Change	PctChange	Volume	EPS	MarketCap		
2	128.9	2.69	2.13%	24.911	4.501	9877.37		
3	211.75	2.6	1.24%	20.892	11.889	9742.79	17.81	=Price/EPS
4	1185.4	22.79	1.96%	1.981	39.859	8241.99	29.74	=Price/EPS
5	195.47	2.94	1.53%	14.575	6.738	5579.67		
468	5.87	0.14	2.44%	15921	0.059	0.77		
469	13.6	-0.04	-0.29%	11937		0.73		
470	24.37	-0.03	-0.13%	5168		0.47		
471							#VALUE!	=Price/EPS
472								
473							28.64	{=Price/EPS}
474							17.81	
475							29.74	
476							29.01	
477							20.04	
478							11.68	

图 3-20　区域名称的引用规范

名称管理和规范

和多样化的名称创建方式不同，如需完整查看、修改或删除已定义的名称，只能通过名称管理器工具。名称管理器界面如图 3-21 所示，单击名称列表中的某一具体名称后可执行以下操作。

❶ 删除操作：单击界面顶部的"删除"按钮，可删除选定名称。需要注意的是，此操作将导致所有引用该名称的公式返回"#NAME?"，即无法识别错误。

❷ 快速编辑：界面下方的"引用位置"文本框显示选定名称的引用位置，可直接在此文本框内修改引用地址，并单击文本框左侧的√按钮确认修改或 × 按钮放弃修改。

❸ 明细编辑：单击界面顶部的"编辑"按钮进入独立编辑界面，可修改名称、引用位置及备注信息。

图 3-21　名称管理器

　　默认情况下，名称的适用范围为当前工作簿，在当前工作簿的任一工作表内都能正常使用。某些时候，可能需要将名称的使用限定在特定工作表之内，例如，多张工作表内存在同名的名称，为避免引用混淆，需要限定名称的应用范围。针对此类需求，可以创建适用于特定工作表的局部名称。创建工作表级名称的方法有以下两种。

❶ 使用"名称"文本框命名时，按"工作表名 + 感叹号 + 名称"的规则输入名称。例如，要求上例中 A2:H470 区域对应的名称"科技股"仅在当前工作表可用，应在"名称"文本框中输入"tech! 科技股"后按 Enter 键。

❷ 通过"新建名称"对话框创建名称时，在"范围"下拉列表中将适用范围由默认的"工作簿"更改为目标工作表，如图 3-22 所示。

图 3-22　更改名称的适用范围

最后，Excel 对名称的命名有一定规范要求，并非任意字符都可用于名称定义，这些规则如下。

❶ 名称不能是数字或以数字开头，如 1TP。

❷ 名称不能与单元格地址相同，如 B3。

❸ 不能以大小写字母 R、C 作为名称。

❹ 名称中不能包含空格。

❺ 不能使用除下划线、点号、反斜线（/）、问号之外的其他符号，其中问号不能作为名称开头。

❻ 名称中的字母不区分大小写。

❼ 名称字符不能超过 255 个。

VBA

假设将 A2:B10 区域命名为"Data"，Range(Cells(2,1), Cells(10,2)) 或 Range("A2:B10") 可替换为 Range("Data")，可见在 VBA 中使用名称而非地址能够有效简化代码，更容易阅读和维护，即使更换数据源也无须修改代码。再如：

· Range("Data").Rows.Count　　　返回 Data 区域的行数

· Application.Sum(Range("Data"))　　使用 Excel 的 SUM 函数对 Data 区域求和

在 VBA 中可使用 Names 对象的 Add 方法创建名称：Names.Add (Name,RefersTo)，其中 Name 和 RefersTo 参数分别为名称和所指向的引用位置或公式，例如：

- ThisWorkbook.Names.Add "Data", Range("A2:B10")

将 A2:B10 区域命名为 Data

- ThisWorkbook.Names.Add "Data", "=Offset($A$2,0,0,9,2)"

使用公式命名 Data

下面的代码搜索活动工作簿中的名称集合，使用 For Each-Next 循环遍历集合内的每一个成员，并输出具体名称和指向地址，与使用 F3 键等效。

```
Dim nm As Name
For Each nm In ActiveWorkbook.Names
    If nm.Visible Then
        Debug.Print nm.Name, nm.RefersTo
    End If
Next nm
```

3.6 表格

电子表格中几乎所有的数据都以行列布局、高度结构化的样式呈现。在早期版本的 Excel 中，工作表区域就是一种最基本的数据组织形式。问题是，在包含大量数据的报表管理应用中，区域存在众多不便之处。首先，在格式设置方面，区域对标题行、数据行、汇总行等不同元素不做区分，如需施加不同的格式如字体、背景颜色等，用户几乎需要逐行操作，效率较低。其次，在排序、搜索等基础报表应用方面，区域需要通过功能区菜单启动此类操作，在早期版本的 Excel 中更是需要执行多次操作。再次，区域以单元格为核心，相关计算需引用单元格区域地址，操作步骤多且易出错。最后，随着数据行列的增减，原有格式设置、公式等往往需要用户手工更新，维护工作量较大。使用 3.5 节介绍的区域命名能够在一定程度上解决部分问题，但通常需要使用基于公式的动态命名技术，存在一定的学习成本。

表格的优势

为了提升数据报表应用的便利性和操作效率，Excel 从 2007 版本开始推出表格功能。以图 3-23 为例，将 3.5 节中的科技股数据区域转换为表格的操作步骤如下。

❶ 选中区域中的任意单元格（图 3-23，#1）。

❷ 按 Ctrl+T 快捷键或单击 "插入" → "表格" → "表格"（#2）。

❸ 在打开的"创建表"对话框内确认地址以和标题信息，单击"确定"按钮完成（#3）。

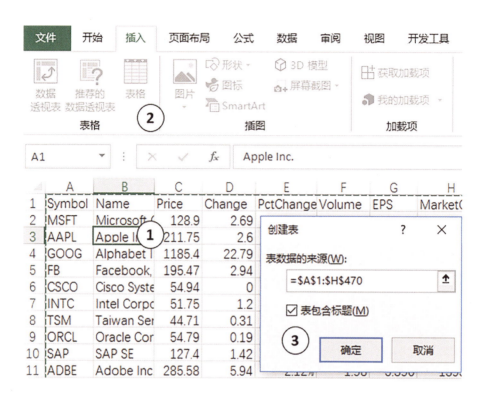

图 3-23　将区域转换为表格

将普通工作表区域转换为表格后，可立即获得以下方面的操作便利。

❶ 可直接套用各类预先定义的表格样式（单击"设计"→"表格样式"）。

❷ 快速显示 / 隐藏表格的特定组成部分和功能，包括标题行、汇总行、筛选按钮等（单击"设计"→"表格样式选项"）。

❸ 使用表格切片器（Excel 2013 及之后版本）。切片器是一种可在表格之外独立布局的可视筛选工具，通过单击所需数据的方式进行直接筛选，较传统的标题行下拉列表筛选方式更为直观和便捷（单击"设计"→"工具"→"插入切片器"），尤其适合维度字段的筛选。

❹ 表格有灵活的行列自动扩充功能，只需在最末行的下方行或最末列的右侧列中输入数据，表格就会自动将新的行列包括在内，并套用相关格式设置。此外，表格也支持通过拖动右下角的十字操作柄、打开"调整表大小"对话框（单击"设计"→"属性"→"调整表大小"）等途径调整表格大小。

❺ 更便捷的汇总计算。在启用汇总行（图 3-24，#1）后，可直接在汇总行内打开下拉列表框，为各列指定不同的汇总方式（#2），无须手工输入计算公式。

❻ 计算列自动填充。计算列是指包含计算公式的列，只需在新建列（通过插入方式产生的新列，或者表格末列右侧的空白列，图 3-25 的 I 列）的任意单元格内输入公式，Excel 表格会自动将此公式填充到全列，从而避免了区域计算的公式复制操作（参考 3.3 节）。

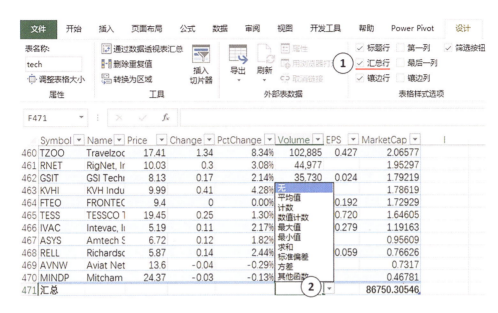

图 3-24　表格的汇总行

结构化引用

本节要点

不同类型的名称和应用情景。名称的 3 种命名途径。

· **应用场景**

以计算市盈率为例，如图 3-25 所示，在 I3 单元格中输入公式，并按正常方法引用相关列的单元格时，显示的不再是类似"C3/G3"的常规公式，而是"=[@Price]/ [@EPS]"。公式不再体现行号与列标，并在整个计算列中保持一致，不随行号而变。此类公式称为结构化引用公式，为表格所独有，其中的 @ 符号代表同行，含义是尽管每行使用相同的公式，但表格在执行计算时会遵守同行引用规则，从而确保 I3 单元格的计算使用的是第 3 行的参数（C3 单元格和 G3 单元格）。具体用法和 3.5 节提及的同行引用规则完全相同（图 3-20）。

如果在表格以外的区域引用表格中的列，则需使用完整的引用格式"表名

[列名]”，即在列名之前添加表名。假设图 3-23 中的表格已被命名为“tech”，在不属于表格的 J3 单元格中执行相同计算，需要输入公式“=tech[@Price]/tech[@EPS]”。和函数、区域名称相同，使用英文命名的表名同样支持智能提示功能，只需输入名称中包含的部分字符串，Excel 会自动列出符合条件的清单供选择（图 3-7）。

G3 =[@Price]/[@EPS]

	C	D	E	F	G	H	I	J
1	Price	Change	PctChange	Volume	EPS	MarketCap		
2	128.9	2.69	2.13%	24.911	4.501	9877.37		
3	211.75	2.6	1.24%	20.892	11.889	9742.79	=[@Price]/[@EPS]	
4	1,185.40	22.79	1.96%	1.981	39.859	8241.99		
5	195.47	2.94	1.53%	14.575	6.738	5579.67		

图 3-25　表格的结构化引用公式

和同行引用不同，在对表格的特定列执行某种聚合计算时，需要使用不带 @ 符号的全列引用，如 tech[Price]。全列引用通常应用于汇总计算，因此不受公式所在行的限制。

· 操作实务

回到 3.5 节的名称应用简例，除了可使用地址引用、名称等计算价格、EPS 指标的平均值之外，还可使用表格的结构化引用。图 3-26 中，B8 单元格的公式为“=AVERAGE(tech[Price])”，该公式可返回正确结果，但由于列名参数固定不变，公式向右复制的效果不符合预期。为此，B9 单元格的公式引用了 B1 单元格中的列名参数，公式可正常向右复制。

图 3-26 的 E 列给出了三种不同方法的相关公式对比。

	A	B	C	D	E	F	G	H
1		Price	EPS	MarketCap	B列公式			
2	地址	64.648	0.756	0.016	=AVERAGE(tech!C2:C470)			
3	名称	64.648	2.592	184.969	=AVERAGE(INDIRECT(B1))			
4								
5		3	7	8	=MATCH(B1,tech!$A$1:$H$1,0)			
6		64.648	2.592	184.969	=AVERAGE(INDEX(科技股,0,B5))			
7								
8	表格	64.648	64.648	64.648	=AVERAGE(tech[Price])			
9		64.648	2.592	184.969	=AVERAGE(INDIRECT("tech["&B1&"]"))			

图 3-26　使用表格公式求平均值

B9 单元格的公式 "=AVERAGE(INDIRECT("tech["&B1&"]"))" 的计算过程的分解如下。

- "tech[" & B1 & "]"：按 "表名 [列名]" 的结构化引用格式，将表名 "tech" 和 B1 单元格中的列名拼接。
- INDIRECT("tech["&B1&"]")：将拼接好的结构化引用字符串转换成有效引用地址。
- =AVERAGE(INDIRECT("tech["&B1&"]"))：对有效引用地址中的数据求平均值。

· **总结和拓展**

使用结构化引用公式的一项重要优势是从源数据到相关计算和应用的全自动更新。只需通过一个简单的例子，对比一下区域和表格的不同表现，就能发现上述优势的重要意义。

首先假设图 3-23 中的数据是常规区域，在第 471 行输入一条新的股票记录后，为了体现样本增加后的计算结果，需要手动更改图 3-26 中第 2 行的公式。例如，B2 单元格公式中引用的参数应由 C2:C470 改为 C2:C471。与此类似，B3 单元格和 B6 单元格的公式引用的是指向固定地址的静态名称，同样也需要手动更改，例如，名称 "科技股" 的引用地址应由 A2:H470 改为 A2:H471。

作为对比，现在将区域转换成表格，然后同样在表格末行之后的第 471 行添加新数据。图 3-26 中第 8 行和第 9 行中结构化公式的计算结果会立即随之而变，也即新数据会被自动纳入计算范围，更新计算过程无须任何人工维护。不仅如此，原有的静态名称也会借助表格的上述特性实现动态扩展。转换为表格后，B3 单元格和 B6 单元格的公式在计算时同样自动覆盖新增数据，不再需要更改公式中名称的引用位置。这一过程意味着，表格会将 "科技股" "Price" "EPS" 等静态名称自动升级为可拓展的动态名称。可见，在结构化程度高、经常需要更新数据的报表及看板应用中，表格相对于区域的优势十分显著，能够有效简化甚至消除大量和引用数据源有关的维护工作。

其他应用要点

本节最后简要介绍表格应用的其他要点和注意事项如下。

❶ 执行区域转换表格操作时，Excel 会自动为新建表格创建名称，默认为"表 1""表 2"……，在"设计"选项卡下可修改名称。

❷ 和区域命名不同，表名无法通过 F3 键粘贴至公式中，但同样具有跟随提示功能。考虑到英文字符在这方面的应用便利，如需频繁使用结构化公式，建议使用字母名称。

❸ Power Pivot 不接受区域数据。如将选定的工作表数据添加至 Power Pivot 数据模型，Excel 会强制将区域转换为表格。因此，对于此类应用，将默认生成的表名改为用英文命名更有必要。

❹ 通过名称管理器（Ctrl+F3 快捷键），可查看工作簿内的所有表格名称。

❺ 通过"设计"选项卡或快捷菜单中的相关设置，可将表格转换成普通区域。

▎VBA

在 VBA 中指向表格有两种选择：通过 Range 对象或是 ListObject 对象。如需对表格对象施加各种操作，如各类样式控制、排序、筛选、创建切片器等，只能使用 ListObject 对象。但如果仅需要以结构化的方式读取和计算表格中的数据，则两种途径都可使用，使用 Range 对象更便捷，代码的写法也更接近 Excel 中的公式，例如：

· Range("tech")	表格 tech 区域，不含标题行
· Range("tech[#All]")	表格 tech 区域，含数据和标题行
· Range("tech[Price]")	表格 tech 的 Price 列
· Range("tech").Column(3)	表格 tech 的第 3 列
· Application.Median(Range("tech[Price]"))	计算 Price 列的中位值
· Range("tech").Rows.Count	计算表格 tech 的行数
· Range("tech[Symbol]").Cells(4)	代码 Symbol 列的第 4 行

3.7 条件格式 [①]

Excel 中的许多对象都有设计或格式选项。多数情况下，格式设置可在相关界

---

① 本节内容参考了《投资银行 Excel 建模分析师手册》（机械工业出版社，2014 年）。

面中直接操作，过程大都较为直观和简单。本节侧重于介绍两类功能性较强、应用场景灵活且高度自定义的格式操作，包括针对数字显示样式的格式化以及针对单元格区域的条件格式化。

设置数字格式

本节要点

通过格式设置界面，查看数字格式及其对应代码。

·应用场景

单元格格式化是最常见的 Excel 操作，在单元格中单击鼠标右键并单击快捷菜单中的"设置单元格格式"或使用 Ctrl+1 快捷键可打开"设置单元格格式"对话框。常见的格式设置项包括数字格式、字体格式、边框、填充及对齐格式等。

数字格式方面，Excel 为不同类型的数据提供了不同的格式，如数值的小数位数、千位分隔符、货币符号、日期格式、时间、百分比、邮政编码、中文大小写格式等。Excel 的每一种内置数字格式都对应一个格式代码，例如，设置数字显示两位小数、使用千位分隔符、负数使用括号等。

·操作实务

通过以下步骤可查看数字格式所对应的代码。

❶ 选择目标单元格后按 Ctrl+1 快捷键打开"设置单元格格式"对话框（图 3-27）。

❷ 在对话框左侧的"分类"列表框中，选择格式类型为"数值"（图 3-27，#1）。

❸ 在对话框右侧设置相关格式选项，包括小数位数为 2（#2）、启用千位分隔符（#3）、负数使用括号（#4）等。

❹ 切换至左侧列表的最后一项"自定义"选项（#5）。

❺ 此时右侧的"类型"文本框内显示的格式代码就是当前内置格式对应的代码（#6）。与此类似，如将单元格格式设置为"特殊"分类中的"中文小写数字"，而后切换至"自定义"，该格式代码显示为"[DBNum1][＄-zh-CN]G/ 通用格式"。

图 3-27　查看内置数字格式的代码

　　为满足更灵活多样的数字格式化需求，Excel 在内置格式的基础上进一步支持自定义格式。自定义格式的实质是根据 Excel 的格式规则撰写格式代码，并将其应用于所选单元格区域。使用自定义格式不改变数值本身，只将数字按所需效果显示，能够有效提升和格式相关的处理效率。自定义数字格式的具体途径如下。

❶ 在"自定义"分类下的"类型"文本框（图 3-27，#6）内直接输入代码，对话框上方的"示例"区可预览格式效果，如需应用，单击对话框下方的"确定"按钮。

❷ 从"类型"下方的代码列表内选择一种现有的格式代码（图 3-27，#7），这些代码包含 Excel 内置数字格式对应的代码，也包括用户此前创建成功的自定义格式代码。所选代码也可在"类型"文本框内进一步调试和修改。预览和应用格式的方法相同。

数字格式规则简介

本节要点

数字格式代码的基本结构和规则。常用代码字符的含义。常用日期代码。

·应用场景

编写自定义格式首先需要了解格式代码的结构和规则。以上例中的数字"834.30"为例，图3-28给出了代码和数字显示效果的关系示意图。

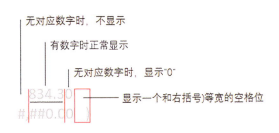

图 3-28　格式代码和数字显示效果的关系示意图

实际应用中，经常需要对不同类型的数字施加不同的格式控制。为了让格式代码能够自动识别不同类型的数字并实施对应的格式，Excel 格式代码的基本结构包含 4 个区段，分别处理不同类型的数值：正数格式；负数格式；零值格式；文本格式。自定义数字格式无须包含所有区段，实际应用中还可能存在以下几种变形。

❶ 如果格式仅包含一个区段，则该区段将应用于所有类型的数字。

❷ 如果仅指定两个区段，则第一部分用于正数和零，第二部分适用于负数。

❸ 如需跳过中间区段，必须使用分号"；"指代被省略的区段。忽略某个区段会导致该区段所对应类型的数字被隐藏。例如，代码"0.0;;0"中，第 2 个区段被省略，此格式会导致负数不显示。

·操作实务

下面的自定义格式包含了完整的 4 个区段，分别对应正数、负数、零值和文本，并使用分号分隔：#,##0.0_);[红色](#,##0.0);--??;*-@_)。图 3-29 逐行展示了该自定义格式代码按各区段分解的应用效果。

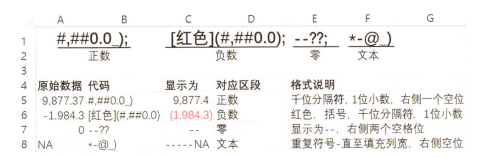

图 3-29　自定义数字格式的应用效果

可以看出，图 3-29 中各区段代码都是由多个代码字符构成的，如"#""0"等，每一个代码字符对应不同的含义和用法。表 3-2 进一步给出了部分代码字符的详细含义及应用示例。

表 3-2　自定义数字格式代码详解

代码	用法说明和示例
0	数字占位符，当数字位数少于代码中 0 的数量时，显示无意义的 0
#	数字占位符，当数字位数少于代码中 # 的数量时，不显示多余的零，也即只显示有效数字
?	数字占位符，当数字位数少于代码中 ? 的数量时，显示为空格

数字占位符对比

Symbol	原数据 Change	格式及效果 #.#	#.##	0.0	0.00	0.00?
MSFT	2.69	2.7	2.69	2.7	2.69	2.69
AAPL	2.6	2.6	2.6	2.6	2.60	2.60
GOOG	22.79	22.8	22.79	22.8	22.79	22.79
CSCO	0	.	.	0.0	0.00	0.00
BIDU	0.8	.8	.8	0.8	0.80	0.80
AVGO	-0.11	-.1	-.11	-0.1	-0.11	-0.11
TSM	0.31	.3	.31	0.3	0.31	0.31

,	千位分隔符

Symbol	原数据 MarketCap	格式及效果 #,##0.0
MSFT	9,877.37	9,877.4
AAPL	9,742.79	9,742.8
GOOG	8,241.99	8,242.0

%	将数字显示为百分数，如 0.00%

_	下划线，留出和下划线后的下一个字符等宽的空格。例如，代码 _) 表示在数字之后增加一个和右括号等宽的空格，在负数使用括号表示的情况下，该格式可实现正数和负数的最右侧数字对齐

Symbol	原数据 Change	格式及效果 #,##0.0_);(#,##0.0);0.0_)	说明
BIDU	0.8	0.8	正数：#,##0.0_)
AVGO	-0.11	(0.1)	负数：(#,##0.0)
CSCO	0	0.0	零：0.0_)

*	重复显示星号之后的下一个字符，直到剩下的列宽被填充满

Symbol	原数据 Price $#,##0.00*-	格式及效果 **$#,##0.00
FB	195.5	$195.47------ ********$195.47
CSCO	54.9	$54.94------- **********$54.94

代码	用法说明和示例
"文本"	显示双引号内的文本
	<table><tr><td></td><td>原数据</td><td>格式及效果</td><td>原数据</td><td>格式及效果</td></tr><tr><td>Symbol</td><td>MarketCap</td><td>$ 0.0"亿" PE</td><td></td><td>0.0 "X"</td></tr><tr><td>MSFT</td><td>9,877.37</td><td>$9,877.4 亿</td><td>28.64</td><td>28.6 X</td></tr><tr><td>AAPL</td><td>9,742.79</td><td>$9,742.8 亿</td><td>17.81</td><td>17.8 X</td></tr></table>
@	文本占位符，引用原始文本，使用多个 @ 可重复显示文本
	<table><tr><td>原数据</td><td>格式</td><td>效果</td></tr><tr><td>FB</td><td>;;;**@</td><td>************************FB</td></tr><tr><td>CSCO</td><td>;;;@*-</td><td>CSCO----------------</td></tr><tr><td>000009</td><td>;;;@".SZ"</td><td>000009.SZ</td></tr></table>
[颜色]	颜色代码，使用和 Excel 版本语言匹配的颜色代码，支持的颜色包括黑、白、红、蓝、黄、绿、蓝绿、洋红等
	<table><tr><td>Symbol</td><td>原数据 Change</td><td colspan="2">格式及效果 [红色]0.000;[蓝色]-0.000;</td><td>说明</td></tr><tr><td>MSFT</td><td>2.69</td><td></td><td>2.690</td><td>正数: [红色]0.000</td></tr><tr><td>AVGO</td><td>-0.11</td><td></td><td>-0.110</td><td>负数: [蓝色]-0.000</td></tr></table>
[条件值]	根据设定条件对数字执行不同的格式化，和常规数字的 4 区段规则不同，条件数字格式代码结构为：[条件 1] 格式 ; [条件 2] 格式 ; 其他格式。其中，条件须包含在中括号内，如 [>100]。实例见后

　　除了数字格式化，更改日期的显示效果也是常见的格式需求。Excel 提供了许多和日期及时间有关的内置格式。在"设置单元格格式"对话框的"数字"选项卡下，单击"分类"列表框中的"日期"或"时间"，而后在右侧类型列表中选择合适格式并确定即可。

　　和数字自定义格式类似，在内置日期格式的基础上，用户可进一步创建自定义日期格式，代码规则参考表 3-3。

表 3-3　自定义日期格式代码

代码	用法说明和示例
m mm mmm mmmm	使用没有前导零的数字显示月份，如 1~12 月份表示为两位数字，一位数的月份添加前导零，如 01~12 月份表示为英文缩写，如 Jan~Dec 月份表示为英文全称，如 January~December
d dd ddd dddd aaa aaaa	使用没有前导零的数字显示日期，如 1~31 日期表示为两位数字，一位数的日期添加前导零，如 10~09 日期表示为英文缩写的星期几，如 Sun~Sat 日期表示为英文全称的星期几，如 Sunday~Saturday 中文显示星期几缩写，如一至日 中文显示星期几全称，如星期一至星期日

代码	用法说明和示例
yy yyyy	年份表示为两位数，如 00~99 年份表示为四位数，如 1900~9999
示例	<table><tr><td>格式</td><td>原数据</td><td>显示为</td></tr><tr><td>yyyy"年"m"月"d"日",aaaa</td><td>2009-3-4</td><td>2009年3月4日,星期三</td></tr><tr><td>mmm d, yyyy</td><td>2009-3-4</td><td>Mar 4 2009</td></tr></table>

使用自定义条件

本节要点

在数字格式代码中使用自定义的判断条件。

· 应用场景

表 3-2 给出了许多自定义数字格式的示例。问题是，4 区段规则只能区分正负数等基本类型，如需根据某一个或多个指定值，将数据划分为多个自定义区间，并施加不同的格式处理，就需要在格式代码中使用条件判断。本节介绍两个相关实例。

· 操作实务

图 3-30 的 F 列是根据 B 列和 E 列计算得出的市盈率（PE），使用的是默认数字格式。为了只显示位于特定区间的数据，G 列对相同的数据施加自定义数字格式控制，格式代码为：[红色][<20]0.00 "x";[蓝色][>100]0.00 "x";;。各区段的含义介绍如下。

❶ [红色][<20]0.00 "x"：市盈率小于 20，显示为红色，同时添加倍数标记"x"（图 3-30，#1）。

❷ [蓝色][>100]0.00 "x"：市盈率大于 100，显示为红色，同时添加标记"x"（#2）。

❸ 第 3 个区段仅含分号，未使用任何格式，代表其余值全部不显示（#3）。

	A	B	E	F	G	H	I	J
1	Symbol	Price	EPS	PE	[红色][<20]0.00 "x";[蓝色][>100]0.00 "x";;			
2	MSFT	128.9	4.50	28.64				
3	AAPL	211.75	11.89	17. ①	17.81 x	[红色][<20]0.00 "x";		
4	GOOG	1185.4	39.86	29.74				
461	RNET	10.03		NA				
462	GSIT	8.13	0.024	338. ②	338.75 x	[蓝色][>100]0.00 "x";		
463	KVHI	9.99		NA				
464	FTEO	9.4	0.192	48.96	③			
465	TESS	19.45	0.72	27.01				
466	IVAC	5.19	0.279	18.6	18.60 x			
467	ASYS	6.72		NA				
468	RELL	5.87	0.059	99.49				
469	AVNW	13.6		NA				
470	MINDP	24.37		NA				

图 3-30 基于条件值的自定义数字格式 1

第 2 个案例通过自定义数字格式更改涨跌幅的显示效果，要求将自定义格式的条件值动态关联至工作表单元格，只需更改单元格内的值，就会触发格式条件自动发生变化，无须因为条件值改变而反复修改格式代码。

图 3-31 中，D 列为股价涨跌幅（PctChange，%）数据，K1 单元格是用户输入的涨跌幅度，该数值可随时调整。具体操作步骤如下。

❶ 在 K1 单元格内输入涨跌幅的控制值如 2%（图 3-31，#1）。

❷ 选定 K2:K470 区域（#2）。进入公式编辑状态，输入公式 "=IF(ABS(D2)>＄K＄1,D2,0)"（#3），并按 Ctrl+Enter 快捷键填充选定区域。此函数用于检查 D 列的涨跌幅绝对值是否超过用户在 K1 单元格内的指定值，是则返回原数值，否则返回 0。

❸ 按 Ctrl+1 快捷键打开"设置单元格格式"对话框（#4）。

❹ 在"数字"选项卡中选择"分类"为"自定义"（#5）。

❺ 在右侧的"类型"文本框内输入格式代码：[红色]" ▲ ";[绿色] " ▼ ";（#6）。该代码将正数显示为红色向上三角形，负数显示为绿色向下三角形，零值则不显示。

上述自定义格式代码可任意修改，包括显示图标、颜色、是否显示原数值及其样式等。

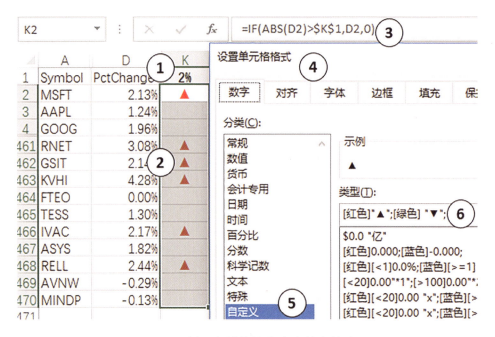

图 3-31　基于条件值的自定义数字格式 2

公式和函数

除了在单元格中直接使用，数字格式化代码也可作为函数 TEXT 的参数，将给定的文本按指定格式输出。语法：TEXT(value, format_text)。

· value：需转换成文本的数值。

· format_text：自定义数字格式代码，代码需包含在双引号内。

函数示例如下。

· =TEXT(Today(),"yyyy-mm-dd,,aaaa")　　　　　2020-06-09，星期二

· =TEXT(4.34,"# ?/?")　　　　　　　　　　　　4 1/3

· =TEXT(123456789, "(##) ### ####")　　　　　(12) 345 6789

VBA

VBA 使用 Range 对象的 NumberFormat 属性控制数字格式，属性值就是自定义格式代码，和设置界面及 TEXT 函数中使用的格式代码完全相同。

- Worksheets("Sheet1").Range("A17").NumberFormat = "General"

- Worksheets("Sheet1").Rows(1).NumberFormat = "hh:mm:ss"

- Worksheets("Sheet1").Columns("C"). NumberFormat = " $ #,##0.00_);[Red]
  ($ #,##0.00)"

和 TEXT 函数中的格式参数相同，如果自定义格式代码中包含了引用文本，则需使用双重引号，即每一个引号重复两次。例如，Range("A1:A10").NumberFormat = "0.0""亿元 """。

条件格式化

本节要点

条件格式化和数字自定义格式的区别。条件格式化的主要功能。

· 应用场景

数字自定义格式主要侧重于数字显示样式，支持的格式类型以及判断条件都十分有限，也无法控制单元格格式。针对更全面的格式化需求，Excel 提供了强大的条件格式化功能，可根据给定条件，对满足条件的单元格或区域自动实施特定的外观格式控制，如字体、颜色、背景等。条件格式化一般用于对特定单元格的突出显示、发现错误等用途。在较大数据样本中，条件格式化还可直观反映数据形态、趋势和异常，发挥可视化功能。

· 操作实务

条件格式化菜单（单击"开始" → "样式" → "条件格式"）如图 3-32 中左侧的界面所示，包含三组功能。

❶ 最上方的"突出显示单元格规则"和"最前 / 最后规则"是对快速筛选数据的格式化。菜单内包含最常用的内置筛选规则，只需单击这些快捷方式，就可以快速发现特定数据，如对选定区域中的重复数据、最大的 10% 数据进行特殊显示等。菜单项右侧的小三角形表示有次级菜单可选，如单击"最前 / 最后规则"后，可进一步选择"前 10 项""前 10%"等具体筛选类型。

❷ 中间的"数据条""色阶""图标集"是针对所选区域全部单元格的格式化，将每个单元格按其数值大小，展现为不同长度的条形、不同的颜色或是不同图标。同样，右侧的小三角形说明存在次级菜单，如选择"数据条"后可进一步选择

条形的颜色、渐变填充或实心填充等。

❸ 如果以上快捷方式不能满足需求，可单击下方的"新建规则"，打开"新建格式规则"对话框，该对话框提供更全面、更复杂的条件格式化功能。

单击"新建规则"打开"新建格式规则"对话框，界面如图 3-32 右侧所示。在"选择规则类型"列表框内，不同类型的规则和左侧主界面中的菜单项关系密切。实际上，主界面中的菜单项相当于前者的一种快捷方式，图 3-32 用数字和线条标注了两个界面之间的对应关系。

❶ 基于各自值设置所有单元格的格式（图 3-32，#1），该规则类型包含了主菜单中"数据条""色阶""图标集"的所有功能。

❷ 根据内置的预定规则或用户自定义的条件，仅格式化满足条件的特定单元格（#2），此类规则包含了主菜单中"突出显示单元格规则"和"最前 / 最后规则"的所有规则选项。

❸ 基于自定义公式的条件格式化（#3），选择此规则类型后，需要进一步在下方文本框内编写公式。

基于预定的"最前 / 最后规则"和"突出显示单元格规则"的条件格式化操作十分简单（图 3-32，#2）。例如，为了突出显示排名领先或落后、高于或低于平均值、包含重复或唯一值的单元格，只需选定目标区域后，按菜单提示操作即可。对不同类型数据如数值、日期、文本等制定等式或不等式筛选条件，同样可在对话框中进行简单操作。本节后续内容主要介绍"基于各自值设置所有单元格的格式"以及基于公式的条件格式化功能。

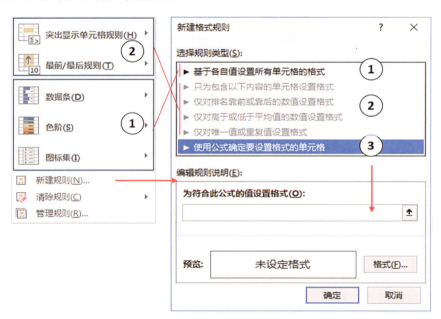

图 3-32　条件格式化的规则类型及菜单项对应关系

基于单元格值的格式化

根据单元格值的大小，实施双色和三色填充。填充起止区间的设置。

·应用场景

基于单元格数值的条件格式化，支持数据条、图标集和色阶（填充色）三种样式，其中色阶最为常用，包括双色刻度和三色刻度两种设置。无论何种样式，都要求设定格式化生效的最小值（起始值）和最大值（结束值），对于三色刻度，则需提供起始值、中间值和结束值。

需要注意的是，数据条的长度差异、填充颜色的差异反映了单元格数值的差别，但这种差异仅适用于规定的起始值和结束值区间。低于起始值的单元格和高于结束值的单元格会被视同起始值和结束值，分别被施加和初始值及结束值完全相同的格式化效果（例如，等长的数据条、相同的填充色等）。对于色阶样式，意味着低于起始值和超过结束值的单元格不使用渐进填充。图 3-33 以填充色为例，给出了相关示意图。当然，在起始值和结束值分别等同最小值、最大值的情况下，以上问题不再存在。

图 3-33　条件格式化的起始和结束区间

图 3-34 中，实施格式化的区间起止值可设为不同的类型，多数类型还需要用户继续输入或引用相关值。具体可选类型包括以下几种。

❶ 最低值和最高值：选择此类型代表条件格式将适用于所选区域的全部单元格，无须再另行输入起止值。

❷ 数字：为起始值和结束值分别指定具体数值，需要用户手工输入或引用单元格。

❸ 百分比：输入 0~100 区间的整数，Excel 据此计算实施格式化的起始值或结束值，公式为：$MIN+ (MAX-MIN)^* p/100$。其中 MIN 和 MAX 分别为选定区域最

小值和最大值，p 是用户输入值，p 等于 0 和 100 时分别等价于最低值和最高值。

❹ 百分点值：百分位，0~100 区间的整数，Excel 根据百分位确定格式化区间的起始值或结束值，例如，设置最小值类型为"百分点值"并输入值为 50，代表条件格式化从中位值开始实施。

❺ 公式：根据用户输入的公式计算条件格式化适用区间的最小值和最大值。

图 3-34　设定最小值和最大值类型

· 操作实务

　　和图标集和数据条相比，色阶应用更常见。其中，双色刻度多适用于单向变动的数据，通常做法是将最小值和最大值的颜色设为同种色调，但最小值使用淡色，最大值使用较深颜色，以呈现颜色由浅到深的视觉效果，和数据变动相对应。在金融市场，由于大多数市场和基本面数据都具有涨跌双向变动的特征或是在分析层面上存在某种中性水平，三色刻度的应用更加普遍，一般将中间值设置为某种较淡的过渡色，左右两侧则分别使用不同的色调以示区分。中间值的设置大多根据惯例和数据特性确定，如价格波动数据以 0、PMI 数据以 50 为中间值等。在对比分析中，也可使用某种基准、样本的某一描述统计指标等为中间值。例如，下面的例子将某个月份的 A 股行业板块按市值分组，并实施条件格式化，为了展现各行业相对市场基准的表现，中间值被设置为市场基准而非零值。操作步骤简述如下。

❶ 选择需要实施格式化的工作表区域 B 列至 I 列（图 3-35，#1）。

❷ 在条件格式菜单（单击"开始"→"条件格式"）中单击"新建规则"，打开"新建格式规则"对话框，选择规则类型为"基于各自值设置所有单元格的格式"（#2）。

❸ 将格式样式调整为"三色刻度"（#3）。

❹ 选择最小值类型为"最低值"，设置颜色为绿色（#4）。

❺ 中间值为"数字"，引用至 K1 单元格所代表的指数涨跌幅，并设置颜色为白色（#5）。

❻ 类似地，选择最大值类型为"最高值"，设置颜色为红色（#6）。

❼ 完成上述设置后单击"确定"按钮退出。

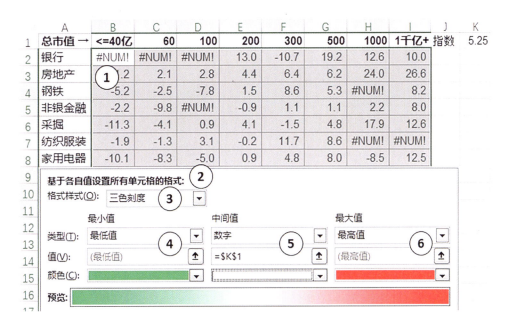

图 3-35　基于相对表现的条件格式化

基于公式的条件格式化

本节要点

编写有效的条件格式化公式。格式化公式中的绝对引用和相对引用。

· 应用场景

除了内置格式化条件，Excel 允许用户编写自定义公式，对满足特殊条件的单元格执行格式化操作。基于公式的条件格式化可实现更复杂、更灵活的格式控制。条件格式化公式的要点包括以下三个方面。

❶ 有效的条件格式化公式是能够返回 TRUE/FALSE 值的函数、等式及不等式，例如："ISFORMULA(A1)" "=A1<=5%" "=A1>AVERAGE($A$1:$D$100)" 等。结果为真时执行指定格式，结果为假时则跳过设置。

❷ 构造表达式的关键是根据格式化需求选择合适的函数 / 公式，即将文字表述的格式化需求转换为 Excel 支持的公式函数。例如，使用 MOD 函数可判断奇数行和偶数行，使用 WEEKDAY 函数可以用于工作日和周末判断，使用 ISFORMULA 函数可以区分单元格内是否包含公式等。

❸ 基于公式的条件格式化对每个单元格执行运算和判断，公式中如何使用相对引用和绝对引用规则，将直接决定格式化的实施效果及是否符合预期。例如，公式 "=A1>AVERAGE($A$1:$D$100)" 中，不等式左侧的 A1 使用相对引用，$A$1:$D$100 则使用绝对引用，含义是在对所选区域的每个单元格执行判断时，左侧使用当前计算单元格的地址，右侧则使用固定不变的区域。上述公式如改为 "=$A$1>AVERAGE(($A$1:$D$100)"，将对所有单元格执行基于固定的 A1 单元格判断结果的格式化，最终效果自然完全相同，不符合需求。

· 操作实务

图 3-31 使用自定义数字格式区分显示不同的 PE 值，对单元格的更多格式控制可通过条件格式化实现。图 3-36 中，I 列为 PE 数据，使用条件格式化功能，将市盈率处于指定区间的股票整行高亮显示。操作步骤如下。

❶ 选择 A2:I470 区域（图 3-36，#1）。

❷ 在条件格式菜单（单击"开始"→"条件格式"）中单击"新建规则"，打开"新建格式规则"对话框，选择规则类型为"使用公式确定要设置格式的单元格"（#2）。

❸ 在下方的编辑框内输入公式 "=$I2<$J$2"（#3），其中左侧的$I2 为列绝对行相对引用，$J$2 则使用绝对引用。公式含义是每个单元格执行判断时，列号始终保持不变，引用的是市盈率所在的 I 列，行号则随当前行而变。右侧条件值则始终指向 J2 单元格。右侧条件值为引用而非直接输入的好处是，用户可灵活更改条件值，而不需要修改格式化公式。例如，判断 A2、B2 等第 2 行单元格是否满足条件时，使用的是相同的判断条件 "=I2<20"（I 列固定），判断 A14 单元格、B14 单元格等是否满足格式化条件时，使用的是相同的判断条件 "=I14<20"。

❹ 单击界面下方的"格式"按钮，设置单元格填充色为红色，退出格式设置

界面后，左侧预览区将显示目标格式（#4）。

❺ 单击"确定"按钮退出（#5）。

❻ 查看格式化效果并根据需要调整 J2 单元格的条件值。

图 3-36　基于公式的条件格式化

和自定义数字格式不同，Excel 支持针对同一区域实施多项条件格式化规则。如需编辑已经建立的格式化规则，可通过条件格式菜单中的"管理规则"（图 3-32）打开"条件格式规则管理器"对话框，通过此对话框可以查看适用于选定数据区域或指定工作表的条件格式规则，新建、编辑或删除规则，修改格式化条件的应用区域等。

3.8　选项和设置

Excel 电子表格提供了众多选项和设置，可通过"Excel 选项"对话框（单击"文件"→"选项"）查看和更改当前状态。改变这些设置将影响 Excel 在编辑操作、显示以及计算模式等方面的默认方式和效果。本节重点介绍部分较为基础的常规选项，更多设置内容将在具体应用章节中涉及。

重新计算模式

易失函数的含义。重新计算选项决定关联单元格及易失函数的计算模式。

·应用场景

在单元格数据发生改变的情况下，所有直接或间接依赖于该单元格的公式、函数计算结果都会发生变化。例如，B1 单元格的公式"=A1+10"表明 B1 单元格依赖于 A1 单元格，在 A1 单元格发生变化的情况下，B1 单元格的计算结果也会随之改变。

此外，Excel 中还有一类特殊的函数，即便在其引用参数未改变的情况下，在不同时间的计算结果也会发生变动。例如，返回当前时间的函数 NOW、随机数函数 RAND 等。此类函数被称为易失（Volatile）函数，工作表单元格的任何变动都会触发包含此类函数的单元格的改变，即便发生变化的单元格与该函数之间不存在引用关系。

重新计算选项用于指导 Excel 如何处理上述两种情况。Excel 提供三种重新计算选择：自动重算、手动重算以及除模拟运算表外自动重算。

·操作实务

重新计算相关设置可单击"公式"→"计算"→"计算选项"，或单击"文件"→"选项"打开"Excel 选项"对话框并转至"公式"，如图 3-37 所示。三种选型的含义分别介绍如下。

图 3-37 计算选项

❶ 自动重算：单元格数据的任何变动或其他工作表事件（如工作表更名、删

除或插入行列等）都会触发所有依赖于该单元格的公式函数的重新计算以及包含易失函数的单元格的重新计算。例如：

·B1 单元格包含公式"=A1+10"，则 A1 单元格的变动在自动重算模式下会导致 B1 单元格的立即重算。

·在图 3-38 的例子中，C3 单元格和 C4 单元格分别包含无参数的易失函数 NOW() 和 RAND()。在自动重算模式下，B3 单元格的任意变动都会触发 C3 单元格和 C4 单元格的重算和变动，尽管二者之间并不存在引用和依赖关系。

图 3-38　易失函数示例

❷ 手动重算：Excel 不对单元格数据的变化或其他工作表事件做出实时计算响应，用户需按 F9 键执行手动重算。例如，在此模式下，A1 单元格的变化不会引发存在引用关系的公式"=A1+10"的重新计算。图 3-38 中 B3 单元格或其他无关单元格的变化也不会触发 C3 单元格和 C4 单元格中的易失函数重算。在工作表包含大量公式和函数、计算负荷较大的情况下，手动重算有助于避免频繁的重新计算，提高工作效率。按 F9 键可重新计算所有打开工作簿中的所有工作表，如只需重新计算活动工作表，可使用 Shift+F9 快捷键。

❸ 除模拟运算表外，自动重算：规定自动重算不适用于模拟运算表，其他情况下和自动重算模式相同。模拟运算表的含义及应用将在第 7 章和第 10 章详细介绍。

循环引用和迭代计算

本节要点

循环引用的含义。循环引用的解决办法。

·应用场景

公式以直接或间接引用的方式引用了自身单元格，称为循环引用。循环引用可能是公式错误所致，如在 A10 单元格中输入函数公式"=SUM(A1:A10)"，该公式错误地包含了 A10 单元格导致引用自身。另外，循环引用也可能代表一种正常的业务和计算逻辑。例如，在财务建模中不同报表科目之间经常存在某种循环关系，从而在工作表中体现为包含循环引用的公式。

· 操作实务

图 3-39 是一个类似的循环引用示例。其中，F 列为录入数据，G 列跟踪记录 F 列单元格的首次录入时间。G3 单元格的公式首先使用 ISBLANK 函数判断 F3 单元格是否为空，如有数据录入则进一步判断 G3 单元格是否为空值，空值表明 F 列为首次录入并按给定格式写入当前时间，非空值则保留已有数据不变。显然，该公式引用了 G3 单元格自身，构成循环引用。

图 3-39 中，在未启用迭代计算的情况下，Excel 会在左下角的状态栏处显示"循环引用"字样以及包含循环引用的单元格地址。

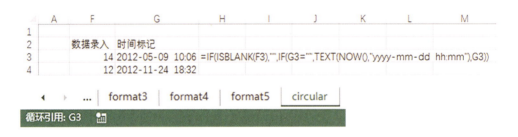

图 3-39　循环引用示例 1

如果工作簿中包含循环引用，默认情况下 Excel 将无法执行计算。解决办法如下。

❶ 对于公式错误，定位至包含循环引用的单元格，检查并更正循环引用，直到 Excel 左下方的状态栏不再显示"循环引用"。在不确定单元格地址的情况下，可单击"公式"→"公式审核"→"错误检查"→"循环引用"，查看和单击包含循环引用的单元格，如图 3-40 所示。

图 3-40　循环引用示例 2

❷ 启用并正确设置 Excel 的迭代计算选项，使得包含循环引用的单元格能够正确计算结果。默认情况下，Excel 将在 100 次迭代后或者单元格值在两次相邻迭代之间的差异小于 0.001（最大误差）时，停止运算。迭代计算的相关设置在"Excel 选项"对话框的"公式"内，位于重新计算设置区的右侧，界面参考图 3-37。

尽管循环引用可能属于正常现象，但并非所有的循环逻辑都必须通过循环引用公式解决。本书将在建模应用部分进一步讨论循环引用的成因及其他解决办法。

引用样式

本节要点

A1 和 R1C1 两种引用样式及其含义。

· 应用场景

Excel 中的单元格引用有两种基本样式：A1 和 R1C1 。A1 引用样式是默认的引用类型，采用字母标志列（如从 A 到 IV 共 256 列，因版本而异）和数字标志行，即列标在前，行号在后。例如，IV19 引用了列 IV 和行 19 交叉处的单元格，代表第 256 列和第 19 行。

R1C1 引用样式中，"R"和"C"分别代表行和列，紧随其后的数字分别代表行号和列标，和 A1 样式的主要不同在于，R1C1 样式对行和列都使用数字标识，并使用行在前、列在后的次序。

· 操作实务

图 3-41 对比了 IV19 单元格在不同引用样式下的表示方式，第 8 行为两种不同引用样式的单元格地址，第 9 行使用 INDIRECT 函数返回上述地址文本对应的目标单元格的值。B10 单元格和 C10 单元格中，INDIRECT 函数的第 2 个参数分别是 1 和 0，和两种引用模式相对应。

	A	B	C
1			
7		xlA1模式	xlR1C1模式
8	地址	IV19	R19C256
9	结果	TEST	TEST
10		=INDIRECT(B8,1)	=INDIRECT(C8,0)

图 3-41　引用样式

默认情况下，Excel 使用 A1 样式，如需更改为 R1C1 样式，进入"Excel 选项"对话框的公式选项设置区内，在"使用公式"下启用"R1C1 引用样式"即可，设置界面如图 3-42 所示。

使用公式

☐ R1C1 引用样式(R) ⓘ
☑ 公式记忆式键入(F) ⓘ
☑ 在公式中使用表名(T)
☑ 使用 GetPivotData 函数获取数据透视表引用(P)

图 3-42　引用样式设置

编辑和显示选项

"编辑选项"位于"Excel 选项"对话框中的"高级"中，如图 3-43 所示。常用选项如下。

❶ 按 Enter 键后移动所选内容：指定按 Enter 键后的光标移动方向，如希望在按 Enter 键后光标仍留在当前单元格内，则保持此复选框处于未选中状态即可。

❷ 启用填充柄和单元格拖放功能：关闭此功能将导致 3.3 节中介绍的填充柄快速填充和拖放填充功能无法使用。

❸ 允许直接在单元格内编辑：是否支持双击编辑单元格公式，如未选中，则只能在公式栏中编辑公式内容。

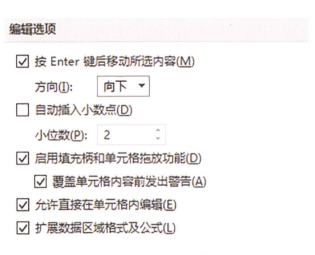

编辑选项

☑ 按 Enter 键后移动所选内容(M)
　方向(I):　向下 ▼
☐ 自动插入小数点(D)
　小位数(P):　2
☑ 启用填充柄和单元格拖放功能(D)
　☑ 覆盖单元格内容前发出警告(A)
☑ 允许直接在单元格内编辑(E)
☑ 扩展数据区域格式及公式(L)

图 3-43　"编辑选项"设置

在"高级"中的显示选项组内还可以设置 Excel 工作表的各类显示特征，如是否显示水平滚动条、是否显示垂直滚动条、是否显示行列标题、单元格显示公式或计算结果、是否显示网格线等。

VBA

在 Excel 的对象层级模型中，指代整个 Excel 应用的 Application 对象处于最高等级。Application 对象有许多事件、方法和属性。通过对象浏览器（F2 键）或智能提示（Intellisense）功能可了解详细信息。例如，可只需在代码中输入对象名称和点号，VBA 会自动会在下方跟随提示可用方法和属性列表。如图 3-44 所示，通过智能提示查看 Application 对象的方法和属性。不同的图标代表不同类型的成员。

图 3-44　通过智能提示查看 Application 对象的方法和属性

以下代码分别使用 Application 对象的 Calculation 属性、Iteration 属性及 ReferenceStyle 属性设置重新计算模式、迭代计算及引用样式。

- Application.Calculation = xlManual/xlSemiautomatic/xlAutomatic（手动 / 半自动 / 自动）
- Application.Iteration = True/False（是 / 否）
- Application.ReferenceStyle = xlA1/xlR1C1

3.9　加载项

本节要点

加载项类型和用途。查看及更改加载项的加载状态。分析工具库和规划求解加载项。

· 应用场景

Excel 以加载项形式提供许多额外功能。加载项包括两大类别：COM 加载项和 Excel 自动化加载项，前者包括微软 Power 家族工具，后者主要是计算和统计分析工具。本书许多内容都需要用到加载项工具，如分析工具库、规划求解以及 Power Pivot 等。常规状态下，多数加载项工具未被启用，也不显示在功能区菜单内，需要执行手工加载操作。

· 操作实务

以下两种方式均可查看及更改加载项的加载状态。

❶ 打开"Excel 选项"对话框（单击"文件"→"选项"），单击"加载项"，在"管理"项下选择加载项类型，并单击"转到 ..."（图 3-45，#1）。

❷ 单击"开发工具"选项卡下"加载项"组内的"Excel 加载项"或"COM 加载项"（#2），执行相关操作（如"开发工具"选项卡未显示，可先进入在"Excel 选项"对话框的自定义功能区，并在右侧界面内选中"开发工具"）。显然，在功能区的操作较"Excel 选项"对话框中的操作更为简便，推荐使用前者。

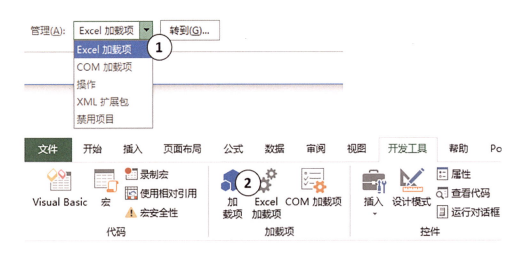

图 3-45 访问加载项

打开选定类型的加载项对话框后，对话框内将列出所有可用的加载项。其中，加载项对应的复选框处于选中状态表示已加载。以 Excel 加载项为例，图 3-46 显示"分析工具库""分析工具库 –VBA""规划求解加载项"处于选中状态。

图 3-46　Excel 加载项及对应功能示例

　　"分析工具库"、分析工具库 –VBA 和"规划求解加载项"是 Excel 安装时自带的加载宏，也是金融和数据分析领域常用的 3 个加载项。其中，"分析工具库 –VBA"提供 VBA 函数，"分析工具库"提供常见的统计分析界面工具，来自第三方的规划求解（Solver）则提供优化和求解功能。上述加载项的功能分别和"数据"选项卡下的"数据分析"和"规划求解"对应。

第 **2** 篇

数据导入、处理和探索

本篇共含 3 章。

第 4 章 "导入外部数据" 介绍如何通过旧版数据导入功能以及 Power Query 工具，导入文本、网页、工作簿等多种数据源，同时对比向导界面、VBA 及 SQL 等多种数据导入方式。第 5 章 "数据转换和处理" 着眼于数据转换，汇总 Excel 中最常用的数据清洗和查询工具、函数，Power Query 编辑器的具体使用是本章重点。第 6 章 "数据探索和报表应用" 对比各类数据探索工具和方法，结合案例介绍如何开展数据切分、聚合、分组等多样化的探索活动。

第 4 章　导入外部数据

无论报表应用或是分析建模，绝大部分数据工作都开始于以某种方式导入外部数据。现实世界中，数据的供应来源和存在形式复杂多样，如各类数据库、Web 服务及简单的平面文件（flat files）等。Excel 为外部数据导入提供多样化的支持。在数据源格式方面，Excel 支持 Access 及 SQL Server 等桌面及服务器数据库、OLAP、XML、网页及各类分隔符文件等数十种数据源[①]。导入方式方面，从简单的文件打开方式到各类界面向导和工具，有多种途径可选。除了以界面方式访问外部数据源外，通过 VBA 编程还可实现数据交互的自动化。最后，在使用了整合功能强大的 Power Query 之后，数据获得和处理过程甚至可以在独立于工作表的查询编辑器界面中完成，为用户提供了更多选择。

4.1 连接与查询

外部数据源和 Excel 工作簿之间的关联通过"数据连接"实现，这种"数据连接"包含了如何定位、登录以及访问外部数据源的一切信息。一旦和外部数据源建立连接，Excel 支持自动或手动刷新数据，确保在工作表中看到的数据和外部数据源的最新版本同步，完全无须再涉及烦琐的数据查询和复制过程。

数据连接类似访问外部数据源的凭证。但在实际应用中，普通用户多数时候不需要关注该凭证的细节，原因是数据连接会在操作过程中自动产生。在通过"数据"选项卡的功能区菜单访问外部数据源时，Excel 自动创建并保存数据连接。对于独立存在的连接文件（如 ODC），在打开此类文件访问外部数据源的过程中，Excel 会将相关连接信息复制到工作簿中，同样形成数据连接，保存于当前工作簿内。

功能区整合

本节要点

Excel 2016/2019 对数据导入功能区菜单的整合。"获取外部数据"（旧版数据导入功能）与"获取和转换"的区别。

---

① 因版本而异。

·应用场景

Excel 2016 对数据获取方式做出了重大拓展，将此前以插件形式存在的"Power Query"功能整合至"数据"选项卡下的"获取和转换"组内，与原有的"获取外部数据"组并列，如图 4-1 所示。尽管两者实际上都依赖于前面介绍的工作簿连接，但通过 Power Query 执行的外部数据导入拥有全新的独立机制，Excel 将其单独命名为"查询"。在图 4-1 中，查询的管理入口分散于"数据"选项卡的不同位置。单击"连接"启动"工作簿连接"对话框，可查看传统方法及 Power Query 查询背后的数据连接的位置及详细属性，也可执行新建、编辑、删除、刷新等管理操作。另外，单击"显示查询"又可以在工作簿右侧打开 Power Query 查询专用的设置窗格，为查询提供额外的管理选项。显然，上述布局很容易造成不便和困惑。

从 Excel 2019 开始，Excel 进一步提升 Power Query 的地位，对"数据"选项卡做了较大调整，在界面上主要体现为以下两个方面。

❶ "获取外部数据"组（图 4-1，#1）被全部取消，"获取和转换"被整合成"获取和转换数据"（#2）。新功能区由 Power Query 完全接管。例如，原来的"自网站""自文本"现变更为"从文本 /CSV""自网站"，名称看似相似，执行机制则完全不同，在新版本中单击上述按钮将启动 Power Query 而不是旧版数据导入界面。

❷ "显示查询"和"连接"被合并为"查询和连接"（#3），在右侧窗格内统一管理，其中"查询"为 Power Query 专用。

图 4-1　数据导入功能区的变化

·操作实务

"获取外部数据"在 Excel 2019 的界面中被取消,但仍可通过设置将原有功能恢复至下拉菜单内。具体设置步骤如下。

❶ 单击"文件"→"选项"→"数据"。

❷ 在"显示旧数据导入向导"下,选择所需类型的导入向导(图 4-2,#1)。

❸ 在"数据"选项卡中,单击"获取数据",打开下拉菜单(#2)。

❹ 单击"传统向导",选择所需导入方式(#3)。

图 4-2 恢复旧版数据导入向导功能

可以看出,恢复完成后,在 Excel 2019 中启动旧版数据导入向导,操作过程较 Excel 2016 及之前版本多了两次单击操击。考虑到传统的数据获取方式仍在被大量使用,使用其处理小规模数据相对来说更加便捷,VBA 开发也十分简单,本章将以文本文件和网页为例，介绍传统的导入模式及其自动化实现，Power Query 内容将在 4.6 节涉及。

4.2 文本文件

常见的文本数据源包括 TXT 文本文件以及各类 DSV（delimiter-separated values，分隔符分隔值）文件。前者可存储任意格式的文本内容，后者一般为 Excel 专用，使用逗号、制表符（TAB）、分号等分隔符区分不同数据项，如 "value","value1","value2" 使用了逗号分隔符，此类文件通常使用扩展名 ".csv"。

两种导入方式

除了通过"文件"选项卡下的打开文件界面和双击直接打开等常规方式外，文本文件更多通过以下两种方法导入。

❶ 复制（Ctrl+C 快捷键）并粘贴（Ctrl+V 快捷键）。粘贴效果将取决于文本文件所使用的分隔符类型。

· 对于制表符分隔文本，Excel 能够正确识别并自动分列。

· 其他分隔符文本则会被粘贴为单列，需执行进一步分列操作。操作步骤是：选定数据区域后，单击"数据"→"数据工具"→"分列"。按界面提示顺序操作即可。

需要注意的是，复制粘贴属于无连接的数据操作，即 Excel 和作为文本文件数据源之间不会建立任何连接，无法在现有连接下查看相关信息，也无法自动更新，一般适用于一次性或临时性的数据导入操作。

❷ 文本导入向导：单击"数据"→"获取和转换数据"→"获取数据"→"传统向导"→"从文本"（Excel 2016：单击"数据"→"获取外部数据"→"自文本"）。

Excel 将自动打开"导入文本文件"对话框，定位至所需的文本文件即可打开"文本导入向导"对话框。文本导入向导和分列向导大致相同，关键是选择正确的分隔符号，向导提供了实时预览功能，通过切换不同的分隔符选择，可立即看到数据是否被正确分列。例如，图 4-3 中的文本文件使用制表符分隔，在未正确选择分隔符号的情况下，预览区清晰显示数据分列异常。在实际应用中，由于多数文本文件只会使用一种分隔符，在不了解文件所用具体分隔符的情况下，可试错多选分隔符号直到预览效果正常。

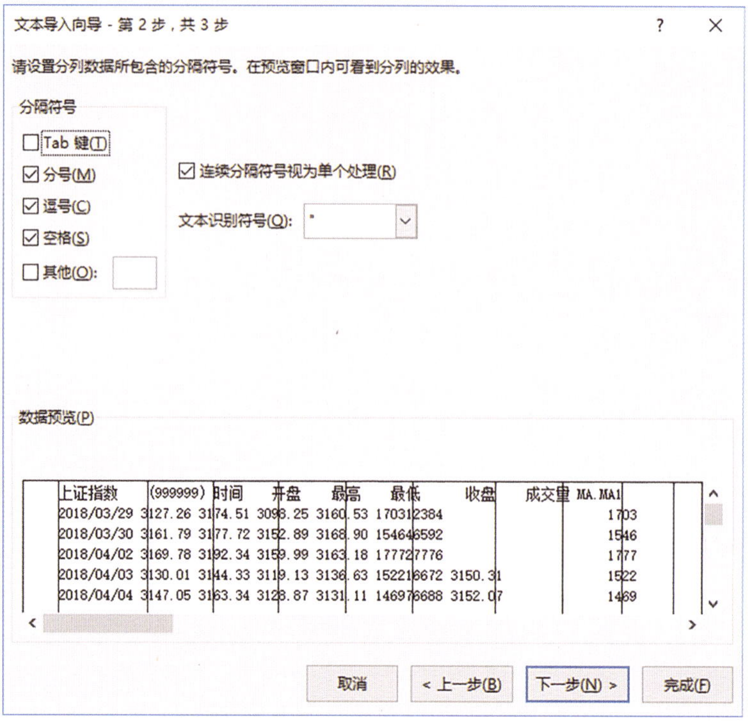

图 4-3　分隔符号的选择

属性和设置

本节要点

数据连接和返回数据区域是两个不同的对象。通过不同菜单访问不同对象的属性界面。

·应用场景

通过向导返回数据后，Excel 自动建立和该数据源的连接，并在指定区域内返回一个来自外部数据源的数据表。在此过程中，Excel 实际上创建了两个实体或对象：数据连接以及返回的数据结果区域。实际应用中经常需要进一步修改以上对象的某些特征或设置。例如，对于数据连接，可能需要更改文件地址等连接信息，对于数据区域，可能需要调整返回数据的格式布局等。

Excel 的"数据"选项卡内有多个菜单项都以"属性"为名，原因就是数据连接和返回的数据区域属于不同对象，Excel 将针对不同对象的修改和设置放在不同的"属性"对话框内进行。无论外部数据源为何种格式、使用传统导入方式或是 Power Query 查询都是如此。

·操作实务

外部数据区域对象和数据连接对象拥有不同的属性，需要通过不同的菜单访问。

导入数据返回一个外部数据区域对象，可设置返回数据的格式和布局、数据刷新频率和方式以及如何处理行列数变化等。在返回数据区域内选择任意单元格后，以下两种方式都可进入数据区域属性的设置界面。

❶ 单击"数据"→"查询和连接"（Excel 2016：单击"数据"→"连接"）→"属性"。

❷ 单击鼠标右键，在打开的快捷菜单中单击"数据范围属性"。

相关界面如图 4-4 所示。其中，数据格式及布局下的"调整列宽"和"保留单元格格式"是返回数据区域的两个重要选项。在选中状态下，"调整列宽"允许 Excel 自动调整返回数据的列宽，"保留单元格格式"则要求 Excel 保留用户已设置好的字体、颜色等单元格格式。如果不希望 Excel 覆盖任何现有数据格式，应将"调整列宽"和"保留单元格格式"分别设置为未选中和选中状态。

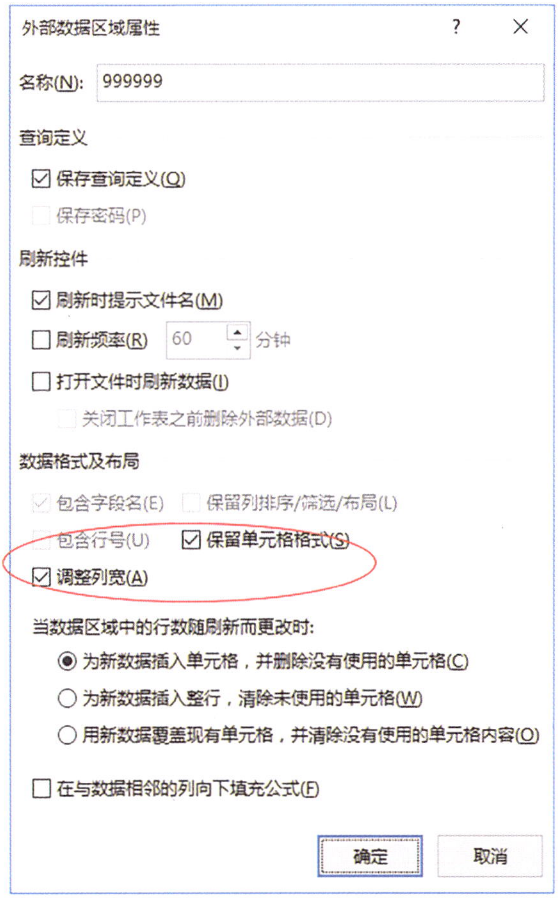

图 4-4 外部数据区域属性

数据区域属性设置主要围绕可见的外观层面，数据连接对象的属性设置则侧重于数据背后的工作簿连接。打开"连接属性"对话框的方式如下。

❶ 在返回数据区域内选择任意单元格，单击"数据"→"查询和连接"（Excel 2016：单击"数据"→"连接"）→"全部刷新"→"连接属性"，如图 4-5 所示。

❷ 单击"数据"→"查询和连接"→"查询和连接"，打开右侧窗格。在"连接"下，对目标连接的名称单击鼠标右键，在快捷菜单中单击"属性"（Excel 2016：单击"数据"→"连接"→"连接"，选择目标后单击"属性"按钮），如图 4-6 所示。

"连接属性"对话框内包含"使用状况""定义""用于"等三个标签项。相关内容将在后续章节继续介绍。

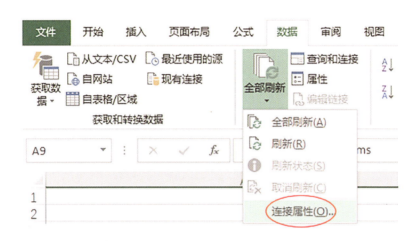

图 4-5　通过功能区菜单查看连接属性

图 4-6　通过窗格查看连接属性

VBA

按图 4-3 的提示，逐步执行数据导入操作后，Excel 返回的数据区域是一个查询表对象（QueryTable）。QueryTable 对象代表 Excel 根据外部数据源返回数据所建立的数据表，是 Excel 导入文本文件及网页数据所返回的默认对象，也是 VBA 导入上述类型数据的理想方式。

返回数据区域的两个选项"调整列宽"和"保留单元格格式"改用 VBA 语言可表述为 AdjustColumnWidth 和 PreserveFormatting，它们是查询表对象的两个不同属性。以下代码将位于指定位置的文本文件导入活动工作表的 A1 单元格。运行结果和图 4-3 中的界面操作结果完全相同。

```
Dim qt As QueryTable, connStr as String        定义 QueryTable 对象和字符串变量
connStr="TEXT;E:\trading\999999.txt"           连接字符串变量赋值

Set qt = ActiveSheet.QueryTables.Add(Connection:= connStr,
Destination:=Range("$A$1"))

With qt
.AdjustColumnWidth = False                      设置属性"调整列宽"
.PreserveFormatting = True                      设置属性"保留单元格格式"
.TextFileTabDelimiter = True                     设置属性"Tab 键"
.Refresh                                         使用查询表对象的 Refresh 方法执行刷新
End With
```

Set qt = ActiveSheet.QueryTables.Add(Connection:= connStr, Destination:=Range("$A$1")) 调用 QueryTables 集合对象的 Add 方法创建一个查询表对象 qt。参数如下。

- Connection：指向外部数据源的连接变量。可以是 ODBC 连接字符串、ADO 记录集、URL 标识的网络地址、TEXT 标识的文本文件以及 FINDER 标识的数据查找文件等。上例为文本文件，连接字符串包含固定标识"TEXT"和具体的文件路径，并用分号分隔。
- Destination：导入目标区域左上角的起始单元格地址。

分隔符是处理文本文件的关键属性，常见分隔符类型（属性名称）如下。

- TextFileTabDelimiter/Tab。
- TextFileSemicolonDelimiter/ 分号。
- TextFileCommaDelimiter/ 逗号。

· TextFileSpaceDelimiter/ 空格。

对于工作表中已存在的 QueryTable 对象，可通过 Refresh 方法执行刷新。以下代码将刷新工作表"Sheet1"中的第一个查询表，刷新时使用数据连接中的现有地址，无须确认。

```
With Worksheets("Sheet1").QueryTables(1)    针对 Sheet1 中的第 1 个查询表对象
    .TextFilePromptOnRefresh = False        刷新时是否打开文本文件地址确认对话框
    .Refresh                                执行刷新
End With
```

在工作表中包含多个查询表的情况下，可借助 Count 属性获得计数，而后使用 For-Next 循环遍历刷新，如下所示。

```
With ActiveSheet
    For i = 1 To .QueryTables.Count
        .QueryTables(i).TextFilePromptOnRefresh = False
        .QueryTables(i).Refresh
    Next i
End With
```

4.3 网页查询向导

在互联网时代，商业、金融甚至公共决策都越来越趋向于数据驱动。在数据供应方面，政府单位和国际组织、学术研究和调查机构、市场和行业组织、社交媒体、大型企业等无时不在收集和发布各类数据。需求方面，技术进步和开放数据潮流推动数据消费群体日趋分散和下沉，日渐普及的网页抓取就是一个例证。

面向分析师日常工作中的简单网页数据查询需求，本节内容将以实用性为导向，介绍网页查询、IQY 查询、交互式查询以及与用户现有应用的整合等。

网页查询

本节要点

使用旧版向导将网页数据导入工作表。旧版网页查询工具存在较多缺陷。

·操作实务

网页查询工具较适合临时性的网页数据导入，无须任何预备知识，使用界面菜单即可操作。导入完成后，Excel 将在工作表内创建一个外部数据表，性质和 4.2 节介绍的文本导入完全相同。通过功能区菜单或快捷菜单，可查看具体的数据区域属性和连接属性。具体步骤如下。

❶ 单击"数据"→"获取数据"→"传统向导"→"从 Web"（Excel 2016：单击"数据"→"获取外部数据"→"自网站"）。

❷ 在打开的对话框顶部的地址栏内，输入目标网页地址，如微软公司股票报价网址（图 4-7，#1）。

❸ 单击"转到"（#2）。

❹ 下方显示的网页框架内，可供导入内容前会出现黄色右向箭头标记，单击所需表格前的箭头，所选内容会被高亮显示，同时黄色箭头变为绿色复选框（#3）。

❺ 单击"导入"按钮（#4）。

❻ 在"导入数据"对话框内确认数据导入位置后单击"确定"按钮（#5）。

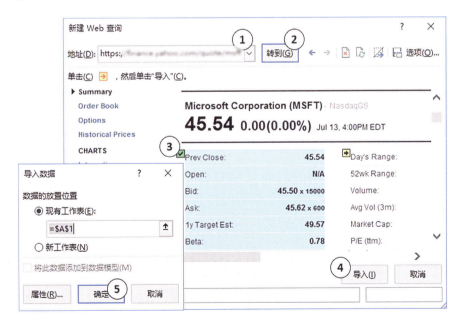

图 4-7 网页查询

网页查询操作简便，但存在几个方面的不足。首先，网页查询依赖于目标网页内的表格标识（Table），在采用较新技术开发的网站中已不多见，意味着此类网站无法使用网页查询。其次，网页查询内嵌的 IE 浏览器框架使用兼容性模式，存在错误多、显示效果和浏览器差异大等缺陷。在实际应用中，建议使用 Power Query 网页查询。最后，界面工具仅支持静态查询，不支持参数选择和交互。在图 4-7 的示例中，如需更换股票代码，需重新查询，因此一般不适用于重复性的应用情景。

IQY 查询

本节要点

IQY 文件的基本规范。在 IQY 文件中使用动态参数。通过使用 IQY 方法实现交互查询。

· 应用场景

IQY 是 Excel 使用的网页查询文件格式，实际上是一个扩展名为 ".iqy" 的文本文件。IQY 文件内包含一个 URL 和多行参数，除 URL 地址外，其他参数行均可选，具体规范如下。

❶ 查询类型：只能使用字符串 "WEB"，仅在查询版本参数省略的情况下才可省略。

❷ 查询版本：只能使用数值 1，仅在查询类型忽略的情况下才可省略。

❸ URL：查询目标网页地址。

❹ POST 参数：适用于需要向网站提交数据的查询，一般可省略。

❺ Web 查询参数：网页查询的参数设定，等同于图 4-7 网页查询界面内的选项设置。最常用的参数包括 Selection 和 Formatting，前者指示需要返回的表格名称或索引号，后者为返回网页的格式类型（如 RTF 或 HTML 等）。

IQY 文件直接打开即可运行，下面使用 IQY 文件从 Investing 网站获取我国股市创 52 周新高的股票列表。

❶ 创建一个空白的文本文件并打开，输入以下文本。

WEB

1

https://www.×××.com

Selection=1

❷ 关闭并保存文件，将文件扩展名更改为".iqy"。

❸ 双击打开上述 IQY 文件。

❹ Excel 将新建工作簿，自动连接 IQY 文件中的 URL 并返回指定数据。

IQY 文件为更灵活的网页数据查询提供了便利，体现在 URL 中的相关参数允许进一步的用户交互。例如，上例的 URL 中含 country 参数，如需查询其他市场创 52 周新高的股票信息，只需向该参数提供其他值即可。以获取股票报价为例，IQY 文件中的原有静态地址（画删除线部分）限定了股票代码为 MSFT，如需允许用户指定代码，可修改 URL 中的代码参数，效果如下。

WEB

1

~~http://×××.com/×××/msft~~

http://×××.com/×××/["symbol"," 请输入股票代码 "]

Selection=1

IQY 文件内 URL 参数交互的写法规范是：[" 参数值的名称 "," 提示信息 "]。其中，参数值的名称是向 URL 参数赋值的变量名，提示信息则会在打开的对话框中显示。二者都使用双引号引用，并包含在中括号内。当然，网页查询最重要的是参数值本身，而不是值叫何名称，因此，参数值的名称和提示信息都不是必需的。在最简化情形下，上述 URL 地址可改为 http://×××.com/×××/[]。

· 操作实务

双击打开以上 IQY 文件，Excel 将打开"输入参数值"对话框（图 4-8），在编辑框内输入任意合法代码如 600000.ss（图 4-8，#1）后单击"确定"按钮（#2），Excel 将在新建工作簿中返回查询结果（#3）。

图 4-8　IQY 交互查询

运行完成后，连接信息会保留在工作簿内，已不再需要 IQY 文件。IQY 查询同样返回外部数据区域对象，通过功能区菜单或快捷菜单可查看数据区域属性和连接属性，刷新数据、设置手动或自动刷新以及自动刷新频率等。

在图 4-8 中以手工方式输入查询代码，实际上，IQY 文件中 URL 的交互参数可关联至工作表中的单元格，从而实现在单元格内输入股票代码即可自动返回相关报价数据，避免手工输入代码。以上需求可通过返回数据区域的快捷菜单实现，操作过程介绍如下。

❶ 在返回数据区域内对任意单元格单击鼠标右键，如 B1 单元格（图 4-9，#1）。

❷ 在打开的快捷菜单内单击"参数"（#2）。

❸ 在"查询参数"对话框内，将查询所用的股票参数引用到 E1 单元格（#3）。

❹ 继续选中"单元格值变更时自动刷新"（#4）。

❺ 单击"确定"按钮（#5）。

❻ 在 E1 单元格内输入股票代码 IBM（#6），Excel 将根据 E1 单元格的股票代码自动刷新报价数据。

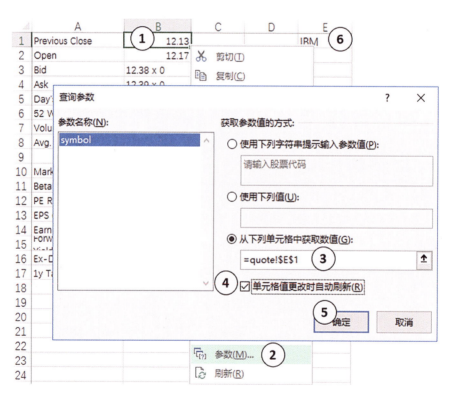

图 4-9　IQY 查询参数值设置

·总结和拓展

上例中的网页地址仅含一个股票代码参数，在包含多个参数的情况下，URL 通常使用连字符（&）拼接。例如，…?q=msft & startdate=2019-1-1 & enddate=2019-12-31 & hisperiod=weekly 包含了 q、startdate、enddate 和 hisperiod 等 4 个参数，每个参数表达式之间使用连字符拼接。在 IQY 文件内，如需将 URL 中的上述参数全部替换成交互参数，以允许用户在运行文件时输入或指定值，可重写成 …?q=["Symbol"] & startdate=["SDate"] & enddate=["EDate"] & histperiod=["Period"] 或简化模式 …?q=[] & startdate=[] & enddate=[] & histperiod=[]。显然，为了在 IQY 文件内正确写出 URL 行，需要分析目标网页的参数规则。

和现有应用融合

本节要点

> 将 IQY 查询结果返回至工作表的指定区域，以此为基础设计公式函数和图表模板。

·应用场景

上例演示了如何在单元格内输入股票代码并自动返回实时报价，实际工作中的需求可能更复杂。例如，从网站导入数据后需进行必要的转换、整合、计算、图表展示等，为此需要将网页查询数据返回到现有工作簿的指定区域，实现从数据到具体应用的模板化。问题是，通过双击方式运行 IQY 文件，Excel 总是会创建新的工作簿并返回查询结果，无法实现上述目的。以下通过一个简化的例子，介绍解决以上问题的一般思路。

·操作实务

本例继续使用 IQY 文件提取经济指标数据，并在工作表内输出图表。经济数据位于本地目录，每个指标为一个独立的文本文件。文本文件使用了不规范的分隔符并包含行数不确定的非数据行，需要进行适当的转换处理，最后绘图展示。完成后，用户只需输入或通过下拉列表选择指标名称，即可触发数据和图表刷新。

❶ 编写包含以下三行文本的 IQY 文件，将路径中的文件名部分替换成交互参数，保存并关闭文件。

WEB

1

E:\ Spreadsheet\ch4\["Code"," 请输入或引用指标代码 "].txt

❷ 在工作表中设计指标名称所在单元格，使用适当的字体和颜色格式化以突出显示。在 A1 单元格内输入任意指标名称，如初次申请失业救济人数（ICSA）（图 4-10，#1），确认 IQY 文件的指定目录内存在同名文本文件即可。

❸ 单击"数据"→"获取和转换数据"→"现有连接"（#2）。"现有连接"对话框包含工作簿内的已有连接或是存储于计算机（默认位于"我的数据源"目录）或是网络的 Office 连接文件（ODC）。

❹ 在打开的"现有连接"对话框内，单击"浏览更多"（#3）。在"选择数据源"对话框内，定位并选择事先保存好的 IQY 文件，最后单击对话框中的"打开"按钮。

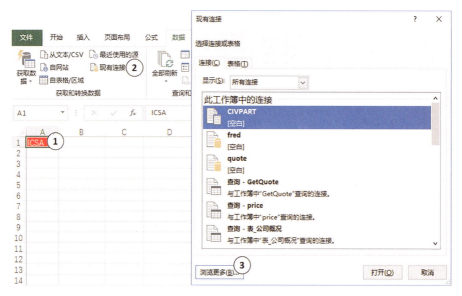

图 4-10　通过现有连接打开 IQY 文件

❺ Excel 开始根据 IQY 文件中的参数执行查询。Excel 首先会询问数据放置位置，在"导入数据"对话框的编辑框内引用当前工作表的 A4 单元格（图 4-11，#4），代表返回数据的起始单元格，单击"确定"按钮。

❻ Excel 检测到 IQY 内的文本文件名使用了交互参数，因此进一步打开"输入参数值"对话框，此时在编辑框内引用事先设计好的输入单元格即 A1 单元格（#5）。

❼ 进一步选中对话框内两个与引用和刷新相关的复选框，以确保更改 A1 单元格可触发自动更新，最后单击"确定"按钮（#6）。

❽ Excel 根据 A1 单元格的输入参数值，在指定区域返回查询结果。可以看出，

由于文本文件使用了不规范的分隔符，Excel 未能正确分列，将所有内容都在 A 列内合并显示（#7）。

❾ B 列和 C 列使用相关字符处理函数，将 A 列的文本分拆为日期和数值两列（#8）。

❿ 将转换完成的数据绘制成折线图（#9）。

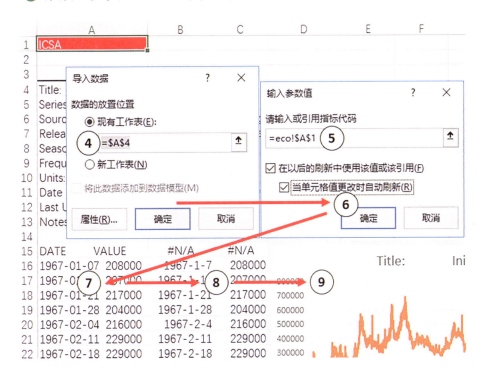

图 4-11　在现有应用中整合 IQY 查询

显然，在现有应用中整合 IQY 查询的关键是事先设计好输入和输出数据区域，通过打开连接而非双击的方式执行查询。完成上述操作后，可更改 A1 单元格的值测试效果。在此基础上，可进一步根据需要设计好 A 列的格式如字体、列宽等，然后通过快捷菜单中的"数据范围属性"，选中"保留单元格格式"并取消"调整列宽"的默认选中状态（图 4-4），保留这些格式安排，避免下次刷新引起格式变化。

公式和函数

以图 4-11 的第 16 行为例，B 列和 C 列分别提取 A 列中的日期和数值。

· B 列公式 =IFERROR(VALUE(LEFT(A16,12)),NA())，嵌套使用 LEFT 和 VALUE

函数提取 A16 单元格左侧的部分字符并转换为 Excel 日期序数。同时，如有转换错误则强制返回 NA 空值。由于 NA 值在图表中不显示，以上处理逻辑可避免图表错误，提高绘图数据源区域选择的容错性。

- C 列公式 =IFERROR(VALUE(RIGHT(A16,LEN(A16)−12)),NA()) ，使用类似方法提取剩余的数值。和数据转换处理相关的函数将在第 5 章进一步讲解。

VBA

在 VBA 中使用 IQY 网页查询和此前介绍的 URL 查询几乎完全相同。唯一区别是：连接字符串的标识须由 URL 改为 FINDER。例如，使用 IQY 文件查询我国股市创 52 周新高的股票，IQY 文件内包含目标网页地址等参数信息，以下语句将查询标识、IQY 文件的地址拼接成连接字符串。

```
connStr = "FINDER;" & ThisWorkbook.Path & "\investing.iqy"
```
其中，ThisWorkbook.Path 返回当前工作簿的路径，含义是 "investing.iqy" 文件和当前工作簿位于同一目录下。

IQY 文件的主要意义是为用户提供无须编程的互动查询。如果 IQY 文件内使用了交互参数，在 VBA 中执行该查询的过程中同样也会打开"输入参数值"对话框，提示用户输入或引用参数值，显然不符编程本意。这种情况下，应该直接使用基于 URL 的网页查询而非 IQY 查询。例如，下面的代码返回创 52 周新高的股票列表，区别在于，市场参数直接从 A1 单元格读取，从而不需要在运行过程中输入或引用。

```
Dim qt As QueryTable, connStr as String, market as String
market= ActiveSheet.Range("A1")
connStr = "URL; https://www.×××.com/×××/52-×××-×××?country=" &
market
Set qt = ActiveSheet.QueryTables.Add(Connection:= connStr,
Destination:=Range("$A$2"))
With qt
      .WebFormatting = xlAll
      .WebTables = 1
      .Refresh
End With
```

4.4 Excel 工作簿

和文本文件、网页文件相比，Excel 工作簿可储存多张更大容量和更结构化的数据表。金融市场存在大量基础数据，如公司基本资料、市场价格等，由于数据容量大、来源多样或是需要在不同的应用场景中反复使用等，适合储存为独立的数据工作簿，和具体应用分离。由此产生的需求是在应用工作簿和数据源工作簿之间建立无须干预的自动更新机制。

在 Excel 工作簿中，上述表格主要以工作表、命名区域（3.5 节）、表格（3.6 节）等形式存在。Excel 支持通过多种机制访问外部工作簿数据源，不同的连接机制有着不同的适用性，本节仅介绍通用性较强的 OLEDB 连接方式。

导入工作簿数据

本节要点

将存储在其他工作簿文件中的数据导入当前工作簿。

· 操作实务

与文本和网页查询相比，从外部工作簿导入数据仅多出一个步骤。下面的例子将上市公司基本资料表导入当前工作簿。

❶ 单击"数据"→"获取和转换数据"→"现有连接"（图 4-12，#1）。

❷ 在打开的"现有连接"对话框内，单击"浏览更多"（#2），而后在"选取数据源"对话框内，定位到目标 Excel 文件并确定。

❸ Excel 访问数据源，在打开的"选择表格"对话框内列出所有可用表格，包括工作表和命名区域。本例的工作簿中包含 3 张工作表（后缀为货币符号）和 1 个命名区域 symbol（无货币符号），选择工作表 profile（#3）。

❹ 确认选中"数据首行包含列标题"（#4）并单击"确定"按钮（#5）。

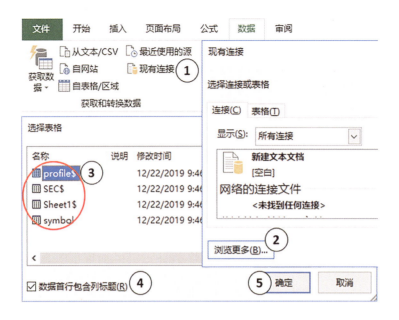

图 4-12　通过现有连接导入外部工作簿数据

❺ 完成以上操作后，Excel 从目标工作簿获取数据，并打开"导入数据"对话框，提示选择以何种方式返回数据以及返回位置，如可选择输出表格或是数据透视表等。在"数据的放置位置"下，设置输出位置为现有工作表的 A1 单元格（图 4-13，#6）。

❻ 单击"确定"按钮（#7）。

❼ Excel 在指定区域返回数据查询结果（#8）。

图 4-13　指定外部数据的输出形式和位置

· 总结和拓展

可以看出，Excel 自动为返回的外部工作簿数据创建了表格样式，单击表格内的任意单元格，功能区会出现"设计"选项卡，从中可展开进一步的操作和样式处理。以上特征表明 Excel 返回的是结构化的表格对象，而不是此前网页及文本文件查询所返回的外部数据区域（QueryTable）。

4.2 节曾说明，Excel 在获得外部数据的过程中创建两个对象：数据连接以及外部数据区域。针对不同的数据源，Excel 返回数据区域的性质可能不同，数据连接的具体机制也会有差异。但无论何种情况，通过快捷菜单、"数据"选项卡或右侧窗格，都可以分别查看上述数据区域及数据连接的属性，并进行相关设置和修改，过程和 4.2 节的介绍相同。

VBA

因数据源性质和查询类型发生变化，不难猜到，VBA 导入工作簿数据的关键同样也是修改连接字符串，并正确使用和设置与之对应的相关属性。OLEDB 查询的连接字符串应使用 "OLEDB" 标识。同时，正如 WebTables 是网页查询的属性，TextFileTabDelimiter 是文本文件查询的属性，QueryTable 对象向 OLEDB 查询所提供的两个专用属性如下。

- CommandText：针对指定数据源的命令字符串。本例的命令字符串 "profile$" 表明数据源来自工作表 profile，注意工作表名称结尾处的美元符号不可缺失。
- CommandType：规定命令字符串的类型，常见选项包括 xlCmdTable 和 xlCmdSql 等。工作表数据源应使用 xlCmdTable。

以下代码执行和图 4-12 界面相同的查询，导入公司概况工作簿 profile 工作表的全部数据。取决于 Excel 版本、文件地址等情况，连接字符串 connStr 的具体写法会有差异。

```
Dim qt As QueryTable, connStr as String
connStr = "OLEDB;Provider=Microsoft.ACE.OLEDB.12.0;Data Source=" & ThisWorkbook.
Path & "\ch4\ 公司概况 .xlsx;Jet OLEDB:Engine Type=37;"
Set qt = ActiveSheet.QueryTables.Add(Connection:= connStr,
```

```
                Destination:=Range("$A$1"))
With qt
     .CommandType = xlCmdTable
     .CommandText = "profile$"
     .Refresh
End With
```

以上返回 QueryTable 对象，如需返回类似图 4-13 的表格，应使用 ListObject 对象。ListObject 的好处是可通过类似 Range(" 表名 [字段名]") 的结构化引用指向任意列（3.6 节）。

```
Dim connStr As String, objList As ListObject
connStr = "OLEDB;Provider=Microsoft.ACE.OLEDB.12.0;Data Source=" & ThisWorkbook.
Path & "\ch4\ 公司概况 .xlsx;Jet OLEDB:Engine Type=37;"
Set objList = ActiveSheet.ListObjects.Add(SourceType:=0 _
, Source:=connStr, Destination:=Range("$A$1"))
With objList.QueryTable
     .CommandType = xlCmdTable
     .CommandText = "profile$"
     .ListObject.Name = "myTbl"
     .Refresh
End With
```

对表格的 SQL 查询

本节要点

使用 SQL 查询返回所需的特定数据。

· 应用场景

前例中的公司概况资料包含大量公司和数十个字段，实际应用可能仅需用到其中的部分字段和记录，全部导入效率低且占用空间。图 4-12 的界面中，只能明确指定需要导入的整张工作表或命名区域，无法进一步限定所需数据的范围。使用 SQL 查询则可实现对所需字段和记录的灵活控制，方法是将 OLEDB 查询的命令类型由表更改为 SQL，然后根据数据需求编写相应的 SQL 语句，操作过程可以在"连接属性"对话框内实现，基本步骤如下。

· 操作实务

❶ 选中返回区域的任意单元格（图 4-14，#1）。

❷ 单击"数据"→"查询和连接"→"查询和连接"→"全部刷新"→"连接属性"（#2），打开"连接属性"对话框（图 4-15）。

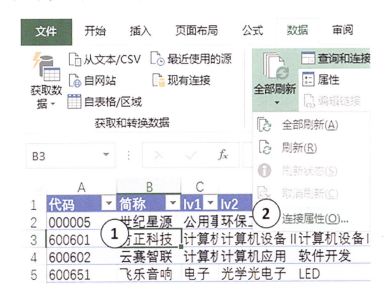

图 4-14 打开"连接属性"对话框

❸ 在"连接属性"对话框内，切换至"定义"选项卡（图 4-15，#3）。界面显示连接类型、连接文件、连接字符串、命令类型及命令文本等内容。其中，连接字符串是 Excel 自动生成的外部数据源连接信息（#4）。

❹ 打开对话框中间位置的"命令类型"下拉列表，将类型选项由默认状态的"表"改为"SQL"（#5）。

❺ 本例需要查询二级行业（lv2）为光学光电子、上市日期在 2010 年以后的上市公司记录，因此在"命令文本"文本框内输入 SQL 查询语句：select * from [profile $] where lv2=' 光学光电子 ' and year(上市日期)>2010（#6）。

以上 SQL 语句使用通配符 * 返回全部字段。对于 Excel 工作表，字段通常就是数据区域首行的列标题。如需返回部分特定列，就不能使用通配符 *，而要在查询语句中写明具体列名，多个列名之间用逗号分隔，如"代码，简称 lv2,lv3, 上市日期"。此外，需注意的是，from 从句后面的工作表名必须包含在中括号内并以美元符号作为后缀。

❻ 单击"确定"按钮完成（#7），Excel 将根据输入的 SQL 命令查询符合条件的记录并自动更新数据表。

图 4-15　更改 OLEDB 查询的命令类型及文本

· 总结和拓展

对外部数据源的 SQL 查询，有助于改进和简化相关数据流程及应用。只需掌握简单的 SQL 语句，用户就可以在无须安装任何客户端数据工具的情况下，对各类外部数据源开展定制查询。例如，4.2 节中的文本文件如果改用 OLEDB 查询，同样可对源文件执行 SQL 命令。

图 4-15 中的三个组成部分和前文介绍的 OLEDB 查询的三个关键要素对应。连接字符串对应 VBA 中的 Connection 参数，可直接复制到代码中使用。命令类型和命令文本则分别和属性 CommandType 及 CommandText 对应。因此，在 VBA 中执行 SQL 查询只需将前例中的代码稍加修改即可。

```
Set qt = ActiveSheet.QueryTables.Add(Connection:= connStr,
Destination:=Range("$A$1"))
With qt
    .CommandType = xlCmdSql
    .CommandText = " select * from [profile$] where lv2='光学光电子' and
year(上市日期)>2010 "
    .Refresh
End With
```

4.5 数据库

Excel 支持 Access、SQL Server 等桌面及服务器数据库。单击"数据"→"获取和转换数据"→"获取数据"→"传统向导"，而后从次级菜单中选择"从Access""从 SQL Server"等命令，即可按界面提示发起数据库查询。此外，也可选择"从数据连接向导"，通过向导界面执行查询。取决于数据库的配置情况，访问数据库可能需要获得授权信息，详情可咨询数据库管理员。

和 4.4 节介绍的 Excel 工作簿数据源相同，数据库源也可以执行全表导入，或者通过 SQL 查询筛选所需的记录和字段。界面操作的基本步骤可参考图 4-14 和图 4-15，VBA 代码也和 4.4 节相似，只需适当修改连接字符串即可。

4.6 Power Query

本章开头曾提及，Excel 2016 的数据功能区内存在两种访问外部数据源的机制，在界面上分别体现为"获取外部数据"和"获取和转换"两个组（图 4-1）。在 Excel 2013 面市之前，"获得外部数据"一直是 Excel 连接外部数据源的唯一界面选择。但从 Excel 2019 开始，"获取外部数据"被移出功能区，并入次级菜单"传统向导"下。以上调整表明，Excel 在外部数据获得和处理机制方面，已完成从传统向现代的转变，功能更强、效率更高的 Power Query 工具成为默认选择。

认识 Power Query

微软公司在 Excel 2013 中以免费插件的形式发布了 Power Query，并向后兼容 Excel 2010，为 Excel 用户提供了访问外部数据的全新选择。不仅如此，传统的"获取外部数据"功能在取得数据之后即告结束，而 Power Query 的关键定位是一款面向非技术用户、无须编程的数据提取、转换和加载（ETL）工具，获取数据只是其工作的开端。也正因为如此，从 Excel 2016 开始，Excel 逐步将 Power Query 整合成和传统模式并列的内置功能，并最终完全接管"数据"选项卡。

图 4-16 是"获取和转换数据"及"查询和连接"组的界面，主要菜单项的含义简介如下。

❶ 获取数据（图 4-16，#1）：外部数据查询及相关选项设置入口。Power Query 支持数十种数据源，这些数据源分为"文件""数据库""在线服务"等多种类型，单击具体类型可打开次级菜单，进一步选择具体数据源。

❷ 常见数据源（#2）：针对文本、网站和表格/区域等常用数据源的快捷方式，导入此类数据源无须在步骤 1 的菜单中多次单击。其中，"自表格/区域"的含义是将当前活动单元格所在的表格或区域导入 Power Query 编辑器内，利用 Power Query 编辑器对现有数据展开各类清洗和转换。取决于当前区域的类型，Excel 会执行不同的操作。

·当前区域为表格或命名区域：直接启动 Power Query 编辑器。

·普通工作表区域：打开创建表格的对话框，转换为表格后再启动 Power Query 编辑器。

❸ 最近使用的源（#3）：最近使用的数据源列表。在需要反复访问外部数据源、根据同一个数据源生成不同的表格、数据透视表时，使用此菜单项可有效减少多层菜单和数据源选择。

❹ 查询和连接（#4）：在工作表右侧区域显示或关闭包含查询和工作簿连接信息的窗格。

图 4-16　获取和转换数据

前已说明，Power Query 总体上包含获取数据及转换数据两大功能，本章内容侧重"获取"方面，转换功能将在第 5 章涉及。从图 4-16 可以看出，Power Query 大大拓展了外部数据源的种类。除旧版向导支持的所有传统数据源外，Power Query 重点强化了对云服务、大数据的支持能力。不过，对多数用户来说，常规数据源仍是关注重心。因此，本节仍将以围绕此前介绍的常见数据源，侧重对比传统向导和 Power Query 的异同。

文本和 CSV

本节要点

使用 Power Query 导入文本和 CSV 文件。"加载"和"转换数据"的区别。

· 操作实务

使用 Power Query 导入文本可直接单击"数据"选项卡的"从文本 /CSV"（图

4-16，#2），或者在"获取数据"下拉菜单内依序单击"自文件"→"从文本 / CSV"（Excel 2016：单击"数据"→"获取和转换"→"新建查询"→"从文件"→"从文本"/"从 CSV"）。打开"导入数据"对话框，从中选择目标文件并确定即进入 Power Query 文本导入预览界面（图 4-17）。

　　和旧版的向导式界面不同，Power Query 文本导入预览界面集成了几乎全部设置，多数情况下默认设置都无须更改。主要选项如下。

❶ 文件原始格式（图 4-17，#1）：选择文本文件的原始语言。

❷ 分隔符（#2）：更改文本文件的默认分隔符。

❸ 数据类型检测（#3）：是否以及如何自动检测各列数据类型以及标题信息。

❹ 文件内容预览（#4）：基于 1~3 选项设置的部分内容预览。

❺ 加载（#5）：将数据内容加载到工作表。默认情况下，Excel 将在新建工作表中返回数据，具体效果取决于用户在查询选项内的相关设置。单击加载右侧的下拉按钮显示另有"加载到 ..."可供选择，单击该项将打开"导入数据"对话框，可选择返回数据的具体方式（表格或数据透视表等）、位置（当前工作表或新建工作表、单元格地址）以及是否加载到数据模型（Power Pivot）等，该步骤和旧版导入方式的最后一步完全相同（图 4-13）。

❻ 转换数据（#6）：启动 Power Query 编辑器并开始各类数据清洗转换工作。

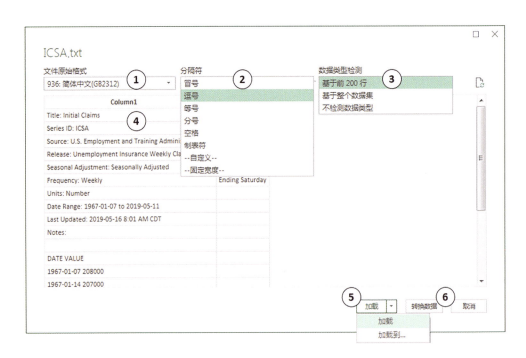

图 4-17　文本文件导入预览

"加载"和"转换数据"的区别：前者用于将数据直接返回工作表，由用户自行在工作表中、使用 Excel 内置的界面功能或公式函数开展进一步的数据处理。在此情形下 Power Query 仅发挥了"获取"功能；后者则用于启动 Power Query 编辑器执行数据处理，最后再将处理完的数据加载至工作表。在此过程中，用户甚至可以完全不使用 Excel 的任何传统功能，Power Query "接管"了所有的数据处理工作，Excel 工作表仅发挥前端展示作用。从图 4-16 中可看出，Power Query 将 CSV 和文本文件并列，CSV 文件的导入过程和文本文件相同。

· 总结和拓展

尽管本章主题是外部数据导入，但到此为止也已初步揭示，在工作表中进行数据筛选、清洗和转换，存在三种非编程选择：公式函数（回顾 4.3 节"和现有应用融合"中所进行的分列和文本转换）、SQL 查询以及 Power Query 编辑器。本书将在第 5 章进一步介绍相关函数以及 Power Query，SQL 语言则已超出本书范围，后文不再涉及。

网页查询

本节要点

使用 Power Query 导入网页数据。Power Query 导航器和旧版导入界面的对比。

· 操作实务

网页查询在实际工作中十分常见。继续以查询微软（MSFT）股票报价为例，单击"数据"选项卡的"自网站"（Excel 2016：单击"数据"→"获取和转换"→"新建查询"→"从其他源"→"自网站"），按界面提示输入所需查询的 URL，最后进入导航和预览界面（图 4-18）。

❶ Power Query 在目标网页 html 文档内搜索表格标识（Table），返回所有可用的网页表格列表，同时显示代表目标网页的 Document（图 4-18，#1）。

❷ 在左侧列表内选定特定表格后，右侧的"表视图"下将显示预览，并按顺序自动添加 Column1、Column2 列名（#2）。

❸ 单击界面下方的"加载"（#3），可将所选表格数据导入工作表，单击"转换数据"可将表格加载至编辑器（#4），和文本数据导入完全相同。

图 4-18　网页查询导航器

·总结和拓展

　　和 4.3 节介绍的网页查询界面相比，Power Query 网页查询导航器更加便捷和友好，静态网页数据导入应使用 Power Query。对于交互式查询，基于 IQY 文件的网页查询由于操作简单、无须编程，并且可以和现有应用融合，因此仍具备一定的使用价值。例如，如需查看其他股票报价，IQY 查询只需在工作表中简单修改单元格内的代码即可，而 Power Query 查询如需实现交互参数选择，需使用内置 M 语言编写函数，存在一定学习成本，M 语言已超出本书范围。第 5 章将结合实际案例，简要介绍如何使用 Power Query 函数。

Excel 工作簿

　　Power Query 全方位支持不同的工作簿数据源，包括工作表、命名区域以及表格，甚至支持动态命名区域。依序单击"数据"→"获取和转换数据"→"获取数据"→"自文件"→"从工作簿"（Excel 2016：单击"数据"→"获取和转换"→"新建查询"→"从文件"→"从工作簿"），按界面提示定位到目标文件并打开，最后进入导航和预览界面（图 4-19）。

　　❶ Power Query 在目标工作簿内寻找所有合规数据源，包括表格（图 4-19，

#1）、工作表（#2）和命名区域（#3），并使用不同图标区分上述 3 种数据源。

❷ 选择工作表 profile 后，右侧显示数据源名称及数据预览并自动识别标题（#4）。

❸ 和文本文件及网页查询的导航器相同，单击界面下方的"加载"（#5），可将所选数据导入工作表，单击"转换数据"可将数据加载至编辑器（#6）。注意代码列在预览区内被当作数值显示，显然不符合预期，这种情况下通常需单击"转换数据"，进入 Power Query 编辑器环境执行数据转换工作。

图 4-19　导入 Excel 工作簿数据

文件夹导入

本节要点

使用 Power Query 批量导入文件。在文件信息界面，单击"组合"和"加载"将执行不同的导入操作。

・应用场景

多文件导入一向是 Excel 的弱势，逐个文件导入的过程烦琐且极易出错，在文件数量多、数据量大等情况下，手动处理很快就会变得令人无法接受。和传统导入方式相比，Power Query 新增了强大的文件夹导入功能，使过去通常只能借助程序实现的批量导入需求，仅需简单的几步操作即可完成。对普通用户而言，此类技术下沉意味着可大幅提升数据处理能力和效率，从而将更多时间和资源分配于数据探索和分析等高增值活动。

多数情况下，批量文件导入需要在 Power Query 编辑器内进行适当提取和转换，但如果规范化程度高、文件格式高度统一，也可采用"快速加载"模式，将多个文件中的数据合并并直接返回工作表。

· 操作实务

下例的文件夹内包含多个指数的历史价格数据，每个指数为一个文本文件并以指数代码命名，文件内容结构如字段（日期、开盘、最高、最低、收盘等）名称、数量和次序完全相同且数据类型一一对应，适合直接合并加载。依序单击"数据"→"获取和转换数据"→"获取数据"→"自文件"→"从文件夹"（Excel 2016："数据"→"获取和转换"→"新建查询"→"从文件"→"从文件夹"），按界面提示定位到目标文件夹后确定，进入文件信息界面（图 4-20）。

❶ Power Query 以列表形式显示所有文件名称及相关属性（图 4-20，#1）。和导入单个文件不同，此时如单击"加载"，导入的将是选定文件夹内所包含的文件信息列表，而非具体的文件内容。

❷ 打开"组合"下拉列表（#2）。

❸ "组合"下拉列表中包含 3 个选项，"合并并转换数据"将合并文件数据并启动编辑器，"合并和加载到 ..."则进一步允许用户选择加载选项，如输出形式、输出位置等。为执行多文件快速合并，应单击"合并和加载"（#3），打开"合并文件"对话框（图 4-21）。

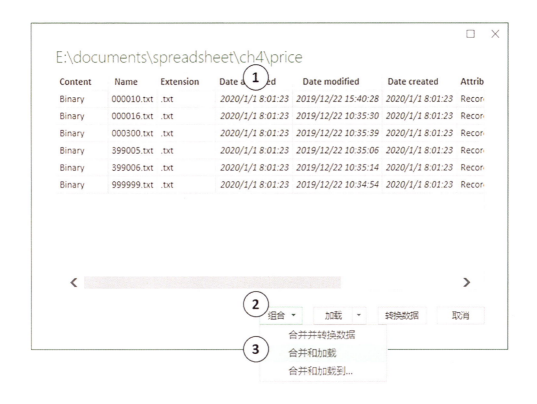

图 4-20　快速合并文件夹内的多个文件内容

❹ 由于目标文件夹包含多个文件，在"合并文件"对话框内，Power Query 默认自动选择第一个文件用于内容预览。如需更改预览文件，可打开"示例文件"下拉列表，查看可选的文件清单并选择其中的一个文件用于预览（图 4-21，#4）。

❺ 根据分隔符设置，预览区域显示所选文件的部分内容（#5）。如更改步骤4 中的示例文件或更改分隔符，Power Query 会自动更新本区域显示内容。确认预览效果符合需要。

❻ Power Query 将逐个文件读取内容，为避免中途出错，可选中"跳过出错文件"复选框（#6），避免导入过程因错误中止。

❼ 单击"确定"按钮将合并数据加载至工作表（#7）。

❽ Excel 新建工作表并以表格的形式显示合并数据（#8），表格以文件夹的名称命名。

❾ 除了返回文件中的原有字段，Excel 会在首列自动添加名为 Source.Name 的新列，代表数据所属文件名（#9）。例如，A2 单元格的"000016.txt"代表该行数据来自名为"000016.txt"的文本文件。

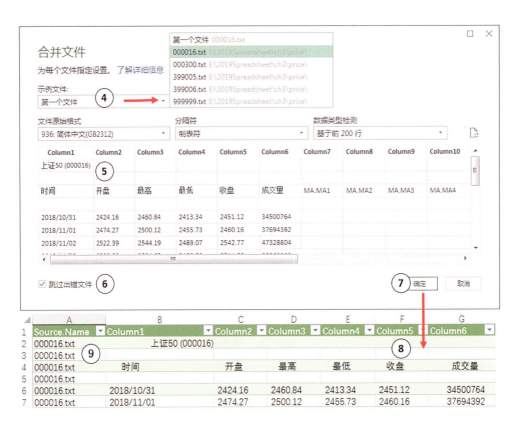

图 4-21　合并文件并加载至工作表

·总结和拓展

完成上述导入操作后，如文件夹有任何变化，包括新增或删除文件、原有文件内容更新等，只需选中数据区域，通过快捷菜单或者单击"数据"选项卡下的"刷新"按钮即可获得最新版本的数据。

以上以文本文件为例介绍了多文件合并查询的实施。对于其他类型文件的快速合并和加载，操作步骤基本相同。不过，对于 Excel 工作簿文件，Power Query 要求不同文件中的数据源如工作表、命名区域等同名。显然，如果文件或内容在结构方面存在差异，通常就不再适合使用上述快速加载方案，需进入 Power Query 编辑模式，相关内容将在第 5 章进一步介绍。

刷新机制

数据连接的主要意义在于实现工作表和外部数据源的自动同步。Power Query 返回的数据连接有多种刷新选择。选中数据区域后，单击"数据"→"查询和连接"→"查询和连接"→"全部刷新"→"连接属性"（图 4-14，#2），或在右侧"查询 & 连接"窗格内打开相关查询的快捷菜单并单击"属性"，打开查询 / 连接属性对话框。

❶ 对话框的最上方显示查询 / 连接的名称（图 4-22，#1）。

❷ 允许后台刷新（#2）：该选项规定在数据连接刷新时是否允许 Excel 继续工作。默认选中状态下，刷新在后台进行，不影响用户其他操作。如希望在数据完成刷新之前冻结界面，则取消选中该复选框。例如，Power Query 查询结果被数据透视表等应用进一步使用，在更新后者之前，首先需要完成前者的刷新。再如，工作簿中可能存在多个有顺序要求的 Power Query 查询，同样需要禁用后台刷新，才能执行正确的更新操作。

❸ 指定刷新频率（#3）：在工作簿处于打开状态的前提下，要求 Excel 按规定的间隔时间执行刷新，有效数值介于 1 至 32 767 分钟，相当于间隔频率从 1 分钟到 22 天不等。该选项较适合用于报价等经常发生变化的数据。

❹ 打开文件时刷新数据（#4）：规定在每次打开工作簿时自动刷新。

❺ 全部刷新时刷新此连接（#5）：规定全部刷新操作是否适用于此连接。选中状态下，用户单击"数据"选项卡下的"全部刷新"按钮，Excel 将对所有启用该选项的工作簿连接执行刷新。

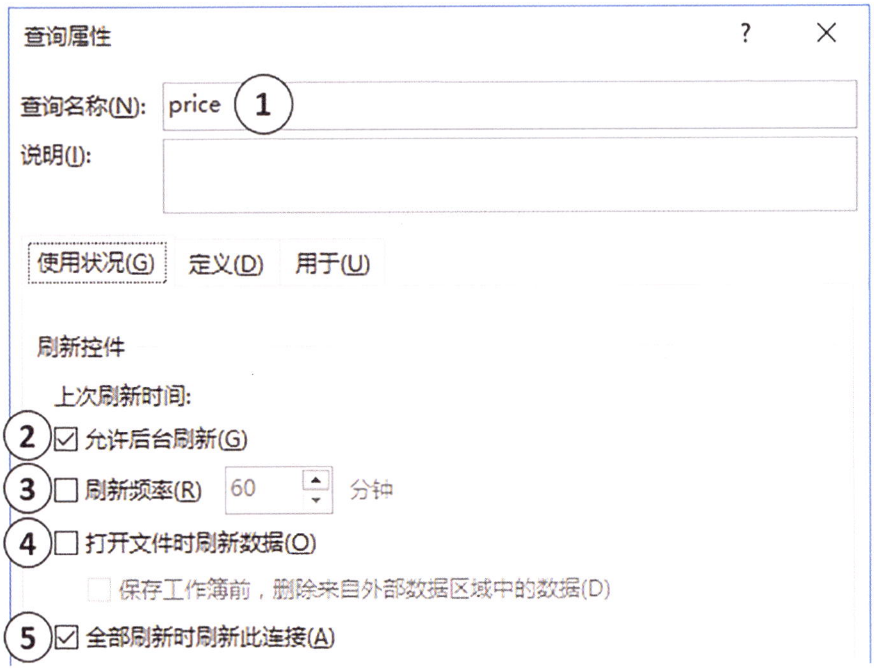

图 4-22 连接属性设置

除了设置自动刷新或通过界面菜单执行手动刷新，还可编写简单的 VBA 代码，并将代码关联至工作表控件（2.4 节），而后只需单击按钮即可启动刷新。

对指定 Power Query 连接的刷新，需要在代码中引用连接名称，连接名称在连接属性内可见（图 4-22，#1）。例如，以下代码刷新指数历史数据连接。

ActiveWorkbook.Connections(" 查询 – price").Refresh

以下代码遍历工作簿内的所有 OLEDB 连接，以禁用后台刷新的方式按顺序执行更新。代码使用 If 语句判读连接类型是否为 OLEDB，Type 是工作簿连接对象 WorkbookConnection 的属性。

```
Dim cn As WorkbookConnection
For Each cn In ThisWorkbook.Connections
    If cn.Type = xlConnectionTypeOLEDB then
        cn.OLEDBConnection.BackgroundQuery = False   禁用后台刷新
        cn.Refresh
    End if
Next cn
```

在上例的股票指数文件夹内增加一个名为 "000010.txt" 的文本文件，单击按钮更新数据。控件、关联代码及刷新后的效果如图 4-23 所示，可与图 4-21 对比。

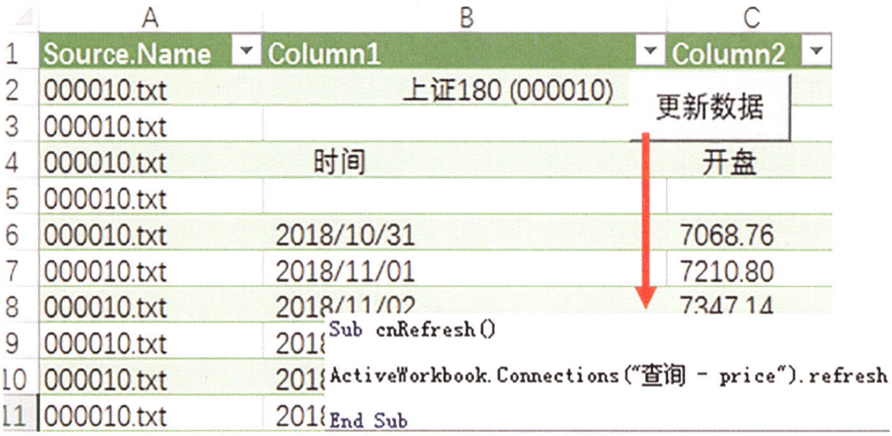

图 4-23　刷新 Power Query 连接

4.7 复盘与思考

本章围绕外部数据导入，介绍 Excel 在"数据"选项卡下提供的两种基本途径：传统的导入向导（Excel 2016 及之前版本中的"获取外部数据"）以及 Power Query 的获取机制。

无论通过何种方式发起访问和查询，Excel 都会把和外部数据源相关的连接信息储存为工作簿内的"数据连接"，并将查询结果以 QueryTable、数据透视表或表格的形式返回至工作表。在较新版本的 Excel 中，使用传统向导导入文本和网页将产生 QueryTable 数据区域，其余数据源则默认返回表格（ListObject）。Power Query 查询则全部默认返回表格。所有的数据连接都可以通过设置自动刷新实现工作表和外部数据源的同步，也可通过功能区菜单或编写简单的 VBA 代码在需要时执行手动刷新。

和传统方式相比，在常规数据源的获得方面，Power Query 大幅改进了网页查询的便利性，可完全替代原有的网页查询界面。文件夹导入功能则有助于提升批量文件的处理效率。到目前为止，本章仅涉及 Power Query 的"获取"功能，"转换"功能将在第 5~6 章进一步展开讲解。

第 5 章　数据转换和处理

回顾第 4 章使用的示例数据源，经济指标文本文件内包含大量元数据信息并使用了 Excel 无法自动识别处理的分隔符，上市公司概况工作簿内包含冗余及错误数据，即使规范化程度很高的报价数据文件也存在空行、标题识别等问题。网页数据格式则更是不可预测。此类问题看似微不足道，却是决定一切后续数据工作质量和可靠性的关键前提。在开始数据探索和分析工作之前，分析师往往要花费大量时间进行类似的数据清洗和转换，在公式、函数或是代码当中考虑各种错误情景并加入容错机制等。也正因为如此，Excel 为相关工作提供了大量的界面工具、快捷方式、公式函数资源等，Power Query 的问世更是代表了全方位的模式转换。

5.1 初识数据转换

在一般意义上，数据转换的目的是将复杂多样、质量各异的原始数据转换为符合规范、满足使用需求的数据。据其性质差异，本章将电子表格环境下的数据转换分成以下 4 个层面。显然，这一分类侧重于概念理解和功能区分，实际工作中，这些不同环节更多时候是相互融合而非彼此独立的。

❶ 清洗：数据清洗是最常见的基础工作。例如：

· 过滤、移除无效、错误或重复数据；

· 日期等数据格式转换；

· 字母大小写转换；

· 字符替换、提取、拆分及合并；

· 数据转置；

· 透视（Pivot）及逆向透视等；

· ……

❷ 查询：根据行列条件从一个数据集中筛选、提取部分记录。

❸ 整合：将多个数据集纵向追加合并或建立横向关联，整合成符合分析用途的独立数据表。例如，多个同类文件批量导入通常就属于纵向合并。再如，上市公司数据涉及财务、行业、价格等多个方面，从多个不同的数据集按其关联关系提取相关数据，最后汇总用于数据透视表分析，就属于典型的横向融合。

❹ 提升：数据提升是指在原有数据的基础上，通过创建衍生列和计算列，对

数据集执行特定计算，以提升数据的分析价值。例如，将绝对数转换为相对数、总数转变为平均数、原始数据转换为标准化数据等。

围绕上述任务，和第 4 章类似，本章将首先从常规方法开始，有选择地介绍部分可用于数据转换处理的工具资源，最后再过渡到更强大的晋级工具：Power Query 编辑器。

5.2 数据清洗

Excel 提供了许多内置的界面工具，如排序筛选、数据分列、删除重复值、查找替换等。这些功能主要集中在"开始"和"数据"选项卡功能区，大多数用户都可以熟练使用。本节重点介绍 F5 定位工具以及字符和日期函数。

F5 定位工具

F5 定位是高效率的循迹和批量选择工具。使用 F5 定位工具快速、批量选择多个目标。

·应用场景

F5 定位是一个高效率的循迹和批量选择工具。循迹功能常用于单元格快速跳转，在包含多工作表的建模应用中使用广泛。批量选择则可用于快速选择特定目标，如包含特殊格式的数据、空值、错误值、形状图片对象等，而后可通过制表符键逐一查看或执行批量删除、替换操作等，实现快速数据清洗的目的。以下三种方式均可启动 F5 定位工具。

❶ 按 F5 键，在打开的对话框内单击"定位条件"。

❷ 按 Ctrl+G 快捷键，在打开的对话框内单击"定位条件"。

❸ 依序单击"开始"→"编辑"→"查找和选择"→"定位条件"。

·操作实务

图 5-1 中的数据包含众多显示为"#NUM!"的计算错误单元格，为避免影响后续计算，可使用 F5 定位工具将这些单元格全部选中，然后执行批量删除，操作步骤介绍如下。

❶ 在活动工作表内按 F5 键，打开"定位"对话框（图 5-1，#1）。

❷ 单击"定位条件"（#2），打开"定位条件"对话框（#3）。

❸ 本例数据区域不包含公式，因此选中"常量"（#4）。如果单元格内包含的是公式返回错误，则应选中"公式"。

❹ 在下方的具体类型复选框内选中"错误"（#5）。

❺ 单击"确定"按钮退出（#6）。

❻ Excel 自动选中所有错误值（#7）。

❼ 此时按 Delete 键可将错误值全部删除。

图 5-1　使用 F5 定位工具替换错误值

图 5-2 的数据中包含空值。空值会影响 Ctrl+ 方向键的快速区域选择，通过替换成 NA 值，一方面方便连续选择，另一方面空值和 NA 值在图表中默认均显示为空距，因此不影响在图表中的显示效果。使用 F5 定位工具可快速实现上述目的。

❶ 重复图 5-1 中的步骤 1~3，打开"定位条件"对话框。

❷ 选中"空值"（图 5-2，#1），单击"确定"按钮（#2）退出对话框。

❸ 此时 Excel 自动选中数据区域内的所有空单元格（#3）。

❹ 激活公式栏，并输入公式"=NA()"（#4）。

❺ 按 Ctrl+Enter 快捷键返回（#5）。

完成上述操作后，所有空格被 NA 函数替换。同理，假设图中数据按日期升序排列，如需将空值替换成前一交易日的价格，只需在步骤 4 的公式栏内输入公式"=C2"而后按 Ctrl+Enter 快捷键即可。原因是当前活动单元格为 C3 单元格，上述公式为相对引用，因此每一个选中的空单元格都会被填充为所在列的上一行数据。例如，A6 空单元格的公式将被自动填充成"=A5"。

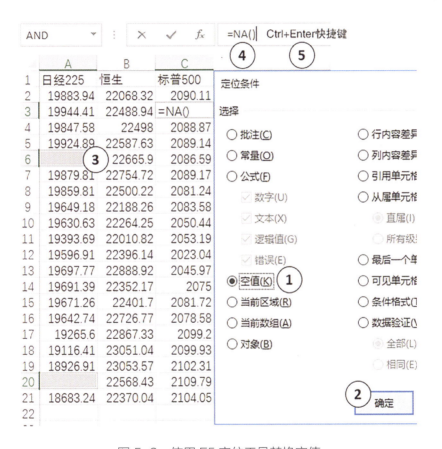

图 5-2　使用 F5 定位工具替换空值

· 总结和拓展

F5 工具能够根据用户指定条件批量选中多个目标，其他常见应用包括批量删除包括图片、图表、形状在内的各类对象、包含条件格式的单元格等，本书将在建模应用部分继续介绍 F5 定位工具的其他用途。

Range 对象的 SpecialCells 方法可用于在选定区域内查找特殊的单元格,和 F5 定位条件中的选项高度相似。SpecialCells 方法需要提供单元格类型参数,常用类型如下。

- · xlLastCell   已使用区域的最后一个单元格
- · xlFormulas   包含公式的单元格
- · xlBlanks   空值单元格
- · xlVisible   可见单元格

以下代码在选定的区域内,查找空值,并执行整行删除。

```
Dim Rng As Range
Set Rng = Selection.SpecialCells(xlBlanks)
Rng.EntireRow.Delete
```

以下代码执行和图 5-2 相同的操作。

```
Dim Rng As Range
With Range("A1").CurrentRegion
    Set Rng = .SpecialCells(xlBlanks)
    Rng.Formula = "=NA()"
End With
```

文本与日期处理

本节要点

熟悉常用的文本和日期处理函数。

· 应用场景

多数数据清洗工作都涉及对文本和日期的处理。前者是因文本的标准化程度最低，布局、格式和分隔符多种多样，使用方面也无固定规范，通常视具体场景而定。日期方面则多数是因为日期自身包含多个维度、区域设置不同、日期计数规则存在差异等。

第 4 章曾使用 LEFT、RIGHT 和 VALUE 等函数进行字符分拆和转换。表 5-1 和表 5-2 分别列出了部分常用的文本处理函数和日期处理函数。这些函数的用途简单明了，只需在工作表中输入函数名称中的部分字符，利用 Excel 便捷的自动提示功能，就能了解函数的各项参数及具体含义。

表 5-1　常用文本处理函数

类别	主要函数	用途
移除多余字符	CLEAN	删除非打印字符
	TRIM	删除多余空格
大小写转换	LOWER	转换大写字母为小写字母
	UPPER	转换小写字母为大写字母
	PROPER	每个单词首字母大写
提取和拼接	CONCATENATE	字符串拼接
	LEFT	返回给定文本左侧指定数量的字符串
	RIGHT	返回给定文本右侧指定数量的字符串
	MID	从指定位置开始，返回指定数量的字符串
	REPT	将指定文本重复指定次数
	LEN	返回字符串的长度
类型转换	TEXT	按指定格式，将数值转换为文本
	VALUE	将文本转换为数值
搜索和替换	FIND	返回一个字符串在另一个字符串中的第一次出现的位置（忽略大小写）
	SEARCH	返回一个字符串在另一个字符串中的第一次出现的位置（忽略大小写）
	T	测试是否为文本，非文本返回空值
	REPLACE	将字符串中的部分字符用另一个字符串替换，旧字符串由用户指定起始位置和长度
	SUBSTITUTE	将字符串中的部分字符全部替换为新字符串，也可指定只替换第几次出现的字符

表 5-2　常用日期处理函数

类别	主要函数	用途
创建日期	DATE	根据指定年月日创建日期
	DATEVALUE	将文本格式的日期转换为日期序列数值

类别	主要函数	用途
当前日期和时间	TODAY	返回当前日期
	NOW	返回当前日期和时间
时间提取	DAY	指定日期是所在月的第几天（1~31）
	MONTH	返回月份数值（1~12）
	YEAR	返回年份数值
	WEEKNUM	指定日期在一年的第几周（1~53）
	WEEKDAY	指定日期是星期几（1~7）
日期计算	EDATE	从初始日期开始，指定月数之前或之后的日期
	EOMONTH	从初始日期开始，指定月数之前或之后月份的最后一天
	WORKDAY	从初始日期开始，在指定的若干个工作日之前或之后的日期，排除节假日
	DAYS	两个日期之间的天数间隔
	DAYS360	按 30 或 360 规则计算的两个日期的天数间隔
	NETWORKDAYS	返回两个工作日之间的完整工作日数
	YEARFRAC	将两个日期的天数间隔换算成年份数

· 操作实务

图 5-3 中，A 列是 2019 年的特殊假日列表，以此为基础，利用表 5-2 中的部分函数执行日期处理和计算。图 5-3 中部分数据行被隐藏，函数所在的单元格地址以及详细说明见表 5-3。

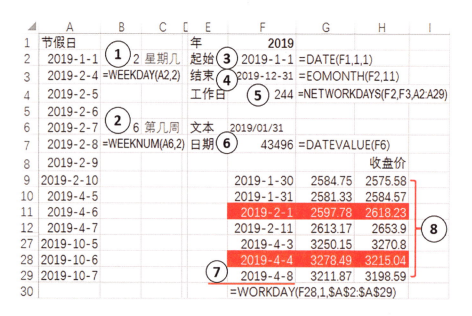

图 5-3　日期函数应用示例

表 5-3　日期函数应用示例说明

序号	单元格	函数	说明
#1	B2	=WEEKDAY(A2,2)	星期几，星期从周一开始
#2	B6	=WEEKNUM(A6,2)	第几周，星期从周一开始
#3	F2	=DATE(F1,1,1)	给定 F1 单元格的年份，计算当年起始日期
#4	F3	=EOMONTH(F2,11)	计算当年结束日期
#5	F4	=NETWORKDAYS(F2,F3,A2:A29)	当年工作日天数，考虑特殊假日
#6	F7	= DATEVALUE(F6)	将 F6 单元格的文本转换为日期序列数值
#7	F29	=WORKDAY(F28,1, $A$2:$A$29)	根据节假日信息，计算给定日期的下个工作日
#8	F8:H29	=Workday($F9,1)<>Workday($F9,1,$A$2: $A$29)	条件格式化公式，高亮显示节前的最后工作日。公式逻辑是：用 Workday 分别计算当前日期在有无特殊假日情况下的下一工作日，如果函数返回的日期不一致，则当前日期为节前的最后工作日。

数据类型和错误处理

表 5-4 列出了常用的数据类型和错误检测及处理函数，在数据清洗和创建新的计算列时经常使用这些函数。

表 5-4　常用错误判断和处理函数

类别	主要函数	用途
错误检测	ISERR	检测一个值是否为 #N/A 以外的错误
	ISERROR	检测一个值是否为错误
	ISNA	检测一个值是否为 #N/A
数据类型	ISBLANK	是否为空值
	ISNUMBER	是否为数值
	ISTEXT	是否为文本
	ISLOGICAL	是否为逻辑值（True 或 False）
	TYPE	以整数形式返回指定数据的类型
	N	将非数值转换为数值，逻辑值转换为 1 或 0
错误处理	IFERROR	检测是否为错误，否则返回原值，是则返回指定值
	IFNA	检测是否为 NA 错误，否则返回原值，是则返回指定值

VBA 同样提供大量和文本处理、数据类型检测及数据转换相关的函数资源。只需在代码中输入 "VBA."，智能提示窗口就会跟随出现，列出 VBA 对象的可用属性和方法等，其中每一个函数都是 VBA 对象的一个方法。

VBA 内置函数同样按类别划分。在明确目标函数所属类别的情况下，可在代码内输入 VBA."类名称".，进一步缩小可选函数范围。示例如下。

- VBA.Strings.：字符处理函数，如 strReverse、Len、Split、Mid、Replace 等，和表 5-1 中的 Excel 函数接近。
- VBA.DateTime.：日期时间函数，如 DateAdd、DateDiff、DateValue 等，和表 5-2 中的 Excel 函数接近。
- VBA.Information.：信息函数，如 IsDate、IsError、IsNumeric、IsEmpty 等，和表 5-4 中的 Excel 函数功能类似。
- VBA.Conversion.：数据类型转换函数，如 CDate、Cdbl、Cint 等。
- VBA.Math.：数学运算函数。

错误是编写代码过程中的常见现象。VBA 存在以下三种基本的错误类型。

- 编译错误：大多由各类语法错误导致，如代码语句不完整、变量未定义、成员未找到等，此类错误容易检测，VBA 会在程序运行之前的编译阶段提示相关错误。
- 运行时错误：在代码运行过程产生并导致代码中止的错误，也是需要使用程序捕捉和处理的错误类型。
- 逻辑错误：多指在代码层面合法但业务逻辑存在漏洞的错误，由于不会产生错误提示，因此最不易被识别。

简单而言，VBA 支持 On Error Resume Next 和 On Error GoTo 两类错误处理方法。前者在遇错时继续执行下一行代码。例如，以下代码会被正常执行，而不会提示出现除零错误。

```
On Error Resume Next
Msgbox 3/0
```

On Error GoTo 则将错误引导到指定的错误处理代码行。例如，以下代码尝试打开指定文件，遇错则转到 ErrorHandling 代码行处理（行 50），系统提示出错的代码行号和错误描述，否则正常执行到 Exit Sub 结束。

```
Sub UsingGoTo()
10      Dim sFile As String
20      On Error GoTo ErrorHandling
30      sFile = "C:\testdata.xlsx"
40      Workbooks.Open sFile
    Exit Sub
    ErrorHandling:
50      MsgBox Erl & "  " & Err.Description
End Sub
```

5.3 数据查询

从现有数据区域中按某种条件查询数据，是多数电子表格应用的基础和前提。Excel 为此提供了专门的查找和引用函数类别，第 3 章曾简要介绍此类函数的性质和要点。鉴于查找和引用函数是最基础、用途和使用方法最多样化的工作表函数之一，本节将继续结合实际案例，介绍相关函数的具体应用。

查找函数

本节要点

VLOOKUP 函数的语法、匹配规则以及返回值。将查询目标区域转换为表格后，可避免在 VLOOKUP 函数中使用固定不变的静态地址参数。引用函数的基本含义。

· 应用场景

图 5-4 中，A:B 列为每周初次申请失业救济人数（ICSA），D:E 列为标普 500

指数的月收盘历史数据。由于日期频度不一致，通常需要以其中的一个日期为基准进行匹配。例如，以指数收盘日期为基础，从 A 列中查找与之最接近的日期，并由此获得 B 列的数据。上述需求一般借助 VLOOKUP 函数实现，F2 单元格公式为 =VLOOKUP(D2,$A$2:$B$1272,2,1)，4 个参数的含义分别是：待查询值（D2）、查询目标区域（$A$2:$B$1272）、返回值在目标区域的第几列（2）以及匹配规则（1）。其中，匹配规则参数为逻辑值，指定匹配规则为精确匹配（0）或是近似匹配（1），默认为近似匹配。在精准匹配规则下，函数将返回第 1 个匹配值，如无匹配则返回错误值 #N/A。在近似匹配规则下，返回小于等于查询值的最大值，该规则要求第 1 列的值按升序排列。

以上描述可简化理解为，VLOOKUP 函数执行"查询""行匹配""列匹配""返回"4 个基本步骤，基本流程如图 5-4 所示。继续以 F2 单元格的查找过程为例。

❶ 在目标查询区域的首列即 A 列内查找 D2 单元格给定的查询值"1995-4-30"（图 5-4，#1）。

❷ 公式指定了近似匹配规则，即在目标区域内查找小于等于"1995-4-30"的最大日期，因此找到匹配行位于查询区域的第 17 行（#2）。

❸ 确定查询值在目标区域内的行数后，继续根据返回值的列序号参数 2，确定查询结果位于目标区域的第 2 列（#3）。

❹ 将目标区域第 17 行和第 2 列（B18）的查询结果返回 F2 单元格（#4）。

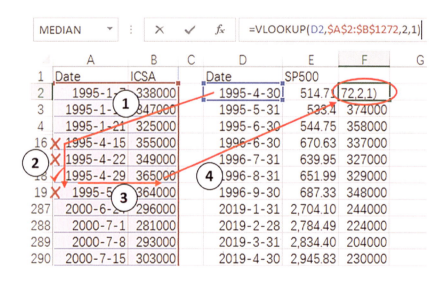

图 5-4　VLOOKUP 函数的执行流程

问题是，F 列的公式绝对引用了固定不变的查询区域地址 A2:B1272。在实际应用中，此类数据经常定期更新，导致数据区域地址会不断拓展，而将引用地址"写死"意味着如需获得最新数据，只能频繁更改公式，极为不便。

· 操作实务

解决上述问题的一个简单办法是将普通区域转换为表格。3.6 节曾介绍表格的自动拓展特性，通过将固定的工作表地址替换为表格及相关列名，可实现从源数据到计算应用的自动更新。图 5-5 演示了具体过程。

❶ 使用"插入"选项卡下的"表格"组或按 Ctrl+T 快捷键，将数据区域转换为 Excel 表格（图 5-5，#1）。

❷ 切换至"设计"选项卡，将表名称更改为 ICSA_tbl（#2），本步骤非必需步骤。

❸ 激活 F2 单元格，进入公式编辑状态（#3）。

❹ 在公式栏内将公式中的第 2 个参数 $A$2:$B$1272 替换为表名并按 Enter 键确认（#4）。

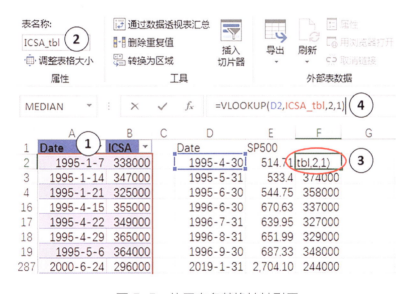

图 5-5　使用表名替换地址引用

· 总结和拓展

除了转换为表格，第 2 种解决办法的思路是通过某种函数生成引用地址。正如多数工作表函数可通过调整参数改变返回结果，如果能将类似 A2:B1272 的静态地址转变为某种函数的"计算"结果，就可以通过控制此类函数的参数，获得能够跟随参数动态改变的工作表引用地址。引用函数的用途就在于此：返回可在其他

Excel 函数公式中进一步使用的动态地址，从而避免引用固定不变的工作表区域。

引用函数及其参数

本节要点

常见的引用函数。理解引用函数的返回结果。引用函数的行列数驱动。

· 应用场景

OFFSET 和 INDEX 是 Excel 中两个最重要的引用函数。

OFFSET 函数以初始的引用地址（单个单元格或区域）为参照，通过给定偏移量得到一个新的引用地址，语法形式为：OFFSET(起始地址 , 偏移行 , 偏移列 ,[目标行数], [目标列数])。一般来说，OFFSET 函数有两种最常见的使用方法，图 5-6 给出了具体的图解示例。

❶ OFFSET(① ,r,c)：从初始引用 ① 开始，偏移 r 行 c 列，得到 ②。

❷ OFFSET(① ,r,c,r2,c2)：从初始引用 ① 开始，偏移 r 行 c 列，而后返回从 ② 开始、包含 r2 行和 c2 列的目标区域。

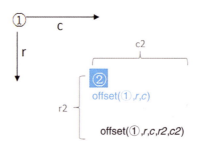

图 5-6　Offset 函数的两种用法

另一个引用函数 INDEX 返回给定数据区域在指定的行与列交叉处的单元格引用，语法形式为 (查询区域 , 第几行 ,[第几列])。第 3 章曾介绍过 INDEX 函数的一项便利特性：在行参数为 0 时 INDEX 函数返回全部行，在列参数为 0 时 INDEX 函数返回全部列。

在实际使用中，VLOOKUP 等查找函数和 INDEX 等引用函数表面上都返回数据，但引用函数返回结果的背后是工作表地址。利用这一特点，可将普通地址使用引用函数改写，而后在其他公式中进一步使用，表 5-5 给出了部分示例。

表 5-5　使用引用函数改写常规地址

常规引用地址	引用函数等价	说明
B2	OFFSET(A1,1,1)	从 A1 单元格偏移 1 行 1 列
	INDEX(B:B,2)	B 列的第 2 行
A1:A3	A1:OFFSET(A1,2,0)	OFFSET(A1,2,0) 返回 A3 单元格
	OFFSET(A1,0,0,3)	从 A1 单元格开始，包含 3 行
$A$2:$B$1272	OFFSET(A1,1,0,1271, 2)	B 列的第 1272 行为 B1272 单元格
	A2: INDEX(B:B,1272, 1)	–
=SUM(A1:A10)	=SUM(A1:OFFSET(A1,9,0))	–
	=SUM(OFFSET(A1,0,0,10))	–
	=SUM(A1:INDEX(A:A,10))	–

从表 5-5 可以看出，引用函数的一个关键特点是行列数驱动，如 INDEX 的行列号、OFFSET 的偏移行列数等。如果可以通过函数计算获得这些行列参数值，也就可以利用引用函数灵活构建任意所需的引用地址。例如，假设 OFFSET(A1,?,0) 中的第 2 项参数通过计算产生，意味着该函数可返回事先不确定的区域地址。一般情况下，引用函数的上述参数可通过两类函数获得：MATCH 等匹配查找函数（参考3.5 节）以及 COUNTA 等计数函数。

· 操作实务

回到前例，图 5-7 继续使用 VLOOKUP 函数在 A:B 列中查找和 D292 单元格的日期 "2019-5-31" 匹配的数据，3 个公式返回结果完全相同。

❶　静态公式：F292 单元格的公式使用固定地址 $A$2:$B$1272（图 5-7，#1）。

❷　使用 OFFSET 引用函数：F295 单元格的公式将上述静态地址改写为OFFSET($A$1,1,0,COUNTA($A:$A)-1,2)，含义是从 A1 单元格开始偏移 1 行 0 列至 A2 单元格，返回区域包括 2 列，行数则由 COUNTA 函数计算获得，即 A 列的非空单元格数量减 1（扣除标题行）（#2）。由于 COUNTA 函数的计算结果随数据增减而变，OFFSET 函数返回的区域地址自然会随之动态改变。

❸　使用 INDEX 引用函数：F298 单元格的公式将静态地址改写为 $A$2:INDEX($B:$B,COUNTA($A:$A))，返回一个连续区域，该连续区域从 A2 单元格开始，延续到 B 列，结束单元格的行号同样由 COUNTA 函数计算得出（#3）。

图 5-7　在公式中使用引用函数的返回地址

从引用函数到动态命名

本节要点

使用引用函数产生动态名称。用动态名称替换函数的数据源参数。

·应用场景

3.5 节详细介绍了区域命名方法。通过使用引用函数，指向静态地址的命名可以立即拓展为地址可变的动态名称，从而大幅简化公式。动态命名只能在名称管理器内执行。

·操作实务

图 5-8 演示了如何对上例中 A:B 列的数据动态命名，进而简化图 5-7 中的公式。命名过程可理解为将图 5-7 中使用的动态引用公式写到名称管理器内。

❶ 按 Ctrl+F3 快捷键，打开"名称管理器"对话框（图 5-8，#1）。

❷ 单击"新建"（#2）。

❸ 在打开的"新建名称"对话框内，输入名称"ICSA"（#3）。

❹ 在"引用位置"文本框内输入公式"=OFFSET($ A $ 1,1,0,COUNTA($ A:$ A)-1,2)"或其他等效的引用公式（#4）。

❺ 单击"确定"按钮退出（#5）。

❻ 关闭"名称管理器"对话框（#6）。

图 5-8　动态命名过程

完成命名后，就可以将 VLOOKUP 函数公式中使用引用函数定义的数据源区域改写为名称，图 5-9 对比了公式的前后差异。动态命名能够显著精简公式和代码，而且在数据更新后无须维护，因此在计算、图表的数据源引用以及 VBA 中被广泛使用。

	A	B	C	D	E	F	G	H
1	Date	ICSA		Date	SP500			
297	2000-9-2	301000						
298	2000-9-9	309000			212000			
299	2000-9-16	311000		=VLOOKUP(D292,$A$2:INDEX($B:$B,COUNTA($A:$A)),2,1)				
300	2000-9-23	288000						
301	2000-9-30	292000			212000			
302	2000-10-7	309000		=VLOOKUP(D292,ICSA,2,1)				

图 5-9　在公式中使用动态名称

·总结和拓展

前已说明，将普通数据区域转换成表格同样能实现数据源的动态拓展，通过类似 ROWS(表名) 的公式也很容易获得动态改变的行数信息，但这并不意味着表格可以完全取代查找引用函数。原因是表格侧重结构化引用，而分析应用经常需要开展各类非结构化的查询。例如，以下公式可灵活计算 B 列最近 12 期数据的平均值：=AVERAGE(OFFSET(B1,COUNTA(A:A)-1,0,-12,1))。其中，OFFSET (B1, COUNTA (A:A)-1,0,-12,1) 从 B1 单元格偏移到该列最后一行单元格，而后回溯 12

行并将数据交给 AVERAGE 函数执行计算。在 Excel 缺乏进一步的结构化查询能力的情况下，完成类似及更复杂的计算一般只能通过结合使用查找和引用函数实现。

理解模糊查询

·应用场景

Excel 中的查找函数包括两种类型：返回查询结果值的 VLOOKUP、HLOOKUP、LOOKUP 等以及返回查询值所在位置的 MATCH 函数。两类查找函数都涉及模糊匹配问题，表 5-6 对比了 3 个函数的异同。一般情况下，精确查询对数据无排序要求，模糊查询则相反。例如，前例使用 VLOOKUP 函数执行模糊查询，要求查询区域首列按升序排列，并返回小于等于查询值的最大值，如存在多个匹配值，则返回最后一个匹配值。

表 5-6　查找函数的精确和模糊匹配规则

函数	查询区域是否需排序		模糊匹配规则	查询区域如有重复值，返回何值	
	精确匹配	模糊匹配		精确匹配	模糊匹配
LOOKUP	不支持	升序	小于等于查询值的最大值	不支持	最后一个匹配值
VLOOKUP	否	升序	小于等于查询值的最大值	第一个匹配值	最后一个匹配值
MATCH	否	升 / 降序	升序同上，降序相反	第一个匹配值	最后一个匹配值
HLOOKUP	否	升序	小于等于查询值的最大值	第一个匹配值	最后一个匹配值

·操作实务

图 5-10 以不同的账户余额对应不同的利息率为例，对比使用不同查找引用函数的计算结果。

❶ LOOKUP（C7 单元格）：在查询区域 C2:F2 内查找小于等于查询值（C6 单元格）的最大值，并返回结果区域 C4:F4 内对应位置的数据。

❷ HLOOKUP（C8 单元格）：在查询区域 C2:F4 的首行查找小于等于查询值的最大值，并返回第 3 行的匹配值。和 VLOOKUP 函数的用法相同，区别在于横向查询。

❸ MATCH（C9 单元格）：在查询区域 C2:F2 内查找小于等于查询值的最大值，返回所在位置序号。

❹ INDEX+MATCH（C10 单元格）：根据 MATCH 函数返回的位置序号，从结果区域 C4:F4 获得对应数据。

	A	B	C	D	E	F	G
1							
2	下限		**0**	**1000**	**10000**	**50000**	（查询区域）
3	上限		999.99	9999.99	50000		
4	利息率		**3%**	**4%**	**5%**	**6%**	（结果区域）
5							
6	账户余额		**48000**				（查询值）
7	lookup		5%	=LOOKUP(C6,C2:F2,C4:F4)			
8	hlookup		5%	=HLOOKUP(C6,C2:F4,3,1)			
9	match		3	=MATCH(C6,C2:F2,1)			
10	index+match		5%	=INDEX(C4:F4,MATCH(C6,C2:F2,1))			

图 5-10　查找引用函数对比示例

VBA

工作表以行列号为地址标识，任何单元格间的距离都可用行列差表示。因此，基于行列偏移量的 OFFSET 是 Excel 中最重要的函数之一。VBA 中的 Offset 函数不同于工作表的 OFFSET 函数。首先，VBA 的 Offset 是区域对象的属性。其次，和工作表中的 OFFSET 函数支持 4 个行列参数不同，VBA 的 Offset 函数仅支持偏移行数、偏移列数两个可选参数，示例如下。

- Range("A1").Offset(2,3).Activate　　A1 单元格偏移 2 行 3 列至 D3 单元格并激活
- Range("A1:A100").Offset(0,1).Select　　偏移至 B1:B100 区域并选中

以下代码首先按现有命名区域 ICSA 赋予 Range 对象 rng，而后以 A1 单元格为基准，通过 Offset 属性偏移至特定单元格，最后再使用重设大小（Resize）属性，选择 ICSA 命名区域内的最近 n 条数据（假设日期升序排列）。

```
Dim n As Integer, rng As Range
n = 15
Set rng = Range("ICSA")
Range("A1").Offset(rng.Rows.Count − n + 1, 1).Resize(n, 1).Select
```

5.4 Power Query 编辑器

选择区域、快捷菜单、Ctrl+C/V 快捷键……绝大多数用户对此都了如指掌。这些 Excel 常规操作以单元格区域为基础，单元格中的内容在多数情况下也都可以随意编辑或删除。Power Query 则是一个和 Excel 完全不同的世界，体现在从数据导入、编辑界面、函数到 M 语言，无一不完全独立于 Excel。例如，工作表函数 LEFT 和 RIGHT 分别从左右两侧截取部分长度字符，Power Query 中执行相同功能的函数则名为 Text.Start 和 Text.End。Power Query 以列为中心，不再存在单元格的概念，多数操作对整列生效，用户可以过滤和删除行，但此类操作同样必须基于列的某种筛选条件，不存在针对特定单元格的单独操作。

Power Query 代表了电子表格从传统到现代、从表格向 BI 的延伸。本节将暂别 Excel 的常规模式，介绍如何使用 Power Query 编辑器开展高效率的数据转换和处理工作。显然，本书并非全面介绍 Power Query 的专著，涉及全部细节既不现实也非必要。所选内容依旧以实用性为导向，结合实际案例，侧重介绍 Power Query 的功能框架，以便初学者快速了解全貌。Power Query 功能众多，但界面设计清晰易懂，学习成本较低，只需适应从单元格操作到列操作的模式转换，很容易就可以在日常工作立即开始使用 Power Query，充分利用 Power Query 强大的多数据源支持、数据清洗、转换及探索能力。

界面和"主页"选项卡

以导入文本文件 ICSA.txt 为例，在导航和预览界面内单击"转换数据"即可进入 Power Query 编辑器（图 4-17，#6），主界面如图 5-11 所示。Power Query 编辑器界面的上方是功能区菜单（图 5-11，#1），下方从左向右依次如下。

❶ 查询列表（#2）：Power Query 在此处列出当前工作簿内的所有"查询"，单击可在多个查询之间切换，右侧窗格内的预览和设置会随之切换。每个查询都代表一项已实际执行的数据访问或转换任务。取决于用户选择，这些查询在工作簿内的输出结果可能是各类数据表如表格、数据透视表等，也可能是不含输出数据的单纯连接。Excel 会在"查询 & 连接"窗格内显示该查询为"仅限连接"。

❷ 快捷菜单（#3）：查询列表窗格支持两种快捷菜单。

·查询的快捷菜单：针对所选查询执行复制、删除、重命名、分组等常规操作。

·在空白处单击鼠标右键打开快捷菜单：可在 Power Query 内直接开展新的查询，功能和 Excel "数据"选项卡中的"获取数据"下拉菜单相同。当然，在 Power Query 编辑器内发起查询，不再支持传统向导，也不支持"自表格 / 区域"功能。

❸ 公式栏（#4）：在编辑器内执行的每一步操作如删除空行、列分拆、文本列转换为数值、添加计算列等，都会被 Power Query "录制" 为一段 M 代码，有多少个步骤就有多少行公式。类似工作表中的公式栏会显示活动单元格的内容，此处公式栏显示的是当前选定步骤的公式。例如，图 5-11 中公式代表当前所选步骤 "更改的类型 1"，将列 "Column1.1" 的数据类型设定为文本。

❹ 数据预览区（#5）：应用当前转换步骤之后的预览效果显示区。单击预览区列标题的筛选按钮（#6）可执行行筛选。单击鼠标右键列标题，可对该列执行各类转换操作。

❺ "查询设置" 窗格（#7）："查询设置" 窗格包括查询属性和 "应用的步骤" 列表。"应用的步骤" 列表内包含所有已执行的数据转换操作，单击每个步骤可查看该步骤执行后、后续步骤（如有）执行前的预览效果，通过快捷按钮或快捷菜单可执行删除（#8）、编辑（#9）、改变步骤顺序等操作。步骤删除后不可恢复，并且有可能导致后续步骤出错。

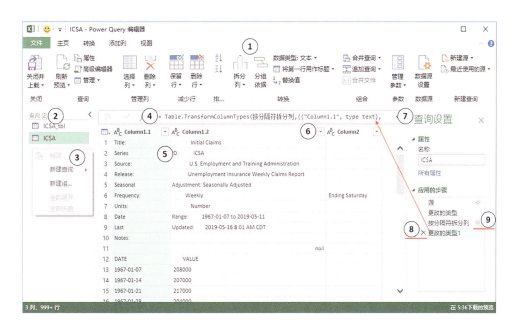

图 5-11 Power Query 主界面

Power Query 的常规功能区包括 "主页" "转换" "添加列" "视图" 4 个选项卡。和 Excel 中选定特定对象时会出现专用选项卡类似（如 "图表工具 – 设计"），在 Power Query 内操作某些对象时，功能区也会显示和该对象对应的转换选项卡。

"主页" 选项卡下主要包括和查询有关的总体设置和操作、影响全表的操作以及部分常用的列转换功能等三大类，具体功能如图5-12所示。

❶ 关闭（图5-12，#1）：退出编辑器并以指定方式加载数据或连接至工作簿。

❷ 查询（#2）：刷新查询预览、查看当前查询属性和M代码、管理查询（删除、复制、引用等）。

❸ 管理列（#3）：以菜单方式选择列或删除所选的列，一般来说，此类操作使用快捷键更为便捷。例如，单击列标题就可以选择列、按住Ctrl键并单击可选多列、按住Shift键并单击可选择连续的列，删除操作可通过快捷菜单快速完成。

❹ 减少行（#4）：此菜单功能与列标题右侧的筛选按钮（图5-11，#6）相互补充，都用于行过滤操作。删除行和保留行属于相反操作，可选择针对重复行、错误行或空行、最前或最后几行、指定范围内的行等。

❺ 转换（#5）：常用列转换操作，如拆分、数据类型转换、值替换。

❻ 组合（#6）：发起合并或追加查询。

❼ 参数（#7）：创建和管理参数，参数可用于数据源选择、行筛选等操作。

❽ 数据源（#8）：数据源及相关权限设置。

❾ 新建查询（#9）：新建数据源或重复查询最近使用过的数据源。

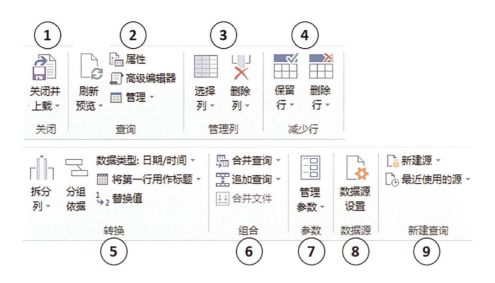

图5-12　"主页"选项卡

常用列转换操作

本节要点

转换列和添加列的区别。列转换包括面向所有类型列的转换操作，以及针对不同类型列的特定操作。常用的列转换以及行筛选操作。

· 应用场景

"转换"选项卡和"添加列"选项卡主要围绕各类列操作，包括适用于任意类型列的通用转换以及针对特定类型列的转换操作。和 Excel 类似，选项卡的许多菜单项也会同时出现在列标题的快捷菜单中。"转换"选项卡和"添加列"选项卡有许多菜单项看似几乎完全相同，区别在于前者执行的是原列转换，即转换后的数据会直接替换原列数据，而"添加列"选项卡中的等效菜单项则会创建新列保存转换后的数据，同时保留原列。以下以"转换"选项卡为例，简要介绍常见的转换操作及含义。

❶ 任意列（图 5-13，#1）：适用于任意类型列的通用转换操作。

数据类型：默认情况下显示自动检测的列数据类型，单击可打开数据类型下拉菜单强制转换为指定类型。

检测数据类型：Power Query 要求为每一列指定具体的数据类型，并在此基础上提供各类不同的列转换操作和选项。检测数据类型是指由 Power Query 自动检测确定各列的数据类型。

重命名：修改现有列名。

替换值：将选定列内的一个值全部替换为另一个值。

填充：使用距离最近的非缺失值填充缺失行（Null），可选择向上或向下填充。此功能类似 5.2 节中使用 F5 定位工具将空单元格替换为相邻的前值或后值，但 Power Query 的填充功能适用于 Null 行而非空行（空白），如果某 Null 行的相邻行是空行，则填充操作将导致该行被填充为空行。

透视列（Pivot）和逆透视列：在数据处理领域，透视有行列旋转的含义，但和普通的转置（Transpose）不同，透视通常将表格中的某列数据按其唯一值分解成多个列，而后对其余列执行某种聚合计算，后文将结合实例说明具体含义。

移动：改变所选列的次序。

转换为列表：将所选列转换为 Power Query 的列表对象（List）。

❷ 文本列（#2）：适用于文本列的转换操作。

拆分列：将文本按分隔符、字符数或其他规则拆分成多列。

格式：执行大小写转换、清除前后空格、添加前后缀等常见文本操作。

合并列：多列文本合并为一列。

提取：按指定规则从文本中提取部分字符，作用类似于 LEFT、RIGHT、MID 等函数，Power Query 支持的规则更多。

分析：针对 XML 或 JSON 对象。

❸ 编号列（#3）[1]：适用于数值列，可执行各类汇总统计和计算转换。

统计信息：执行计数、求和、中值等汇总统计，输出计算结果值。

标准：对所选列执行四则运算、求余数、求百分比等转换。

科学记数：对所选列执行对数、幂、平方根等科学计算。

三角函数：对所选列执行三角函数计算。

舍入：适用于数值列，可向上或向下取整或四舍五入至指定小数位。

信息：返回所选列的奇偶数、符号判断信息。

❹ 日期 & 时间列（#4）：适用于日期时间列的转换。

日期：从日期时间列中提取各类日期维度信息，类似图 5-13 的日期函数应用。Power Query 可执行更强大的日期转换，如将任意日期转换为所属年、季、月、周的起始或结束日期，实用性极强。

时间：从所选列提取时间信息。

持续时间：持续时间是 Power Query 的数据类型之一。不同于日期和时间，持续时间代表持续时间长度，由天、时、分、秒等 4 部分构成。

❺ 结构化列（#5）：适用于结构化列。结构化列是指所选列内嵌套包含 Power Query 支持的结构化对象，如表格、记录等，此类对象将在后文结合实例介绍。

展开：将嵌套对象中的指定列融合至主表，取决于二者的关系类型（一对一或一对多），该操作将导致主表的行列扩充。

聚合：对嵌套对象内的数据执行求和、求平均等汇总计算。

提取值（2019 年新增）：从列表、记录等对象中抽取数据。

图 5-13　常见列转换操作

---

[1] 中文界面翻译欠妥，应为数值列。

在对编辑器界面和功能区菜单有了初步了解之后，本节继续以第 4 章中的经济指标 ICSA 文本文件为例，介绍 Power Query 编辑器的常用清洗转换功能。

·操作实务

首先通过 Excel 功能区菜单或在 Power Query 界面（"主页"选项卡或单击鼠标右键查询列表空白处）内发起新的查询，以 Excel 菜单为例，在"数据"选项卡 → "获取和转换数据"功能区直接点击"从文本 /CSV"（2016："数据" → "获取和转换" → "新建查询" → "从文件" → "从文本"，定位到目标文件所在位置，在预览界面内单击"转换数据"进入编辑器。数据预览区显示，Power Query 以逗号为分隔符，将文件自动分隔为两列。

❶ 选中包含数据内容的列 Column1（图 5-14，#1）。

❷ 在列标题单击鼠标右键，打开快捷菜单，选择"删除其他列"（#2），此操作将删除选中列之外的所有其他列，在本例中为多余的列 Column2。

❸ 再次在列标题单击鼠标右键，在打开的快捷菜单内依次选择"拆分列" → "按分隔符"（#3）。等效的功能区菜单操作为：单击"主页" → "转换" → "拆分列"或"转换" → "文本列" → "拆分列"。

❹ 根据文本数据特点（行 13），在弹窗内选择分隔符为"空格"（#4）。

❺ 继续设置拆分位置为"最左侧的分隔符"（#5）并退出。"拆分位置"选项的含义是如果存在多个相同的分隔符号，应如何进行拆分，本例选择在最左侧，即从左到右首次出现的分隔符位置将选定列一分为二。

图 5-14　按分隔符拆分列

完成后的效果如图 5-15 所示，Column1 被拆分成 Column1.1 和 Column1.2 两列，并默认为文本格式，接下来需要将 Column1.1 列转换为日期。

❻ 选中 Column1.1 列标题（图 5-15，#6）。

❼ 单击鼠标右键打开快捷菜单，依次选择"更改类型"→"日期"（#7）。

图 5-15　将文本列转换为日期列

将 Column1.1 列强制转换为日期后，非日期数据会产生许多错误，但这正是强制转换的用意：利用删除错误行命令，可全部移除非日期行。

❽ 选中 Column1.1 列标题。

❾ 切换至"主页"选项卡（图 5-16，#8）。

❿ 单击"减少行"→"删除行"（#9）。

⓫ 单击"删除错误"（#10）。

⓬ 如预览区显示数据仍有空行，则重复步骤 8~9，并在下拉菜单内选择"删除空行"。该操作也可以通过单击列标题右侧的下拉按钮，打开筛选器并单击"删除空"实现。

⓭ Power Query 未能识别本例文本文件的标题，自动使用"Column"＋序号作为各列标题。为此，双击列标题或通过"转换"选项卡中的"重命名"按钮，将自动产生的列标题 Column1.1 和 Column1.2 更改为合适的名称（#11），如"Date"和"Value"。

图 5-16 删除错误行

接下来利用添加列功能，快速创建年、月份、周等衍生日期列，类似图 5-3 中利用 Excel 日期函数所执行的各项操作。

⓮ 此类日期操作需以日期列为基础，因此首先选择 Date 列（图 5-17，#12）。

⓯ 切换至"添加列"选项卡（#13）。

⓰ 单击"从日期和时间"→"日期"（#14）。

⓱ 选择所需生成的各类日期信息，Power Query 将自动创建新列（#15）。

图 5-17 新建日期列

透视和逆透视

本节要点

透视和逆透视的含义。透视操作涉及提取唯一值、行列转换和聚合操作。逆透视是对透视的逆向操作。

·应用场景

Power Query 支持列的透视和逆向透视操作。透视操作的含义是从"透视列"中取出唯一值，并以这些值为列名，创建新的列，在结构上实现从行转列的转换。显然，"透视列"的每一个唯一值背后可能包含多条行记录，这些行再按指定的某个"值列"进行某种聚合计算，如计数、求和等，具体计算类型取决于列的性质，计算结果变成新列的值。例如，图 5-18 中包含代码和行业两个属性列，用行业列（透视列）的唯一值来创建新的列，会产生以"银行""房地产""医药生物"等为标题的新列，新列的值是各行业所包含的公司数量，也就是对代码（值列）的计数聚合。

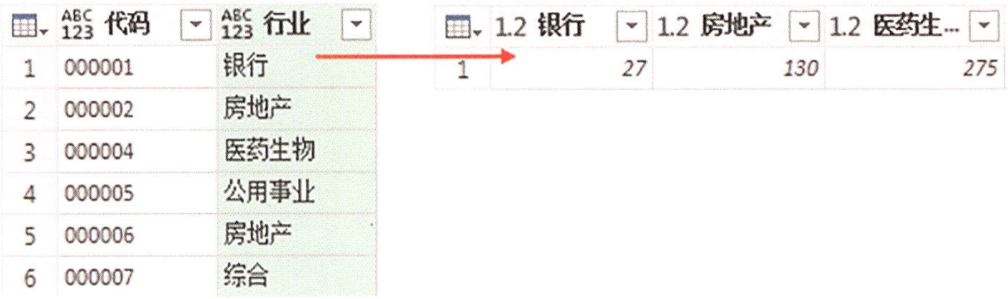

图 5-18　列透视

如果数据中包含除透视列和值列之外的其他列，透视过程会保留这些列，并将列内的重复值合并成唯一值，在此基础上再对值列进行聚合计算。例如，图 5-18 中如果包含地区列，则相同的地区会被汇总成单行，形成首行是不同行业、首列是不同地区的交叉表结构，在每个交叉的单元格内再对值列进行计数。

·操作实务

数据透视经常用于表格数据的行列转换。沿用前例中的经济数据，图 5-19 展示了年份列透视后的表格布局变化。

❶ 从上例最后生成的数据（图 5-17）中删除多余列，保留 Value、年和月份 3 列。

❷ 确认 Value 列为数字格式。

❸ 首先选择透视目标列"年"（图 5-19，#1）。

❹ 切换至"转换"选项卡，单击"任意列"→"透视列"（#2）。

❺ 在打开的"透视列"对话框内，选择"值列"为"Value"（#3）。

❻ 打开"高级选项"下拉列表（#4）。

❼ 选择聚合类型为"平均值"（#5），单击"确定"按钮退出。

❽ 对比透视后的表格布局变化（#6）。

本例除透视列和值列之外，还包含"月份"列，按唯一值汇总成 1~12 月后，形成纵向为不同月份、横向为不同年份的交叉布局，最后再对满足交叉条件的数据行的值列求平均值。

图 5-19　透视列操作步骤

逆透视列是对透视的逆向或“还原”[①]操作。例如，在实际应用中，某些统计机构经常发布年月分别位于行列维的二维交叉表格，通过逆透视操作可将此类数据表转换为更适合时间序列分析的普通表格。逆透视的操作过程和透视类似，但需要首先选中需要逆透视的所有列，如本例中的所有年份列，而后执行“逆透视列”（或者反过来操作，选择不需逆透视的所有列，而后单击“逆透视其他列”。多数情况下，由于需要逆透视的列更多，因此该方法更简单[②]）。Power Query 会创建一个名为“属性”的列，值是所选的每个逆透视列的列名，同时创建一个名为“值”的列，值为逆透视列中的对应数值。图 5-20 展示了上述转换过程，左右两侧是逆透视前和逆透视后的对比。

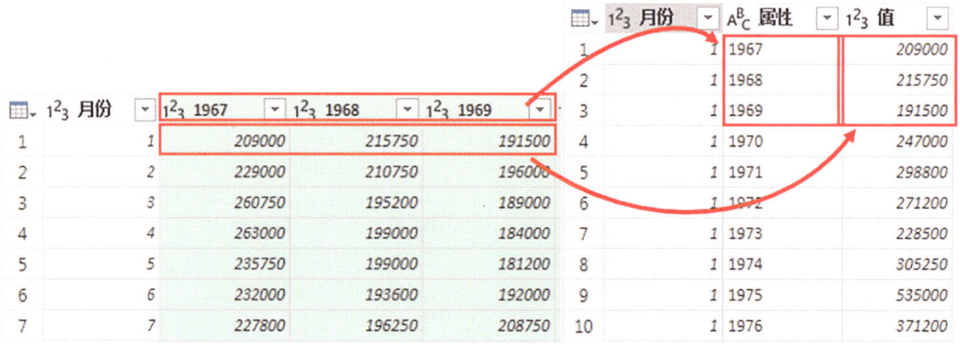

	月份	1967	1968	1969
1	1	209000	215750	191500
2	2	229000	210750	196000
3	3	260750	195200	189000
4	4	263000	199000	184000
5	5	235750	199000	181200
6	6	232000	193600	192000
7	7	227800	196250	208750

	月份	属性	值
1	1	1967	209000
2	1	1968	215750
3	1	1969	191500
4	1	1970	247000
5	1	1971	298800
6	1	1972	271200
7	1	1973	228500
8	1	1974	305250
9	1	1975	535000
10	1	1976	371200

图 5-20　逆透视列的转换过程

追加查询

本节要点

追加查询的含义。追加查询要求所有查询成员事先存在。

· 应用场景

在数据库中，追加（Append）操作通常指添加新行。Power Query 支持快速追加查询，将两个或更多个查询纵向整合成一个查询。成员查询中的同名列将被合并为一个列，不同名的列则按不同列处理。因此，追加查询更适合列名、列数等结构

---

① 如果透视过程涉及聚合计算，对透视结果的再次逆透视无法恢复聚合计算所导致的明细数据损失。

② 逆透视包含 3 个命令选项：“逆透视列”、“逆透视其他列”以及“仅逆透视选定列”。前两者仅用户操作层面不同，Power Query 的处理则完全一样，如果向表格添加新的列，默认这些新列也会被逆透视。第 3 个命令选项则强制规定新列不做逆透视处理。

相同的查询合并操作。

追加查询的前提是所有的成员在 Power Query 中都已事先存在，可整合至当前查询内，也可追加成一个全新的查询。

· 操作实务

图 5-21 演示了查询的追加过程。

❶ 在任意查询下，单击"主页"→"组合"→"追加查询"→"将查询追加为新查询"（图 5-21，#1）。

❷ 选择主表（#2）和要追加到主表的表（#3）。

❸ 单击"确定"按钮退出（#4）。

图 5-21　追加查询

合并查询

本节要点

追加与合并查询的区别。合并查询的联接类型。结构列的含义。对结构列的聚合操作。

和行的追加相比，合并（Merge）操作对 Excel 用户来说更为常见。合并是指按指定的列关系从多张表中分别提取部分列，汇总成一张新的表。例如，5.3 节中提取初次申请失业救济人数（ICSA）数据，和标普指数收盘数据匹配融合。再如，从股票的行业表、价格表和财务数据表中分别提取数据，形成新的数据表，以上都是典型的关联合并。显然，合并的前提是多个表的某个列存在匹配关系：日期、股票代码等。

在 Excel 中，合并操作大都通过 VLOOKUP、INDEX+MATCH 等查找与引用函数完成，5.3 节对此已有详细介绍。Power Query 则提供了一种全新、完全基于界面的合并方式，无须了解公式，也不要求具备任何关系数据库知识前提。

・操作实务

图 5-22 中，Power Query 内已存在名为 "Profile" 和 "Price" 的两个查询，分别代表股票概况和价格数据。为简化起见，本例暂用单期价格数据（在查询 Price 中，每只股票只有一行价格数据）以建立一对一关联，执行关联合并操作的基本步骤介绍如下。

	AᴮC 代码 ▼	AᴮC 名称 ▼	AᴮC 行业 ▼	1²₃ 上市日… ▼	1.2 流通股 ▼	1.2 总股本 ▼
1	000001	平安银行	银行	19910403	194.06	194.06
2	000002	万科A	房地产	19910129	97.15	113.02
3	000004	国农科技	医药生物	19910114	0.83	0.84
4	000005	世纪星源	公用事业	19901210	10.58	10.59
5	000006	深振业A	房地产	19920427	13.48	13.5

	AᴮC 代码 ▼	AᴮC 名称 ▼	1.2 现价 ▼	1.2 涨幅% ▼	1.2 涨跌 ▼	1.2 换手% ▼
1	000001	平安银行	16.63	0.97	0.16	0.54
2	000002	万科A	31	-0.39	-0.12	0.72
3	000004	国农科技	21.55	-3.76	-0.88	3.95
4	000005	世纪星源	3.09	-0.32	-0.01	0.87
5	000006	深振业A	5.27	-0.38	-0.02	0.59

图 5-22　公司资料（Profile）和价格（Price）查询

❶ 在任意查询下，单击 "主页" → "组合" → "合并查询" → "将查询合并为新查询"。

❷ 在打开的 "合并" 对话框内，选择左侧表为 Profile（图 5-23，#1）。

❸ 选择右侧表为 Price（#2）。

❹ 在"联接种类"下拉列表内选择第一项（#3）[①]，联接类型的具体含义参考表 5-7。

❺ 在左侧表和右侧表的预览区内分别选中关联列"代码"（#4），本步骤指导 Power Query 如何在两个表之间建立关联。

❻ 单击"确定"按钮完成（#5）。

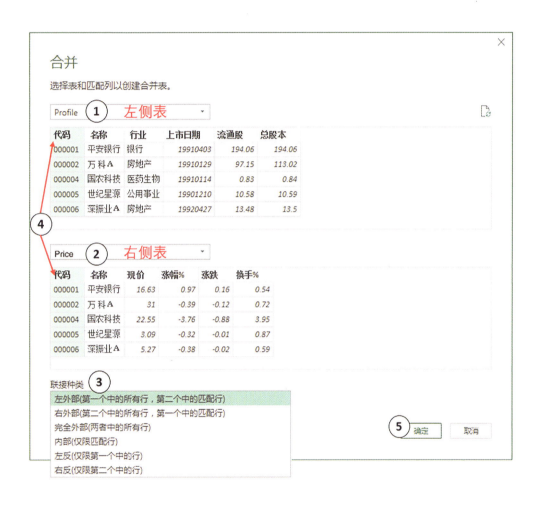

图 5-23　选择需要合并的表并指定联接类型

[①] 了解 SQL 的读者可以看出，左外部联接类似于 SQL 语句中的 Left Join。

表 5-7　合并查询的联接类型

类型	含义	图解
左外部 Left Outer	默认联接类型。包含左侧表的全部行以及右侧表的匹配行。上例中，如果价格表内存在概况表中未包含的股票的交易数据，这些行将不会出现在合并后的数据集内	
右外部 Right Outer	以右侧表为基准，和左外部联接相反	
完全外部 Full Outer	包含两张表的所有记录，不删除任何行，未匹配行显示为缺失值	
内部 Inner	仅包含左右表同时匹配的行，结果数据集不含缺失行	
左反 Left Anti	仅在左侧表中存在、右侧表无匹配的行。例如，概况表内存在但没有对应价格数据的股票记录	
右反 Right Anti	和左反的含义相反	

完成的新建查询被自动命名为 "Merge1"，包含了来自左侧表的所有列，右侧表的内容则位于最后一列（图 5-24，price 列），内容显示为 "Table"，表明包含嵌套的表格对象，即该列为结构化列。单击该列任意行的空白处，预览区下方会显示来自右侧表的数据。

❶ 单击 price 列标题右侧的双向箭头按钮展开表格（图 5-24，#1），此操作和单击 "转换" → "结构化列" → "展开" 等效。

❷ 确认扩展方式为 "展开"（#2），对于一对一关联，展开和聚合的效果相同。

❸ 在打开的界面内，选择需要并入左侧表的列（#3）。

❹ 取消选中 "使用原始列名作为前缀"（#4）。

❺ 单击 "确定" 按钮完成（#5）。

❻ Power Query 将选定的列关联合并至左侧表中，形成汇总后的数据表（#6）。

图 5-24　展开右侧表并选择需要加入左侧表的列

上例中，概况表和价格表之间为一对一关系，左右表各行一一对应，体现在图 5-24 中，结构化列"price"内的每一个 Table 对象内其实只含一行数据。但在实际应用中，一对多甚至多对多的关系更为常见。回到 5.3 节的经济数据与股票指数案例，VLOOKUP 函数虽然能实现模糊匹配，但对数据排序有明确要求。Power Query 的表联接表面上要求精确匹配（如股票代码），但只要经过适当的列转换，同样可轻松胜任模糊查询。更重要的是，针对一对多关系所匹配的多行结果，Power Query 提供了更丰富的操作选择。

假设 ICSA 和 SP500 查询在 Power Query 中已经存在，由于前者为周频数据、后者为月频数据，二者日期不一致，需进行必要的转换才可建立关联。本例采用的办法是单击"添加列"→"从日期和时间"，在两个查询内分别创建衍生的年和月份列①。单击"主页"→"组合"→"合并查询"后，在合并界面内，左右表都需选中"年"和"月份"两列作为关联列，如图 5-25 所示，其他步骤和图 5-23 相同。

---

① 转换思路因人而异，其他方法如将日期全部转换为月末日期等，从而确保左右表的日期正确关联。

Date	SP500	年 1	月份 2
1995-04-30	514.71	1995	4
1995-05-31	533.4	1995	5
1995-06-30	544.75	1995	6
1995-07-31	562.06	1995	7
1995-08-31	561.88	1995	8

ICSA

Date	Value	年 1	月份 2
1967-01-07	208000	1967	1
1967-01-14	207000	1967	1
1967-01-21	217000	1967	1
1967-01-28	204000	1967	1
1967-02-04	216000	1967	2

联接种类

左外部(第一个中的所有行，第二个中的匹配行)

图 5-25　年和月份两列关联

完成后的查询如图 5-26 所示，ICSA 数据同样以结构列的形式附在最右侧。和上例不同的是，此时结构列中的每一个嵌套表格内都包含多个行，反映了左右表之间的一对多关系。单击"Table"旁的空白处，预览区下方将显示关联行预览。例如，左侧表第 2 行是 1995 年 5 月份的指数数据，按年月关联，右侧表中有 4 条记录与之对应。

图 5-26　嵌套表格预览

❶ 此时单击列标题"ICSA"右侧的双向箭头按钮（图5-27，#1）。

❷ 根据本例性质，在打开的界面内，选择拓展方式为"聚合"（#2），将多条经济数据行聚合后合并至左侧表。

❸ 选择所需合并的列（#3）。

❹ 单击右侧下拉按钮（#4）。

❺ 在下拉列表中继续选择聚合方式为求平均值（#5）。

❻ 完成后单击"确定"按钮退出。

图 5-27　结构列的聚合选择

右侧表包含多行匹配，除了以求平均等聚合方式合并外，还可以直接提取特定的行。例如，从经济数据中检索和指数收盘日期最接近的行，从而实现和VLOOKUP函数相同的效果。但此操作需要使用Power Query函数，具体步骤简介如下。

❶ 单击"添加列"→"常规"→"自定义列"。

❷ 在自定义列内输入公式"= Table.Max([ICSA],"Date")"，该公式使用Table. Max函数从结构化列ICSA的表格对象内提取日期值最大的行。

❸ Power Query返回提取的记录，由于只有一行，单击标题双向箭头按钮直接展开即可[①]。

---

① 如使用公式"Table.Max([ICSA],"Date")[Value]"，则步骤3可进一步省略。

文件夹导入

本节要点

导入指定文件夹内的所有文件。使用函数 Csv.Document 读取文件内容。

·应用场景

第 4 章曾介绍 Power Query 的文件夹快速导入，本节延续此功能，介绍如何将批量文件导入 Power Query 编辑器，以便进一步清洗转换。

·操作实务

通过 Excel 功能区菜单或在 Power Query 界面（"主页"选项卡或在查询列表空白处单击鼠标右键）内发起新的查询，以 Excel 菜单为例，在"数据"选项卡→"获取和转换数据"功能区点击"获取数据"→"自文件"→"从文件夹"（2016："数据"→"获取和转换"→"新建查询"→"从文件"→"从文件夹"），定位到包含多个经济指标文本文件的文件夹，在预览界面（图 4-20）内单击"转换数据"进入编辑器。

编辑器的数据预览区内显示文件信息列表。如图 5-28 所示，首列 Content 内显示"Binary"，表明该列包含二进制内容，其余列为文件名、扩展名、创建时间、访问时间、地址等信息。此时单击 Content 列右侧的下箭头按钮，Power Query 会执行文件内容读取及合并操作，返回类似图 5-14 的结果。但上述过程只会读取文件内容，图 5-28 内的其他属性信息会被全部丢弃。如需保留这些属性信息备用，可采用以下方法导入数据。简单起见，假设本例仅需保留文件内容（Content）以及文件名称（Name）两列。

❶ 按住 Ctrl 键，单击选中 Content 以及其他需要保留的列（图 5-28，#1）。

❷ 单击鼠标右键，打开快捷菜单，选择"删除其他列"（#2）。

图 5-28　删除多余的列

接下来需要读取 Content 列内的二进制对象。

❸ 切换至"添加列"选项卡，单击"自定义列"（图 5-29，#3）。

❹ 在打开的对话框的"自定义列公式"内输入公式"=Csv.Document([Content])"（#4），其中作为参数的列名可通过单击右侧"可用列"内的列名插入，避免输入①。

❺ 单击"确定"按钮退出（#5）。

❻ Content 列已不再需要，选择 Content 列，单击鼠标右键，在打开的快捷菜单中单击"删除列"。

图 5-29　新建列读取文件内容

此时预览区仅剩 2 列数据，新创建的自定义列内以绿色字体显示"Table"，表明该列包含嵌套的表格对象，是结构化列。

❼ 单击自定义标题右侧的双向箭头按钮（图 5-30，#6），此操作和单击"转换"→"结构化列"→"展开"等效。

❽ 在打开的界面中可看出文件被识别为单列表格，取消"使用原始列名作为前缀"（#7）。

---

① 和 Excel 不同，Power Query 的函数公式严格区分大小写，暂不具备详尽的语法错误自动检测功能。

❾ 保留其余选项不变，单击"确定"按钮（#8）。

以上是完成数据导入操作的步骤，Power Query 读取指定文件夹内的多个文件，并将其内容合并在默认名为"Column1"的列内。接下来需继续进行数据转换，过程和单个文件的数据清洗完全一致，详细过程可参考图 5-14。

图 5-30　展开结构化内容

图 5-29 步骤 4 使用函数 Csv.Document 读取文本文件内容。如果导入的文件是 Excel 工作簿，则改用 Excel.Workbook 读取即可，其他操作完全相同。

加载

本节要点

理解 Power Query 的数据加载方式。

· **应用场景**

前文已提及，使用 Power Query 执行合并操作的前提是编辑器内已经存在相关查询。在经济数据和股票指数案例中，两份数据在 Excel 工作簿内可能已事先存在且格式良好，但 Power Query 无法直接对工作簿中的表格进行追加或合并操作，需要将上述数据先行导入 Power Query 然后再加载到工作簿中，最后形成可用的查询。这一过程的问题在于工作簿内可能因此形成多份相同数据的副本，导致文件大小和内存耗费增加。

· 操作实务

Power Query 支持三种不同的数据加载方式。切换至"主页"选项卡，单击"关闭"→"关闭并上载"→"关闭并上载至"，打开"导入数据"对话框可进行加载选择。

❶ 表（图 5-31，#1）：默认的加载选择（可在查询选项内更改设置）。Power Query 将在新工作表或现有工作表的指定位置（#2），创建和查询名称同名的表格，并加载查询结果。

❷ 仅创建连接（#3）：在工作簿内保存连接但不加载数据，同时不影响数据在编辑器内调用。该选项可解决上述的数据副本问题，适合作为无须转换或作为"中间数据"的查询的加载选择。

❸ 将此数据添加到数据模型（#4）：在输出工作簿表格或连接的同时，将查询结果添加到 Power Pivot 数据模型，具体含义将在第 6 章介绍。

❹ 完成加载后，工作簿右侧的"查询 & 连接"窗格内将显示所有加载为数据或连接的查询列表（#5）。例如，SP500 显示为"仅限连接"，含义是仅创建了数据连接但未在工作簿内加载数据。

图 5-31　查询加载选择

参数化查询

本节要点

参数化查询的含义。执行参数化查询的基本流程。编辑 Power Query 的公式代码。

· 应用场景

参数化查询是指在查询中使用可变的动态参数。第 4 章详细介绍过 IQY 查询的交互支持，而到目前为止，本章介绍的 Power Query 应用主要侧重于界面操作，尚不支持参数应用。例如，导入目标文件的路径、查询股票报价 URL 中的股票代码、查询筛选条件等都以静态方式写在 Power Query 的操作步骤之内。

众所周知，使用函数是将输入转换为输出的流程。对 Power Query 常规查询的参数化改造，就是将其转变为自定义函数的过程。除了用于交互查询，参数化还有助于提高查询过程的模块化程度和可维护性。例如，从文件夹内批量导入文件合并，文件可能需要先行转换清洗，该工作更适合在追加合并前交由专门的函数处理，使转换和合并过程相互独立，便于维护。

以最少代码为原则，查询函数化的基本步骤是：首先，执行静态参数的正常查询；其次，修改公式或 M 代码，将静态参数更换为变量，查询随即转换为函数；最后，在其他查询内调用该函数即可。整个过程几乎不涉及 M 语言的使用。

· 操作实务

以下以股票报价的网页查询为例，介绍查询函数化的应用。

❶ 执行静态参数查询。按照 4.6 节介绍的方法，单击"数据"选项卡内的"自网站"，按界面提示输入所需查询的目标网页地址，本例为股票报价 URL "http://×××.com/×××/msft"，最后在导航界面内选择表格"Table0"并单击"转换数据"（图 4-18）。

❷ Power Query 返回多行单列的查询表格（图 5-32，#1），单击"转换"→"表格"→"转置"（#2），此操作执行行列转换，目的是便于函数支持多行股票代码输入。

❸ 单击"将第一行用作标题"（#3），将第一行提升为标题行。

❹ 网页表格被转换成单行多列结果（#4）。

图 5-32　转置与行标题提升

　　显然，以上是静态查询，股票代码已直接写在 URL 内。如需查询其他股票，一般做法是使用新的 URL 执行查询。为了避免重复上述步骤 1~4，可在当前查询设置的"应用的步骤"内，选择"源"，单击右侧的齿轮按钮进入编辑界面，如图 5-33 所示，再将 URL 中的股票修改为新的代码并单击"确定"按钮完成修改，Power Query 随即按新的 URL 发起查询、执行原有转换步骤并返回结果。

查询设置　　　　　　　　×

▲ 属性
　名称
　Table 0
　所有属性

▲ 应用的步骤
　源　　　　　　　　　　⚙
　导航　　　　　　　　　⚙
　更改的类型
　转置表
　提升的标题　　　　　　⚙
　更改的类型1

从 Web

◉ 基本　　○ 高级

URL
http://　　　 .com/　　　 msft

文件打开格式为
Html 页

图 5-33　修改股票代码

可以看出，静态查询缺乏必要的灵活性和可拓展性，解决方法是将静态查询改为函数。单击"主页"→"查询"→"高级编辑器"，在编辑器的代码区内做如下修改。

❺ 在代码开头处加一行参数标识"symbol=>"（图 5-34，#4）。

❻ 将 URL 内"/quote/"后的原有静态代码"msft"删除，替换成参数"symbol"，并用连接符和双引号内的 URL 其余地址拼接（#5）。

❼ 单击"完成"退出编辑器（#6）。

图 5-34　查询函数化

完成以上操作后，普通查询即被转换为函数。合理的名称有助于识别查询功能，进入编辑器右侧的"查询设置"窗格，在"属性"下的"名称"文本框内，将查询更名为"fnGetQuote"（图 5-35，#7），本步骤非必需步骤。

图 5-35　修改查询名称

最后一步是在其他查询内调用上述函数。显然，此处"其他查询"的含义是提供需要查询价格的股票代码，而后交由 fnGetQuote 执行。假设股票代码位于工作表内，首先需要建立一个新的查询，将代码列表导入 Power Query 编辑器。

❽ 在工作表中准备好股票代码列表（图 5-36，#8）。

❾ 选中代码区域的任意单元格，按 Ctrl+T 快捷键将区域转换为表格，如表格包含标题，则应在对话框中选中对应复选框（#9）。

❿ 在"数据"选项卡内单击"获取和转换数据"→"自表格 / 区域"（#10），启动 Power Query 查询。

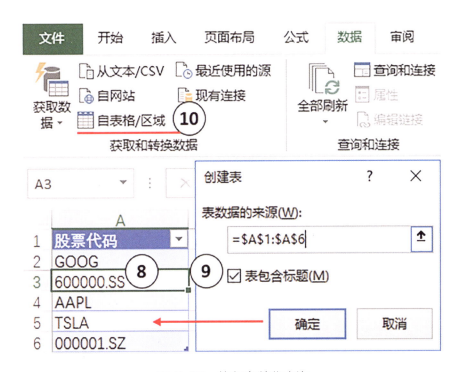

图 5-36　执行参数化查询

Power Query 将股票列表导入查询表，进一步通过"添加列"选项卡新建一个自定义列，在"自定义列公式"内输入公式"=fnGetQuote([股票代码])"，即调用自定义函数 fnGetQuote，参数为股票代码列，最后单击"确定"按钮退出，界面如图 5-37 所示。

图 5-37　在自定义列中调用自定义函数

Power Query 将在自定义列内返回嵌入表格，和之前提及的结构化列类似。

⓫单击列标题右侧的双向箭头按钮（图 5-38，#11）选择所需列。

⓬直接展开后，结构化列转换为普通列（#12）。

⓭将返回数据上载至工作表。例如，可指定在原有代码列表右侧的 B1 单元格位置加载返回数据。

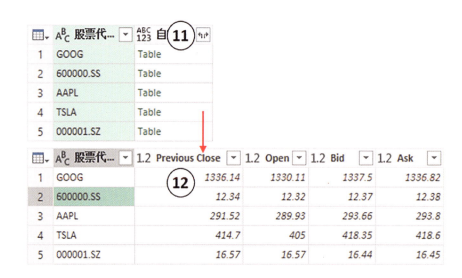

图 5-38　股票代码参数化查询结果

5.5 复盘与思考

在数据导入之后，本章围绕数据转换主题，介绍 Excel 为数据清洗、查询、整合和提升等各类数据转换处理工作所提供的部分工具、快捷方式以及公式函数资源。本章前半部分侧重于介绍传统功能选项，后半部分则重点介绍近年来日渐流行的 Power Query 编辑器。

面向非编程用户的日常数据转换需求，本章以最少代码为基本原则，结合案例精简演示了 Power Query 编辑器的常规数据清洗、透视和逆透视、追加及合并查询、文件夹导入实用功能，最后对参数化查询做了简单说明。以上功能基本能够覆盖分析师日常的数据处理需求。Power Query 同时内置 M 语言，提供了数百个各类数据访问和处理函数[①]，有兴趣的读者可进一步参考相关书籍。

---

① 在 Power Query 编辑器内，单击"主页"→"新建查询"→"新建源"→"其他源"→"空查询"，而后在公式栏内输入"=#shared"后按 Enter 键，Power Query 将生成所有可用函数清单，单击名称可查看函数说明及语法。

第 6 章　数据探索和报表应用

　　数据处理和转换侧重于改变数据的某种外在特征，深入理解和挖掘数据内涵则需开展各种形式的探索分析。某种意义上，数据探索是主题知识或经验、统计及相关专业工具甚至数据直觉的结合。在各种不同的数据探索实践中，一种较为常见的方法是不断地切换视角：通过改变数据的细分水平，从不同的角度和层级探索数据集。例如，从产品到类别、从公司到行业、从低频到高频、从时间到空间等，不同的视野产生不同的数据、报表及见解。

　　尽管存在不尽相同的含义和解释，在数据探索领域，上述角度的切换主要通过数据切分、聚合、分层、分组、区间等广泛多样的操作实现。实际应用中，分析师常借助数据库、BI 及可视化软件等各类工具开展多种多样的数据探索活动。面向各类小型数据探索应用，电子表格软件同样提供了众多类似目的的函数和工具资源。集成 Power Pivot 后，电子表格软件在数据模型构建、挖掘和分析方面的专业能力更是得到了大幅度提升。

6.1 条件求值函数

> **本节要点**
>
> 三个最常用的多条件求值函数。多条件函数的语法和参数顺序。条件由关系运算符和条件值构成，条件值可以来自用户输入、引用或是函数计算结果。

·应用场景

　　条件求值是指对满足指定条件的单元格所执行的各类计算操作。Excel 提供了求和、计数和求平均值三类，分别支持单条件和多条件的求值函数。由于多条件函数也可执行单条件求值，且两者语法略有不同，本节仅介绍三个多条件函数，分别是 SUMIFS（求和）、AVERAGEIFS（求平均值）和 COUNTIFS（计数）。

　　以计算"电子行业平均市值"为例，以下简要介绍多条件函数的使用要点。

　　❶ **计算逻辑**：对条件区域（行业）执行判断（如"= 电子？"），并对满足条件的计算区域（市值）执行所需操作（求平均）。

　　❷ **语法形式**：多条件求值函数的语法形式基本相同，参数按顺序依次是计算

区域（市值）、条件区域（行业）及具体条件（电子）。计算区域和条件区域一般来自工作表引用。条件区域和条件必须成对出现，最多支持 127 个条件对。

❸ 条件：条件用来筛选进入计算的数据范围，一般由关系运算符和条件值两部分构成。运算符包括等号、大于号、小于号、不等于号、大于等于号和小于等于号，其中等号可省略，其他运算符必须使用双引号引用。例如，条件"= 电子"中的等号为运算符并可省略，"电子"为条件值。如果条件值来自引用或函数计算结果，需要使用符号"&"拼接运算符和条件值。表 6-1 列举了部分条件的示例。

表 6-1　条件求值函数中的条件示例

条件值	关系运算符	示例		备注
		等式	不等式	
数字	所有	2006	">=2016"	不等式必须使用双引号
文本	= <>	"电子" "电子 *"	"<> 电子" "<>?? 电子"	支持通配符 * 和 ?，分别代表任意数量的字符和特定位置的单个字符
日期	所有	"2009-3-4"	"<=2009-3-4"	—
引用	取决于引用值	A1	">" & A1	条件值来自引用，需拼接
公式函数	取决于返回值	Today()	"<" & Today()	条件值来自公式，需拼接

· 操作实务

图 6-1 使用多条件求值函数计算上证综指 2019 年 1 月份的日均涨幅。

❶ A:D 列是 1996 年以来的上证综指数据，转换为表格并更名为"SSEC"（图 6-1，#1）。

❷ 为方便计算，在 E:G 列分别根据日期生成年、月和星期日期（#2）。利用表格特性，在新列的任意单元格内中输入相关公式，表格会自动整列填充和格式化，大小也随之自动拓展至 A:G 列。

❸ 使用 AVERAGEIFS 函数计算 2019 年 1 月的日均涨跌幅（#3），参数分别如下。

计算区域：表格中的涨跌幅列（PctChg）。

条件对 1：条件区域是 Year 列，条件值为 2019。

条件对 2：条件区域是 Month 列，条件值为 1。

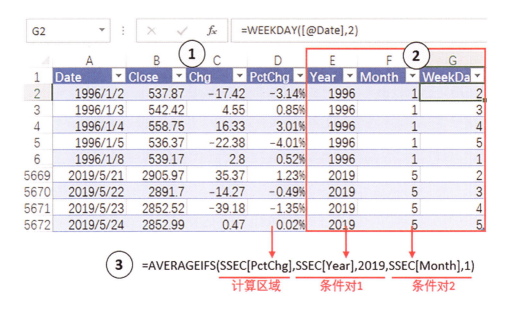

图 6-1　多条件求值函数的应用

多条件求值函数允许在条件表达式中嵌套使用其他公式函数，但通常会导致公式过于冗长，借助于辅助列则有助简化公式。例如，假设 I3 单元格给定了某个年份，以下两个公式计算该指定年份的指数平均值，两个公式返回结果相同，但长度和可阅读性存在显著差异。

❶ 基于 Year 辅助列：=AVERAGEIFS(SSEC[Close],SSEC[Year],＄I3)。

❷ 对原始列 Date 施加两个条件判断，限定日期介于当年的起止日期之间。起止日期的条件值借助函数 DATE 生成：

=AVERAGEIFS(SSEC[Close],SSEC[Date],">="&Date(＄I3,1,1),SSEC[Date],"<="&DATE(＄I3,12,31))。

为快速了解上证数据是否存在某种日历效应，图 6-2 构造了一个月份和星期日期的二维交叉表，首行代表星期日期 1~5，首列为月份 1~12，然后将历史数据按月份和星期日期分解，使用 AVERAGEIFS 函数计算对应的平均涨跌幅。在图 6-2 的 K3 单元格内输入公式：=AVERAGEIFS(SSEC[PctChg],SSEC[Month],＄J3,SSEC[WeekDay],K＄2)。在正确引用月份（＄J3，列绝对）和星期（K＄2，行绝对）日期参数的基础上，可通过拖动、Ctrl+R/D、Ctrl+Enter 等快捷方式将公式快速扩展至整个区域（3.3 节）。最后，应用三色填充条件格式化（3.7 节）即可在视觉层面初步获得相关线索。

`=AVERAGEIFS(SSEC[PctChg],SSEC[Month],$J3,SSEC[WeekDay],K$2)`

	J	K	L	M	N	O	P	Q
2		1	2	3	4	5		
3	1	(K$2)	0.098%	0.130%	−0.085%	0.118%		
4	2	0.643%	−0.127%	0.384%	−0.123%	0.137%		
5	3	0.433%	−0.034%	0.092%	−0.134%	0.190%		
6	4	0.091%	0.001%	0.304%	0.075%	0.358%		
7	5	0.184%	0.007%	0.003%	−0.313%	0.171%		
8	6	0.204%	0.023%	0.270%	−0.323%	−0.222%		
9	7	−0.166%	0.165%	−0.002%	−0.134%	0.227%		
10	8	−0.273%	−0.005%	−0.089%	0.059%	−0.114%		
11	9	−0.037%	−0.263%	0.117%	0.082%	0.139%		
12	10	0.072%	0.242%	−0.043%	−0.433%	0.296%		
13	11	0.410%	−0.213%	0.175%	−0.062%	−0.058%		
14	12	0.232%	−0.214%	0.351%	−0.130%	0.044%		

图 6-2 上证指数的日历效应：平均值

· 总结和拓展

多条件求值函数简便易用，但存在两方面的不足。首先是较难处理复杂条件，经常需要添加各类辅助列。其次，多条件求值函数功能有限，仅提供求和、求平均和计数选择，不支持求最大值、最小值、中位值等常见的计算操作。数组计算是解决上述问题的办法之一。

6.2 数组公式

Excel 中的数组是元素或项目的集合，这些元素可以是常量形式的数字或文本、公式函数的计算返回值或是引用区域。其中，常量数组如 {1,2,3} 使用花括号标识，元素之间用逗号或分号分别代表横向或纵向分隔。区域数组 A1:A10 包含 A1 至 A10 单元格的值。

数组计算简介

本节要点

数组公式的含义及数组计算逻辑。数组计算的操作模式。数组方法如何简化计算过程。

· 应用场景

数组公式就是对数组所执行的某种操作，示例如下。

❶ 加减等算术运算：B2:B6 * C2:C6，A1:A10^{1,2,3}。

❷ 等式对比：SSEC[Year]=2019。

❸ 字符拼接：SSEC[Year] & SSEC[Month]。

❹ 函数计算：MAX(High−Low)。

上述运算的共同特点是，公式中的输入都不是单个单元格，而是常量数组（{1,2,3}）或单元格区域（B2:B6）、结构化表格的列名（SSEC[Year]）以及命名区域数组（High，Low）。公式对数组中的每个元素执行多重计算，例如，SSEC[Year]列中的每个单元格都和 2019 进行等式对比，B2:B6 * C2:C6 则对两个区域数组中的每个单元格逐一匹配计算：B2*C2、B3*C3……。输出结果则视公式自身逻辑而定，例如，MAX(High−Low) 函数返回的是单个值，而 B2:B6 * C2:C6 则返回多个单元格的值。

以上数组操作能够返回正确结果的前提是以数组方式使用，即首先选择返回值区域，输入公式之后按 Ctrl+Shift+Enter 快捷键（以下简称 CSE）[①]，如按常规方式使用则会返回错误或非预期结果。因此，在多数情况下，一个公式是否构成数组公式，取决于其应用方式，而非公式或函数自身。有别于普通公式，在使用 CSE 方法产生数组公式后，Excel 将自动在数组公式的前后添加花括号标识。

· 操作实务

数组公式有助于大幅简化中间计算过程、提高计算效率。图 6-3 给出了几个简单的数组应用示例，包括 1 ～ 100 求和、1 ～ 100 奇数求和、使用 MATCH 函数在表格 SSEC 的日期列内判断 2008 年的起始行和结束行等。以 C4 单元格中的 1 ～ 100 奇数求和为例，操作步骤如下。

❶ "ROW(A1:A100)" 返回 A1:A100 的行号即 1~100 整数数组（图 6-3，#1）。

❷ 等式 "MOD(ROW(A1:A100),2)=1" 返回奇偶判断结果 True 或 False 数组（#2）。

❸ 两个数组逐一匹配相乘。True 或 False 在进入计算时会被分别处理为 1 或 0，因此奇数行号乘 1 等于自身，偶数行号乘 0 变成数值 0（#3）。

❹ 使用 SUM 函数求和。

[①] 最新版本（365）的 Excel 对数组公式的生成方式做了重大调整，无须再使用 CSE，直接在输出区域的左上单元格位置按正常方式输入公式后按 Enter 键，Excel 会自动将数组计算结果填充到输出区域。但考虑兼容性，CSE 方法依旧保留。

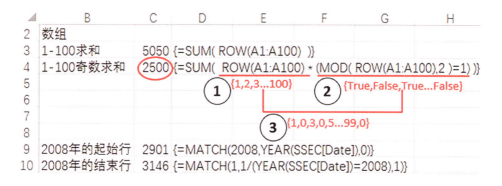

图 6-3　数组计算示例

公式和函数

ROW/COLUMN、ROWS/COLUMNS 等函数常用于计算行列号和行列数。

- ROW/COLUMN：返回首行 / 首列的行列号，无参数时返回当前单元格的行列号。
- ROWS/COLUMNS：计算引用的行数和列数，参数可以是区域地址、名称或表格。

函数 ADDRESS(row_num, column_num, [abs_num], [a1], [sheet]) 根据给定的行号、列号参数返回单元格地址文本，该文本可经由 INDIRECT 函数转换为引用。例如，ADDRESS(1,2) 返回地址文本 \$B\$1。可选参数 [abs_num]、[a1]、[sheet] 分别代表地址类型（绝对 / 相对引用）、引用样式（A1/R1C1）和所在工作表名称。

以下长公式结合行号函数 ROW、行数函数 ROWS 以及 ADDRESS 函数，通过字符串拼接，获得表格 SSEC 的地址文本。默认情况下，表格的首行和行数都不包括标题行。

=Address(Row(SSEC),Column(SSEC),4)	起始行 =2，起始列 =1，相对引用，返回 "A2" 拼接
&":"&	
Address(Row(SSEC)+Rows(SSEC)−1,	起始行 + 行数 −1= 行 5672
Column(SSEC)+Columns(SSEC)−1,4)	起始列 + 列数 −1= 列 7，相对引用，"G5672"

公式运行结果：A2:G5672。

多条件求值

> **本节要点**
>
> 使用数组公式进行多条件求值。简化数组公式中的逻辑表达式。

·应用场景

数组公式能够完全取代多条件求值函数的功能，并解决后者存在的不足。在多条件求值中使用数组公式包括构造逻辑条件、筛选和计算三个基本步骤。

❶ 构造逻辑条件：根据应用需求，针对条件区域构造某种逻辑表达式。和">100"之类的条件不同，逻辑表达式是包含左右侧和关系运算符并能返回True 或 False 逻辑值的完整等式或不等式。例如：MOD(ROW(A1:A100),2)=1、SSEC[Year]>2018。

❷ 筛选：将逻辑条件的判断结果应用于计算区域，剔除不符合条件的数据，一般借助 IF 函数实现。基本形式为 IF(逻辑条件表达式 , 计算区域 ,Fasle)，即如判断结果为 True，则返回对应数据，否则返回 False，由此过滤掉不符合条件的数据。由于 False 可省略，公式可简写为 IF(逻辑条件表达式 , 计算区域)。例如，IF(MOD(ROW(A1:A100),2)=1, ROW(A1:A100))。该公式表示对于奇数行返回行号，对于偶数行则返回 False。

❸ 计算：根据需要，选择合适的公式或函数对有效数据实施进一步计算。例如，计算求和、平均、计数、最大、最小等汇总结果，可分别使用 SUM、AVERAGE、COUNT、MAX、MIN 等函数。

返回 False 的含义是数据不进入后续计算。对于求和、计数等应用，不进入计算和当作 0 处理的效果相同，此时公式可进一步使用乘法简化，即逻辑表达式数组和需计算的数组直接相乘。例如，图 6-3 中的奇数求和公式是通用数组公式的简化，"=SUM(IF(MOD(ROW(A1:A100),2)=1,ROW(A1:A100)))" 被简化为"=SUM(ROW(A1:A100) * (MOD(ROW(A1:A100),2)=1))"。不过，对于求平均值等计算应用，数据不进入计算和作为 0 处理的效果完全不同，因此不适用上述简化。表 6-2 对比了普通条件求值公式和数组公式的区别。

表 6-2　普通条件求值公式和数组公式的对比

操作	普通公式	数组公式及简化形式
计数	COUNTIFS(计数区域 , 条件…)	SUM(IF(逻辑表达式 , 计数区域)) SUM(N(逻辑表达式))
求和	SUMIFS (求值区域 , 条件区域 , 条件…)	SUM(IF(逻辑表达式 , 求值区域)) SUM(逻辑表达式 * 求值区域)
求平均值	AVERAGEIFS(求值区域 , 条件区域 , 条件…)	AVERAGE(IF(逻辑表达式 , 求值区域))
中位	N/A	MEDIAN(IF(逻辑表达式 , 求值区域))
最大值	N/A	MAX(IF(逻辑表达式 , 求值区域))
最小值	N/A	MIM(IF(逻辑表达式 , 求值区域))

表 6-2 数组公式中的每个逻辑表达式代表一项条件。对于多项条件，由于数组公式不支持 AND 和 OR 等逻辑函数，可根据这些条件之间的逻辑关系，使用运算符合并，从而避免使用多个嵌套 IF 函数。例如，SUM(逻辑表达式 1* 逻辑表达式 2* 求值区域) 将两个逻辑表达式相乘，含义是在两个条件同时为真时，对求值区域的数据求和。表 6-3 进一步给出了几种常见关系的运算及示例。

表 6-3　多个逻辑表达式的合并

关系	含义	运算符	示例
且 /AND	同时为真，2009 年 12 月	乘号	(SSEC[Year]=2009) * (SSEC[Month]=12)
或 /OR	至少一项为真，1 月或 2 月	加号	(SSEC[Month]=1) + (SSEC[Month]=2)
异或 /XOR	不同时为真 / 假，1 月或 2 月（二选一）	不等号	(SSEC[Month]=1) <> (SSEC[Month]=2)

· 操作实务

图 6-2 给出了上证指数不同月份和星期日期的平均涨跌幅，问题是平均值常受异常值影响，使用中位值能够更准确地反映日历效应。Excel 不存在与 Sumlf 类似的求中位数的函数，熟练使用数组公式则可快速实现计算需求。

以图 6-4 为例，在返回数据区域左上角的第一个单元格 R3 内输入数组公式"=MEDIAN(IF((SSEC[Month]= $ Q3)*(SSEC[WeekDay]=R $ 2), SSEC[PctChg]))"，并按 CSE 返回。公式将月份条件和星期日期条件的逻辑表达式相乘，表示两个条件需同时成立，不满足条件的数据将返回 False，不进入后续计算。在正确使用绝对和相对引用的前提下，通过拖动或快捷方式拓展公式[①]。施加条件格式化后，可立即查

---

① 本例需要在每个单元格内都填充数组公式，不能使用 Ctrl+Enter 快捷键。

看左右两图平均值和中位值的差异。

| R3 | | | f_x | {=MEDIAN(IF((SSEC[Month]=$Q3)*(SSEC[WeekDay]=R$2), SSEC[PctChg]))} |

	1	2	3	4	5		1	2	3	4	5
1	-0.227%	0.098%	0.130%	-0.085%	0.118%	1	0.355%	0.184%	0.218%	-0.010%	0.277%
2	0.643%	-0.127%	0.384%	-0.123%	0.137%	2	0.560%	0.142%	0.418%	-0.097%	0.102%
3	0.433%	-0.034%	0.092%	-0.134%	0.190%	3	0.476%	0.100%	-0.054%	-0.054%	0.179%
4	0.091%	0.001%	0.304%	0.075%	0.358%	4	-0.162%	0.255%	0.232%	0.029%	0.201%
5	0.184%	0.007%	0.003%	-0.313%	0.171%	5	0.216%	0.069%	0.015%	-0.156%	-0.006%
6	0.204%	0.023%	0.270%	-0.323%	-0.222%	6	0.027%	0.104%	-0.004%	-0.377%	0.066%
7	-0.166%	0.165%	-0.002%	-0.134%	0.227%	7	-0.073%	0.220%	0.097%	-0.006%	0.055%
8	-0.273%	-0.005%	-0.089%	0.059%	-0.114%	8	0.196%	0.227%	-0.110%	-0.088%	-0.008%
9	-0.037%	-0.263%	0.117%	0.082%	0.139%	9	0.138%	0.006%	0.093%	-0.014%	0.016%
10	0.072%	0.242%	-0.043%	-0.433%	0.296%	10	-0.013%	0.166%	0.165%	-0.353%	0.104%
11	0.410%	-0.213%	0.175%	-0.062%	-0.058%	11	0.216%	-0.082%	0.074%	0.068%	0.057%
12	0.232%	-0.214%	0.351%	-0.130%	0.044%	12	0.173%	0.055%	0.189%	-0.136%	0.039%

图 6-4 上证指数的日历效应：平均值和中位值

· 总结和拓展

和 6.1 节的多条件求值函数不同，数组方法可直接对所引用的条件区域进行各项计算，不需要借助辅助列。例如，在不使用辅助列的情况下，"(SSEC[Month]=$Q3) * (SSEC[WeekDay]=R$2)"可改写为"(Month(SSEC[Date])=$Q3)*(WeekDay(SSEC[Date],2) =R$2) "，后者直接使用 MONTH 和 WEEKDAY 函数从原始列 Date 中获得月份和星期日期数组，相当于可以对条件区域使用嵌套函数。

数组公式的其他要点

❶ 对于返回多个值的多单元格数组公式，使用前应首先选中返回区域，否则数组公式无法返回完整结果。如选中区域超出了数组公式返回结果的行列数，超出区域将显示"#N/A"错误值。

❷ 对于多单元格数组公式，用户不能删除、编辑或剪切其中的部分单元格数据。无论进行删除还是编辑操作，都需先选中带花括号标识的全部单元格区域。删除操作按 Delete 键，编辑公式需重新输入公式再按 CSE 返回。

❸ 如需缩减数组公式范围，即将数组应用于更小的区域，需要先删除全部数组公式再重新选择区域输入公式。

❹ 如需拓展数组公式范围，需要选中包括原始区域在内的新区域，按 F2 键进入编辑状态，修改公式后按 CSE 返回更新。

❺ 选中数组中任意单元格，按 F5 键单击"定位条件"→"当前数组"，可快

速选中当前数组的全部单元格。

❻ 单元格数组公式的返回区域无法转换为表格。

❼ Excel 中的小部分函数属于"专门"的数组函数，即此类函数必须通过按 CSE 操作才可返回正确结果，如 TRANSPOSE、FREQUENCY、LINEST 等矩阵计算函数和统计函数，具体应用将在后续章节介绍。

公式和函数

TRANSPOSE 函数对给定的常量或区域数组执行行列转置操作，示例如下。

- { =TRANSPOSE({1,2,3}) }：将 1*3 的行向量转换为 3*1 的列向量。
- { =TRANSPOSE(A3:D8) }：将 6 行 4 列的区域转换成 4 行 6 列，原区域中第 i 行第 j 列的单元格将被转置至输出区域的第 j 行第 i 列位置。

TRANSPOSE 函数会将输入区域内的空单元格输出为零值，此问题可通过 IF 函数修正：{ =TRANSPOSE(IF(A3:D8=" "," ",A3:D8)) }。

使用 TRANSPOSE 函数前，应首先选择正确大小的输出区域，并按 CSE 才可返回完整结果。

可以看出，数组公式的主要优点包括大量减少中间数据、拓展普通函数的计算能力、计算效率高等。但是，数组公式也存在一些显著缺陷，如需要使用 CSE、不能使用 Ctrl+Enter 快捷键填充、不易阅读和编辑维护等。

6.3 数据透视表

除了使用公式函数筛选所需数据，数据透视表提供了另外一种完全不同的数据探索机制。数据透视表是 Excel 提供的高效内置报表引擎，不需要使用任何公式和函数，通过简单的鼠标拖动操作，就能根据指定的各类过滤和分组条件，快速实现数据筛选、汇总和钻取，生成不同角度、不同用途、不同布局的数据报表。

数据透视表可以根据普通区域或表格创建，也可能由 Power Query 等工具自动创建。图 6-5 将前例中的表格 SSEC 生成数据透视表。

❶ 选中 SSEC 区域的任意单元格（图 6-5，#1）。

❷ 单击"插入"→"表格"→"数据透视表"（#2）。

❸ 在打开的对话框内，确认数据透视表的放置位置（#3）。

④ 选择是否将表格添加至数据模型（#4），具体含义将在后文介绍。

⑤ 单击"确定"按钮（#5）。

图 6-5　生成数据透视表

　　完成后，Excel 在指定位置生成数据透视表并打开右侧窗格。窗格上方为字段列表（即图 6-5 中首行的列名），下方为二维表布局，分割成"筛选""行""列""值"等 4 个区域，将列表内的字段通过鼠标拖动至各区域内，Excel 会在工作表内自动调整数据透视表的布局，展示对应的输出报表。理解数据透视表的关键是了解其透视、筛选和聚合计算过程。

透视过程

本节要点

　　透视是分组、筛选和聚合过程。数据透视表和 Power Query 透视机制的区别。

· 应用场景

　　第 5 章曾详细介绍 Power Query 的透视列功能，强调透视实质上是分组和旋转操作的叠加：从指定列的行元素中提取唯一值并"旋转"成列，其余列的数据进一步根据这些唯一值合并汇总。数据透视表中"透视"二字的含义并无不同。区别在于，数据透视表使用二维交叉表结构，透视列内的唯一值既可以旋转成列维（如星期日期），形成横向表头，也可以保留在行维（如月份），形成纵向表头。同时，数据透视表支持多层结构，可对多个字段进行透视。

· 操作实务

显然，透视发生于行区域和列区域，将字段拖放至行区域或列区域内，数据透视表即对该列执行透视。图6-6给出了透视过程的简要图解。

❶ 将 Month 字段拖动到行区域（图6-6，#1）：按唯一值分成1~12，共12组。

❷ 将 WeekDay 字段拖到列区域（#2）：按唯一值分成1~5。

❸ 行列区域在分组的同时执行数据筛选，如2月有363行数据、星期二有1144行数据。行列交叉在值区域形成单元格，每个单元格都是对应行和列的并集筛选结果，受到行和列筛选环境的约束。例如，2月的星期二共有73行数据（#3）。筛选出的记录应如何执行计算由值区域内的字段决定。

❹ 将 PctChg 字段拖动到值区域（#4）：在行列筛选结果的基础上，对指定的涨跌幅字段执行聚合计算，计算类型为求平均值。

❺ 以上过程可总结为：对满足行列筛选条件的73行数据的 PctChg 列进行求平均值，结果为 −0.127%。

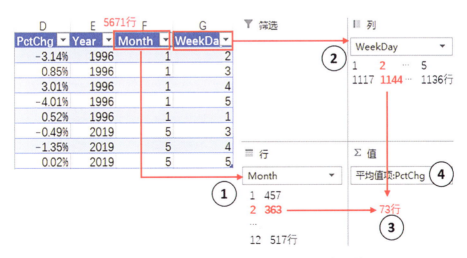

图6-6　数据透视表的透视、筛选和聚合计算

表头筛选器和切片器

表头筛选器和切片器的区别。表头筛选器和切片器的应用范围。

·应用场景

除了行列区域的透视和筛选，数据透视表还存在另外两个筛选机制：表头筛选器和切片器。

表头筛选器位于透视表的左上角，显示为"筛选"，如图6-7所示。将列"Year"拖动到此处后，输出透视表上方将出现对应的筛选器，打开下拉列表可选择年份。

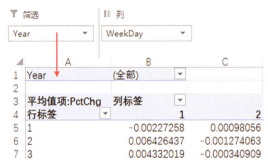

图6-7 表头筛选器

切片器：切片器是一种可视化、可根据报表样式进行灵活布局的筛选工具，可单击"分析"→"筛选"→"插入切片器"后选择字段，也可以在数据透视表的字段列表内直接单击相关列名（图6-8，#1），而后单击鼠标右键，在打开的快捷菜单中选择"添加为切片器"（#2），最后在显示的切片器内选择所需年份（#3）。

图6-8 添加切片器

表头筛选器和切片器之间是并行关系，二者针对同一字段进行筛选时，所有选项都会在两个筛选器间同步。例如，在表头筛选器内选择 2000 年和 2008 年，无论切片器的先前选项为何，都会自动更换成表头筛选器所选的年份，反之亦然。

· 操作实务

需注意的是，表头筛选器和切片器是全局性的筛选机制，在表头筛选器和切片器内所做的选择，会直接限定行列区域的筛选范围，进而影响单元格的筛选和计算结果。换言之，图 6-7 中的行列分组筛选机制，仅在表头筛选器和切片器的限定范围内起作用。为证明这一点，图 6-9 展示了这一过程。

❶ 在表头筛选器中限定年份为 2018 年（图 6-9，#1）。

❷ 在生成的数据透视表内，选中 2 月星期二所在的 C6 单元格（#2）。

❸ 双击或单击鼠标右键并在打开的快捷菜单内单击"显示详细信息"（#3）。

❹ 由于步骤 1 已限定年份，上述钻取过程返回 C6 单元格对应的 3 行数据（#4），而在未设置表头筛选器和切片器的情况下，该单元格应包含 73 行数据（图 6-6）。

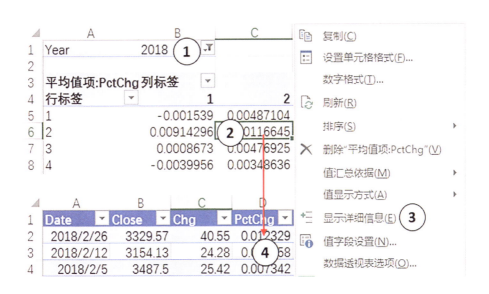

图 6-9　表头筛选器对行列透视的影响

层级结构和布局

除了将指定的列透视至行或列区域，数据透视表同时支持多层透视结构，只需将相关字段拖放至行或列区域，确认上级字段位于下级字段的上方即可。例如，将一级行业和次级行业两个字段透视至行区域，形成行业分层结构。图 6-10 将 Year 和 Month 两个字段透视至行区域，年份和月份之间形成层级关系，星期日期 WeekDay 字段透视至列区域，值区域计算收盘价 Close 字段的平均值。

图 6-10　层级透视结构

默认状态下，层级结构以压缩形式显示，通过单击上层行标签（如图 6-10 中的"2017"）旁的加减按钮可收缩或展开数据行。选择透视表中的任意单元格，单击"设计"→"布局"→"报表布局"，可更改报表布局。数据透视表提供压缩、大纲和表格等三种布局。在压缩布局格式下，上下级透视字段的标签显示在同一列。大纲和表格布局下错列显示，有多少层级就展示多少列。图 6-11 展示了年、季度和月份的三层结构。对比三种报表布局，可以看出大纲和表格样式基本相同，表格样式在大纲布局的基础上增加了行列网格线。

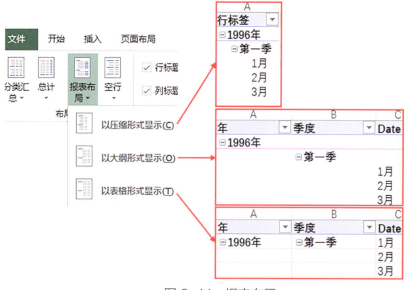

图 6-11　报表布局

汇总计算

数据透视表提供"分类汇总"和"总计"两类汇总功能，可在报表的不同位置显示不同项目的汇总计算结果。

❶ "分类汇总"按钮位于"设计"选项卡的"布局"组（图 6-12，#1）。

❷ "分类汇总"针对行列区域的层级结构，没有多层结构的数据透视表不存在分类汇总。每一个带有加减号按钮的上层行列标签都构成一个"分类"，启用"分类汇总"即显示针对该分类的聚合计算。例如，图 6-12 在分类标签 2017 下显示该分类的汇总（#2）。

❸ "总计"按钮位于"分类汇总"按钮右侧（#3）。"总计"为行列合计（#4），针对透视表中的行列生效，可通过下拉菜单选择行列全部启用、全部禁用、仅行或列启用等。

❹ "总计"和"汇总"未必代表求和运算。和单元格一样，汇总数据的计算取决于数据透视表值区域的聚合类型。例如，G6 单元格（#5）和 B18 单元格（#6）中的汇总数字均为求平均值。

❺ 和单元格类似，汇总数字同样受到当前筛选环境（筛选上下文）的约束。

G6 单元格（#5）的行总计：水平方向受到行区域的层级透视列"Year"和"Month"的约束，即年 =2017、月份 =1，垂直方向则不受"WeekDay"的过滤，为所有星期日期的合计。因此，G6 单元格的含义可表述为：对 2017 年 1 月份所有数据行的 Close 字段求平均。计算逻辑和单元格相同，但筛选逻辑存在差异。

类似地，B18 单元格（#6）的分类汇总是对年 =2017 年、星期日期 =1 的所有数据行求平均值。

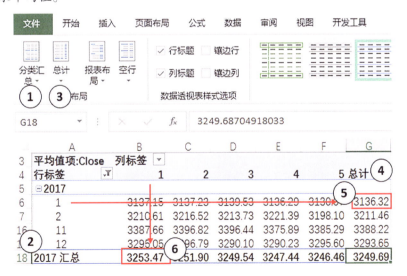

图 6-12　汇总数字的筛选上下文

日期拓展

本节要点

数据透视表可根据原始日期自动生成季、月等不同维度的日期衍生列。

· **应用场景**

上例使用 Year 和 Month 字段进行分层透视，这些列事先已经存在，在 6.1 节的条件求值和 6.2 节的数组公式案例中曾作为辅助列使用。不过，数据透视表具有强大的日期扩展功能，多数时候不需要依赖辅助列。只需将原始日期字段拖入行列区域，数据透视表会自动产生从秒到年的不同时间频度，可从中创建不同组合，产生类似前例的多层透视结构。

· **操作实务**

图 6-13 展示了数据透视表的日期维度自动扩展功能。

❶ 将日期字段"Date"拖放到行区域。

❷ 数据透视表自动创建"年"和"季度"字段，建立年、季度和月份层级结构（图 6-13，#1）。

❸ 数据透视表在工作表内生成对应的结构布局（#2）。

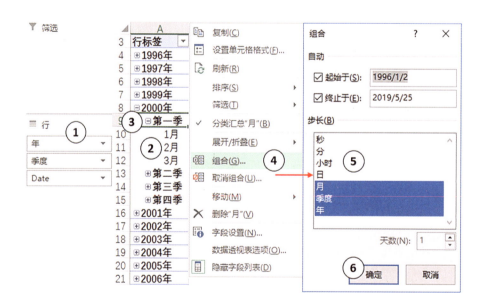

图 6-13　创建日期层级结构

❹ 在数据透视表内在任意单元格单击鼠标右键（#3）。

❺ 在打开的快捷菜单中单击"组合"（#4）。

❻ 在打开的"组合"对话框的"步长"列表内，重新选择所需的层级结构（#5）。

❼ 单击"确定"按钮完成（#6）。

从图6-13可以看出，日期组合未提供"周"选项，但可通过单选步长为"日"，而后设置天数为7，最后调整起始日期和终止日期（如将起始日期设为周一）即可实现按周透视。

分组

> **本节要点**
>
> 针对文本和数值字段的组合操作。数值字段仅支持等距区间分组。

·应用场景

数据透视表的日期拓展实际上是一种组合功能，此功能同样适用于其他数值和文本字段。文本列的分组操作十分简单：按住 Ctrl 键单击多选需要组合的行或列标签（图6-14，#1），单击鼠标右键，单击快捷菜单中的"组合"（#2）即可。数据透视表自动将组合命名为"数据组1"（#3），在单元格编辑状态下可直接输入新名字。

图 6-14 文本列分组

某些时候 Excel 会出现"选定区域不能分组"的错误提示，这通常是以下原因所导致的。

❶ 分组功能仅适用于普通数据透视表，对基于数据模型的数据透视表无效。因此，源于 Power Pivot 的数据透视表不能使用分组功能。

❷ 数据透视表内可能包含不符规范的数据单元格，如数值和日期字段内出现空白或文本内容等，需要修正、移除或调整数据格式后才可进行分组操作。

❸ 数据透视表内包含了以前的分组操作所遗留下来的字段，此类情形在日期组合中比较常见，一般需要先取消旧的分组。

・操作实务

和文本分组相比，数值分组操作可实现将数值分成多个区段再执行透视的效果，实用性较强。例如，为了统计各年度上涨和下跌天数占比，一般做法是新建一个能够区分上涨或下跌的列，如公式"=IF([@PctChg]>0,1,0)"对涨跌幅字段执行判断，上涨和下跌分别返回 1 和 0，最后将该辅助列拖动至透视表的值区域即可。图 6-15 则展示了如何借助分组功能达到相同目的。

❶ 将 Year 字段拖放至行透视区域（图 6-15，#1）。

❷ 将 PctChg 字段拖放至列区域（#2），此操作会导致数据透视表将所有不重复的数值透视至列。

❸ 将 Date 字段拖放至值区域（#3）。

❹ 单击选中任一涨跌幅数字（即列标签）（#4）。

❺ 单击鼠标右键，在打开的快捷菜单中单击"组合"按钮（#5）。

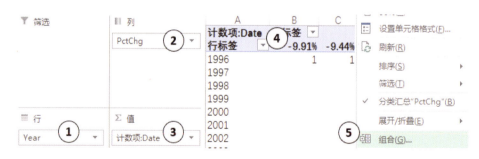

图 6-15 数值列分组

❻ 在打开的"组合"对话框内，根据日涨跌幅的性质和应用需求，将"起始于""终止于""步长"分别设置为 -0.1、0.1 和 0.1，相当于以 0 为界将涨跌幅数据分为两组（图 6-16）。

图 6-16 涨跌幅分组设置

❼ 根据上步的分组设置，数据透视表对列区域的字段即涨跌幅 PctChg 执行重新透视（图 6-17，#6），涨跌幅被分成两组。

❽ 数据透视表的值区域对 Date 字段重新计数，显示当前筛选背景下的计数值，单击选中其中任一单元格（#7）。

❾ 单击鼠标右键，打开快捷菜单，选择"值显示方式"（#8）。

❿ 在次级菜单内选择 "行汇总的百分比"（#9），即以当年（每行）的合计天数为计算基数。完成以上操作后，数据透视表将在 B 列和 C 列内分别显示各年度的下跌和上涨比例，整个过程无须任何辅助列。

图 6-17 修改值显示方式

显然，分组操作只能将数值划分为等距区间。对于非等距的分段需求，仍应使用辅助列对相关数值列进行自定义分组。

数据透视表和公式方法对比

本节要点

对比常规公式函数方法和数据透视表方法。修改数据透视表的值显示方式。

·应用场景

回到先前的日历效应案例（图6-4），可对比公式函数方法和数据透视表的不同。图6-18使用函数计算不同月份和星期日期的上涨下跌比例，K18单元格使用了两个COUNTIFS函数，公式为：=COUNTIFS(SSEC[Month], $ J18,SSEC[WeekDay],K $ 17,SSEC[PctChg],">0")/COUNTIFS (SSEC[Month], $ J18,SSEC[WeekDay],K $ 17)。其中：

❶ 分子的COUNTIFS函数使用了三个条件对，分别是月份（SSEC[Month], $ J18）、星期日期（SSEC[WeekDay],K $ 17）和涨跌幅大于0（SSEC[PctChg],">0"），统计同时满足以上条件的天数。

❷ 分母的COUNTIFS函数统计满足月份和星期日期两个条件的天数。

显然，本例也可改用6.2介绍的数组方法进行计算。但无论何种方法，条件越多，公式就越冗长、越容易出错。

	J	K	L	M	N	O
17		1	2	3	4	5
18	1	55.8%	56.0%	54.3%	50.0%	59.3%
19	2	64.9%	58.9%	63.4%	44.3%	53.4%
20	3	69.8%	55.2%	46.7%	48.1%	57.5%
21	4	40.9%	58.0%	62.7%	51.0%	58.2%
22	5	60.0%	56.4%	50.5%	44.1%	49.4%
23	6	51.6%	55.2%	50.0%	37.1%	53.6%
24	7	48.0%	60.8%	53.9%	50.0%	54.5%
25	8	53.5%	63.4%	43.1%	46.1%	49.5%
26	9	52.2%	51.0%	54.6%	50.0%	51.1%
27	10	49.4%	57.3%	58.0%	35.4%	55.0%
28	11	59.2%	46.9%	52.0%	51.5%	54.5%
29	12	54.0%	51.0%	55.9%	40.6%	54.0%

图6-18 计算上涨天数比例：多条件函数

· 操作实务

现在回到数据透视表，执行以下步骤可快速获得相同的统计结果。

❶ 将 Month 字段拖入行区域（图 6-19，#1）。

❷ 将 WeekDay 和 PctChg 两个字段拖入列区域，形成层级透视（#2）。

❸ 将 Date 字段拖入值区域（#3）。

❹ 选中任意次级列标签即 PctChg 的数据项，通过单击鼠标右键打开的快捷菜单执行和前例相同的分组操作（图 6-16）。

图 6-19　列区域分层透视

❺ 单击"设计"→"布局"→"分类汇总"（图 6-20，#4），选择"不显示分类汇总"，取消分类汇总。

❻ 单击"布局"→"总计"（#5），选择"对行和列禁用"，取消报表中的总计项。

❼ 选择报表内的任意单元格（#6），单击鼠标右键，打开快捷键菜单。

❽ 选择 "值显示方式"（#7）为"父列汇总的百分比"（#8），此处"父列"即上一层透视列 WeekDay。

❾ 完成上述步骤后，报表效果如图 6-21 所示。

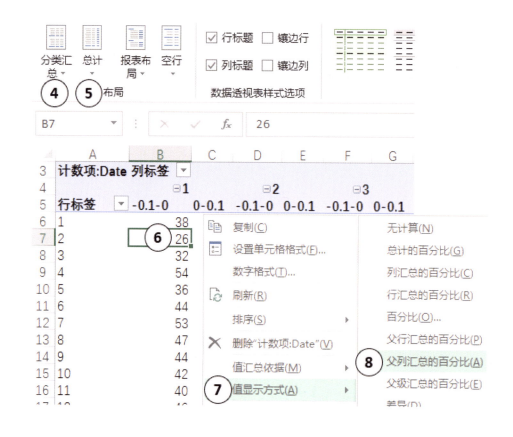

图 6-20　计算上涨天数比例：数据透视表

计数项列标签										
	⊟1		⊟2		⊟3		⊟4		⊟5	
行标	-0.1-0	0-0.1	-0.1-0	0-0.1	-0.1-0	0-0.1	-0.1-0	0-0.1	-0.1-0	0-0.1
1	44.2%	55.8%	44.0%	56.0%	45.7%	54.3%	50.0%	50.0%	40.7%	59.3%
2	35.1%	64.9%	41.1%	58.9%	36.6%	63.4%	55.7%	44.3%	46.6%	53.4%
3	30.2%	69.8%	44.8%	55.2%	53.3%	46.7%	51.9%	48.1%	42.5%	57.5%
4	58.1%	41.9%	42.0%	58.0%	37.3%	62.7%	49.0%	51.0%	41.8%	58.2%
5	40.0%	60.0%	43.6%	56.4%	49.5%	50.5%	55.9%	44.1%	50.6%	49.4%
6	48.4%	51.6%	44.8%	55.2%	50.0%	50.0%	62.9%	37.1%	46.4%	53.6%
7	52.0%	48.0%	39.2%	60.8%	46.1%	53.9%	50.0%	50.0%	45.5%	54.5%
8	46.5%	53.5%	36.6%	63.4%	56.9%	43.1%	53.9%	46.1%	50.5%	49.5%
9	47.8%	52.2%	49.0%	51.0%	45.4%	54.6%	50.0%	50.0%	48.9%	51.1%
10	50.6%	49.4%	42.7%	57.3%	42.0%	58.0%	64.6%	35.4%	45.0%	55.0%
11	40.8%	59.2%	53.1%	46.9%	48.0%	52.0%	48.5%	51.5%	45.5%	54.5%
12	46.0%	54.0%	49.0%	51.0%	44.1%	55.9%	59.4%	40.6%	46.0%	54.0%

图 6-21　按月份和星期日期分解的涨跌比例报表

混合应用

本节要点

在报表中结合使用数据透视表和普通公式函数。在公式中引用数据透视表内单元格的两种操作方法。用 GETPIVOTDATA 函数提取数据透视表内的数据。

· 应用场景

到目前为止，本节介绍了数据透视表的关键概念及核心功能。可以看出，数据透视表的关键优势体现在强大的多维度数据切分、布局设计、零公式、快速计算、不易出错等多个方面。如果数据源来自表格，数据透视表同样支持自动更新，即在表格中增减数据行或字段（列），数据透视表也会自动更新字段列表和计算结果。

但是，常规公式和函数的灵活性和计算能力同样十分重要。实际应用中，有时需要在报表中结合使用数据透视表和 Excel 公式函数。例如，数据透视表在行列区域都启用透视的情况下，如需增加不受行或列透视限制的计算指标，就需要借助于常规公式函数。以各行业区间涨跌幅报表为例，对行业和涨跌幅度分组进行透视后，要求进一步统计各行业的平均或中位市值、涨跌幅度、最大或最小涨跌幅度等数据，如果把相关字段直接拖入值区域，数据透视表会在现有的行列透视结构内计算上述指标，和需求不符。混合应用可解决此类问题。

· 操作实务

图 6-22 中的表格已被命名为 "sector"，表格内包含代码、名称、涨跌幅度、收盘、总市值及行业等字段。

	A	B	C	D	E	F
1	代码	名称	涨跌幅度	收盘	总市值	行业
2	000001	平安银行	5.64	14.05	2347.998	银行
3	000002	万 科 A	20.93	37.56	3787.481	房地产
3304	603998	方盛制药	-2.14	10.95	47.7117	医药生物
3305	603999	读者传媒	-0.78	7.63	44.1216	传媒

图 6-22　区间涨跌幅报表

将行业字段拖入行区域、代码字段拖入值区域执行计数，涨跌幅度拖入列透视区域并按与之前相同的方法按涨跌分成两组，生成的透视表如图 6-23 所示。

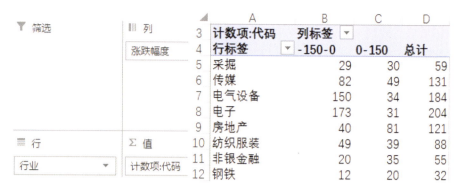

図 6-23 涨跌幅分组数据透视表

接下来从 E 列开始增加新的计算列。为了计算各行业的上涨股票占比，首先选择 E5 单元格进入编辑状态，输入等号"="，然后可使用以下两种方式之一产生公式。

❶ 在等号之后继续输入公式"C5/D5"，即上涨家数除以合计数。

❷ 引用 C5 单元格，而后输入运算符"/"，再引用 D5 单元格。此时 Excel 会自动使用 GETPIVOTDATA 函数返回 C5 单元格和 D5 单元格的数据，完整公式为：

=GETPIVOTDATA(" 代码 ",$A$3," 涨跌幅度 ",0," 行业 "," 采掘 ")/
GETPIVOTDATA(" 代码 ",$A$3," 行业 "," 采掘 ")

将公式的最后一个参数"采掘"替换为单元格引用 A5：

=GETPIVOTDATA(" 代码 ",$A$3," 涨跌幅度 ",0," 行业 ",A5)/
GETPIVOTDATA(" 代码 ",$A$3," 行业 ",A5)

❸ 通过拖动或快捷方式将 E5 单元格的公式拓展到 E5:E32 区域，结果如图 6-24 的 E 列所示。

公式和函数

公式 GETPIVOTDATA(data_field, pivot_table, [field1, item1], ...) 用于提取储存在数据透视表内的数据。

- data_field：需要提取的值字段，如本例的计数字段"代码"。
- pivot_table：目标数据透视表内的任意单元格引用，一般为数据透视表的起始单元格如 A3。
- field1, item1：成对出现的字段名和对应值，相当于执行行列筛选。例如，[" 涨跌幅度 ", 0] 表示选择涨跌幅度为大于 0 的列，[" 行业 "," 采掘 "] 表示选择所属行业为采掘的数据行。为使行业参数变成相对引用，进而支持公式拖动操作，将"采掘"更改为 A 列对应行的引用单元格。

继续通过数组公式计算各行业个股涨跌幅和市值的中间值以及最高涨幅。

❶ F5 单元格（图 6-24，#1）：{=MEDIAN(IF(sector[行业]= $ A5, sector[涨跌幅度]))}。

❷ G5 单元格（#2）：{=MEDIAN(IF(sector[行业]= $ A5, sector[总市值]))}。

❸ H5 单元格（#3）：{=MAX(IF(sector[行业]= $ A5, sector[涨跌幅度]))}。

❹ 将公式拓展至 F5:H32 区域。

```
=GETPIVOTDATA("代码 ",$A$3,"涨跌幅度",0,"行业",A5)/GETPIVOTDATA("代码 ",$A$3,"行业",A5)
```

	A	B	C	D	E	F	G	H
3	计数项:代码	列标签 ▼						
4	行标签 ▼	-150-0	0-150	总计	上涨比例	涨跌幅	市值	最高涨幅
5	采掘	29	30	59	50.8%	①1.31	②105.4	③34.36
6	传媒	82	49	131	37.4%	-1.77	83.1	36.16
7	电气设备	150	34	184	18.5%	-5.72	55.9	23.94
31	有色金属	79	31	110	28.2%	-4.29	93.7	24.64
32	综合	38	12	50	24.0%	-3.23	45.2	13.93

图 6-24　行业表现混合报表

公式和函数

如需获得各行业最高涨幅所对应的股票代码或简称，可借助引用和查找函数。例如：=INDEX(sector[名称],MATCH(H5, sector[涨跌幅度],0))。

MATCH(H5, sector[涨跌幅度],0) 在 [涨跌幅度] 列内查找和 H5 单元格内的最高涨幅匹配的行位置，而后使用 INDEX 函数在 [名称] 列取出对应行的值。以上公式仅在没有重复值的前提下能够返回正确结果。

VBA

以下代码根据图 6-5 中乙命名为 SSEC 的数据区域创建一个空白的数据透视表框架。

```
Dim PCache As PivotCache, Ptable As PivotTable    定义透视表缓存和透视表
Dim sht As Worksheet                              定义工作表对象
Dim PRange As Range, PData As Range               定义区域对象
```

```
Set PData = Range("SSEC")                                设置数据源为 SSEC 区域
Set sht = Sheets.Add                                     创建新工作表
Set PRange = Sheets(sht.Name).Range("A1")                设置输出区域
Set PCache = ActiveWorkbook._PivotCaches.Create_
(SourceType:=xlDatabase, SourceData:=PData)              创建数据透视表缓存

Set Ptable = PCache.CreatePivotTable_
(TableDestination:=PRange, TableName:
="PivotTable1")                                          从缓存创建数据透视表
```

以下代码在活动工作表中名为"PivotTable1"的数据透视表内拖放字段。

```
With ActiveSheet.PivotTables("PivotTable1")
.PivotFields("Year").Orientation = xlPageField                    表头筛选字段
.PivotFields("Month").Orientation = xlRowField                    行透视字段
.PivotFields("Month").Position = 1                                放于第一层
.PivotFields("WeekDay").Orientation = xlColumnField              列透视字段
.AddDataField.PivotFields("PctChg"), "avg:PctChg", xlAverage     值字段和汇总方式
End With
```

刷新活动工作表中名为"PivotTable1"的数据透视表。

```
ActiveSheet.PivotTables("PivotTable1").PivotCache.Refresh
```

刷新活动工作表中的第一个数据透视表。

```
ActiveSheet.PivotTables(1).PivotCache.Refresh
```

遍历刷新活动工作表内的所有数据透视表。

```
Dim PTable As PivotTable
For Each PTable In ActiveSheet.PivotTables
    PTable.RefreshTable
Next PTable
```

6.4 Power Query 的分组和聚合

本节要点

使用 Power Query 的分组功能生成和 6.3 节类似的数据报表。分组输出列可以来自聚合计算，也可以是包含明细行数据的结构列。使用 TABLE.MAX 函数提取特定数据行。

· 应用场景

除了第 5 章曾详细介绍的数据转换和处理功能，Power Query 还提供了便捷友好的分组工具。本节继续以表格"sector"为例，展示如何利用 Power Query 在几乎不需要公式的前提下生成各类汇总数据报表。

· 操作实务

选中表格（图 6-25）内的任意单元格，单击"数据"→"获取和转换数据"→"自表格 / 区域"，将表格导入 Power Query。在"应用的步骤"窗格内，Power Query 会自动产生"源"和"更改的类型"两个步骤。步骤"源"执行数据读取，"更改的类型"步骤则对各列进行数据类型转换，并错误地将代码列转换为整数。为解决此问题，可单击步骤"更改的类型"前的按钮删除该步骤，然后将代码列的数据类型修改为文本，或直接在公式栏内将代码类型由"Int64.Type"改为"type text"，即由整数改为文本。两者的区别是，Power Query 会自动将性质相同的连续步骤合并，"更改的类型"内包含了对所有列的类型转换操作，删除该步骤即删除 Power Query 对全部列所做的自动识别和转换，后一种修改公式方法则会保留该步骤，仅修改代码列，其余列的转换设置维持不变。

图 6-25　通过公式更改数据类型

为方便统计上涨下跌股票的家数，接下来需要创建一个辅助列。单击"添加列"→"常规"→"条件列"，将新列命名为"涨跌标记"，继而通过下拉列表选择或输入值的方式，生成"如果 – 那么 – 否则"结构的条件逻辑。图 6-26 中的条件逻辑转换为 Power Query 公式可写成：if [涨跌幅度]>0 then 1 else 0。

添加条件列

添加一个从其他列或值计算而来的条件列。

新列名

涨跌标记

	列名	运算符	值 ⓘ		输出 ⓘ
If	涨跌幅度 ▾	大于 ▾	ABC 123 ▾ 0	Then	ABC 123 ▾ 1

添加子句

ELSE ⓘ

ABC 123 ▾ 0

图 6-26 创建条件列

　　分组的含义是将指定的列按照唯一值分类合并，被每一个唯一值"压缩"的多行数据再执行下一步操作。Power Query 支持两种分组操作：一是执行某种聚合计算，从而将多行数据汇总成单行；二是不进行聚合，保留所有的数据行，以便后续处理。两种分组的具体操作过程介绍如下。

❶ 选中列"行业"，单击"主页"→"转换"→"分组依据"（或"转换"→"表格"→"分组依据"），进入分组操作界面。

❷ 选择"高级"（图 6-27，#1），打开详细的对话界面。

❸ 分组列默认显示为先前选择的"行业"列（#2），无须更改。如果存在多个分组列，可在启动分组操作前多选，或在分组界面内单击"添加分组"。

❹ 创建第 1 个输出列，列名为"公司数量"，操作方式为"对行进行计数"。显然，行计数操作不依赖具体的列，因此"柱"下拉列表不可操作（#3）。

❺ 单击"添加聚合"（#4），继续创建新的输出聚合列。

❻ 第 2 个输出列为"上涨家数"，操作为"求和"，操作对象是列"涨跌标记"，即对之前创建的辅助列直接求和。

❼ 第 3 个输出列为各行业的中位市值，对"总市值"列执行"中值"操作。类似地，第 4 个输出列对"涨跌幅度"列执行"中值"操作（#5）。每增加一个输出列，都需单击一次"添加聚合"。

❽ 第 5 个输出列用于储存各行业对应的所有数据行，即所含股票的明细记录会被存为结构化列，而不进行聚合，输入列名为"details"，操作为"所有行"（#6）。由于不进行任何聚合，列操作不可选。

❾ 单击"确定"按钮完成分组操作（#7）。

从数据透视表的角度，上述过程可大致理解为将指定的分组列（"行业"）拖动至行透视区，再将不同的计算列（"涨跌标记""总市值"等）拖入值区域执行不同类型的聚合操作。和数据透视表相比，Power Query 支持的聚合计算方式更多（如中值），此外多了一种保留所有行的分组操作，为后续处理提供了更多可能性。

图 6-27　执行分组操作

⑩ 完成上述操作后，Power Query 返回按行业分组的输出结果（图 6-28，#8），可以看到名为"details"的结构列内包含表格对象，单击空白区域可查看表格内包含的明细股票数据。

⑪ 从结构列的表格中提取涨幅最大的股票信息，为此单击"添加列"→"常规"→"自定义列"（#9）。

⑫ 在"自定义列"对话框内，输入新列名为"最大涨幅"（#10）。

⑬ 在"自定义列公式"文本框内，输入公式：Table.Max([details],"涨跌幅度")（#11）。该公式的含义是从表格 details 内提取字段"涨跌幅度"值为最大的行。

⑭ Power Query 根据指定的名称创建新列（#12），单元格内以绿色字体显示"Record"，表明此结构列内包含记录对象，即 Power Query 将提取的行转换为记录对象。

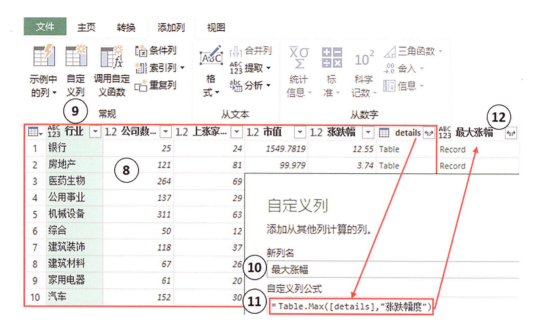

图 6-28　创建自定义列提取数据行

⑮ 提取出所需数据行之后，不再需要 details 列，通过单击鼠标右键打开的快捷菜单删除（图 6-29，#13）。

⑯ 由于最大涨幅仅包含一行记录，直接单击列标题右侧的双向箭头按钮（#14）。

⑰ 原始数据内包含多个字段，在打开的"展开"对话框内，选择需要输出的字段，如名称和涨跌幅度（#15），而后单击"确定"按钮退出。

⑱ 继续创建一个自定义列，计算各行业上涨股票家数占比，单击"添加列"→"常规"→"自定义列"，输入新列名为"上涨比例"，公式为：=[上涨家数]/[公司数量]（#16）。

完成以上步骤后，可进一步根据需要执行各类常规操作，如调整各列顺序（用鼠标移动列标题）、按特定列执行升序或降序排序、调整数据格式等。完成并加载至工作表后的效果如图 6-30 所示。

图 6-29　展开记录并选择输出字段

行业	公司数量	上涨家数	上涨比例	市值	涨跌幅	名称	涨跌幅度
银行	25	24	96.0%	1549.78	12.55	南京银行	31.65
房地产	121	81	66.9%	99.98	3.74	泰禾集团	75.32
非银金融	55	35	63.6%	368.64	1.10	易见股份	36.85
钢铁	32	20	62.5%	190.35	2.22	重庆钢铁	112
交通运输	96	53	55.2%	118.58	0.65	海峡股份	16.37
采掘	59	30	50.8%	105.41	1.31	山西焦化	34.36
食品饮料	86	43	50.0%	69.87	0.07	伊力特	16.1
纺织服装	88	39	44.3%	48.79	-0.65	维格娜丝	29.93
休闲服务	32	13	40.6%	43.16	-0.76	中国国旅	18.18

图 6-30　Power Query 分组和聚合操作的最终输出结果

· **总结和拓展**

可以发现，图 6-30 和图 6-24 的数据完全相同（对比采掘行业）。Power Query 的操作过程基于用户界面，几乎不依赖任何公式，分组聚合功能更加强大。而且，数据透视表在工作表内直接操作，拖动操作的互动性更强、行列二维透视也能支持更多的结构布局。

6.5 Power Pivot 数据模型

到目前为止，无论使用数据透视表还是 Power Query，生成最终报表所需的原始数据都来自唯一的一张数据表，如前例中的上证综指数据 SSEC（图 6-1）和个股涨跌幅数据 sector（图 6-22）。如果源数据涉及多个表格或工作表区域，一般需要事先通过某种方式加以整合。在传统工作表模式下，通常使用 VLOOKUP 等函数从不同区域获得关联数据（5.3 节）。在 Power Query 中，则可通过合并查询实现多表关联（5.4 节）。以图 6-22 为例，个股涨跌幅和所属行业信息可能来自两个不同的表格，在工作表中可使用 VLOOKUP 将不同数据整合至一张表内，在 Power Query 中可以通过股票代码实现关联合并，最后通过本章介绍的各种方法展开数据探索。问题是，抛开需要编写公式不谈，VLOOKUP 方法还存在一些不足，严重限制其使用范围和潜力。通过了解 VLOOKUP 方法的这些缺陷，不具备相关技术背景的读者也可以快速理解数据模型的基本概念和意义。

数据模型简介

VLOOKUP 方法至少在两个方面存在明显不足。首先是专用性较强，不同用途的报表经常需提取不同列的数据，进而需重写公式。其次，在表格之间是一一对应的情况下，如图 5-22 中的公司资料和价格、图 6-22 的个股涨跌和所属行业，使用 VLOOKUP 较为简单，可返回唯一匹配数据。但实际应用中一对多的关系更为常见，此时如果从“一”侧发起 VLOOKUP 查询，会导致“多”侧的数据损失，如果从“多”侧发起查询，则会导致大量数据冗余。

以图 6-31 为例，左侧为上市公司概况数据，右侧为财务数据表，两者之间存在一对多关系即每个股票有多行财务数据记录与之对应。正常情况下，从概况表发起 VLOOKUP 查询，只能返回财务表中的某一行数据，从财务表开始查询，则将返回多行重复的资料数据。在包含多张表、多个一对多关系的情况下，上述问题更为严重。

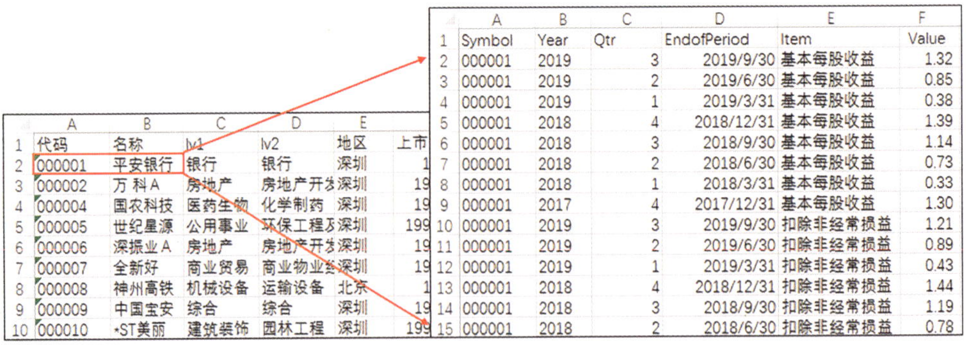

	A	B	C	D	E	
1	代码	名称	lv1	lv2	地区	上市
2	000001	平安银行	银行	银行	深圳	1
3	000002	万科A	房地产	房地产开发	深圳	19
4	000004	国农科技	医药生物	化学制药	深圳	19
5	000005	世纪星源	公用事业	环保工程及	深圳	199
6	000006	深振业A	房地产	房地产开发	深圳	19
7	000007	全新好	商业贸易	商业物业经	深圳	19
8	000008	神州高铁	机械设备	运输设备	北京	1
9	000009	中国宝安	综合	综合	深圳	19
10	000010	*ST美丽	建筑装饰	园林工程	深圳	199

	A	B	C	D	E	F
1	Symbol	Year	Qtr	EndofPeriod	Item	Value
2	000001	2019	3	2019/9/30	基本每股收益	1.32
3	000001	2019	2	2019/6/30	基本每股收益	0.85
4	000001	2019	1	2019/3/31	基本每股收益	0.38
5	000001	2018	4	2018/12/31	基本每股收益	1.39
6	000001	2018	3	2018/9/30	基本每股收益	1.14
7	000001	2018	2	2018/6/30	基本每股收益	0.73
8	000001	2018	1	2018/3/31	基本每股收益	0.33
9	000001	2017	4	2017/12/31	基本每股收益	1.30
10	000001	2019	3	2019/9/30	扣除非经常损益	1.21
11	000001	2019	2	2019/6/30	扣除非经常损益	0.89
12	000001	2019	1	2019/3/31	扣除非经常损益	0.43
13	000001	2018	4	2018/12/31	扣除非经常损益	1.44
14	000001	2018	3	2018/9/30	扣除非经常损益	1.19
15	000001	2018	2	2018/6/30	扣除非经常损益	0.78

图 6-31 存在一对多关系的数据表示例

VLOOKUP 执行的是具体操作，公式明确告诉 Excel 根据什么、从何处获得第几列的数据。这一专用化特征决定了，在不同报表、不同数据需求下公式写法各不相同。从另一个角度看，无论具体操作如何不同，都依赖于一个共同点：两张表能够通过代码建立匹配。由此，如果能够在二者之间事先声明和建立某种关系，任何操作都只需遵循此关系即可获得数据，就可以脱离对具体操作的依赖，将多表整合成一张表也就完全失去必要。换言之，上述抽象关系能够将 VLOOKUP 所执行的具体查询过程完全内在化。

抛开技术细节，简单而言，以上过程就是在建立数据模型[①]：在两张或多张表之间建立某种关联。常规的数据透视表只能分析来自单张表格的数据，而基于数据模型的数据透视表则可探索数据模型内任意表格中的数据。除了不需要数据整合，使用数据模型的另一个直接好处是克服 Excel 的存储限制。类似图 6-21 右侧的财务数据很容易超过 100 万行的容量上限，交易数据更是如此。数据模型使用存储在工作簿内但又独立于工作表的列式存储数据库，不受工作表行列的限制。

添加表至数据模型

本节要点

> 数据模型由 Power Pivot 负责管理维护。向数据模型中添加表的多种途径。

· 应用场景

数据模型的核心是表和关系。建立数据模型的第一步是添加表，这些表既可以来自 Excel 内部，也可以来自其他数据源。但无论何种来源，在常规的 Excel 工作表界面内都无法直接看出当前数据模型内包含哪些表，原因是数据模型虽然依附于当前工作簿，但会将数据存储在独立的数据库内，并由 Power Pivot 专门负责管理维护。单击"Power Pivot"[②] → "数据模型" → "管理"，进入 Power Pivot 环境才可查看数据模型的详细信息。

就像 Power Query 查询既可以从工作表菜单启动，也可以在 Query 编辑器内执行，简单来说，向数据模型添加表的方法分为两种：从 Excel 环境发起或在 Power Pivot 界面内操作。

---

① 建立数据模型也经常被称为数据建模，作为数据库领域的一个 IT 词汇，其含义和第 1 章介绍的金融建模完全不同。

② 启用"Power Pivot"选项卡的步骤：单击"开发工具" → "加载项" → "COM 加载项"，在打开的"COM加载项"对话框内选中"Microsoft Power Pivot for Excel"后确定退出。

·操作实务

向数据模型添加表的具体途径如下。

❶在创建数据透视表时，同步将表格添加到数据模型（图6-5，#4）。

❷导入、加载外部数据时，对话框内大都有"将此数据添加到数据模型"选项（图4-13、图5-31）。选中该选项，Excel会在导入工作表的同时，将数据复制至数据模型内。从存储角度看，数据实际上被分别储存于Excel工作表和数据模型内，并与数据源之间建立可同步更新的连接机制。

❸在使用数据透视表的过程中创建数据模型。在"数据透视表字段"窗格内单击"更多表格"（图6-32，#1），Excel将询问是否使用数据模型创建新的数据透视表（#2），确认后将当前表格加入数据模型（#3），并将工作表内的所有表显示在数据透视表的字段区域内。

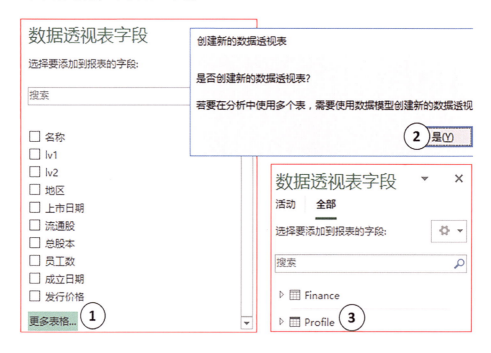

图6-32 在使用数据透视表的过程中创建数据模型

❹通过"Power Pivot"选项卡：选中工作表中现有表格的任意单元格（图6-33，#1），单击"Power Pivot"→"表格"→"添加到数据模型"（#2），将表格加入数据模型，表名为当前表格的名称。如活动单元格处不含表格，Excel会提示确认先将区域转换为表格。

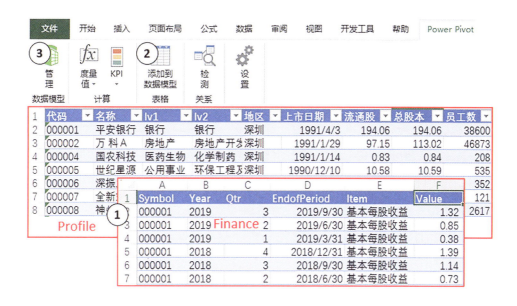

图 6-33　将现有表格导入数据模型

❺ 在 Power Pivot 环境下执行操作：单击"Power Pivot"→"数据模型"→"管理"（图 6-33，#3）进入 Power Pivot 环境，而后通过"获取外部数据"相关按钮（图 6-34），将外部数据表绕过 Excel 直接导入数据模型中。

图 6-34　在 Power Pivot 内导入外部数据表

· 总结和拓展

Excel 的数据模型就是 Power Pivot 数据模型。通过以上任何方式导入数据模型中的表都可通过 Power Pivot 管理界面查看，支持数据视图和关系图视图两种模式。数据视图以表格形式直接列出数据，单击表名标签可在多张表之间切换，操作和工作簿相似。关系图视图则使用实体关系（ER）图，将每张表展示一个矩形，矩形内部列出全部字段，矩形之间使用连线展现表之间的关系。

建立表关系

本节要点

创建表间关系的两种基本模式：数据透视表和 Power Pivot 管理界面。

· 应用场景

未建立关系的表不构成数据模型，创建表之间的关系有两种基本模式：使用过程中创建以及创建完再使用。前者是指直接在数据透视表内创建，后者则需进入 Power Pivot 界面，利用关系视图创建。

· 操作实务

在数据透视表内创建表关系的基本步骤如下。

❶ 图 6-32 中的操作已将资料表（Profile）和财务表（Finance）加入数据透视表字段列表（图 6-35，#1）。

❷ 在此基础上执行跨表透视，即同时透视资料表和财务表内的字段（#2）。

将资料表中的字段"lv1"拖入行区域。

将财务表中的科目列"Item"拖入列区域。

将财务表科目"Value"拖入值区域，进入"值字段设置"更改为平均值。

将报表期间"EndofPeriod"拖入筛选区域。

❸ 在工作表内执行表头筛选，选择 2019 年中期（#3）。

❹ 此时数据透视表返回结果异常，各行业的财务数据完全相同（#4）。

❺ 与此同时，数据透视表窗格内提示需要创建表的关系，单击"创建"（#5）。

图 6-35　跨表透视

❻ 在打开的"创建关系"对话框（图 6-36）内，按照从"多"到"一"的方向，依次选择关系的起始表和外键所在列（外键或 foreign key 即图 6-36 的"列（外来）"，表和表之间凭借该关键列建立关联，可理解为 VLOOKUP 的第一个参数）、目标表及其相关列。本例将财务表的 Symbol 列关联至资料表的代码列（#6）。

❼ 完成关系创建后，数据透视表正确返回行业和指标的跨表透视结果（#7）。

图 6-36　创建关系

以上过程尽管未使用 Power Pivot 界面，但创建的表关系会在 Power Pivot 的关系图视图内体现为两张表之间的连线，线条两端的符号"*"和数字1分别代表多对一关系的两侧。将鼠标指针悬停在线条之上，Power Pivot 会进一步突出显示关联字段，效果如图 6-37 所示。

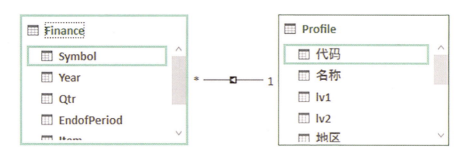

图 6-37　关联关系

创建表关系的另一种途径是通过 Power Pivot 管理界面，先在关系图视图下完成数据模型构建，最后再创建数据透视表。

❶ 单击"Power Pivot"→"数据模型"→"管理"，进入 Power Pivot。

❷ 单击"关系图视图"（图 6-38，#1）。

❸ 同样按照从"多"到"一"的方向，选择起始表中的关联字段"Symbol"并按住鼠标左键（#2）。

❹ 拖动字段到目标表，悬停在匹配字段"代码"上，直到该字段被高亮显示（#3）。

❺ 释放鼠标完成连接，最终效果和图 6-37 完全一致。

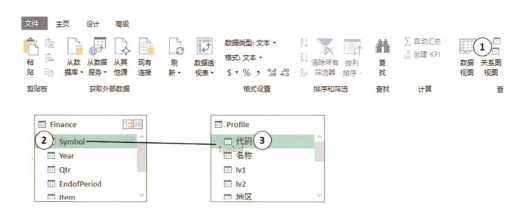

图 6-38　通过关系图视图创建表关系

基于数据模型的数据透视表

Power Pivot 和数据透视表是密切关联但又完全不同的两个概念。Power Pivot 是涵盖数据载入、塑形、表和列的定义、表关系创建等功能的数据库建模工具。数据透视表则是 Excel 传统的数据探索和挖掘工具。数据模型构建完成后，一般通过数据透视表进行数据探索和分析。在 Power Pivot 环境下，在 Power Pivot 的"主页"选项卡下（2016 为"开始"选项卡），点击"数据透视表"→"数据透视表"，即可在 Excel 中生成基于数据模型的数据透视表框架。不过，在 Excel 环境下直接插入数据透视表更加便捷。和常规数据透视表不同，建立基于数据模型的数据透视表无须选择任何数据，单击"插入"→"表格"→"数据透视表"，确认选中"使用此工作簿的数据模型"，如图 6-39 所示。

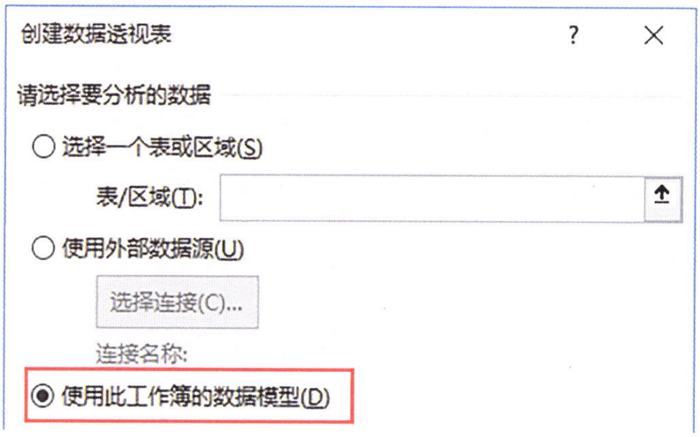

图 6-39　插入基于数据模型的数据透视表

在使用方法方面，基于数据模型的数据透视表和 6.3 节介绍的普通数据透视表完全相同。切片器、筛选器、行和列区域共同构成了筛选上下文（Filter Context）。

DAX 语言简介

本节要点

DAX 语言简介。计算列和计算字段的区别。

· **应用场景**

实际上，Power Pivot 对数据透视表的功能拓展远不止于支持多表分析以及存储容量等方面。面向 Excel 环境下的商业智能应用，Power Pivot 内置了数据分析表达式语言（简称 DAX），允许用户针对数据模型执行各类复杂的计算和检索操作。作为函数语言，DAX 和 Excel 在表面上较为类似，许多函数的名称和功能相同。例如，Excel 中的求和计算是"SUM(区域)"，DAX 中则写为"SUM(表名 [列名])"。根本差异在于两者适用于完全不同的数据结构：Excel 函数以工作表进而是单元格为基础；DAX 的操作对象则是数据模型，专门面向表和列运算，不存在单元格和区域的概念。

Power Pivot 数据模型支持两类公式：计算列和计算字段（度量值）。计算列是存储在表内、使用公式生成的衍生列，针对表内的每一行执行计算。和普通 Excel 表格中创建的计算列类似，如从日期中提取年份。和计算列的逐行计算不同，计算字段主要用于聚合计算，如求和、求平均等，在不同的筛选上下文环境下，相同的计算字段会返回不同的结果。通过计算字段，用户可创建复杂的 DAX 表达式，储存在数据模型内，在任何基于该数据模型的数据透视表中都可以使用。

DAX 语言主题庞大，且侧重面向商业智能用户，相关内容已超出本书范畴，以下延续前例，初步介绍如何创建计算字段并在数据透视表中使用。

·操作实务

图 6-40 对一级行业字段"lv1"执行行透视，将年和季度字段"Year"和"Qtr"拖入列区域，形成"年 – 季度"层级结构，将指标字段"Item"拖入筛选器并选择"净利润增长率"，同时将年份字段加入切片器并选择 2019 年，最后拖动数值字段"Value"至值区域并更改计算类型为求平均。数据透视表显示各行业上市公司在 2019 年各季度的平均净利润增长率。

图 6-40　2019 年各季度分行业平均净利润增长率

平均值易受异常值影响，而常规数据透视表不支持中值计算（可在"值字段设置"→"值汇总方式"下查看），为此可借助 DAX 函数实现。切换至"Power Pivot"选项卡，进行以下操作。

❶ 单击"计算"→"度量值"→"新建度量值"（图6-41，#1）。

❷ 在"度量值名称"文本框内输入名称，如"median"（#2）。

❸ 输入DAX函数MEDIAN以及格式为"表名 [列名]"的参数，通常情况下可直接在下拉列表内选择所需列，按制表符键即可选择列并返回（#3）。

❹ 确定后退出公式编辑。

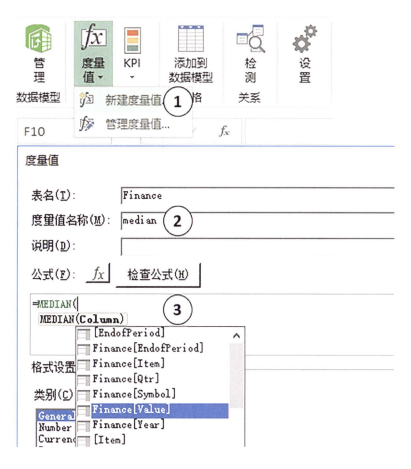

图6-41 新建度量值（计算字段）

现在返回数据透视表，右侧窗格的字段区域会出现前缀标识为函数"fx"、名为"median"的新字段，拖动该字段到透视表的值区域。值区域内现在包含两个计算项：字段"Value"的平均值以及来自DAX的度量值"median"，数据透视表因此自动更新布局和数据，在每个季度下同时显示表头所选指标的平均值和中位数。最终效果如图6-42所示，可进一步对比两者的计算差异。

Item	净利润增长率	▼					
	列标签	▼					
	⊟2019						
	1		2		3		
行标签 ▼	平均值:Value	median	平均值:Value	median	平均值:Value	median	
(空白)	54.22	56.87	62.90	65.28	52.30	49.77	
采掘	36.65	14.45	30.73	3.95	13.63	3.37	
传媒	28.18	4.50	-55.07	-7.27	-25.42	-8.57	
电气设备	21.50	12.54	-6.00	6.69	36.17	7.97	
电子	9.21	2.81	14.75	2.11	-11.41	5.34	
房地产	155.44	13.66	27.74	11.23	0.94	4.40	
纺织服装	2.40	10.51	93.57	-3.99	-22.35	-7.70	
非银金融	208.87	81.00	191.88	62.81	46.94	56.59	

图 6-42　分行业净利润增长率：平均值和中位数对比

6.6　复盘与思考

本章围绕数据探索和报表应用，介绍 Excel 所提供的各类函数和工具资源，包括条件求值函数、数组公式、数据透视表、Power Query 以及数据模型。合理使用这些工具，可大幅提升报表效率、开展多样化的数据探索，从现有数据中获得更多有价值的信息。

多条件求值函数简便易用，但难以处理复杂条件且函数数量有限。数组公式能够拓展普通函数的计算能力，提高计算效率，但存在使用及维护方面的不便。数据透视表在工作表内直接操作，支持拖动互动和二维透视，结构布局的灵活性高。Power Query 的操作过程则完全基于用户界面，几乎可以不依赖任何公式，分组聚合功能更为强大。

常规数据透视表仅能分析单表数据，Excel 用户通常使用 VLOOKUP 等函数或者使用 Power Query 进行数据关联，将多表数据整合成一张表，供数据透视表使用。集成 Power Pivot 后，Excel 电子表格引入了专业的数据模型工具，在数据模型构建、数据计算和挖掘方面的能力得到很大提升。

第 **3** 篇

建模应用

本篇共含 1 章。

第 4 章至第 6 章侧重数据的获得、转换、探索及报表生成，本篇开始将转向建模、计算和分析等主题，逐步介绍 Excel 为各类专业应用所提供的功能模块。第 7 章"常用建模工具"介绍工作表建模中常用的一些工具和辅助功能，这些工具经常用于模型的审核、公式逻辑和输入检查、情景和输出分析、用户交互及其他便利等方面。

第7章 常用建模工具

工作表建模的实质是借助公式和函数，将变量之间的数量关系转变为电子表格内单元格之间的链接。Excel 电子表格广泛应用于各类财务金融建模及相关决策支持分析。第 1 章曾提及，建模应用在输入输出、逻辑流程和结构等多个层面和普通计算应用存在差异，Excel 有许多功能和此类问题密切相关，一般来说也仅在建模工作中大量使用。本章将介绍其中部分常用工具的应用情景和使用要点。

7.1 公式审核

许多财务建模为商业和金融决策提供论证和依据，模型评估和审核是提升模型质量、揭示错误、确保模型可靠性和灵活性的重要环节。广义而言，模型审核涉及以下三个层面。

❶ 引用和计算错误：在结构化建模中，引用关系分布于相隔较远的区域、多个工作表甚至工作簿，涉及较长的从属和引用链条。在电子表格环境下，此类引用关系"隐藏"在公式内部，透明度差，导致引用和计算错误率高。

❷ 流程和结构缺陷：多数财务建模都需一定的模块化设计，流程或结构设计状况对模型整体质量、灵活性、容错性及可拓展性影响极大。

❸ 业务逻辑审核：技术和结构层面的评估审核通常无法发现模型中存在的业务逻辑漏洞。例如，除了科目连接和报表平衡等基本要求，有关税收、折旧、通货膨胀、利率等各类输入变量和驱动的假设及处理都属于业务逻辑范畴。

本节延续技术导向，以第一个层面为主，侧重介绍 Excel 所提供的众多可用于公式审核的快捷方式和界面工具。公式审核的目的是快速检查公式所涉及的单元格引用关系，从而帮助发现和改正公式错误。

追踪引用

本节要点

追踪引用的快捷键和菜单方法。追踪引用后快速返回初始单元格。连续追踪引用。

· 应用场景

Excel 公式体现计算逻辑，追踪引用是指查看和跟踪公式中包含的引用参数所在单元格，Excel 支持以下几种基于快捷键或功能区菜单的追踪方式。

❶ F2 键：选中包含公式的单元格后按 F2 键，进入公式编辑状态，Excel 会以不同颜色显示公式中引用的单元格地址。按 F2 键是检查公式引用的最简单方式。

❷ Ctrl+[（左方括号）快捷键：选中包含公式的单元格后，按 Ctrl+[快捷键，Excel 会选中所有和公式在同一工作表内的引用单元格，此时可以按 Tab 键或 Enter 键在不同引用单元格之间进行切换。如果公式引用的单元格不在同一工作表上，光标会自动跳转至公式第一个引用单元格所在位置。

❸ 对于较复杂的公式检查，可使用 Excel 的公式审核功能，以便快速了解公式关系和追踪错误来源。

· 操作实务

使用功能区菜单追踪引用的具体步骤如下。

❶ 选中包含目标公式的 D4 单元格（图 7-1，#1），公式含义是营业收入预测等于上期收入乘以 1 加上增长率。

❷ 单击"公式"→"公式审核"→"追踪引用单元格"（#2）。

❸ Excel 在选中公式单元格及其引用单元格之间建立连接线。其中，实线代表引用的是同一工作表的单元格如 C4 单元格的上期收入（#3），虚线代表引用其他工作表的单元格，如增长率来自"假设表"D4 单元格，虚线末端有表格图标（#4）。

❹ 对于表内单元格，双击实线即可自动跳转至引用单元格。对于表外单元格，双击虚线后会打开"定位"对话框，对话框内显示所有引用的表外单元格，双击需查看的引用单元格（#5）即可快速跳转到目标位置。

图 7-1　追踪引用单元格

❺ 查看完引用单元格后，如需返回原公式所在单元格，可使用定位功能实现快速返回。方法是选中引用单元格即"假设表"的 D4 单元格（图 7-2，#6），按 F5 键，Excel 再次"定位"对话框。

❻ "定位"对话框内列出所有已查看的单元格、已命名单元格以及跳转前的单元格记录，默认选中的就是跳转前所在的原公式单元格即"损益表"的 D4 单元格（#7），此时无须做任何选择，直接按 Enter 键即可返回。这一技巧尤其适合在跨表查看引用单元格后立即跳转回至原单元格。

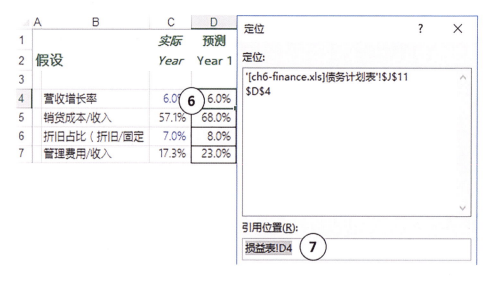

图 7-2　通过定位快速返回公式单元格

"追踪引用单元格"建立的是直接引用关系，某些时候引用单元格内会包含进一步的引用关系。上例的营业收入预测引用了来自其他工作表的增长率假设。实际应用中有时会采用中转引用的方法，将部分重要的假设数据链接至计算表内以方便查看。例如，图7-3的第4行引用了假设表中的数据，而后作为中转参数被第5行的营业收入预测公式引用。为了持续跟踪引用单元格的引用关系，只需继续单击"追踪引用单元格"，直至所有直接和间接引用关系都被跟踪为止。例如，选中D5单元格后单击"追踪引用单元格"，而后继续选中D4单元格，再次追踪引用，最终引用效果如图7-3所示。

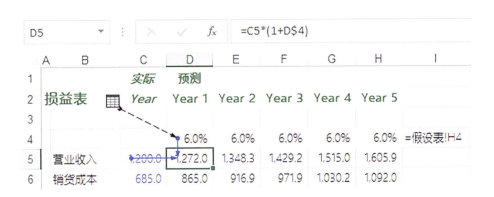

图 7-3　连续跟踪引用关系

追踪从属

本节要点

追踪从属的快捷键和菜单方法。追踪后快速返回初始单元格。

· 应用场景

和追踪引用相反，追踪从属是查看当前单元格的被引用关系。常用方法如下。

❶ Ctrl+]（右方括号）快捷键：选中包含公式的单元格后，按Ctrl+]快捷键，Excel会选中所有位于当前工作表的从属单元格，即直接引用了活动单元格的公式单元格，并可通过按Tab键或Enter键在不同单元格之间进行切换。

❷ 单击"公式"→"公式审核"→"追踪从属单元格"：和引用单元格追踪类似，Excel会在当前单元格和所有引用了当前单元格的单元格之间建立连接线。实线和虚线分别代表当前工作表内和表外。

· 操作实务

❶ 选中包含目标公式的 D4 单元格（图 7-4，#1）。

❷ 单击"公式"→"公式审核"→"追踪从属单元格"（#2）。

❸ Excel 在选中公式单元格及其引用单元格之间建立连接线。可以看出，第 1 年营业收入（D4 单元格）被当期销货成本（D5 单元格）、毛利（D7 单元格）、管理费用（D9 单元格）以及下期营业收入（E4 单元格）所引用。此外，虚线显示该值还被其他工作表的单元格公式引用。此时双击虚线（#3）。

❹ "定位"对话框的"定位"列表内显示所有引用了 D4 单元格的表外单元格（#4），涉及资产负债表其他科目的计算。双击目标单元格即可跳转。

❺ 和追踪引用类似，如需从跳转的目标单元格回到起始单元格，可选中目标单元格，按 F5 键，而后按 Enter 键快速返回。

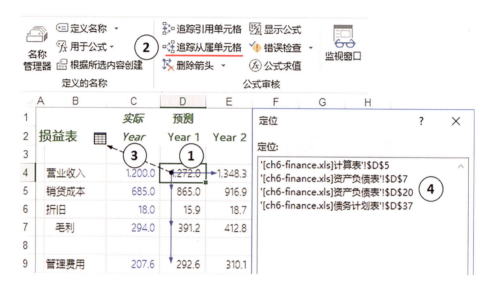

图 7-4　追踪从属关系

错误检查

本节要点

常见错误信息及成因。自动错误检查选项。错误检查工具。

· 应用场景

公式错误来源众多，包含错误的单元格如被其他单元格引用，引用单元格也会返回错误信息，导致错误持续并难以追踪。因此，对返回错误信息的单元格应及时调试，发现并修正错误。

Excel 使用不同的错误信息区分不同类型的公式计算错误，图 7-5 列出了常见的错误信息及原因，通过这些错误信息可大致判断公式错误来源和找到解决办法。

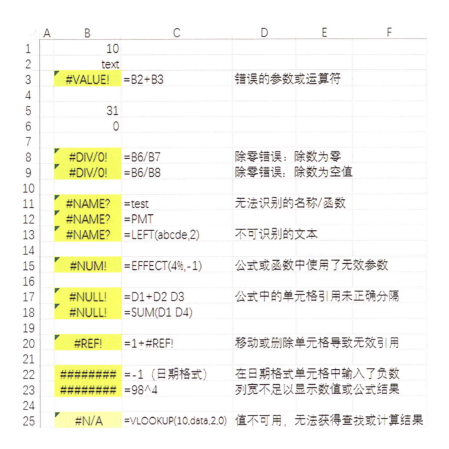

图 7-5　常见公式错误信息及原因

除了图 7-5 所列的公式计算错误，在后台错误检查启用的情况下，Excel 还会自动检查工作表中的其他疑似"错误"，如显示格式或引用区域可能有误、所含内容不一致的单元格等，并自动给出相关提示。

❶ 图 7-5 中所列的公式错误均以"#"开头。

❷ 包含错误的单元格左上角会出现绿色三角图标。

❸ 选中错误单元格后，单元格一侧出现带有感叹号标记的错误选项按钮，鼠标指针悬浮在该按钮上方，屏幕上会显示有关该错误的文本提示信息。单击按钮，会打开下拉列表，提供进一步的错误检查和处理选项，如图 7-6 所示。

图 7-6　查看错误信息并执行进一步操作

·操作实务

如果工作表中包含较多错误单元格，可使用 Excel 提供的错误检查工具逐个查看相关错误信息。

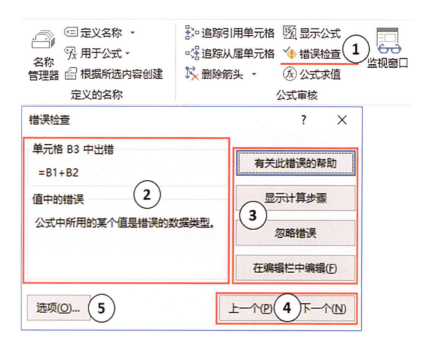

图 7-7　使用错误检查工具

❶ 单击"公式"→"公式审核"→"错误检查"（图 7-7，#1）。

❷ 打开"错误检查"对话框，显示当前工作表内包含的错误单元格地址及具体信息（#2）。

❸ 对话框内同时提供各类错误修正选项（#3）。

❹ 通过"上一个"和"下一个"按钮逐个查看工作表内的所有错误（#4）。

❺ 单击"选项"（#5）可启用或关闭后台错误检查、修改 Excel 的错误检查和提示规则，此操作和单击"文件"→"选项"→"公式"等效。

公式求值

本节要点

在公式调试中灵活使用 F9 键。对复杂公式使用求值工具，可跟踪其计算过程。

·应用场景

对于包含较多计算步骤的复杂公式，仅使用追踪工具很难核实计算过程的准确性，根据错误信息也不易快速发现错误发生于何处。将计算过程按步骤分解而后分步查看，对理解公式逻辑及发现错误来源非常有用。F9 键就是极为有用的公式调试工具。

多数情况下，F9 键用于工作表的重新计算。除此之外，F9 键在函数调试中也可以发挥重要作用。在包含公式的单元格中，按 F2 键进入公式编辑状态，选中公式的一部分，按 F9 键，公式栏将会显示选中部分公式的计算结果，为复杂公式的计算调试提供了简便途径。下面的例子以数组方法使用 MATCH 函数，从一组升序排列的日期数据中，查找特定年份的最后一个日期所在位置。进入编辑状态，完整选中 MATCH 函数的第二个参数，而后按 F9 键返回所选部分的计算结果，函数的计算逻辑介绍如下。

❶ 公式"=MATCH(1,1/(YEAR($A$2:$A$22)=D1),1)"中，"YEAR($A$2:$A$22)=D1"判断 A2:A22 区域中每个日期的归属年份是否等于 D1 单元格的给定值，返回 True 或 False 数组。

❷ "1/(YEAR($A$2:$A$22)=D1)"计算 1 除以上步的 True 或 False 数组，得到由 1 和除零错误两种可能结果构成的新数组：1/True 返回 1，1/False 则返回除零错误。选定这部分公式，按下 F9，Excel 返回所选部分的局部计算结果：=MATCH(1,{#DIV/0!;#DIV/0!;1;1;1;1;1;1;1;1;1;1;1;1;1;1;1;1;1;#DIV/0!;#DIV/0!},1)

❸ 由于除零错误不进入计算，根据 MATCH 函数的匹配逻辑（表 5-16），小于等于查询值 1 的最大匹配值位于倒数第 3 行。

$\times$ $\checkmark$ f_x =MATCH(1,1/(YEAR($A$2:$A$22)=D1),1)

=MATCH(1,{#DIV/0!;#DIV/0!;1;1;1;1;1;1;1;1;1;1;1;1;1;1;1;1;1;#DIV/0!;#DIV/0!},1)

上例表明，使用 F9 键试算选中部分公式，非常适合用于复杂公式调试。需注意的是，按此方法查看完中间结果后，如继续按 Enter 键，会导致所选公式内容被静态的计算结果所替换，如上例中的所选表达式会被由除零错误和 1 构成的常量数组所替换。因此，为避免破坏原公式，应按 Esc 键或单击左侧的"取消"按钮。

·操作实务

除了 F9 键，"公式求值"（单击"公式"→"公式审核"→"公式求值"）也是常用的公式审核工具，可逐步进入公式的计算过程，开展深入的公式计算调试。和 F9 键的区别在于，F9 键仅计算选定部分公式的结果，而公式求值则对执行逐步计算。同时"步入"工具允许对嵌套公式进行再跟踪。

❶ 选定包含公式的单元格（图 7-8，#1）。

❷ 单击"公式"→"公式审核"→"公式求值"（#2）。

❸ 打开的"公式求值"对话框内显示所选单元格的公式（#3）。

❹ Excel 按计算顺序将公式分解成多个步骤，其中画线部分代表当前执行的计算环节，此时单击"求值"（#4）可对画线内容执行单步调试并进入下一步骤。

图 7-8　对复杂公式使用公式求值工具

本例使用 MATCH 函数在指定的升序区域 A2:A22 区域内寻找给定年份的最后一个日期。在"公式求值"对话框内单击"求值",将依序显示以下计算步骤。

MATCH(1,1/(YEAR($A$2:$A$22)=D1),1)

MATCH(1,1/({2018;2018;2019;2019;2019;2019;2019;
2019;2019;2019;2019;2019;2019;2019;2019;2019;
2019;2019;2020;2020}=*2019*),1)

MATCH(1,1/({FALSE;FALSE;TRUE;TRUE;TRUE;TRUE;
TRUE;TRUE;TRUE;TRUE;TRUE;TRUE;TRUE;TRUE;
TRUE;TRUE;TRUE;TRUE;FALSE;FALSE}),1)

MATCH(1,{#DIV/0!;#DIV/0!;1;1;1;1;1;1;1;1;1;1;1;1;
1;1;#DIV/0!;#DIV/0!},1)

公式优化策略

公式优化策略泛指有助于降低公式复杂度、提升透明度和稳健性从而减少错误、提高审核效率的各类举措。一般来说,此类优化策略可在公式层面和结构层面实施。在公式层面,前已说明,电子表格中的引用关系体现在公式内部,透明度较差,以下列出了部分常用的公式优化策略。

❶ 函数优化。如有可能,应尽量减少公式中的函数数量、使用效率更高的函数、避免缩略写法以提高公式透明度。例如,将两个函数替换为一个函数、将复杂函数更换为简单函数、优先使用返回数值而不是返回逻辑值的函数等。

❷ 减少或限制使用易失函数(3.8 节)和数组公式。工作簿的任意变化都会触发易失函数的重新计算,数组公式则存在调试和维护难度。

❸ 将复杂公式的逻辑步骤拆分,以减少嵌套层数。复合公式的输入通常依赖于其他公式的计算结果,不易测试。在公式用到查找函数或引用到其他工作表的情况下,调试难度更大。需要注意的是,是否拆分要视公式逻辑的复杂程度而定,拆分会导致模型变大,逻辑简单的复合公式如 INDEX+MATCH 的惯例用法也不适合拆分。

❹ 许多情况下,IF 函数可以被 MAX/MIN、AND/Or 等函数替代。

❺ 避免使用多层 IF 嵌套函数。多层嵌套的条件判断公式不透明、不灵活、易出错,在调试时很难明确当前执行的是哪一个逻辑条件。一般来说,此类应用都可以被 INDEX+MATCH、CHOOSE 等更容易理解和调试的函数替代。

❻ 避免整行或整列引用。除了影响计算速度外,包含整行或整列引用的公式极难调试。如需引用动态区域,可使用动态命名或 Excel 表格。

❼ 在模型构建阶段就广泛使用敏感性分析工具测试公式的稳健性。

❽ 在公式中内置 IFERROR 等错误捕捉函数以避免错误传播。当然，错误捕捉函数主要针对可预期、对模型结果无影响的错误，一般情况下不适合泛用，否则会导致一些非预期错误被忽略，而及时发现此类错误正是公式审核的目的之一。

❾ 构造专门用于检测业务逻辑错误的各类控制函数，有助于在建模过程中提前发现错误。此类控制函数根据模型逻辑执行数值计算，或使用判断函数返回相关正确、错误或是可疑标识。例如，0 和 1 标记既可区分判断结果，还可执行加总求和，在实践中最为常用。

7.2 循环引用

第 3 章在"选项和设置"一节简要介绍过 Excel 循环引用和迭代计算的含义。循环引用是指公式以直接或间接引用的方式引用了自身单元格，既可能由公式错误所致，也可能代表一种正常的业务和计算逻辑。前者可通过"公式"→"公式审核"→"错误检查"→"循环引用"查看和修改，后者则可通过启用迭代（重复计算）实现正常计算，但并非所有的循环逻辑都必须通过循环引用和迭代计算解决。

理解循环引用

"最多迭代次数"和"最大误差"是迭代计算的两个重要选项，默认设置分别为 100 和 0.001，含义是 Excel 会在重复计算 100 次或前后两次计算结果的变化小于 0.001 的情况下停止重新计算，两个条件以先发生者为准。以下通过一个简例分别说明两个条件的具体含义。

在迭代计算的默认启用状态下，在 A1 单元格内输入公式"=A1+1"，计算结果为 100。原因是该公式包含循环引用，计算过程反复将自身值加 1，重复 100 次后，最多迭代次数条件被触发，循环过程终止。接下来进入选项设置，将最多迭代次数修改为 500，应用生效后可立即看到 A1 单元格的值变成 600，原因是在修改迭代次数后，Excel 从初始值也即前次计算结果 100 开始，经过 500 次重复计算后才触发终止条件。

最大误差条件可通过一个极简财务报表加以说明。图 7-9 中第 6~8 行的财务报表显示，由于资产大于负债及股东权益合计，即资金运用超出资金来源，产生融资需求。

❶ F5 单元格的平衡调节科目（平衡变量）现金缺口为 1,000 元（图 7-9，#1）。

❷ 现金缺口需通过举债填补，给定利率为10%，由此产生利息支出100元，其他条件不变，对净利润影响是 −100元（#2）。

❸ 净利润减少导致股东权益等额下降，由4,000元减为3,900元（#3）。

❹ 为实现报表平衡，在资产方不变的情况下，现金缺口增至1,100元（#4）。

❺ 现金缺口增加进一步导致利息开支增加。

❻ 以上过程不断重复。

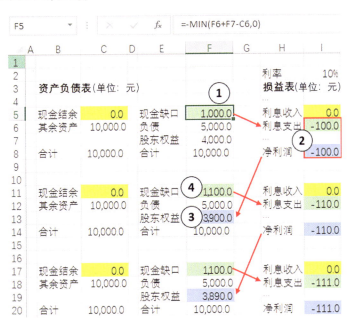

图7-9　循环计算示例：极简财务报表

图7-10将上述循环计算过程压缩，用表格列出每次迭代过程中现金调节的初始值和结束值（图7-9，#1和#4），并在O列的"调节科目变动"中计算每次迭代的变动值（N列 −L列）。可以看出，在0.001的默认误差设置下，迭代过程将在第6次后终止并返回最终值。显然，在不同误差设置条件下，Excel执行的重复计算次数会有差异。

	K	L	M	N	O	P
4	误差	0.001				
5	迭代	初始缺口	利息支出	结束缺口	调节科目变动	
6	1	1,000.0	100	1,100	100	
7	2	1,100.0	110	1,110	10	
8	3	1,110.0	111	1,111	1	
9	4	1,111.0	111.1	1,111.1	0.1	
10	5	1,111.1	111.11	1,111.11	0.01	
11	6	1,111.11	111.111	1,111.111	0.001	终止
12	7	1,111.111	111.1111	1,111.1111	0.0001	

图7-10　迭代计算中的最大误差条件

启用 Excel 内置的迭代计算十分简单，可解决多数能够收敛的循环引用问题，缺陷是会导致模型逻辑不透明、易出错、难以审核，不熟悉模型流程的用户更是无从解读，因此在实际应用中存在一定争议。以下介绍几种在某些情况下可用于解决此类循环逻辑的替代方法，包括修改业务逻辑、数学关系变形和强制循环中断等。

修改业务逻辑

上例存在循环的根本原因在于利息收支的计算基于当期的现金结余或缺口（图7-9，从 #1 到 #2），从而导致损益表和资产负债表相关科目之间的循环计算。图7-11 中，E7 单元格利息收入的计算公式是调节科目－现金（E15 单元格，即当期的现金结余）乘以对应的利率（C7 单元格），如图 7-11 中的追踪引用所示。利息收入进一步影响当期净利润（E12 单元格）、负债及股东权益（E27 单元格）进而影响当期现金结余。由于存在循环依赖，在未启用迭代计算的情况下，Excel 无法计算该公式。图 7-12 中的左侧示意图展示了本例的循环计算逻辑。

	B	C	D	E	F
2	损益表		第0年	第1年	
3	营业收入		200.0	220.0	
4	销货成本		95.0	100.0	
5	管理费用		38.0	45.0	
6	息税前利润		67.0	75.0	=E3-SUM(E4:E5)
7	利息收入: 调节科目-现金	3.0%	0.0	1.2	=$C$7*E15
8	利息支出: 调节科目-融资	5.0%	0.0	0.0	=$C$8*E19
9	利息支出:债务	5.0%	9.5	10.0	
10	税前利润		57.5	66.2	
11	税收	30.0%	17.3	19.9	=$C$11*E10
12	净利润		40.3	46.4	=E10-E11
13					
14	资产负债表				
15	调节科目-现金		0.0	41.4	=MAX(E28,0)
16	流动资产		300.0	330.0	
17	长期资产		430.0	445.0	
18	总资产		730.0	816.4	=SUM(E15:E17)
19	调节科目-融资缺口		0.0	0.0	=-MIN(E28,0)
20	债务		190.0	210.0	
21	普通股		60.0	80.0	
22	留存收益		480.0	526.4	=D22+E12
23	负债及股东权益		730.0	816.4	=SUM(E19:E22)
24					
25	平衡检查		0.0	0.0	=E23-E18
26	资产（不含调节科目-现金）			775.0	=SUM(E16:E17)
27	负债及股东权益（不含调节科目-融资）			816.4	=SUM(E20:E22)
28	现金结余/缺口			41.4	=E27-E26

图 7-11　存在循环计算关系的财务报表模型

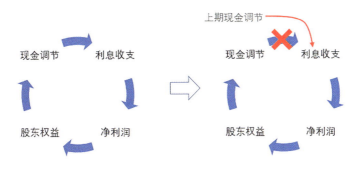

图 7-12　循环逻辑

修改业务逻辑的含义就是将上述循环逻辑替换为不产生循环依赖的计算关系。例如，以上期的现金结余 / 缺口为基础计算本期的利息收支。将 E7 单元格的公式修改为：C7*D15，即利率乘以调节科目－现金（D15 单元格，即上期的现金结余），引用关系如图 7-13 所示。对 E8 单元格的利息支出公式按类似办法修改后，模型内不再包含循环逻辑，Excel 也不再提示循环引用错误。以上过程相当于将图7-12 左侧的原有循环逻辑转变为右侧的无循环逻辑，本期现金调节科目和本期利息开支之间的关系被断开。

	B	C	D	E	F
2	损益表		第0年	第1年	
3	营业收入		200.0	220.0	
4	销货成本		95.0	100.0	
5	管理费用		38.0	45.0	
6	息税前利润		67.0	75.0	=E3-SUM(E4:E5)
7	利息收入:调节科目-现金	3.0%	0.0	0.0	=$C$7*D15
8	利息支出:调节科目-融资	5.0%	0.0	0.0	=$C$8*D19
9	利息支出:债务	5.0%	9.5	10.0	
10	税前利润		57.5	65.0	
11	税收	30.0%	17.3	19.5	=$C$11*E10
12	净利润		40.3	45.5	=E10-E11
13					
14	资产负债表				
15	调节科目-现金		0.0	40.5	=MAX(E28,0)

图 7-13　通过修改业务逻辑解决循环引用问题

数学关系变形

某些较简单的循环逻辑可以通过数学关系变形转换成不包含循环的计算关系。例如，某公司根据净利润提取管理层奖励，计算净利润又需先扣减奖励金额，导致奖金和净利润之间产生循环关系。图 7-14 中，I4 单元格的奖励金额等于净利润（I5

单元格）乘以奖金比例（I3 单元格），而净利润又等于利润（I2 单元格）减奖励金额（I4 单元格），形成循环引用。通过数学关系变形，I7 单元格的奖励金额计算公式变为 I2*I3/(1+I3)，而后正常计算净利润，达到了移除循环关系的目的。

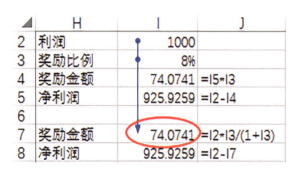

图 7-14　通过数学关系变形解决循环引用问题

强制循环中断

强制循环中断是指将修改产生循环引用的公式，将关键参数或变量引用到不含任何公式的静态单元格，从而打破模型内存在的循环路径。沿用图 7-11 中的财务报表简例，循环路径同样如图 7-15 左侧示意图所示，中断循环的一般做法是将关键变量现金调节复制到一个不含公式的单元格，而后使用该静态单元格的数值计算当期的利息开支，从而断开循环，最后再用各种方法在包含公式的现金调节单元格及其复制单元格之间建立联系，最终目的是让二者相等，过程如图 7-15 的右侧示意图所示。

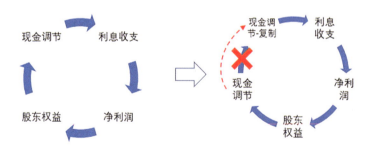

图 7-15　强制循环中断

图 7-16 展示了具体的实施过程。图 7-11 是本例财务报表的初始状态，资产负债表中的自动平衡科目 E15 单元格和 E19 单元格都引用了 E28 单元格中计算的现金调节结果。

❶ 在 E29 单元格内输入任意初始值（图 7-16，#1），本步骤新建一个静态单元格。

❷ 将 E15 单元格的公式修改为 =MAX(E29,0)（#2），公式关联至不含公式的 E29 静态单元格，E29 单元格的现金调节值如为正数代表结余，计入资产方。

❸ 将 E19 单元格的公式修改为 =-MIN(E29,0)（#3），公式同样引用了静态单元格，现金调节值如为负数代表缺口，需通过融资解决，计入负债方。

❹ 以上操作将模型原有的循环路径完全断开，但尚未执行求解。接下来需要让 E29 静态单元格的值和 E28 单元格中的计算结果相同，从而实现和迭代计算相同的效果。方法是将 E28 单元格的计算结果以粘贴值的方式手工复制至 E29 单元格（#4），在自动重算模式下，该操作会引发 E28 单元格计算结果的进一步变化，重复上述粘贴值过程直到 E28 单元格和 E29 单元格的值相同（图 7-16 为粘贴一次后的效果）。

	B	C	D	E	F
2	**损益表**		**第0年**	**第1年**	
3	营业收入		200.0	220.0	
4	销货成本		95.0	100.0	
5	管理费用		38.0	45.0	
6	息税前利润		67.0	75.0	=E3-SUM(E4:E5)
7	利息收入：调节科目-现金	3.0%	0.0	**1.2**	=$C$7*E15
8	利息支出：调节科目-融资	5.0%	0.0	**0.0**	=$C$8*E19
9	利息支出:债务	5.0%	9.5	10.0	
10	税前利润		57.5	66.2	
11	税收	30.0%	17.3	19.9	=$C$11*E10
12	净利润		40.3	46.4	=E10-E11
13					
14	**资产负债表**				
15	调节科目-现金		0.0	② 40.5	=MAX(E29,0)
16	流动资产		300.0	330.0	
17	长期资产		430.0	445.0	
18	总资产		730.0	815.5	=SUM(E15:E17)
19	调节科目-融资缺口		0.0	③ 0.0	=-MIN(E29,0)
20	债务		190.0	210.0	
21	普通股		60.0	80.0	
22	留存收益		480.0	526.4	=D22+E12
23	负债及股东权益		730.0	816.4	=SUM(E19:E22)
24					
25	平衡检查		0.0	0.9	=E23-E18
26	资产（不含调节科目-现金）			775.0	=SUM(E16:E17)
27	负债（不含调节科目-融资）			816.4	=SUM(E20:E22)
28	现金结余/缺口			41.4	④ -E26
29				① **40.50**	

图 7-16 通过强制中断解决循环引用问题

手工粘贴过程可以通过简单的 VBA 代码实现自动化。以下代码使用 Do While/Loop 循环体，在指定迭代次数和收敛误差条件允许范围内，不断将 E28 单元格的值复制到 E29 单元格。

```
Sub CircularBreak()
Dim i, diff, maxIteration, tolerance
i = 0
maxIteration = 100                                  最大迭代计算次数
tolerance = 0.0001                                  收敛误差
diff = Range("E28").Value − Range("E29").Value      计算两个单元格的差值
Do While abs(diff) >= tolerance                     差值大于误差时执行循环
    i = i + 1
    If i <= maxIteration Then                        检查计算次数是否超过设定最大值
        Range("E29 ").Value = Range("E28").Value     将计算结果复制到静态单元格
        Application.Calculate                        执行工作表重算
    Else
        Exit Sub                                     超出最大计算次数，退出循环
    End If
    diff = Range("E28").
     Value − Range("E29").Value                      更新差值供下次循环判断
Loop
End Sub
```

7.3 数据验证

大多数工作表建模都涉及用户交互，而直接输入经常因输入错误、类型不符、参数无效或超出容许范围等引发难以预料的模型失效。借助数据验证工具，可对输入数据施加不同限制条件和规则，从而有效控制各类错误。

选定需进行输入控制的单元格区域，单击"数据"→"数据工具"→"数据验证"即可进行相关设置。Excel 数据验证工具支持以下三类输入控制。

❶ 限制输入数据的类型或值条件：如日期、整数、小数、时间、限定文本长度等（图 7–17，#1）。选定类型后可根据需要进一步设置数据的关系运算（#2）

以及有效区间（#3）等。

❷ 序列（#4）：限定输入数据来自指定序列，以避免输入操作。需进一步提供有效的序列所在来源区域。

❸ 自定义（#5）：使用公式限定允许输入。

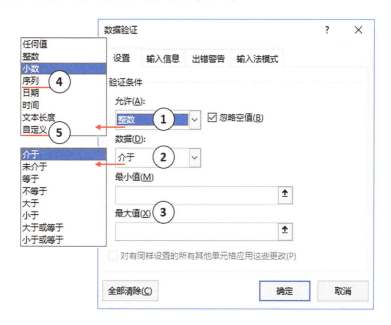

图 7-17　数据验证工具

基于公式的输入控制

本节要点

数据验证公式的三个要点。数据验证公式的基本规则和条件格式化相同。

· **应用场景**

数据验证公式和 3.7 节介绍的条件格式化公式完全相同。要点包括以下三个方面。

❶ 有效的数据校验公式如下。

能够返回 True/False 值的等式及不等式，如"YEAR（……）=2015""WEEKDAY（…,2）=6"。

通过逻辑函数连接的多个表达式组合，如"OR(MONTH（……）=3,MONTH（……）=4)"。

直接返回 True/False 结果的函数，如 ISTEXT、ISNUMBER、ISODD 等。判断结果为真时允许输入，为假时则提示输入受限。

❷ 构造表达式的关键是根据验证需求选择合适的函数 / 公式，将文字表

述的输入限制转换为 Excel 支持的公式函数。例如，"=COUNTIF（$ C $ 6 : $ C $ 11,C6)=1"规定在 C6:C11 区域内不能重复输入。

❸ 验证公式对选定区域内的每个单元格执行运算和判断，公式中如何使用相对引用和绝对引用规则，将直接决定实施效果及是否符合预期。

· 操作实务

图 7-18 给出了几个数据验证公式示例，C3:C4 区域限定只能输入工作日，C6:C11 区域要求不能重复输入数据，C13:C19 区域则规定已输入值的合计不能超过1,000。以非重复输入为例，设置数据验证的步骤介绍如下。

❶ 选定 C6:C11 区域（图 7-18，#1）。

❷ 单击"数据"→"数据工具"→"数据验证"→"数据验证"（#2）。

❸ 在打开的"数据验证"对话框内的"允许"下拉列表内选择"自定义"（#3）。

❹ 输入公式"=COUNTIF($ C $ 6 : $ C $ 11,C6)=1"（#4）。

❺ 单击"确定"按钮完成（#5）。

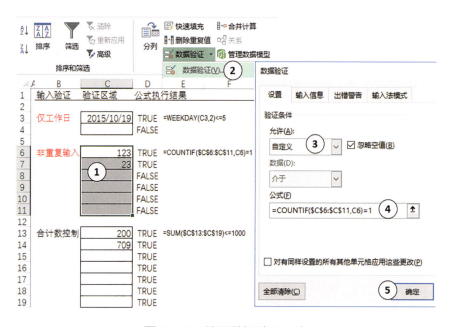

图 7-18　编写数据验证公式

上例中的数据验证公式返回布尔值结果，即当单元格数据在 C6:C11 区域仅出现一次时返回 True，否则返回 False。COUNTIF 函数的第 2 个参数 C6 为相对引用，表明要对所选区域内的每个单元格分别执行相同逻辑的验证。作为对比，图 7-18 的 E 列将数据验证公式直接写在单元格内，结果和数据验证的执行情况完全相同：公式结果为真时，数据可正常输入，否则 Excel 将提示输入和规则不符。

引用不同的序列来源

· 操作实务

除了用于限制输入数据，数据验证工具还可引用序列，直接创建下拉列表以供选择，从而彻底避免输入错误。操作步骤如图 7-19 所示。

❶ 选定验证区域如 C9 单元格（图 7-19，#1）。

❷ 单击"数据"→"数据工具"→"数据验证"→"数据验证"，在对话框内选择"序列"（#2）。

❸ 进一步在"来源"文本框内输入序列来源并单击"确定"按钮退出（#3）。

❹ 设置完成后单击单元格，右侧会出现下拉箭头按钮，单击下拉按钮打开下拉列表，即可选择列表项目（#4）。

图 7-19 同时列出了 Excel 支持的几种类型序列来源。C3 单元格的来源是直接输入逗号分隔的项目列表（USD,EUR,JPY,GBP,AUD），C5 单元格引用工作表 G1:G18 区域，C7 单元格的验证引用了指向相同区域的静态名称 symbol1，C9 单元格则使用动态名称 symbol2 作为来源，动态名称通常使用引用函数定义。

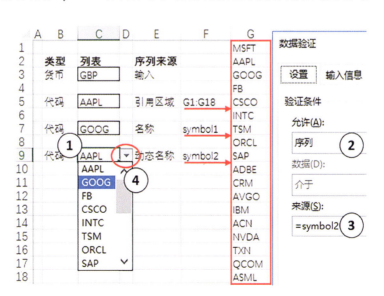

图 7-19 引用不同的序列来源

·总结和拓展

数据验证工具的序列引用在工作表建模中有着广泛使用。例如，工作簿内可能包含多张数据结构完全相同的工作表，所需数据的行列地址已知但工作表不确定，此时将工作表名称设定为序列，然后将用户选择结果用于拼接字符串，即可生成目标区域的引用地址。此外，数据验证序列引用也经常应用于情景计算和图表交互。

情景或方案选择

本节要点

用数据验证工具创建情景或计算方案的下拉列表。使用 CHOOSE 函数选择特定项目。

·应用场景

绝大多数建模应用都涉及情景分析，如增长率、利息率、贴现率等重要输入变量在不同取值情景下的模型运行结果。图 7-20 中的第 4~6 行分别给出对 Y1~Y5 预测期营业收入增长率的三种不同假设情景：保守、基准和乐观。其中，在基准假设情景下，各年度营收增长率均为 5%。这些假设数据将直接影响财务报表建模中的营业收入计算。通过数据验证工具，可以创建不同情景的选择列表，方便用户快速选择、对比不同情景的运行结果。

·操作实务

图 7-20 展示了具体的操作步骤和计算流程。完成数据验证后，选中 C1 单元格，单击右侧的下拉按钮，打开单元格下拉列表，从中可选择所需使用的情景或计算方案。

❶ 在 C1 单元格设置数据验证，引用序列来源为 B4:B6 区域，即三个增长情景的名称。完成设置后，单击右侧的下拉按钮即可打开下拉列表（图 7-20，#1）。

❷ 第 3 行使用 CHOOSE 函数，根据 C1 单元格的选择结果，从位于第 4~6 行的假设数据中读取对应情景的参数，图 7-20 中箭头反映了 H3 单元格的引用关系（#2）。

❸ 将第 3 行返回的增长率参数中转引用至第 10 行，如 H10 单元格的公式为"=H3"（#3），而后进一步用于财务报表模型中的营业收入计算（#4）。

❹ 以上过程完成从切换情景到财务报表更新的动态关联。

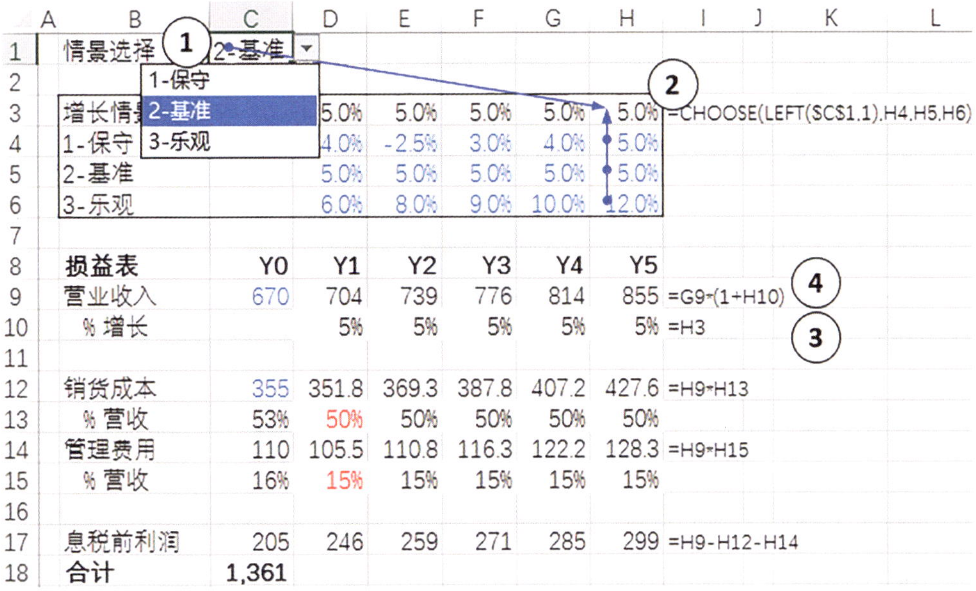

图 7-20 引用不同的序列来源

公式和函数

函数 CHOOSE (index_num,value1,[value2],...) 从给定的项目列表中返回指定的第几个成员。其中，"value1,value2,..."为逐项输入且至少包含一个成员的项目列表。参数 index_num 规定所需返回值在列表中所处的位置或索引号，应为 1~254 的整数。显然，索引号不可超出列表内包含的项目数。例如，从图 7-20 中的 H4、H5、H6 单元格内选择某个情景的参数，对比 CHOOSE 和嵌套 IF 两种公式选择。

- =CHOOSE(LEFT($C$1,1),H4,H5,H6)　LEFT($C$1,1) 从情景名称中提取数字序号
- =IF(LEFT(C1,1)="1",H4,IF(LEFT(C1,1)="2",H5,H6))

下面的公式使用 CHOOSE 函数从给定的日期 userdate 中读取季度数值。

=CHOOSE(MONTH(userdate),1,1,1,2,2,2,3,3,3,4,4,4)

Excel 2019 新增了多重判断函数 IFS(logical_test1, value_if_true1, [logical_test2,value_if_true2]……)，可替代传统的多层嵌套 IF 公式。其中，logical_test 是值为 True 或 False 的逻辑判断，value_if_true 指定判断结果为 True 时的返回值，两

235

第 7 章　常用建模工具

者一般成对出现。IFS 函数最多支持 127 个条件判断。上例的嵌套 IF 公式如使用 IFS 函数可改为：

=IFS(LEFT(C1,1)="1",H4, LEFT(C1,1)="2",H5,TRUE,H6)

- LEFT(C1,1)="1",H4　　情景 =1 时，返回 H4
- LEFT(C1,1)="2",H5　　情景 =2 时，返回 H5
- TRUE,H6　　　　　　其他所有可能（总是为 TRUE），返回 H6

选择绘图系列：整列选择

本节要点

结合动态命名方法，使用数据验证工具选择绘图系列。

· 应用场景

在图表应用中结合数据验证，可实现灵活的交互功能，一定程度上弥补了 Excel 普通图表在交互方面的不足。数据验证在图表中有两种典型应用，首先是较为简单的整列数据选择。

· 操作实务

图 7-21 展示了如何通过数据验证而后使用动态命名，将常规图表系列的静态地址转换为动态地址的过程。

将 C3:D7 区域的绘图数据命名为 data（图 7-21，#1），本步骤虽非必需步骤。但可大大简化后续命名的相关操作。

在 H2 单元格设置数据验证，引用序列来源为位于 C2:E2 区域的列标题（#2）。

在 H3 单元格内使用 MATCH 函数将选中的列标题转换为序号（#3）。

按 Ctrl+F3 快捷键进入名称管理器，打开"新建名称"对话框，在"名称"文本框内输入命名如"plotdata1"（#4），在"引用位置"内使用 INDEX 函数，以 H3 单元格的目标列号为参数，得到所选整列（#5）。例如，在 H2 单元格的下拉列表内选择"销售收入"，则 H3 单元格返回序号 1，INDEX 函数公式将返回 data 区域的第 1 列即 C3:C7 区域，完成操作后确定退出。

选中任意列生成常规柱形图，并选中图表中的绘图系列对象（#6），此时公式编辑栏内出现绘图系列对应的公式。

进入公式编辑状态，完整选中绘图系列数据所在的静态地址 C3:C7 区域（阴影部分），而后直接输入步骤 5 的命名 plotdata1 并按 Enter 键确认，系列公式中的静态地址将被替换为动态名称（#7）。

单击 H2 单元格右侧的下拉按钮，选择需要绘图的系列标题，将依次改变 H3 单元格的返回值（#2 和 #3）、动态名称 plotdata1 所对应的数据区域（#4 和 #5），从而导致图表的绘图系列随之自动更新（#6）。

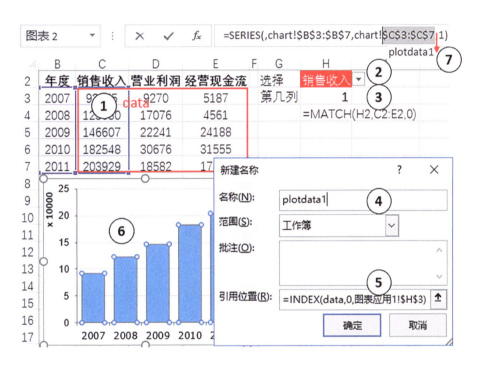

图 7-21 通过数据验证选择绘图系列

公式和函数

本例的关键是从选择的列标题、序号映射至对应的动态地址，引用函数可胜任此类需求。回顾 5.3 节，使用引用函数有多种选择。以图 7-21 中的绘图数据为例，以下公式所返回的数据区域地址完全相同。

· =INDEX(data,0,$H$3)：返回 data 区域的第几列。

· =OFFSET($B$3:$B$7,0,$H$3)：从 B 列开始偏移几列。

· =INDIRECT(" 表 2[" & $H$2 &"]")：无须 H3 单元格的序号转换，直接引用表格的指定列名，假定 B2:E7 区域已被转换成名为 "表 2" 的表格。

选择绘图系列：筛选部分数据

本节要点

结合动态命名方法，使用数据验证工具筛选满足条件的部分数据用于绘图。

·应用场景

基于整列数据的图表交互较为简单，只需在选择列表中切换所需列标题即可。除此之外，另一种常见的图表交互需求是针对特定列的分组操作。例如，某个维度列内包含多个地区，选择其中某一个地区的数据用于绘图、和全部数据点展开对比等，类似需求在数据探索中十分常见，实质上是一种分组操作。结合数据验证和引用函数，实现上述功能并不复杂。

在图 7-22 的气泡图中，横轴、纵轴和气泡大小依次代表 C~E 列的人均 GDP、出生预期寿命和人口规模。其中，淡色气泡是所有国家地区的绘图系列，引用了静态地址，作为不变的背景系列显示在图表中。红色（深色）气泡系列则依赖于 G2 单元格中的所选区域，绘图数据同样来自 C~E 列，但仅展示所选区域如"非洲"的数据行。切换 G2 单元格的区域选择会触发图表中红色气泡系列的自动更新。

·操作实务

本例的设计过程简述如下。

将 A2:E163 区域的绘图数据命名为 life（图 7-22，#1）。同样，本步骤非必需步骤，但有助于简化后续命名。

在 G2 单元格内设置数据验证，引用序列为各区域的名称（#2）。

通过名称管理器新建 3 个名为 life_x、life_y 和 life_z 的动态名称，分别代表气泡图中的 3 项指标。以 life_x 为例，命名公式使用 IF 函数判断 life 区域的首列是否为用户所选区域，是则读取第 3 列的 x 数据，否则返回错误值 NA（#3）。其余两个命名的公式相同，只需修改返回列的序号即可。

选择 C~E 列数据，生成气泡图，默认名为"系列 1"，任意添加一个新的数据系列，或者复制系列 1 以产生新系列。选择新系列后（#4），进入公式编辑状态，按图 7-22 所示顺序将系列公式中引用的静态地址依次替换为 life_x、life_y 和 life_z（#5），按 Enter 键确认。

完成以上操作后，在 G2 单元格的下拉列表中切换区域，引用静态地址的淡色气泡系列始终不变，引用动态名称的深色气泡系列则会自动调整。

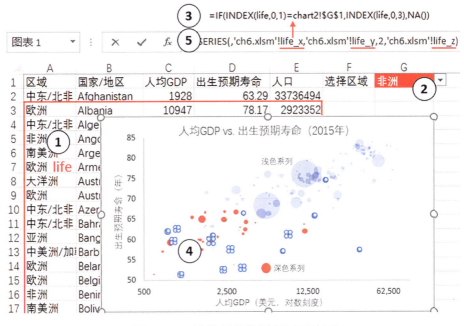

図 7-22　筛选部分数据行用于绘图

7.4 情景分析工具

工作表模型是包含输入和输出的数量模型。单次计算过程使用一个或一组固定的输入变量并得到静态的输出结果。在充满不确定的决策领域，经常需考虑调整变量或参数的取值，继而观察这些变化对模型特定输出结果的影响，为潜在的风险冲击做好应对准备。取决于待评估的输入参数的数量多少，上述过程在实际应用中有着不同的叫法：敏感性分析、情景或方案分析等。

敏感性分析通常针对单个变量，含义是评估输出对输入参数改变的敏感程度。除此之外，一些复杂的建模过程也常使用敏感性分析方法作为稳健性测试工具，以提升模型的容错能力。和敏感性分析侧重于变量的独立影响不同，方案分析则多用于评估多个变量的取值组合对输出结果的联合影响，每一种取值组合都相当于一个情景。

敏感性分析

本节要点

单变量分析可以评估单个输入变量的不同取值对一个或多个输出项目的影响。双变量敏感性分析评估两个输入变量的不同取值对单个输出项的影响。

· 应用场景

以贷款为例，假设贷款额不变，计算不同贷款年限或利率水平下的分期还款金额，这是典型的敏感性分析。在缺乏便利工具的情况下，敏感性分析可通过手工方式完成。例如，修改单元格内的利率水平并记录输出结果、复制产生多个计算过程并在不同模型中使用不同的利率参数等。

Excel 为上述应用提供了便捷的模拟运算表功能[①]，可针对一个或两个输入变量，将现有模型中的变量取值，逐一"替换"成用户事先给定的不同取值并自动执行重算，最后返回和每一个取值相对应的计算或输出结果。以上过程在内存中自动完成，无论原始模型如何复杂，从输入到输出的中间计算过程都不会再重现。

· 操作实务

模拟运算表支持针对单变量或是双变量的敏感性分析，即最多可一次同时评估两个输入变量变动对结果的影响。图 7-23 展示了单变量模拟运算的执行过程。

❶ 第 2~11 行是简单的损益表模型。D4 单元格给出了假设的营业收入增长率，并在 Y1~Y5 预测期内保持不变（图 7-23，#1），模型的其他输入参数包括第 7 行的销货成本占比和第 9 行的管理费用占比，第 11 行为模型的最终计算结果。

❷ 为了计算不同的营收增长率对息税前利润的影响，在 C15:C20 区域内列出每一个待评估的增长率取值（#2）。

❸ 本例需要评估多项输出结果，即不同预测期的息税前利润，因此在 C14 单元格至 H14 单元格内引用原模型的输出结果（#3），即第 11 行的数据，图 7-23 所示箭头反映 D14 单元格的引用关系。

❹ 以步骤 2 组织的参数为首列、步骤 3 的输出数据为首行，选择以此形成的完整数据区域（#4）。

❺ 单击"数据"→"预测"→"模拟分析"→"模拟运算表"。打开的对话框内包含两项引用文本框。本例待评估参数的取值采用纵向排列，因此在"输入引用列的单元格"[②]引用文本框内选择 C 列参数在原模型中的所处位置即 D4 单元格（#5），相当于告诉 Excel，C 列中的不同取值代表的是模型中的哪项变量。本例只有一个列变量，上方的行输入引用文本框留空即可。

❻ 单击"确定"按钮完成（#6），Excel 将返回输出数据表。数据表内每一个

---

① 此处使用界面显示名称。在不同的 Excel 中文版本中，该功能曾以"模拟运算表"和"数据表"两个不同的名字交替出现。严格而言，"数据表"一词更为准确，因为敏感性分析大多和固定的数个取值相关，不涉及真正意义上的"模拟运算"。

② 此处"输入"是指输入参数（Input），而非引用或键入动作，因此正确含义是列输入所在的单元格。

单元格的含义单元格都由对应的首列（输入参数）和首行（输出项目）决定：根据纵向表头提供的参数，按照原模型的公式逻辑，重新计算横向表头所指定的输出项目。例如，D15 单元格根据 C15 单元格的增长率参数，重算由 D14 单元格指定的 Y1 预测期利润。

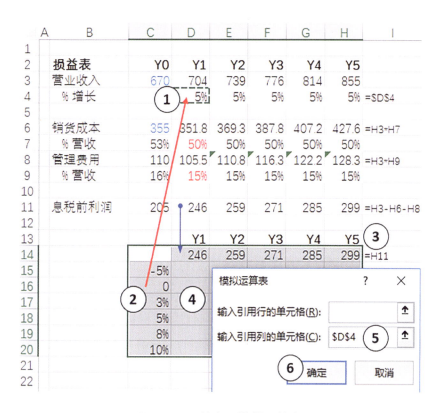

图 7-23　单变量模拟运算表

双变量敏感性分析可以同时评估两个输入参数的不同取值对输出结果的影响，操作过程和单变量分析稍有不同。

❶ 将两个输入参数的不同取值分别在首行和首列内列出，形成二维表交叉布局。

❷ 在表头（左上角单元格）内引用输出项目的计算公式。

❸ 选择包括行列表头在内的完整区域，启动模拟运算表。

❹ 在"模拟运算表"对话框内分别正确设置行输入（首行）和列输入（首列）参数在原始模型中的所处单元格。

对比图 7-23 的步骤可以发现，在双变量敏感性分析中，两个变量的不同取值已分别占据首行和首列位置，输出公式只能位于左上角的表头单元格内，意味着双变量敏感性分析只能评估单个输出项目，如某个预测期的息税前利润。

方案分析

本节要点

方案分析评估多个变量共同变动的联合影响。针对方案名称实施敏感性分析。

· 应用场景

前已说明，方案分析侧重于考虑多个变量共同变动所造成的联合影响。每一个方案或情景包含了一组变量的预定取值组合，如产品价格、销量、成本等参数分别等于某个具体的值。方案分析的意义主要体现在几个方面。首先，前述敏感性分析最多仅支持两个变量。如需涉及更多变量，则一般借助方案分析实现。其次，和单一变量的敏感性分析相比，方案分析侧重于分析几种最可能发生的情景，而非变量的连续变动。第三，方案分析隐含了对多个变量之间的依赖关系的某种假设。这种关系暂时无法被参数化表达为确切的数学关系，通过展示为具体的取值组合，能够在一定程度上体现建模前所掌握的主题知识或经验判断。

Excel 虽然提供了方案管理器工具（单击"数据"→"预测"→"模拟分析"），但界面操作不便且存在较多限制，本节主要介绍如何使用模拟运算表开展方案分析。顾名思义，方案分析针对的方案而非单个变量。使用模拟运算表执行方案分析一般借助 CHOOSE 等查找函数，将具体的变量纳入方案的框架之内。

· 操作实务

图 7-24 沿用图 7-20 对应的案例，演示方案分析的具体操作过程。

❶ 图 7-24 的第 1~17 行是由情景驱动的简单损益表模型。模型共制定了保守、基准和乐观等 3 个方案，每个情景包含 5 项不同的输入参数，分别对应 5 个预测期营业收入的增长率。模型根据 C1 单元格的方案选择，读取相应的增长率参数（图7-24，#1）。具体过程在 7.3 节已详细介绍。

❷ 为评估不同方案下的运行结果，在 C20:C22 区域内列出每一个方案的名称（#2）。

❸ 在 D19 单元格至 H19 单元格内引用原模型的输出项目，即 5 个预测期的息税前利润（#3），图 7-24 所示箭头反映了 H19 单元格的引用关系。

❹ 和图 7-23 的单变量敏感性分析相似，选择包含步骤 2 和步骤 3 所组织数据在内的完整区域（#4）。

❺ 单击"数据"→"预测"→"模拟分析"→"模拟运算表"。在打开的对

话框的"输入引用列的单元格"引用文本框内选择 C 列中的情景参数在原模型中的所处位置即 C1 单元格（#5），上方的行输入引用文本框留空。

❻ 单击"确定"按钮完成（#6），Excel 将返回输出数据表。

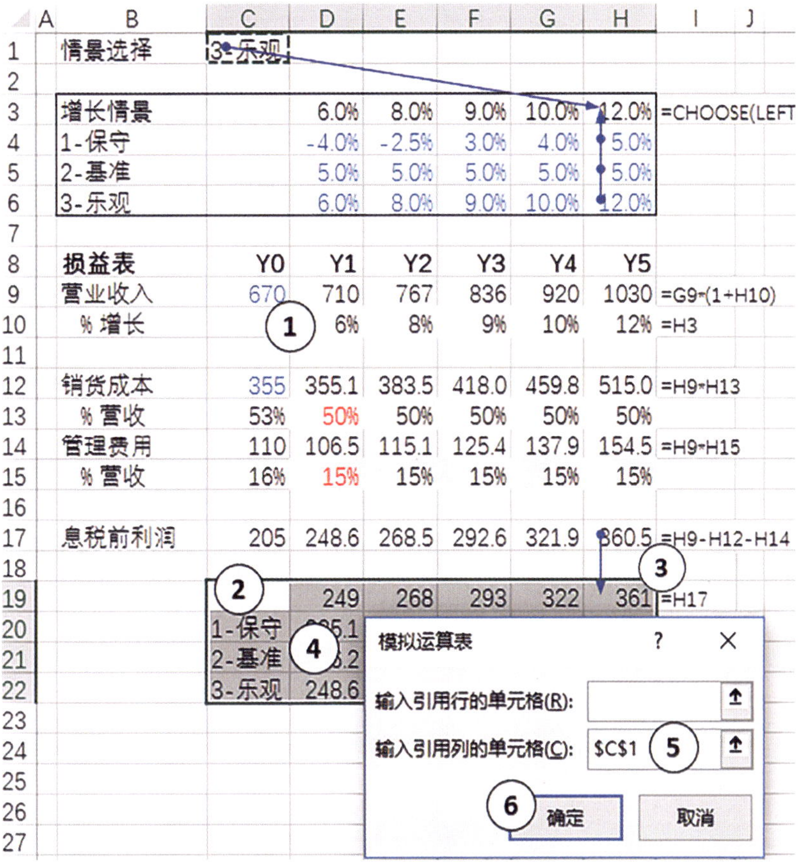

图 7-24 使用模拟运算表开展方案分析

· **总结和拓展**

显然，使用模拟运算表展开方案分析的关键是，在模型中设置好独立的方案参数区，为每个方案制定好名称或序号，然后通过数据验证或其他方法进行方案选择，根据所选结果，再使用 CHOOSE 或其他查找函数从参数区内读取对应的参数，最后应用于模型计算。切换方案即导致参数自动更新。由此，方案分析就转换成针对方案名称或编号的敏感性分析。

VBA

敏感性分析的逻辑十分简单：逐个替换参数、重算并记录结果，这一过程也可借助简单的 VBA 代码实现。以下代码使用 For/Next 循环，将给定参数取值逐个替换模型输入。由于包含多项输出结果，本例使用了双层嵌套循环。

```
With Worksheets("scenarios")
For i = 1 To 3                              3 个方案
.Range("C1") = i                           替换参数
Application.Calculate                       执行重算
For j = 1 To 5                             逐一复制 5 个输出项
    .Range("C24").Offset(i, j) =.Range("C17").Offset(0, j)
Next j                                      下一个输出项
Next i                                      下一个方案
End With
```

其他要点

从图 7-23 可以看出，模拟运算表能够直接计算出输入参数取不同值的输出结果，完全省略了原模型中从输入到输出、从 C1 单元格到第 17 行的全部中间计算过程。除了敏感性分析和方案分析，模拟运算表还可以用于模型错误检查和压力测试，甚至作为计算工具使用。模拟运算表的其他使用要点和注意事项如下。

❶ 使用模拟运算表的前提条件是存在有效的原始模型，即待评估输入和输出之间存在公式连接。显然，中间计算过程越复杂、引用链条越长，则模拟运算表的计算效率越显著。

❷ 模拟运算表返回的数据区域使用花括号标识，无法编辑或删除其中的部分单元格，否则 Excel 将提示"无法只更改模拟运算表的一部分"。如需删除，应先行选中全部数据后按 Delete 键（参考 6.2 节）。

❸ 模拟运算表采用数组运算，在较大型的模型中会加重计算负荷。为避免各类工作表事件反复触发模拟运算表的重算，可在计算选项内设置工作簿计算模式为"除模拟运算外，自动重算"，规定工作表在自动重算时将模拟运算表排除在外。在需要更新模拟运算表时，再以手动方式按 F9 键重算（3.8 节）。

❹ 模拟运算表无法引用来自其他工作表的行列输入参数，否则将提示"引用单元格无效"错误。多数情况下，这一限制意味着运算表和模型需要放置于同一工作表内。解决办法之一是，将输入变量的位置迁移至模拟运算表所在的工作表内，然后在模型工作表内转引该输入变量。

7.5 表单控件

用户交互是电子表格应用的常见需求。除了使用 VBA 设计复杂和专用的窗体界面，工作表本身也可融合便捷、多样化的交互功能，而不局限于在单元格内输入和编辑数据。例如，7.3 节的数据验证就提供了某种形式的下拉列表功能。此类交互功能一般通过控件实现，Excel 为工作表交互及 VBA 窗体界面设计提供了多种常用控件，这些控件分属于两个不同的类别：表单控件和 ActiveX 控件[①]。

表单控件简介

本节要点

表单控件和 ActiveX 控件的区别。在工作表内插入表单控件。

· 应用场景

表单控件是与早期 Excel 版本兼容的控件，可在工作表或 XLM 宏表中使用。表单控件无须任何代码就可实现单元格引用和交互。表单控件可运行宏代码，但不能在 VBA 窗体中使用。ActiveX 控件则既可在工作表中使用，也可以在 VBA 窗体中使用，支持更复杂的属性设置和响应事件。相对而言，表单控件不需要编写代码，可满足大多数工作表应用需求，更为简单易用。表 7-1 列出了 Excel 表单控件的名称和示例。

表 7-1　表单控件列表

图标	名称	示例	说明
☐	按钮 Button	点击	在用户单击时运行指定代码
▥	组合框 Combo box	SAP ▼ ORCL ⌃ SAP ADBE CRM AVGO	文本框和列表框的组合。通过单击下拉按钮打开列表项目

---

① 事实上，除了这些内置控件，图片、自定义形状、SmartArt 图形等都可以转变为用户控件。

图标	名称	示例	说明
☑	复选框 Check box	☑电子 ☐建筑材料 ☑食品 ☐公用事业	选择或取消选择项目，复选框允许多项选择
⬍	数值调节按钮 Spin button	▲ ▼	单击上下箭头可调整数值大小，用于控制单元格内的数字、时间或日期等
☷	列表框 List box	MSFT AAPL GOOG FB	列出供选择的项目清单，支持单选、连续复选或非连续复选等多种类型
◉	单选按钮 Option button	○单选项目1 ○单选项目2	从一组互斥选项中进行单选
⬒	滚动条 Scroll bar	‹ ▐ ›	通过单击箭头或拖动滚动条调整数值
Aa	文本标签 Label	标签 18	显示文字和其他辅助说明，一般和其他控件或形状结合使用
XYZ	分组框 Group box	选择 ○单选项目1 ○单选项目2	带文字标签的长方形框架，通常用于单选按钮、复选框等关联控件的分组

· **操作实务**

本节后文将结合具体应用，介绍几种常用的表单控件。在工作表内插入控件的方法和插入文本框等自定义形状的过程类似，操作步骤如下。

❶ 依次单击"开发工具"→"控件"→"插入"（图 7-25，#1）。

❷ 在打开的下拉菜单内单击所需控件（#2）。

❸ 此时光标变成十字形状，在需放置控件的位置按住鼠标左键并开始拖动（#3）。

❹ Excel 将跟随鼠标动作，同步显示代表目标大小的长方形，拖动至大小合适的位置后释放鼠标（#4）。

❺ 以上操作在工作表内"绘制"出控件对象，Excel 将在指定位置显示所选控件（#5）。

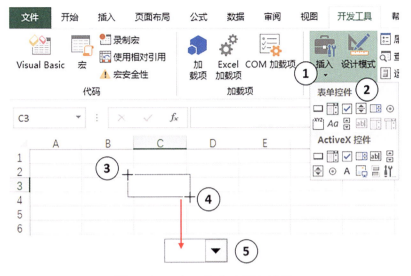

图 7-25　在工作表中插入控件

　　插入表单控件后，在正常使用之前，需要首先在控件和单元格之间建立联系机制。例如，控件可能需要接收来自单元格区域的数据或将用户操作结果返回给工作表等。此类设置可通过单击鼠标右键表单控件并单击打开的快捷菜单中的"设置控件格式"，然后在打开的对话框的"控制"选项卡中进行操作。对于 ActiveX 控件，则需单击快捷菜单中的"属性"进入设置界面。

组合框

·应用场景

　　组合框一般用于从下拉列表中选择一个项目，并显示当前选择。组合框有两项重要设置：数据源区域和单元格链接。前者是组合框显示列表的数据来源，后者是组合框选择结果的输出地址。表单控件组合框返回的是选定项目的索引号，即在选定列表中的某个项目后，控件将返回其序号值而非项目名称至指定单元格，该序号可进一步在其他公式和函数内使用。

·操作实务

　　图 7-26 是组合框的具体设置步骤，同时展示了组合框和数据验证的差别。

❶ 对 B5 单元格使用数据验证，引用序列来源为 price 工作表 A2:A23 区域内的股票代码，直接在单元格内使用数据验证，无须再返回值（图 7-26，#1）。

❷ 在 B7 单元格位置插入组合框表单控件（#2）。

❸ 单击鼠标右键组合框，打开快捷菜单，单击"设置控件格式"（#3）。

❹ 在"设置控件格式"对话框内切换到"控制"选项卡（#4）。

❺ 在"数据源区域"引用文本框内引用列表项目的来源（#5）。

❻ 在"单元格链接"引用文本框内指定输出单元格即 C7 单元格（#6）。

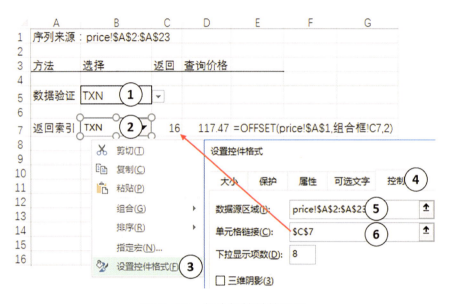

图 7-26　组合框控件的设置

组合框控件返回的项目索引号可进一步在其他公式/函数中使用，无须再使用 MATCH 函数进行转换。例如，图 7-26 中 C7 单元格的返回值为 16，代表所选股票位于数据源区域的第 16 行，因此在 D7 单元格使用 OFFSET 函数，直接以该序号为偏移参数，在 price 工作表内，从 A1 单元格开始偏移 16 行，得到查询结果。

复选框

复选框不需要数据源。在条件格式化中使用复选框。

· 应用场景

复选框用于开启或关闭某种选择，最适用于"是否"选项的切换。复选框控件包括已选择（True）、未选择（False）以及混合型（NA，未选择）等三种状态，因此无须数据输入源，只需设定当前所选状态的输出链接即可。以 3.7 节基于公式的条件格式化为例，默认情况下，条件格式化中的规则在定义完成后会立即生效。为增强灵活性和用户控制，可添加复选框控件作为额外的控制条件，只有在明确选中状态下才开启条件格式化。

· 操作实务

在图 7-27 中，进行如下操作。

❶ 在适当位置插入复选框控件（图 7-27，#1）。

❷ 单击鼠标右键复选框，单击打开的快捷菜单中的"设置控件格式"，在"设置控件格式"对话框内切换到"控制"选项卡（#2）。

❸ 将复选框的状态值关联至 L5 单元格（#3）。

❹ 单击"开始"→"条件格式"→"管理规则"，编辑原有的条件格式化规则，在 AND 公式的最后添加新的逻辑条件即 L5 单元格的返回值为真，代表复选框被选中，该条件表达式可直接简化为 L5（#4）。

❺ 修改完成后，选中、取消选中复选框，可观察到条件格式仅在复选框选中时才会生效，未被选中时不起作用，从而实现增强控制的目的（#5）。

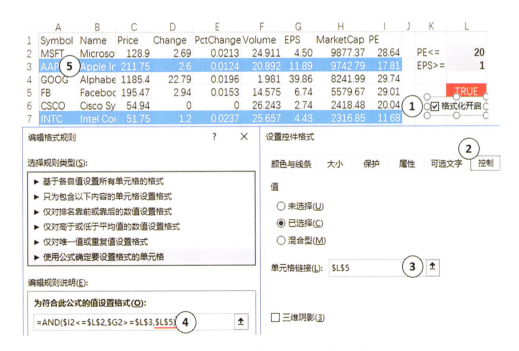

图 7-27　在条件格式化中使用复选框

数值调节按钮

数值调节按钮的主要属性。将数值调节按钮的整数步长转换为小数。

·应用场景

数值调节按钮多用于数字、日期和时间等数值微调，单击控件中的微调按钮，可调节目标单元格的值。数值调节按钮的设置属性包括：最小值、最大值、步长（单击的变动幅度）以及当前值的输出链接。

·操作实务

图 7-28 展示了如何使用数值调节按钮，对管理费用占营业收入比重参数进行微调。

❶ 在适当位置插入数值调节按钮控件，一般情况下放在所需调节的目标单元格的附近，本例目标为 D10 单元格（图 7-28，#1）。

❷ 单击鼠标右键控件，单击打开的快捷菜单中的"设置控件格式"，在"设置控件格式"对话框内切换到"控制"选项卡（#2）。

❸ 设置最小值、最大值和步长（#3）。

❹ 将当前选定值关联至 C10 单元格（#4）。

❺ 链接至 C10 单元格而非目标单元格 D10 的原因是，数值调节按钮的步长只允许为整数，而目标单元格需要按 1% 微调，因此需要对控件的返回值进行转换。目标单元格 D10 使用公式"=C10/100"将返回的整数转变为符合精度需要的小数（#5）。

❻ 完成以上设置后，可单击数值调节按钮，改变 C10 单元格的值，并观察 D10 单元格内的模型参数变动。

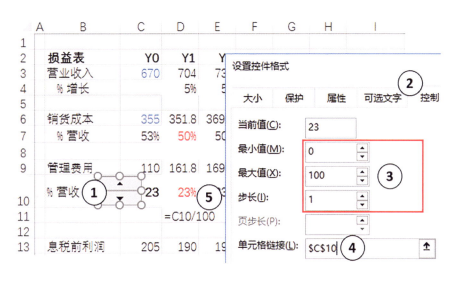

图 7-28　使用数值调节按钮

单选按钮

本节要点

在选项较少的情况下，单选按钮可替代下拉列表。单选按钮返回选中项目的索引号。

·应用场景

单选按钮为每一个选项创建一个按钮，单击某一按钮代表选中该项目，组内其他单选按钮的状态同时变更为未选中。和复选框不同，单选按钮的输出项是选中单选按钮的索引号。以之前的方案选择为例，除了在单元格内使用数据验证以外，也可以使用组合框或单选按钮产生供用户选择的列表或者选项。

·操作实务

以单选按钮为例，在图 7-29 中进行如下操作。

❶ 在适当位置插入 3 个单选按钮，分别将控件显示文字更改为保守、基准和乐观，代表 3 个可选方案。选中 3 个单选按钮（按住 Ctrl 键单击鼠标右键逐个多选或按 F5 键并单击"定位条件"→"对象"），分别进行对齐和组合操作。对齐操作可在选中多个对象后，依序单击"格式"→"排列"→"对齐"→"顶端对齐"，组合操作可在快捷菜单内单击"组合"→"组合"。以上操作并非必需的，

对齐操作是为了显示美观，组合操作则便于整体移动。完成后的效果如图 7-29 所示（图 7-29，#1）。

❷ 选择组合内任一控件，单击鼠标右键，打开快捷菜单并单击"设置控件格式"，在"设置控件格式"对话框内切换到"控制"选项卡（#2）。

❸ 将单选按钮的当前选定值关联至 C3 单元格（#3）。完成该操作后，所有单选按钮的单元格链接都会被同步更改，无须逐个设定。

❹ 确保模型依据 C3 单元格的返回值执行判断及后续计算。切换单选按钮的选择会改变 C3 单元格的返回值，从而改变模型的计算结果。

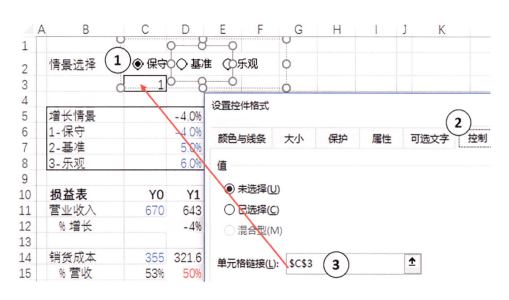

图 7-29　使用单选按钮

7.6 复盘与思考

本章介绍在 Excel 建模应用较常用的部分工具。工作表建模借助公式和函数，将变量间的数量关系转变为单元格之间的链接。公式不透明及较长的引用链条导致多数建模应用都存在公式审核需求，7.1 节介绍与此有关的主要工具和策略。循环引用会导致模型可靠性下降，成因则既可能是公式错误，也可能来自建模逻辑，7.2 节提供了解决循环引用的主要办法。建模是从输入到输出的流程，情景分析工具广泛应用于评估输出对输入的敏感性、不同情景下的模型运行结果，也是一种简单易用的风险分析工具。多数工作表应用离不开用户交互，7.3 节和 7.5 节围绕该主题，详细介绍了数据验证的不同使用场景及常用表单控件的特性。结合返回值以及灵活多变的引用函数，数据验证和表单控件可应用于图表交互，如选择整列数据、筛选部分数据行产生绘图系列等。

第 **4** 篇

统计分析、优化及模拟

本篇共含 3 章。

第 8 章围绕统计分析和预测，介绍如何使用 Excel 的函数和工具资源，开展常用的统计分析和时间序列预测。第 9 章介绍 Excel 的求解工具，这些工具常用于根据给定目标和限制条件，求解决策变量值的决策分析应用。第 10 章着眼于不确定的商业和金融环境，介绍如何在 Excel 工作表中进行随机模拟和风险分析。

第 8 章　最常见的分析方法

计算与统计分析是电子表格最常见的工作任务，这些任务大致涉及两个层面。首先是和具体应用领域相关的专业计算。以财务金融领域为例，Excel 电子表格内置众多函数可直接用于特定的财务金融问题计算。其次，分析师还经常需开展各类统计和计量分析，从历史数据中寻找特征、规律和关联。本章侧重围绕后一层面，针对基本的数据统计分析应用，介绍 Excel 所提供的多样化选择，包括部分数学和统计函数、界面分析工具、快捷方式等。

8.1 描述统计

描述统计是针对给定数据集（样本或总体）的汇总统计信息，主要作用是简要展现数据集的基本特征，而非解释或推测。描述统计通常被分解为两大类别：集中趋势和离中趋势。集中趋势侧重于衡量数据的某种"中心"，常用指标包括平均值、中位数和众数等。离中趋势则衡量数据的分散或变异程度，常见指标包括极差、标准差、方差、偏度和峰度等。实际应用中常使用图形、表格或文字描述等形式传达以上两类描述统计信息。

平均值和中位数

> **本节要点**
>
> 平均值和中位数的区别和适用情景。主要函数包括 AVERAGE、MEDIAN 和 MODE。

· **应用场景**

集中趋势描述数据分布的中心位置，并将该单一值作为数据集成员的典型代表。平均值和中位数是使用最多的集中趋势指标，两者对"中心"有着不同的阐释，这种不同决定了实际应用中存在的众多差异。

平均值是样本值或是重量的中心。表面上看，平均值通过等权计算产生。例如 $\frac{1}{5}a_1 + \frac{1}{5}a_2 + \frac{1}{5}a_3 + \frac{1}{5}a_4 + \frac{1}{5}a_5$ ，计算 a_1 至 a_5 五个数字的平均值，每个数字的权重均为五分之一。但只需把公式中的权重和数值调换位置，将 a_1 至 a_5 视为权重，就可以看出，每个数据点对平均值的贡献完全不同，越大的数字拥有的"权重"越高。中位数则是样本位置的中心，通过排位而非计算产生，每个观测值在此过程都拥有一个完全平等的位置。假设 a_1 至 a_5 有序排列，中位数为 a_3，只要排位不变，无论其他 4 个数字如何变化，中位数都保持不变。

平均值是一项聚合指标，所有观测值对平均值的偏离合计总是为 0，通过平均值可以很容易求得合计数。中位数则传达了一种"可能性"信息，即分别有一半的观测值高于或低于中位数。以人均收入为例，平均值指标能够代表整体生活水平的高低，但未必能反映获得该收入水平的可能性。

平均值和中位数的差异还体现在可靠性、稳健性等方面。平均值是大多数统计推断的基础，计算过程需要用到样本中的每一个观测值，中位数却非如此。这一差别意味着，一方面，平均值指标在一般情况下相对来说更可靠、更适合反映样本的中心位置。另一方面，平均值也比中位数更容易受到异常值的影响。例如，将样本极值放大数倍，会导致平均值的显著变化，而中位数则不受影响。

实际应用中，选择何种指标衡量数据集的集中趋势，通常需对数据的背景、分布情况等有所了解。一般来说，仅就衡量中心位置而言，在样本分布趋于对称的情况下，平均值指标更可靠。但如存在显著异常值或者样本分布有明显偏度，则应该选择更稳健的中位指标。例如，由于存在上下界且一般呈对称分布，考试成绩通常更适合使用平均值。相反情况下，收入水平的分布则因为左侧存在下限，右侧则无上界，导致分布曲线经常向右侧倾斜。

公式和函数

Excel 分别使用 AVERAGE 和 MEDIAN 函数求平均值和中位数。输入参数既可以引用单元格或区域，也可直接提供最多达 255 个数字。函数使用要点如下。

- 输入参数中的文本、逻辑值和空值会被忽略，函数执行正常计算。
- 输入参数如包含 NA 等各类错误值，函数将返回错误。因此如果引用区域包含任何错误单元格，应先行处理或在函数中嵌套 IFERROR 等错误捕捉函数。
- 函数 MEDIAN 的返回值和输入值的数量有关。输入值数量如为奇数，则返回中间值；如为偶数，则返回中间两个数的平均值。

众数计算可使用函数 MODE.SNG1、MODE.MU1T 以及兼容函数 MODE。区别在于：MODE.SNG1 适用于单峰分布，返回单个众数；MODE.MU1T 则以纵向数组形式返回多个众数，为数组函数。

· 操作实务

金融市场的数据经常存在长尾现象。以上市公司市值为例，图 8-1 中的 B:E 列依次为公司家数、平均市值、中位市值以及平均值相当于中位数的倍数。可以看出，28 个行业的平均市值全都大于中位市值，食品饮料和家用电器的倍数甚至超过 5，反映市值分布普遍偏右。由于上述性质，在计算此类行业指标时，无论使用简单平均法或是整体平均法，都很容易受到异常值的影响。

	A	B	C	D	E	F
1	行业	计数	平均市值	中位市值	均值/中位	
2	食品饮料	95	416.14	69.18	6.02	=C2/D2
3	家用电器	58	211.84	42.05	5.04	
4	采掘	66	262.34	62.17	4.22	
5	农林牧渔	84	152.87	42.40	3.61	
6	休闲服务	33	99.07	28.26	3.51	
7	银行	36	1911.76	658.26	2.90	
8	房地产	132	155.22	57.64	2.69	
9	建筑材料	67	123.13	46.62	2.64	
10	电子	242	168.28	64.03	2.63	
26	国防军工	67	155.69	86.29	1.80	
27	轻工制造	129	59.93	37.62	1.59	
28	钢铁	31	195.29	134.09	1.46	
29	纺织服装	83	48.23	35.10	1.37	

图 8-1　28 个行业上市公司的平均市值和中位市值对比

全距和百分位

本节要点

全距和百分位的概念。箱线图的含义。百分位和排名函数的计算逻辑。

· 应用场景

集中趋势抹去了数据的一切变动，不反映数据的具体分布，相同中心值的背后可能是完全不同的分布。和集中趋势相对应的是离中趋势。离中趋势衡量观测值的变异，可用于进一步描述数据集的形状及分散程度。常用的离中趋势指标包括间距、偏差、方差和标准差等。

全距是反映数据分布范围的最简单指标，计算方法是最大值减最小值。全距指标的价值和数据集的特点及分析角度有关。例如，在观测值较多且数据堆簇的情况下，全距能够快速反映样本的分散程度。此外，从风险管理的角度，最大值和最小值也有重要意义。但是，全距只考虑最大、最小两个数据点，在观测值分散或存在离群值的情况下，可靠性较低。

百分位指标反映观测值的相对位置。假设某一特定比例的样本成员值等于或低于某个特定的观测值，则称该观测值为与上述给定比例对应的百分位值（Percentile，通常表示为字母 P），该特定比例又被称为该观测值所对应的百分位排名（Percentile Rank）。例如，第 20 百分位值（简称 P20）的含义是有 20% 的观测值等于或低于该值。反过来，对这一具体数值而言，20% 即为其百分位排名。

著名的箱线图（Box and Whisker plot，Boxplot）常被用于展示数据集的集中趋势和离中趋势。箱线图可绘制在垂直或水平方向，图 8-2 给出了针对两个不同数据集的横向箱线图。可以发现，由于最大值和最小值相同，两个数据集的全距完全相等，分布情况则存在显著差异。箱线图的典型特征如下。

❶ 中间的柱形箱体部分展示从第 1 四分位（Q1，25% 百分位或 P25）到第 3 四分位（Q3，P75）的中间一半数据的分布区域。

❷ 从箱体边缘即 Q1 和 Q3 位置，分别向两侧画线，并延伸至最小值和最大值位置。线条的长短可反映数据集中前四分之一数据（Q3 和最大值之间）和后四分之一数据（最小值和 Q1 之间）的分散度。

❸ 实际应用中，为消除极端值的影响，有时会对箱线图的结构稍做调整。例如，绘图区间将离群值排除在外，或改用其他更稳健的间距指标，如将最大值和最小值分别用 P90 和 P10 代替等。

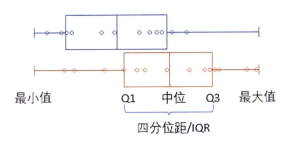

图 8-2　箱线图

· 操作实务

无论是 Q1 四分位（P25）、Q3 四分位（P75）、中位数（P50）等通用指标，还是任何其他自定义的分位数如 P10、P90，都涉及百分位的计算。Excel 分别使用 PERCENTRANK 和 PERCENTILE 函数计算百分位排名和百分位值，两个函数分别包含两种变形以及一个早期版本的兼容函数。图 8-3 中，A:B 列是 2010—2018 年间银行股板块的每日市盈率数据，D:I 列展示了以上函数的计算公式和返回结果。

❶ D2 单元格计算样本规模（图 8-3，#1）。

❷ D3:D5 区域分别使用 PERCENTRANK.INC、PERCENTRANK.EXC 及兼容函数 PERCENTRANK 计算 2018 年 4 月 4 日银行股市盈率（B2 单元格）在给定历史期间的百分位排名。结果显示，在给定期间内，大约有 64% 的时候银行股市盈率低于 7.14 倍。可以看出 D3 单元格的 PERCENTRANK.INC 等价于 D5 的兼容函数 PERCENTRANK（#2）。

❸ 为了对比在不同百分位值下，使用以上函数的计算结果，D9 单元格至 D15 单元格给出不同的百分位排名参数（#3）。

❹ E:G 列分别使用 PERCENTILE.INC、PERCENTILE.EXC 以及兼容函数 PERCENTILE 计算给定百分位所对应的值（#4）。各列第一个单元格的公式详见 E17 单元格至 E19 单元格（#5）。

❺ 计算结果显示，不同函数的结果大致相似。例如，第 10 行的 P90 值都在 9.9 左右，说明银行股市盈率大多数时候都低于 9.9 倍。但在 P0 和 P100 处，PERCENTILE.EXC 函数返回计算错误。另外，E 列和 G 列的计算结果完全相同，表明 PERCENTILE.INC 等价于兼容函数 PERCENTILE。

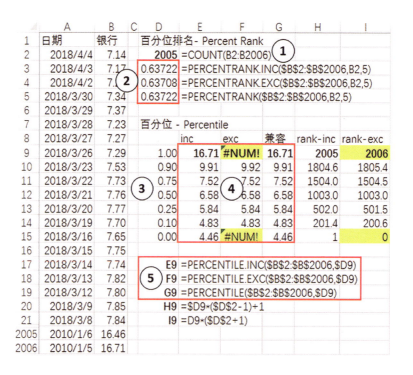

图 8-3　计算百分位排名和百分位值

公式和函数

PERCENTRANK 函数的语法形式为 (array,x,[significance])，3 个参数分别代表数组或引用区域、需评估的数值以及返回值的有效数字位数。百分位排名的计算包括两个关键步骤：将绝对排位转换为相对排位以及线性插值。首先统计 array 中比 x 小的元素数量 n，然后将该计数或排位除以 array 的成员总数 $N-1$，即 $n/(N-1)$。如果 x 值不是 array 的成员，则对相邻元素的百分位排名进行插值。例如：

PERCENTRANK.INC ({−3,0,2,3,5,8},5) =4/(6−1)=0.8   4 个元素小于 5，$N=6$

PERCENTRANK.INC ({−3,0,2,3,5,8},3) =3/(6−1)=0.6   3 个元素小于 3，$N=6$

PERCENTRANK.INC ({−3,0,2,3,5,8},3.3) =0.6+(3.3−3)/(5−3)×(0.8−0.6)=0.63   3.3 不在给定数组之内，对相邻元素 3 和元素 5 的百分位排名进行线性插值。

PERCENTRANK.EXC 的区别在于排位转换公式为 $(n+1)/(N+1)$，线性插值方法相同。因此：

PERCENTRANK.EXC ({−3,0,2,3,5,8},5) =5/(6+1)=0.714   4 个元素小于 5，$N=6$

PERCENTRANK.EXC ({−3,0,2,3,5,8},3) =4/(6+1)=0.571   3 个元素小于 3，$N=6$

PERCENTRANK.EXC ({−3,0,2,3,5,8},3.3) =0.571+(3.3−3)/(5−3)×(0.714−0.571)=0.592

公式和函数

PERCENTILE 函数的语法为 (array, k)，其中：

- k 必须为数值，否则函数返回错误；
- 对于 PERCENTILE.INC 函数，k 必须介于 0 和 1 之间，包括 0 和 1；
- 对于 PERCENTILE.EXC 函数，k 必须介于 0 和 1 之间，但不含 0 和 1。

计算过程同样包括两个关键步骤：将相对排位转换为绝对排位以及线性插值。首先将样本按从低到高的顺序排位，得到 1 到 N 整数，然后将输入的百分位 k 按一定公式转换为绝对排位。如果计算出的排位为整数，则直接取该排位在样本中所对应的数值，如果非整数，则进一步使用相邻的整数排位的对应值进行线性插值。例如，返回值为 1 804.6，则找到排位为 1 804 和 1 805 的值，再通过线性插值得到结果。

PERCENTILE.INC 和 PERCENTILE.EXC 的区别在于排位转换公式不同，分别为 $k(N-1)+1$ 和 $k(N+1)$。在图 8-3 中，H 列和 I 列分别使用上述公式计算绝对排位。可以看出，在 $k=0$（D15 单元格）和 $k=1$（D9 单元格）时二者出现重大差异。H9 单元格和 H15 单元格的 PERCENTILE.INC 公式计算正常，I9 单元格和 I15 单元格的 PERCENTILE.EXC 公式则分别返回排位 2.006 和 0，超出样本的有效排位范围，这也是 PERCENTILE.INC 能够计算所有 0~1 的 k 值输入，而 PERCENTILE.EXC 在 F9 单元格和 F15 单元格返回计算错误的原因。

PERCENTILE.EXC 的计算更精确，但无法处理 0 和 1 参数，因此对于小样本数据，应使用 PERCENTILE.INC 函数。严格而言，由于无法进行插值处理，PERCENTILE.EXC 函数不接受小于 $1/(N+1)$ 以及大于 $N/(N+1)$ 的 k 值输入。

方差和标准差

> **本节要点**
>
> 方差和标准差的基本概念和计算。标准差和波动率。指数加权移动平均值。

· 应用场景

间距指标忽略了许多重要的数据信息，无法在样本和总体之间对比，进而无法开展统计推断。更精确的变异指标需要考虑每一个观测值及其平均值的差异。

偏差衡量各数据点对其算术平均值的偏离值，平均绝对偏差是对该偏差的绝对值求平均，公式为 $\frac{\sum|x-\bar{x}|}{n}$，其中 $\bar{x}$ 为平均值。偏差平方和则指对偏差的平方求和，即 $\sum(x-\bar{x})^2$。根据最小二乘原则，平均值是使偏差平方和最小化的数，含义是数据点与其平均值的偏差平方和小于与任何其他数值的偏差平方和。平方运算导致数据点越偏离均值，对数据变异的贡献也越大。在 Excel 中，平均偏差和偏差平方和可分别通过函数 AVEDEV 和 DEVSQ 计算。

一般情况下，样本越大，偏差平方和也越大。方差将偏差平方和除以观测值数量，以剔除样本规模的影响，使不同大小的样本之间也可进行比较。方差的主要问题和度量有关，经平方处理后，方差的单位变成原数据单位的平方，如平方元、平方年，不易理解和对比。为此，将方差开方，得到最常用的离中趋势指标：标准差。标准差返回与平均值相同的初始计量单位，可结合平均值对数据的变异程度做出快速判断。另外，标准差具有丰富的统计含义，广泛用于统计推断。例如，对于正态分布，大约 68% 的数据点位于平均值的 1 倍标准差范围内。标准差还可以转换成标准分数，方便对不同数据点甚至不同样本的对比。

从统计学角度，标准差衡量观测值对其平均值的偏离幅度。在金融领域，标准差常被称为波动率。无论是股票、债券、基金，还是贵金属市场，标准差概念都广泛应用于量化风险、评估资产表现、计算风险补偿和要求回报、估算潜在损失等。例如，一只股票每日回报的标准差越大，通常意味着波动风险也越大。透过标准差指标，可直接对比来自不同区域、不同市场类别、不同货币，甚至绝对价格差异悬殊的金融资产的风险高低。基金的波动率通常低于股票，在各自所属类别中，小盘股和高收益债券的波动率通常较高，蓝筹股的波动率则一般较低。不同风险偏好的投资者可据此动态调整投资选择。

·操作实务

图 8-4 的 B 列和 C 列是上证综指及对数回报数据，F 列展示了如何使用相关函数计算日回报的方差和标准差，所使用的公式位于 G 列。

波动率计算首先涉及样本观测期的选择问题。更多的数据通常意味着更高的精确度，但波动率往往随时间改变，早期数据对于预测未来的参考价值不大。实际应用中，较多使用 20 天作为日波动率的计算周期。图 8-4 采用该惯例，并假设年化天数为 252 天，两个参数分别位于 F1 单元格和 F2 单元格。

❶ 使用方差函数 VAR.S 计算最近 20 个交易日的方差（图 8-4，#1）。原数据日期为升序排列，最近 20 个交易日数据区域位于 C319:C338 区域，F4 单元格和 F5 单元格分别使用静态地址和动态地址执行计算。

静态地址：F4 单元格的公式直接引用静态地址。直接引用的缺陷是容易出错且不灵活，如果计算周期有变，需要手动修改公式。

动态地址：F5 单元格的公式将上述绝对地址替换为引用函数 OFFSET($C$1,COUNTA(A:A)−1,0,−$F$1)，含义是从 C1 单元格开始偏移到最后一行，再前推由 F1 单元格参数决定的行数。显然，使用引用函数可大幅度提高应用灵活度，返回区域大小由 F1 单元格的参数动态决定，只需调整 F1 单元格的值，就可以改变波动率的计算周期，完全无须维护公式。

❷ F7 单元格和 F8 单元格计算标准差（#2）。其中，F7 单元格直接对方差求开方，F8 单元格则使用函数 STDEV.S，参数同上，两者返回结果相同。

❸ F9 单元格进一步将日波动率转换为年化波动率，公式为日波动率乘以年化天数的开方（#3）。

❹ F11 单元格验证偏差平方和与方差的关系，使用 DEVSQ 函数计算偏差平方和，而后除以样本统计量的自由度，结果和步骤 1 中方差函数的直接计算结果相同（#4）。

	A	B	C	D	E	F	G
1	日期	上证综指	对数回报		天数	20	
2	2018/1/2	3348.33	#N/A		年化天数	252	
3	2018/1/3	3369.11	0.62%				
4	2018/1/4	3385.71	0.49%		方差 ①	0.0337%	=VAR.S(C319:C338)
5	2018/1/5	3391.75	0.18%			0.0337%	=VAR.S(OFFSET($C$1,COUNTA(A:A)-1,0,-$F$1))
6	2018/1/8	3409.48	0.52%				
7	2018/1/9	3413.9	0.13%		标准差 ②	1.836%	=SQRT(F5)
8	2018/1/10	3421.83	0.23%			1.836%	=STDEV.S(OFFSET($C$1,COUNTA(A:A)-1,0,-$F$1))
9	2018/1/11	3425.35	0.10%		年化 ③	29.15%	=F8*SQRT($F$2)
10	2018/1/12	3428.94	0.10%				④
11	2018/1/15	3410.49	-0.54%		DEVSQ	0.0337%	
12	2018/1/16	3436.59	0.76%				=DEVSQ(OFFSET($C$1,COUNTA(A:A)-1,0,-$F$1))/($F$1-1)
337	2019/5/23	2852.52	-1.36%				
338	2019/5/24	2852.99	0.02%				

图 8-4　计算方差和标准差

公式和函数

VAR.S 和 VAR.P 函数分别用于计算样本和总体的方差，并对应早期版本的兼容函数 VAR 和 VARP。与此类似，STDEV.S 和 STDEV.P 用于计算样本和总体的标准差，并分别对应兼容函数 STDEV 和 STDEVP。以方差计算为例，基于样本和总体的计算区别如以下公式所示。

样本方差：$\dfrac{\sum(x-\bar{x})^2}{n-1}$　　　　总体方差：$\dfrac{\sum(x-\bar{x})^2}{n}$

方差和标准差函数的使用要点如下。

· 输入参数可以是常量数组、引用区域，也可以逐个数据点输入。
· 输入参数需至少包含两个观测值。
· 输入样本中的文本或逻辑值会被忽略不计。

· 总结和拓展

标准差是最简单的历史波动率指标。观察公式可以发现，在方差或标准差的计算中，分母的除数固定不变，意味着每一个数据点的权重完全相同，而在金融市场的时间序列中，资产回报的波动往往具有一定的持续性，如高波动期倾向于聚集，最近交易日对波动率的贡献显然要超过一个月前的交易日。指数加权移动平均值（EWMA）是对上述问题的修正。指数加权方法引入一个介于 0 和 1 之间的平滑系数，对较近的交易日赋予更高的权重，从而增大较新日期的影响。实际应用中最常使用 0.94 作为平滑因子。指数加权移动平均值的公式为：

$$\sigma_n^2 = \sum_{i=n}^{\infty} (1-\lambda)\lambda^i u_{n-i-1}^2$$

其中，σ_n^2 是第 n 期的预测波动率，λ 是平滑因子，u 为各期资产回报。显然，和简单标准差的区别是，指数加权方法以 $(1-\lambda)\lambda^i$ 为权重，图 8-5 是上述公式的具体实施。

❶ 给定平滑系数位于 F277 单元格（图 8-5，#1）。

❷ 指数加权移动平均值的计算一般使用最近 60 期数据，60 期数据能够大致满足公式中的权重之和为 1。E 列给出了各期的索引号 i（#2）。

❸ F 列计算各期数据的权重 $(1-\lambda)\lambda^i$（#3）。可以看出，最新日期（F338 单元格）的权重（6%）最大，显著高于未加权的权重（1.6%，1/60），而后向前逐步衰减。

❹ G 列将权重和各期回报之平方相乘（#4）。

❺ G340 单元格执行加总求得指数加权方差，G341 单元格至 G342 单元格进一步将其转换为标准差和年化标准差（#5）。

	A	B	C	D	E	F	G	H	I
274	2019/2/19	2755.65	0.05%				=(1-$F$277)*$F$277^E279		
275	2019/2/20	2761.22	0.20%						
276	2019/2/21	2751.8	-0.34%						
277	2019/2/22	2804.23	1.89%		lambda	0.94 ①			
278	2019/2/25	2961.28	5.45%		i	权重	权重*u^2		
279	2019/2/26	2941.52	-0.67%		59	0.16%	0.00001	=F279*C279^2	
280	2019/2/27	2953.82	0.42%	②	58	③ 7%	④ 0%		
281	2019/2/28	2940.95	-0.44%		57	8%	0%		
336	2019/5/22	2891.7	-0.49%		2	5.30%	0.00013		
337	2019/5/23	2852.52	-1.36%		1	5.64%	0.00105		
338	2019/5/24	2852.99	0.02%		0	6.00%	0.00000		
339									
340					EWMA方差		0.026%	=SUM(G279:G338)	
341					标准差	⑤	1.603%	=SQRT(G340)	
342					年化		25.443%	=SQRT(G340*F2)	

图 8-5　计算 EWMA

使用分析工具

Excel 提供大量描述统计相关函数，除上文介绍的集中、离中趋势外，还包括其他更多指标，在"插入函数"对话框内，这些函数都归属于"统计"类别。显然，使用函数需要对名称和语法有所了解。除此之外，也可使用数据分析工具返回描述统计信息。数据分析工具是 Excel 内置的统计分析插件，按 3.9 节介绍的方法加载后，"数据"选项卡的"分析"组中会出现"数据分析"按钮。单击"数据"→"分析"→"数据分析"。

❶ 在打开的"数据分析"对话框的"分析工具"列表内，单击"描述统计"（图 8-6，#1）并单击"确定"（#2）。

❷ 切换至"描述统计"对话框，在"输入区域"内引用源数据所在位置 B1:C2006 区域（#3），分组方式为默认的"逐列"，代表每列是一个数据集。由于引用区域包含标题行，因此选中"标志位于第一行"（#4），含义是第一行数据不进入数据计算，并在输出结果中作为数据标签使用。本选项可根据实际情况设置，如引用区域为 B2:C2006 则不选此项。

❸ 设置输出区域，选择从当前工作表的 E2 单元格开始输出（#5），数据分析工具允许将输出保存至新的工作表或工作簿。

❹ 输出选项设置，Excel 提供 4 类选项，本例选择汇总统计和平均数置信度（#6）。其中，汇总统计为描述统计指标，平均数置信度用于计算置信区间，将指定置信度对应的 t 分布值乘以标准误差得到置信区间宽度，均值加减该值得到样本均值的置信区间。

❺ 单击"确定"按钮退出界面（#7）。

完成以上操作后，数据分析工具执行计算并输出结果至目标区域。图 8-7 的 E:H 列是输出结果，作为对比，I 列进一步使用公式函数计算每一个对应项目，详细公式如 J 列所示。可以看出，两种方法的返回结果完全相同。使用数据分析工具的优势在于无须了解函数知识，按界面提示简单操作即可，但只能返回静态结果，数据如有更新，需重启上述过程。

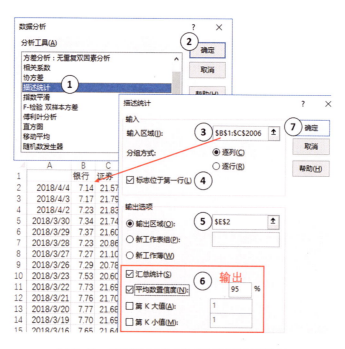

图 8-6　使用数据分析工具计算描述统计

	C	D	E	F	G	H	I	J K
1	证券							
2	21.57		银行		证券			
3	21.79							
4	21.83		平均	7.11999	平均	25.4399	25.4399	=AVERAGE(C2:C2006)
5	21.74		标准误差	0.04905	标准误差	0.18403	0.18403	=I8/SQRT(I16)
6	21.60		中位数	6.58	中位数	24.34	24.34	=MEDIAN(C2:C2006)
7	20.86		众数	6.07	众数	27.74	27.74	=MODE.SNGL(C2:C2006)
8	21.10		标准差	2.19654	标准差	8.2402	8.2402	=STDEV.S(C2:C2006)
9	20.78		方差	4.82477	方差	67.9009	67.9009	=VAR.S(C2:C2006)
10	20.60		峰度	3.82672	峰度	1.12839	1.12839	=KURT(C2:C2006)
11	21.69		偏度	1.80456	偏度	0.87297	0.87297	=SKEW(C2:C2006)
12	21.70		区域	12.25	区域	46.83	46.83	=I14-I13
13	21.68		最小值	4.46	最小值	9.98	9.98	=MIN(C2:C2006)
14	21.69		最大值	16.71	最大值	56.81	56.81	=MAX(C2:C2006)
15	21.64		求和	14275.6	求和	51007.1	51007.1	=SUM(C2:C2006)
16	21.90		观测数	2005	观测数	2005	2005	=COUNT(C2:C2006)
17	21.99		置信度(95.	0.0962	置信度(95	0.3609	0.3609	=T.INV.2T(0.05,I16-1)*I5

图 8-7　数据分析工具输出和函数计算结果对比

VBA

VBA 环境下存在 3 类函数：内置函数、可供 VBA 调用的工作表函数和用户自定义函数。内置函数在第 5 章已有介绍。实际上，VBA 提供的计算函数十分有限，甚至不包含求和、求平均值等基本运算。不过，工作表函数资源丰富，可在 VBA 内直接调用。通过直接调用众多功能强大的工作表函数，有助于大幅提升 VBA 代码的计算能力和效率。

VBA 中的工作表函数从属于 WorksheetFunction 对象，每一个函数都是该对象的一个方法，完整引用形式为 Application.WorksheetFunction.函数名。通过以下两种基本途径可查看有哪些工作表函数可供调用。

· 在代码中输入 Application.WorksheetFunction，然后继续输入点号，VBE 将自动给出所有可调用的函数列表。
· 按 F2 键进入对象浏览器，而后在 WorksheetFunction 类下查看成员。

以下代码调用 Excel 的 AVERAGE 函数（方法）计算 A1:C100 区域的平均值。

```
Dim myRange as Range
Set myRange = Worksheets("Sheet1").Range("A1:C100")
answer =WorksheetFunction.Average(myRange)
MsgBox answer
```

在 VBA 中调用工作表函数的其他注意事项如下。

- 实际应用中经常省略对 Application 或 WorksheetFunction 对象的引用，但两者不能同时省略。同时，函数智能提示只在 WorksheetFunction 后出现。
- 并非所有的工作表函数都可调用，一般规则是如果 VBA 中存在类似功能的内置方法（如 LEFT、RIGHT、OFFSET），则对应的工作表函数通常不可调用。
- 某些工作表函数的名称内带有点号，如 STDEV.S 和 STDEV.P。在 VBA 中调用此类函数时，应将点号替换为下划线，如 Stdev_S。通过智能提示列表选择函数可避免上述手工替换过程。

8.2 相关分析

描述统计展示单个变量的基本特征，相关分析则侧重揭示多个变量之间的关系，最常用的相关分析指标是协方差和相关系数。

协方差

正如方差衡量单个变量的变异，协方差衡量两个变量在多大程度上共同变动。如果两个变量表现出相同的变动倾向，如一个变量的值变大伴随着另一变量的值增加，则协方差为正数；反之则为负数；说明两个变量倾向于反向变动。协方差同样定义为数据点对其均值的平均偏离，样本协方差的计算公式是 $Corr(X, Y) = \dfrac{cov(X, Y)}{\sigma_x \sigma_y}$，即将变量 X 和变量 Y 中的每个数据点 x 和 y 与其各自均值之差的乘积求和，再除以样本数减 1（自由度）。

图 8-8 是协方差的几何图解。X 和 Y 两个变量的各数据点被展示为相对各自均值的偏离，并分别绘制于横轴和纵轴之上。每个数据点和坐标轴交叉所形成的矩形即为 $(x_i - \bar{x})(y_i - \bar{y})$。图 8-8 中 4 个角的正负符号表示，位于第 1 象限和第 3 象限的矩形"面积"为正，代表同向变动，位于第 2 象限和第 4 象限的矩形"面积"为负，代表反向变动。求和正是正负力量相互抵消的过程。如果求和结果为正，表明两个变量在更多时候是以相同的方向偏离各自的均值，反之则表明以相反方向偏离均值的趋势占主导地位。

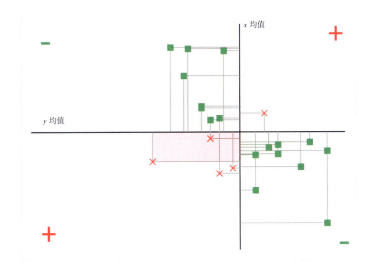

图 8-8　协方差图解

从协方差数值可以判断变量相关关系的正负方向，却难以判定这一关系的强弱。原因是协方差的计算结果依赖于变量值，X 和 Y 的值越偏离均值，协方差也越大，但未必代表相关关系越强。由于量度不同，来自不同数据集的协方差之间不能直接对比。另外，和方差类似，协方差的单位是 X 和 Y 各自单位的乘积，如千克 × 厘米，难以正确理解。

相关系数

本节要点

相关系数是对协方差的标准化转换。使用函数计算协方差和相关系数矩阵。

·应用场景

协方差的缺陷可以通过标准化解决。具体方法是将协方差除以各自的标准差之积，由于标准差使用的就是原始单位，该操作一方面去除了单位因素，同时也不受样本离中趋势的影响。上述转换的结果就是相关系数，公式为 $Corr(X, Y) = \dfrac{cov(X, Y)}{\sigma_x \sigma_y}$。由于 $|Cov(X, Y)| \leqslant \sigma_x \sigma_y$，相关系数总是介于 -1 和 1 之间。观察图 8-8，如正负力量相当，协方差会趋向于 0，进而导致相关系数偏向 0，意味着相关性微弱。反之如第 1、第 3 象限或第 2、第 4 象限的力量越强，协方差的绝对值就越接近标准差乘积，显示强烈的正相关或负相关。

图 8-9 展示了相关系数和协方差的计算过程。A1:H445 区域是 7 个股票市场指数接近 2 年的日回报数据，转换成 Excel 表格，默认名为"表 1"。使用公式计算各指数之间的相关系数和协方差的步骤介绍如下。

	A	B	C	D	E	F	G	H
1	日期	日经225	罗素1000	标普500	上证综指	恒生指数	法国CAC	德国DAX
2	2015/9/30	2.665%	1.863%	1.890%	0.481%	1.399%	2.536%	2.198%
3	2015/9/29	−5.457%	−2.626%	−2.477%	−1.769%	−3.017%	−3.104%	−2.489%
4	2015/9/25	1.741%	−0.102%	−0.047%	−1.615%	−0.427%	3.023%	2.730%
444	2013/10/17	0.822%	0.711%	0.672%	−0.207%	−0.576%	−0.096%	−0.385%
445	2013/10/16	0.177%	1.376%	1.373%	−1.823%	−0.465%	−0.289%	0.471%
446								
447		日经225	罗素1000	标普500	上证综指	恒生指数	法国CAC	德国DAX
448	日经225	1.0000	0.2512	0.2493	0.2164	0.4328	0.3019	0.2677
449	罗素1000	0.2512	1.0000	0.9988	0.1534	0.2571	0.5411	0.5253
450	标普500	0.2493	0.9988	1.0000	0.1511	0.2507	0.5388	0.5220
451	上证综指	0.2164	0.1534	0.1511	1.0000	0.5230	0.1442	0.1015
452	恒生指数	0.4328	0.2571	0.2507	0.5230	1.0000	0.4025	0.3864
453	法国CAC	0.3019	0.5411	0.5388	0.1442	0.4025	1.0000	0.9331
454	德国DAX	0.2677	0.5253	0.5220	0.1015	0.3864	0.9331	1.0000
455	① =CORREL(INDIRECT("表1["&$A454&"]"), INDIRECT("表1["&B$447&"]"))							
456								
457		日经225	罗素1000	标普500	上证综指	恒生指数	法国CAC	德国DAX
458	日经225	0.000190	0.000029	0.000028	0.000057	0.000068	0.000053	0.000048
459	罗素1000	0.000029	0.000068	0.000068	0.000024	0.000024	0.000056	0.000056
460	标普500	0.000028	0.000068	0.000068	0.000024	0.000024	0.000056	0.000056
461	上证综指	0.000057	0.000024	0.000024	0.000366	0.000114	0.000035	0.000025
462	恒生指数	0.000068	0.000024	0.000024	0.000114	0.000131	0.000058	0.000057
463	法国CAC	0.000053	0.000056	0.000056	0.000035	0.000058	0.000160	0.000154
464	德国DAX	0.000048	0.000056	0.000056	0.000025	0.000057	0.000154	0.000169
465	② =COVARIANCE.S(INDIRECT("表1["&$A464&"]"), INDIRECT("表1["&B$457&"]"))							
466								
467	σ_x	③	0.01301	=STDEV.S(表1[德国DAX])				
468	σ_y		0.01377	=STDEV.S(表1[日经225])				
469		④ 0.000048	=B454*B467*B468					
470		$Cov(X,Y) = Corr(X,Y) * \sigma_x \sigma_y$							

图 8-9 计算股票指数的相关系数和协方差

❶ 第 447 行至第 454 行是相关系数的对称矩阵，首行和首列是相同的指数名称。数据区域内，每个单元格都使用 CORREL 函数，计算对应行列标题所代表的股票指数的相关系数。以 B454 单元格为例，引用箭头显示此处为德国 DAX 指数和日经 225 指数的相关系数。B454 单元格使用了结构化引用公式，由于列名不固定，公式将表名（"表 1"）和引用的列名（即首列的 A454 单元格和首行的 B447 单元格）拼接，而后使用 INDIRECT 函数将其转换成有效的引用地址（图 8-9，#1）。显然，对于图 8-9 中斜线所示的对角线单元格，由于行列标题相同，计算的是各指数与其自身的相关系数，结果总是等于 1。

❷ 第 457 行至第 464 行为协方差矩阵，使用函数 COVARIANCE.S 计算，公式构造及计算逻辑和相关系数完全相同，见 B465 单元格（#2）。其中，非对角线

元素为协方差，对角线元素等同指数自身方差。

❸ 在已知标准差的情况下，协方差和相关系数之间可双向转换。例如，B467 单元格和 B468 单元格分别使用 STDEV.S 函数计算德国 DAX 和日经 225 指数的标准差（#3），只需将已知的相关系数（B454 单元格）和这两个标准差相乘，就可以得到协方差，结果和 B464 单元格的函数计算值相同，如 B469 单元格所示（#4）。

▌公式和函数

CORREL 和 PEARSON 两个函数都可计算相关系数，除了在早期版本中返回值会存在精度差异外，两个函数无区别。协方差函数包括 COVARIANCE.S、COVARIANCE.P 以及兼容函数 COVAR。以上函数的参数均为 array1 和 array2 两个长度相同的数组或引用区域。

除了使用结构化引用公式，图 8-9 中也可使用 INDEX+MATCH 组合公式，读取对应的指数数据。例如，B454 单元格的公式可改写为：

```
=CORREL(INDEX( 表 1, 0, MATCH($A454,$B$1:$H$1,0) ),   列标题对应的指数
        INDEX( 表 1, 0, MATCH(B$447,$B$1:$H$1,0) ) )          行标题对应的指数
```

· 总结和拓展

协方差在金融领域的一项典型应用是投资组合的分散化，通过选择关联度较低的资产，有助于降低和消除组合的非系统风险。例如，构建由上述 7 个股票指数组成的投资组合，一般情况下，以组合方差衡量的风险会小于以单项资产方差的简单加权求和衡量的风险。

使用分析工具

相关系数和协方差矩阵也可使用数据分析工具计算。和图 8-6 类似，首先打开"数据分析"对话框，在列表内选择"相关系数"或"协方差"，而后进入相应的对话框进行输入输出设置，过程和 8.1 节类似。完成后数据分析工具会以下三角矩阵（即图 8-9 中斜线上方全部为空）的形式返回计算结果。

相关分析的限制

前文简要介绍了协方差和相关系数的基本概念和计算过程。可以看出，相关关

系的概念直观，计算过程较简单，能够迅速提供对变量关系的初步判断，因此许多数据分析工作都以相关分析为起点。与此同时，相关关系也存在一些重要的限制因素，对这些因素缺乏足够了解，经常导致相关分析被误用。

首先，协方差及相关系数衡量的是变量之间的线性关联，并不反映可能的非线性关系。以二次函数 $y=x^2$ 为例，假设 x 为 [−5,−4,−3,−2,−1,0,1,2,3,4,5]，对应的 y 是 [25,16,9,4,1,0,4,9,16,25]，使用 CORREL 函数计算出的相关系数为 0，以该计算结果推断 x 和 y 之间不相关显然是错误的。

其次，从协方差公式可以看出，偏离平均值的乘积在一定程度上会放大离群点的贡献，导致相关系数较容易受异常值、数据点聚簇等因素的影响。极端情况下，单个数据点的改变就足以导致相关系数的显著变化。因此在实际应用中，需要考虑样本是否准确完整，对相关关系的判断往往需要结合可视化表达及其他方法予以确认。

最后，相关并非因果证据。在某些较为简单的情况下，结合常识判断，较强的相关关系可能表明两个变量之间存在某种因果联系，如身高和体重、收入水平和纳税金额等。但多数时候，从相关关系中无法得知变量之间是否存在因果关系，即便假定存在因果关系，也难以确定哪一个变量是因、哪一个变量是果。例如，对比不同地区的武器持有量和犯罪率发现两者相关系数较高，但仅根据该信息并不足以判断是更多武器导致犯罪率上升，还是犯罪率高促使人们购买更多武器防身。

此外，在根据相关关系推测潜在的因果方向时，还需要考虑隐藏变量问题。两个变量之间存在相关，也可能是因为它们都是一个或多个其他变量的结果。例如，不同股票回报之间的相关在一定程度上是受指数等系统因素的共同影响。不同地区的城镇化率和贫困人口比例存在显著的负相关，原因或许是二者都受到经济发展水平这一外部变量的影响。

不过，就预测用途而言，即便对变量之间的因果关系毫无了解，也不妨碍直接使用相关关系展开预测分析。回归分析就是利用变量之间的关联关系，使用一个或多个变量来预测另一个变量的可能变化。

8.3 回归分析

相关系数可以衡量两个变量之间是否存在线性关联及其方向和强度，如公司营业收入和 GDP 增长率的关系，但无法回答实践当中经常会遇到的问题：一个变量的变化对另一个变量的具体影响程度如何量化。例如，GDP 增长率每提高一个百分点，公司营业收入会如何变动？回归分析就是解答上述问题、将相关分析提升至全新层面的常用统计学工具。

回归简介

本节要点

回归分析的概念。线性回归的一般形式。回归过程的基本原理。

· 应用场景

回归分析探讨一个或者一组变量对另一个变量的影响，这两类变量之间存在明确的方向性，前者被用来"解释"和预测后者而非相反。因此，前者也被称为解释变量、预测变量、自变量或独立变量，通常表示为 x。后者则被称为被解释变量、因变量或依赖变量，通常用 y 表示。回归分析包含多种变形。一元线性回归又称简单线性回归，仅含一个解释变量，如经济增长对公司营收、基准指数回报对个股表现。多元线性回归模型包含多个解释变量，如价格、广告支出、消费者收入和竞争状况对销售额的影响，收益增长、收益波动、股票贝塔系数、通货膨胀率等对股票价格的影响。此外，回归分析还包括更复杂的非线性模型等。

线性回归的一般形式为：$y=b_0+b_1x_1+b_2x_2+...+b_kx_k+\varepsilon$。其中，$y$ 为因变量或被解释变量，x_1 到 x_k 为自变量，b_0 为截距项，反映当自变量全为 0 时的 y 值，b_1 到 b_k 为回归系数或斜率，ε 为回归残差项。显然，当 $k=1$ 时，上式即变成一元回归方程。

回归系数反映因变量和每个自变量之间的独立关系，衡量给定某个自变量的 1 单位变动，在模型中其他自变量均保持不变的前提下，因变量的均值会改变多少。通过将其他自变量保持不变，回归分析得以分离出单个自变量对被解释变量的独立影响，这也是回归模型之所以能够量化变量间的影响程度、实现预测功能的关键原因。

回归分析有一系列的统计假设前提，如事先要求变量之间存在线性关系、误差项具有稳定的分散度（同方差）、不存在自相关等。对于多元回归还要求考虑多重共线即多个自变量之间的相关问题等。

以简单线性回归为例，将 x 和 y 绘制成普通散点图，再画出数学表达式为 $y=b_0+b_1x$ 的直线穿越这些数据点，作为 x 和 y 线性关系的表达。回归分析的目的就是找到最优的一条直线，以使各数据点对这条直线的总体偏离最小。由于直线的形状由其截距和斜率决定，上述过程相当于以偏离最小化为目标，求解方程中的 b_0 和 b_1。回归分析的上述过程被称为最小二乘法，这条直线被称为回归线或拟合线。

在金融领域，资本资产定价模型（CAPM）就是回归方法的经典应用之一。图 8-10 展示了以指数回报为自变量、个股回报为因变量的拟合过程，回归线的斜率可用于衡量系统（市场）风险，也就是常用的股票 β 系数指标。

❶ B 列的指数回报为自变量 x，C 列的个股回报为因变量 y。

❷ I1 单元格和 I2 单元格给出了截距 b_0 和斜率 b_1 的初始值（图 8-10，#1）。

D:F 列执行相关拟合计算，首行公式如 I5:I7 区域所示。

D 列：将上述初始值代入 $y=b_0+b_1x$ 计算拟合值（#2）。

E 列：计算偏差即 C 列实际值和 D 列拟合值之差（#3）。

F 列：将 E 列的残差求平方（#4）。

❸ I3 单元格计算 F 列的残差平方和（#5）。

❹ 将 B:C 列数据绘制成散点图，将 D 列数据作为新的绘图系列加入图表之中，显示为直线（#6）。

❺ 各数据点和拟合线的偏差如图 8-10 所示（#7）。

❻ 通过编辑单元格或单击数值调节按钮，调整 I1 单元格和 I2 单元格的截距和斜率初始值，将触发 D:F 列重新计算，导致 I3 单元格偏差平方和变大或减少，进而引起趋势线形状的改变。回归分析的目的就是求解使该偏差平方和最小化的回归方程系数，从而得到最佳拟合线。

图 8-10 的"试错"方法旨在解释回归过程的基本原理。实际上，对于简单线性回归，截距和斜率可以通过简单的计算直接获得。

❼ 斜率：等于因变量和自变量的相关系数乘以两者标准差之商，表示为 $b_1=r_{xy}(s_y/s_x)$，其中 r_{xy} 代表 x 和 y 之间的相关系数，s_y 和 s_x 分别是 y 和 x 的标准差。

❽ 截距：y 的平均值减去 x 的平均值和斜率的乘积，即 $b_0=\bar{y}-b_1\bar{x}$。

显然，以上介绍的求解和计算方法，在实际应用中都不是必需的。在工作表中开展回归分析，可直接使用 Excel 提供的各类函数和工具资源，快速获得计算结果。

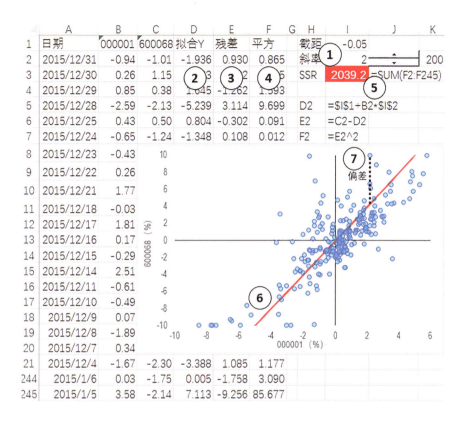

图 8-10　根据给定初始值生成回归线

主要回归分析函数

> **本节要点**
>
> 回归分析返回参数估计值和各项统计检验指标。常见的回归分析函数。

·应用场景

显然，回归分析的首要目标是求得回归方程中各项参数的值，包括截距项 b_0、各解释变量的参数 b_1、参数 b_2 等。与此同时，为了使分析结论更加严谨，还需要开展各种形式的统计检验和诊断。

❶ 上述系数的返回值是否显著不同于零？如果判断系数值不为零，表明该变量对解释因变量确有贡献，如果判断系数值和零并无明显差异，就说明将该变量纳入模型并无助益。

❷ 整体而言，模型所包含的自变量对因变量的解释力度如何？解释力度的含义是因变量 y 的数据变异在多大程度上能够被模型中的 x 所解释，一般通过 R 平

方衡量。R 平方也称决定系数，是反映线性回归模型整体解释力度的重要指标。具体来说，应变量 y 的数据变异表示为各观测值对其平均值的偏离，可进一步分解成两个部分：能够被当前回归模型所解释的部分和无法被解释的部分。R 平方反映的就是前一部分的占比，取值总是介于 0 和 1 之间，系数越高说明模型的解释力度越强。

Excel 为回归分析提供了丰富的函数资源，可返回各项参数值、统计检验和推断、根据拟合模型开展回归预测等。

· 操作实务

图 8-11 展示了其中最常用的部分函数。

❶ 截距 b_0：使用 INTERCEPT 函数计算，N1 单元格（图 8-11，#1）。

❷ 斜率 b_1：使用 SLOPE 函数，N2 单元格（#2）。

❸ R 平方：使用 RSQ 函数，N3 单元格（#3）。例如，回归模型显示 R 平方为 0.65，表明股票 600068 每日回报的数据变异中，大约有 65% 可通过大盘指数得到解释，无法解释的偏离即剩余的 35% 部分是由随机因素或当前模型中未包含的其他解释变量所导致的，可表示为各数据点和拟合线之间的偏差（图 8-10，#7）。

❹ 回归预测：N4 单元格假设 x=1，N5 单元格利用 FORECAST. LINEAR 函数，根据线性回归模型计算对应的 y 预测值。N6 单元格将 N4 单元格给定的 x 值、N1 单元格和 N2 单元格内已知的回归系数 b_0 和 b_1，代入方程 $y=b_0+b_1x$ 计算拟合值，两者结果相同（#4）。显然，使用 FORECAST.LINEAR 函数的优势是可直接根据原数据进行预测，不需要先计算回归系数。

以上函数都只对包含单个解释变量的简单线性模型有效。同时，截距、斜率、R 平方等都属于专用函数，仅能返回单个回归分析指标。LINEST 函数则可同时解决以上两方面问题。Linest 函数同时适用于简单线性回归和多元线性回归，能够返回包括上述各项指标在内的详细回归结果，是 Excel 中最重要、最常使用的回归函数之一。

❺ N9:O13 区域使用 LINEST 函数计算回归模型的详细统计信息（#5）。

❻ 图中右侧的表格给出了 LINEST 函数返回结果的一般结构（#6）。具体来说，LINEST 函数返回数据的列数由自变量个数（包括截距项）决定，行数则是固定的 5 行，本例包含两个自变量，因此返回 5×2 矩阵。其中：

第一行是各自变量的回归系数，顺序和回归方程中的次序相反。对于 $y=b_0+b_1x_1+b_2x_2+b_3x_3$，返回系数从左到右依次为 b_3、b_2、b_1 和 b_0。

第 2 行是系数标准误，将系数除以对应的标准误得到 t 统计值，可用于检验系数是否显著不为零。如果检验结果不能排除系数为零的可能，通常意味着该变量对提升模型的解释力或无帮助。此外，系数标准误还可用于计算系数的置信区间。

第 3~5 行是回归方程的各项统计指标，具体含义将在后文进一步解释。

❼ 使用 FORECAST. LINEAR 函数计算简单线性回归的预测值。对于多元线性回归，应使用 TREND 函数计算给定 x 值的预测 y 值。例如，M17:M21 区域是给定的一组新的 x 值，N17:O21 区域使用 TREND 函数计算预测 y 值。区别在于，N 列执行逐项计算（#7），O 列则使用数组方法批量获得计算结果（#8）。

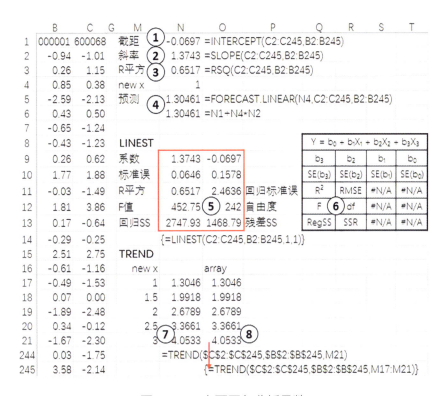

图 8-11　主要回归分析函数

公式和函数

所有回归函数的语法都是 y 在前、x 在后。例如，INTERCEPT(y, x)、SLOPE(y, x)、RSQ(y, x)。以下是函数 LINEST (y, [x], [const], [stats]) 的使用要点。

· 如自变量 x 参数缺失，Excel 使用和 y 长度相同的自然数数组 {1,2,3…} 作为解释变量。

· 对于多元回归，x 可以包含多列或多行，每一列 / 行代表一个解释变量。x

既可以是连续区域，也可以是 CHOOSE 等函数拼接而成的非连续区域。y 则必须为向量（单列或单行）。

- 可选参数 const 指定是否强制截距为 0，默认或 True 值代表正常计算截距，否则强制截距等于 0，即要求回归线通过原点。
- 可选参数 stats 指定是否返回详细回归统计，默认或 False 值代表只返回第一行的系数，否则返回详细统计指标。
- LINEST 函数为数组函数，需使用 CSE 返回。

VBA

常规变量只有一个存储隔室，如 "maxIteration = 100" 将常数 100 赋予变量 maxIteration。实际应用中经常需要处理一组类型和性质完全相同的值，如 LINEST 函数返回的 5 行 2 列数据，显然不适合为每一项数据分别定义变量名。一般做法是将此类数据存储在包含多个存储单元的数组变量内，而后通过数组的行列索引号来读取其中的元素。向量和矩阵是一维和二维数组的典型例子。以下代码将工作表区域的数据读入二维数组。

```
Dim myArray() As Variant              定义一个大小未知的变体数组
myArray = Range("A1:B8").Value        将区域数据赋予数组，VBA 将自动确定数组维度
For i = 1 To UBound(myArray, 1)       行循环，次数为数组的行数
  For j = 1 To UBound(myArray, 2)     嵌套列循环，次数为数组的列数
      Debug.Print myArray(i, j)       输出对应行列号的数组元素
   Next j
Next i
```

以下代码将当前工作簿包含的所有工作表名称存入一个一维数组内。

```
Dim SheetNames() As String                声明一个类型为字符串的数组
counter = ThisWorkbook.Worksheets.Count   计算工作表数量
ReDim SheetNames(1 To counter)            循环前重新定义数组大小，规定索引下界为 1
For i = 1 To counter                      执行循环
    SheetNames(i) =Worksheets(i).Name     将工作表名称存入对应索引号的数组元素
Next i
```

Redim 在重定义数组的同时会删除数组中已有数据。在事先不确定数组大小的情况下，也可使用 Redim Preserve 动态更新数组大小，同时又可保留原数据，代码修改如下。

```
For i = 1 To counter
    ReDim Preserve SheetNames(1 To counter)    重新定义，同时保留已有数据
    SheetNames(i) = ThisWorkbook.Worksheets(i).Name
Next i
```

回归分析工具

本节要点

回归分析工具返回更详细的回归分析结果，包括回归统计、方差分析和系数检验三部分内容。各项输出结果的具体含义。

· **应用场景**

上节介绍的回归函数能够返回常用的回归分析指标，但如需开展正式的系数检验、方差分析或是残差分析，仍需进行大量转换计算，过程较为烦琐。和函数相比，Excel 的数据分析工具尽管仍存在较多不足，如最多只支持 16 个自变量、要求自变量作为连续的列输入等，但对话框操作较为简单，不需要了解相关语法，并能返回更全面的模型运行结果。

· **操作实务**

首先打开"数据分析"对话框，在列表内选择"回归"，"回归"对话框如图 8-12 所示。

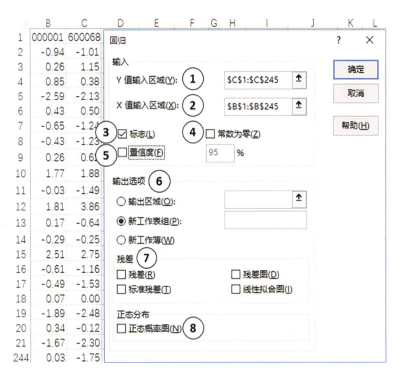

图 8-12 "回归"对话框

❶ Y 值输入区域（图 8-12，#1）：引用因变量所在的工作表区域。

❷ X 值输入区域（#2）：引用自变量所在的工作表区域。对于多元回归，引用区域应包含连续的多列数据，每列代表一个解释变量。

❸ 标志（#3）：指定输入区域的首行是变量名称。

❹ 常数为零（#4）：规定截距项为零，即要求回归线穿过原点，正常情况下不选中。

❺ 置信度（#5）：在本例中，置信度用于计算回归系数置信区间的宽度。回归模型产生的系数 b_0 和系数 b_1 是根据特定期间的样本计算的，未必能够代表未知总体的回归系数，置信度可用于估算该未知参数的可能区间。本例 95% 置信度的含义是，假设从总体中反复抽样产生不同的数据样本，执行回归并计算系数的置信区间，这些置信区间中，大约 95% 会覆盖到真正总体的系数值。

❻ 输出选项（#6）：指定回归结果的输出位置。

❼ 残差（#7）：选择需要返回的残差分析项目。

残差：拟合值和观测值之差。

标准残差：残差的标准化（除以标准差）。

残差图：各解释变量和回归残差的散点图。

线性拟合图：为每个解释变量生成一张散点图，每张散点图内同时包含两个

XY 散点系列，两个系列的 X 值相同，均为解释变量，Y 则分别是被解释变量的观测值和拟合值。

❽ 正态概率图（#8）：将排序后的观测值及百分位排名绘制成的散点图，可用于观察输入数据是否符合正态分布。

回归分析工具返回的基本结果报告包含三部分内容：回归统计、方差分析以及假设检验和区间估计，如图 8-13 所示。

❶ 回归统计：包括复相关系数（Multiple R）、R 平方、标准误差等指标（图 8-13，#1）。

复相关系数：反映因变量和所有自变量之线性组合或拟合值之间的相关性，对于简单线性回归，该系数等同于 x 与 y 相关系数的绝对值。

标准误差：即回归标准误，可近似理解为拟合误差或残差的标准差。计算方法是将残差平方和除以自由度后再求开方，公式 "=SQRT(X13/W13)" 可返回和 W7 单元格相同的计算结果。

❷ 方差分析：将因变量观测值相对其均值的偏离分解成回归分析和残差两部分（#2），分别代表可通过模型解释和无法解释的成分，并对模型是否存在线性关系进行 F 检验。Z12 单元格为 F 值，等于回归均方除以残差均方，即 Y12 单元格的值除以 Y13 单元格的值，AA12 单元格的值极小，表明如果总体的线性关系不存在，即模型中的自变量无法解释因变量的数据变异，则观察到 R 平方高达 0.65 这一结果的概率接近于零，因此可拒绝线性关系不存在的假设。前文介绍过 R 平方的基本概念，可验证以下两种计算方法将返回和 W5 单元格的值相同的结果。

对 y 观测值和拟合值的复相关系数（W4 单元格）求平方。

将回归平方和（SSR，X12 单元格）除以总平方和（SST[①]，X14 单元格）。其中，总平方和是观测值和平均值之差的平方和，体现样本的总体变异，回归平方和是拟合值和 y 的平均值之差的平方和，代表回归线所解释的数据变异。两者之比直观体现了 R 平方的统计学含义。

❸ 假设检验和区间估计：显示回归系数的估计值、标准误，针对系数为 0 的零假设进行统计检验，并给出了系数的 95% 置信区间估计（#3）。

Y 列的 t 统计量等于 W 列的回归系数除以 X 列的标准误差。

根据 Y 列的 t 统计量和自由度，计算得到 Z 列的 P 值，代表在零假设为真时，观察到该 t 统计量的发生概率。例如，回归系数 b_1 的 P 值（Z18 单元格）几乎为零，含义是假如真实总体的 b_1 参数为零，得到 t 统计量为 21.28 的概率几乎是零，因此可明确拒绝 $b_1=0$ 假设。同理，截距 b_0 的 P 值（Z17 单元格）达到 0.66，表明

---

① 总平方和、回归平方和及残差平方和的缩写用法不一。例如，总平方和常被缩写为 TSS 或 SST、回归平方和被缩写为 SSR 或 ESS（解释平方和）。

无法拒绝 $b_0=0$ 的假设。在实践应用中，针对截距项的统计检验通常意义不大，多数情况下可被忽略。

　　将 W 列的系数值加减根据指定置信度计算出的区间宽度，得到系数置信区间的上下限。结果显示，回归系数 b_1 的置信区间的下限（AA18 单元格）就已大于零，说明置信区间不包含零，根据给定置信度，可从另一层面得出和 t 检验 P 值相同的结论：b_1 显著不为零。

	C G	V	W	X	Y	Z	AA	AB
1	600068	SUMMARY OUTPUT						
2	-1.01							
3	1.15	回归统计						
4	0.38	Multiple R	0.8072642					
5	-2.13	R Square	0.6516755					
6	0.50	Adjusted R	0.6502362					
7	-1.24	标准误差	2.4636072					
8	-1.23	观测值	244					
9	0.62							
10	1.88	方差分析						
11	-1.49		df	SS	MS	F	Significance F	
12	3.86	回归分析	1	2747.93	2747.93	452.7545	2.4081E-57	
13	-0.64	残差	242	1468.785	6.06936			
14	-0.25	总计	243	4216.716				
15	2.75							
16	-1.16		Coefficients	标准误差	t Stat	P-value	Lower 95%	Upper 95%
17	-1.53	Intercept	-0.069736	0.157776	-0.44199	0.658889	-0.380525	0.241053
18	0.00	000001	1.3743426	0.06459	21.27803	2.41E-57	1.24711278	1.501573

图 8-13　回归分析工具的输出结果

　　取决于用户选择（图 8-12），除基本分析结果以外，回归分析工具还可输出残差分析结果。残差代表实际值和预测值之差，残差图有助于对数据是否满足回归模型的基本假设前提、模型拟合效果等进行快速视觉检测。例如，如果残差图表现出某种非随机形态，则表明回归模型有偏，可能遗漏重要解释变量。在实际应用中，除了 R 平方指标，还应结合残差分析及主题知识才能够综合判断所选模型的拟合效果。

· 总结和拓展

　　除了函数和分析工具，Excel 图表的趋势线功能提供了另外一种基于图表的快捷回归分析途径。选择图表的数据系列并单击鼠标右键，在快捷菜单中选择"添加趋势线"，即可生成一个快捷的拟合线。拟合线所使用的具体模型在"设置趋势线格式"内选择，可供选择的趋势线模型包括对数、指数、乘幂、多项式等，具体含义在下一小节介绍。显然，图表趋势线功能仅对简单线性回归模型有效。

模型形式选择

> **本节要点**
>
> 不同形式的线性回归模型。灵活使用 LINEST 函数实施回归拟合。

・应用场景

观察 $y=b_0+b_1x_1+b_2x_2+...+b_kx_k$ 可以发现，y 既是系数 b 的线性组合，也是解释变量 x 的线性组合。线性回归模型的一个重要假设前提就是系数线性而不要求变量线性，原因是在回归模型中自变量是已知的，只需进行适当的转换，就可以将任何非线性形式的变量 x 转变成一个线性变量。例如，对于变量非线性的方程 $y=b_0+b_1\log(x)$，只需令 $x'=\log(x)$ 就可转变成普通的线性回归方程 $y=b_0+b_1x'$。在实际应用中，经常使用类似的对数转换以改进变量的正态性，提高线性回归的拟合效果。

表 8-1 以简单线性回归为例，给出了常见的回归方程及其变形。可以看出，这些模型的共同特点是参数线性，而非变量线性。

表 8-1　常见的线性回归模型形式

模型	方程	说明
线性	$y=b_0+b_1x$	线性
对数	$y=b_0+b_1\log(x)$	线性对数
指数	$y=b_0e_1^{bx}$	对数线性，两边取对数后变成 $\log(y)=\log(b_0)+b_1x$
乘幂	$y=b_0x_1^b$	双对数模型，两边取对数后变成 $\log(y)=\log(b_0)+b_1\log(x)$
多项式	$y=b_0+b_1x+b_2x^2\cdots$	–
反比例	$y=b_0+b_1\dfrac{1}{x}$	–

・操作实务

图 8-14 的 B 列和 C 列分别是部分省市自治区的低保人口占比（低保率）和城镇化比例，以后者为自变量，尝试使用不同的变量非线性模型拟合前者。以下步骤解释了变量非线性的模型可直接使用线性回归进行拟合。对于二阶多项式模型

$y=b_0+b_1x+b_2x_2$：

❶ 在 D 列内计算 C 列的平方即 x^2，将 x^2 转换为线性变量（图 8-14，#1）。

❷ 模型包含 3 个自变量，因此选中 G3:I7 的 5×3 区域（#2）。

❸ 以 B 列为 y，C 列和转换后的 D 列为 x，使用 LINEST 函数返回拟合结果（#3）。

类似地，假定使用对数模型 $y=b_0+b_1\log(x)$：

❹ 将 C 列的自变量转换为对数形式，在 E 列内直接使用 LN 函数即可计算（#4）。

❺ 模型包含两个变量，因此选中 G10:H14 的 5×2 区域，分别以 B 列和转换后的 E 列为 y 和 x，使用 LINEST 函数进行拟合（#5）。函数返回结果显示，$b_1=-0.115\,51$，在对数回归模型中的含义是自变量每变化 1%，因变量将变动 $-0.115\,51\%$。

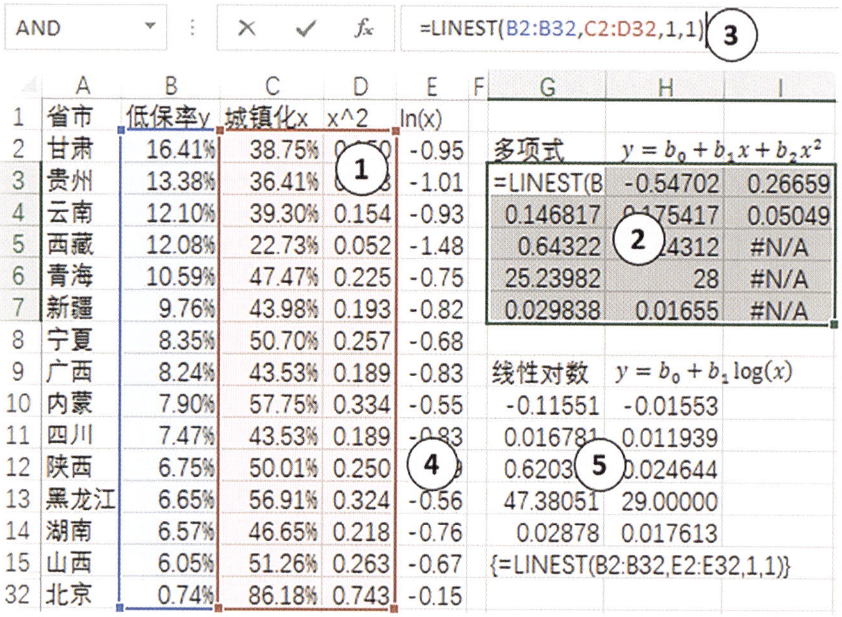

图 8-14　变量非线性模型的转换处理

线性回归通常使用 R 平方和回归标准误评估模型的拟合优度。根据图 8-11，两者在 LINEST 函数返回结果的位置固定，分别位于返回区域的第 3 行第 1 列和第 3 行第 2 列，可进一步结合 INDEX 和 LINEST 函数，获得不同模型的 R 平方值，以对比拟合差异。图 8-15 对比了部分模型的拟合效果。

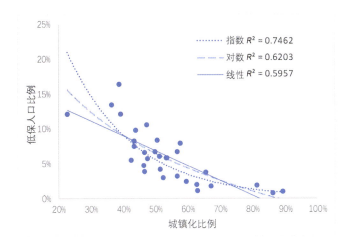

图 8-15　不同模型的拟合差异

公式和函数

上例添加了 D:E 辅助列是为了展示中间过程，事实上，LINEST 是一个高度灵活的数组函数，多数情况下可直接在函数中执行原数据转换，而不需要创建辅助数据列。以下对比了使用辅助列和不使用辅助列的函数区别，两者的结果完全相同。

模型	使用辅助列公式	直接转换的公式
线性对数	=LINEST(B2:B32,E2:E32,1,1)	=LINEST(B2:B32,LN(C2:C32),1,1)
多项式	=LINEST(B2:B32,C2:D32,1,1)	=LINEST(B2:B32,C2:C32^{1,2},1,1)

以下公式进一步结合 INDEX 函数，获得反比例模型的 R 平方值。

=INDEX(LINEST(B2:B32,1/ C2:C32,1,1),3,1)

显然，直接转换公式的好处是无须添加辅助数据。嵌套函数 LN(C2:C32) 返回结果和辅助的 E 列相同，C2:C32^{1,2} 利用常量数组在内存中产生 x 和 x^2 两列数据。这些嵌套操作同样适用于 TREND 函数。

VBA

除了用户界面，数据分析工具还包含大量回归和其他统计分析函数。在 EXCEL 早期版本中，这些函数只有在插件 "分析工具库 –VBA" 被加载的前提下才可在 VBA 中调用，但在较新版本的 Excel 中已成为内置函数的一部分，可在 VBA 内通过 Application.WorksheetFunction 正常调用。以下代码在 VBA 中调用 LINEST 函数执行回归分析并输出数组结果。

```
Dim x as Range, y As Range
Dim RegResult()                          定义输出数组
Set x = Range("B2:B245")                 设置区域对象 x 的引用地址
Set y = Range("C2:C245")                 设置区域对象 y 的引用地址
RegResult =WorksheetFunction.LinEst(y, x, 1, 1)    调用 LINEST 函数
Debug.Print UBound(RegResult, 1)         在调试窗口输出结果数组的行上界即行数
Debug.Print RegResult(3,1)               在调试窗口输出第 3 行第 1 列元素即 R 平方
Range("B250").Resize(5, 2) = RegResult   将结果写入从 B250 单元格开始的 5×2 区域
```

矩阵函数

本节要点

矩阵转置、矩阵求逆和矩阵相乘。

·应用场景

线性回归模型可通过线性代数求解，具体包括直接求解以及各类矩阵分解方法。线性回归模型可用矩阵表示为 $y=X.b$，其中 X 是自变量矩阵，b 是系数向量，y 为因变量向量，两侧同时左乘 X 的转置矩阵、再左乘 X 及其转置矩阵之乘积的逆矩阵，可得到直接求解公式：$b=[[(X)\check{}T.X)]\hat{}(-1).[X]\check{}T.y$。其中，$X\check{}T$ 是 X 的转置矩阵。上述求解公式中涉及 3 种矩阵运算：矩阵转置、矩阵求逆和矩阵相乘。

·操作实务

图 8-16 展示了 Excel 可分别用于上述计算的重要矩阵函数，公式如 K 列所示。

❶ 矩阵转置：使用 TRANSPOSE 函数，操作方法是首先选定结果区域，而后在公式栏中输入 "=TRANSPOSE（原始矩阵）"，结果区域要根据原始矩阵的大小设定，如原始矩阵为 4 行 3 列，则选定的结果区域需为 3 行 4 列方可返回全部转置结果。由于 TRANSPOSE 函数属于数组函数，在输入公式后需按 CSE 返回（图 8-16，#1）。

❷ 矩阵相乘：使用 MULT 函数，操作方法是首先选定结果区域，输入公式 "=MMULT(矩阵 A, 矩阵 B)"，按 CSE 返回。结果区域要根据原始矩阵的大小设定，如原始矩阵分别为 2 行 2 列和 2 行 3 列，则选定的结果区域需为 2 行 3 列方可

返回全部结果，即要求矩阵 A 的列数等于矩阵 B 的行数（#2）。

❸ 矩阵求逆：使用 MINVERSE 函数，操作方法是首先选定结果区域，在公式栏输入"=MINVERSE（原始矩阵）"，按 CSE 返回。本函数要求输入矩阵为行列数相同的方阵，输出数组的行列数相同（#3）。对矩阵逆运算结果可进一步验证，使用 MMULT 函数将矩阵及其逆矩阵相乘，结果应为对角线元素等于 1、其他元素为 0 的单位矩阵。

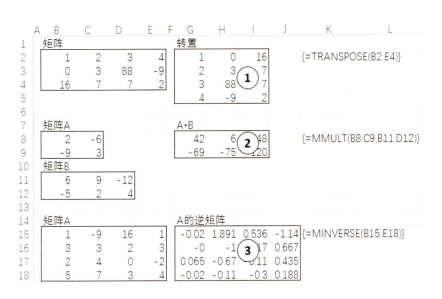

图 8-16　Excel 的矩阵运算函数

8.4　时间序列分析

时间序列是按时间顺序连续记录的变量观测值的集合，如股票价格、物价走势、营业收入和国内生产总值，这些数据的时间频度可能各不相同，但同一个序列内部不同数据点的时间间隔通常一致。简单而言，时间序列分析就是使用各种统计方法，分析历史数据中存在的各种规律、特征等数据信息，并预测其未来走向。

8.3 节介绍的回归方法可以直接用于时间序列数据的分析和预测，问题是回归分析需要明确时间序列可能受到哪些解释变量的影响，而后进一步检验、筛选出部分变量进入模型。现实世界的时间序列数据复杂多变，就预测用途而言，上述方法存在许多限制，实际应用效果也不理想。因此，更常用的方法是假定历史数据已经包含了所有已知和未知变量的影响结果，通过分析时间序列自身的过往数据，从中寻找有价值的信号或可识别的系统特征，并在此基础上预测未来走势。

在商业金融领域，传统的时间序列预测方法主要包含两个分支：分解法和差分自回归移动平均（ARIMA）方法。分解法的基本框架是首先在理论层面将时间序列分解为系统成分和非系统成分。系统成分是指时间序列内部重复发生、可识别的系统性特征。非系统成分则代表不可预测的残余项[①]。其中，最常见的系统性特征是趋势（周期）和季节性。

趋势及检测

本节要点

趋势的性质。使用快捷方式和相关函数拟合趋势。检测时间序列中是否存在趋势的常用方法。

· 应用场景

趋势包括上升趋势和下降趋势，反映了随着时间推移，数据序列在总体上所表现出的持续向上或向下的变动特征。趋势的强弱或显著程度可能各不相同，有时只需观察图表即可直接感知，有时则需要使用统计方法检测确定。并非所有的时间序列都包含趋势特征，有些时间序列会围绕某一长期值上下波动，在不同的时间点上观察，总体水平都基本保持稳定，此类时间序列常被称为平稳或水平序列[②]。

趋势可能是随机过程导致，也可能反映了观测值和时间之间的某种固定关系，后者一般称为确定性趋势，例如，线性趋势可表示为 $y_t = b_0 + b_1 t$，其中 t 为时间标记，通常表示为从 1 开始、随时间递增的自然数。分解法中的趋势指的就是确定性趋势。

图表、回归分析和自相关系数是检测时间序列是否存在趋势的三种常用方法。时间序列的趋势检测通常都从图表开始。将时间序列绘制成折线图，即可在视觉层面查看趋势的强弱。图 8-17 是贵州茅台 2003~2019 年各季度营业收入折线图，趋势特征表现得极为突出，显然无须再使用其他方法检测确认。

[①] 对该非系统成分存在多种叫法，如"噪声""残差""随机"等，本书后文遵循常见惯例，使用"随机"一词，但严格而言，该残余项仍可能存在某些非随机的规律，并非白噪声序列。
[②] 严格而言，除了均值不变，平稳系列还要求时间序列的方差等其他统计特性保持稳定。

图 8-17　贵州茅台季度营业收入时间序列

在另一些情况下，仅凭视觉检测可能无法得出确切结论。例如，观察图 8-18 的营业收入折线走势，很难判定是否存在明确趋势。此时可借助一些简单的统计学方法，为趋势判断提供量化支持。例如，计算观测值和时间之间的相关系数、对观测值和时间变量运行回归分析等。图 8-18 中的趋势线展示了快速线性回归的结果，R 平方值表明观测值 y 的数据变异中，可通过时间变量解释的部分不足两成。除了 R 平方值，还可进一步对线性模型进行 F 检验（图 8-13，#2），例如，假设检验结果概率值为 0.28，含义是假设观测值和时间变量之间不存在线性关系，则观测到 R 平方为 19% 的概率为 28%。一般来说，上述统计指标和检验结果不支持该序列包含趋势的结论。

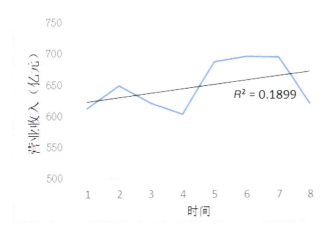

图 8-18　通过回归方法检测时间序列中的趋势

除了图表检测和回归方法，趋势检验还可借助自相关函数（ACF）。顾名思义，自相关系数实质上是一种相关关系，区别在于，相关系数衡量的是两个不同变量间的线性关联，对于自相关系数，这两个变量是同一个时间序列内部、两组有固定间隔的观测值，例如第 1~19 个观测值和第 2~20 个观测值。因此，自相关系数反映的是序列内部的依赖关系，两个子序列的间隔期数被称为滞后阶数，一阶自相关系数反映观测值与其滞后一期观测值间的关系，二阶自相关则代表滞后二期的关联，如第 1~18 个和第 3~20 个观测值。某一阶数的自相关系数如果显著不为零，则表明时间序列在该阶数上存在自相关。趋势就是导致自相关的众多原因之一。

一般来说，趋势的统计学含义就是时间序列中相邻观测值之间存在较强相关性，意味着一阶自相关系数较高，同时由于趋势相关的延续性，更高阶的自相关系数会呈现较为缓慢的逐步下降形态。图 8-17 中营业收入时间序列的一阶自相关系数高达 0.9，二阶和三阶自相关系数仍维持在 0.8 以上，反映出强烈的趋势特征。

8.2 节曾介绍过相关系数等于两个变量的协方差除以各自标准差的乘积，可直接使用 CORREL 函数计算。Excel 未提供可用于计算自相关系数的函数或工具。不过，自相关系数的计算和相关系数的计算仅存在细微区别，在观测值数量较多的情况下，两者计算结果相近，因此也可使用 CORREL 函数近似计算时间序列的自相关系数。

· 操作实务

在 Excel 中，可通过填充工具或 TREND 函数快速生成时间序列的线性趋势。和普通线性回归不同，拟合时间序列趋势并不需要提供自变量（时间）。回顾 3.2 节介绍的填充工具，任意给定一组初始数值，通过简单的鼠标拖动操作，Excel 将自动产生预测值。默认情况下，Excel 就是将给定的初始值视为时间序列，并进行线性趋势的拟合与预测。操作步骤如下。

❶ 选定至少包含 2 个数据的初始值（图 8-19，#1）。

❷ 将鼠标指针移至初始单元格的右下角，屏幕上将出现十字填充柄，此时按住鼠标右键向目标方向拖动，到达目标单元格后释放鼠标（#2）。

❸ 在打开的快捷菜单内，单击"等差序列"（#3），Excel 会自动使用简单线性回归模型 $y_t = b_0 + b_1 t$ 对选定的初始值进行拟合，并在目标区域产生预测结果。问题是，本例的操作过程并未提供任何自变量，Excel 能够自动产生预测结果的原因是：因变量 y 是选定的初始值，隐含解释变量是时间。由于初始值包含 14 个单元格（C2:C15 区域），Excel 使用自然数序列 1 至序列 14，当作自变量 t（#4），并运行简单线性回归，得到拟合参数 b_0 和拟合参数 b_1 分别为 88.96 和 7.56。

待填充区域（C16:C18 区域）包含 3 个单元格，Excel 在上一步隐含自变量 t 的基础上，递增产生 3 个新的自变量值 15、16、17（#5），并计算对应的预测值。例如，$t=15$ 时，预测 $y=88.96+7.56 \times 15=202.36$。

❹ 作为对比，D16 单元格至 D18 单元格使用 TREND 函数预测，和填充操作的结果完全相同（#6）。

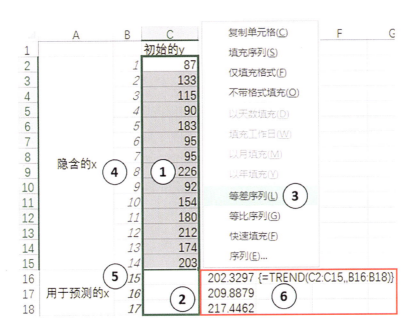

图 8-19　快速填充工具

公式和函数

函数 TREND(y, [x], [new_x], [const]) 使用线性模型根据给定的因变量和自变量计算拟合值，也可根据新指定的解释变量值，计算预测的 y 值。

- 自变量 x 为可选参数，在缺失状态下，Excel 使用和 y 长度相同的自然数数组 {1,2,3…} 作为解释变量，相当于时间序列的线性趋势模型。
- new_x 是需计算预测 y 值的新 x 值，列数（即解释变量个数）应与 x 相同。缺省状态下，函数假定 new_x 和 x 相同，此时函数返回的是拟合值。如 x 和 new_x 都缺失，则使用和 y 长度相同的自然数数组作为自变量，并返回拟合值。
- 如果 new_x 包含多个数值，TREND 应以数组方式使用才能返回完整结果。

例如，在公式 =TREND(C2:C15, ,B16:B18) 中，C2:C15 为 y，x 缺失，B16:B18 为 new_x。类似地，上例如需产生拟合值，只需提供因变量 y 并以数组方式返回即可：=TREND(C2:C15)。

趋势可能以直线或曲线等多种形态存在。图 8-19 中的"等差序列"使用的是简单线性回归，"等差"一词的含义是第 t 期和第 $t-1$ 期拟合值之差恒定，即 $\Delta y = y_t - y_{t-1} = b_1$，产生的趋势线自然是直线。如果在打开的快捷菜单内选择"等比序列"，则 Excel 将使用指数回归模型 $y_t = b_0 * exp(b_1 t)$ 拟合该时间序列的趋势，填充原理和简单线性回归完全相同。

许多经济和商业时间序列的趋势常常同时伴随周期现象。周期是围绕长期趋势的交替波动。例如，房产价格在保持上升趋势的同时，也会呈现出周期性的起伏，即持续时间较长的价格上涨和下跌循环，高峰期和低谷期的观测值可能会大幅度偏离其长期趋势线。类似现象大多是由商业周期因素导致的，在实践应用中很难估计，一般做法是将趋势和周期成分合二为一。

季节性及检测

本节要点

时间序列中的季节性未必是一年四季。检测季节性的几种常用途径。使用回归方法检测季节性。

· 应用场景

季节性是与季节、日历或时间有关，按固定间隔期不断重复的特征。季节性一词很容易被误认为仅和一年四季相关。确实，在许多时间序列数据中，四季更迭所导致的气候变化、节假日等因素的影响会每年重复。例如，不同季节的流感数量、航空公司各季度的载客量、每月啤酒销量、房地产市场的销售量（广泛流传的"金九银十"）等都会表现出显著的季节特征，季节性规律每年循环一次。但在时间序列分析中，季节性一词的含义要远远超出一年四季或十二个月的范畴。一个"季节"可能代表一天，如周一到周日的公园游客数量，也可能是一个小时或几个小时构成的时段，如一天中各时段的用电量、工作日按小时计的公共交通乘客流量等。这些数据序列中的重复特征每周或每天循环一次，但和一年循环一次的四季一样，都是时间序列中的季节性构成。

趋势和季节特征在许多商业数据中经常同时出现，如上市公司营业收入常年保持增长趋势，同时又存在显著的季节特点：某个季度或月份的销售额总是高于年内的其他时期。

和趋势类似，季节性的检测同样可通过图表、回归函数和自回归函数等途径实现。图 8-20 是旅游上市公司张家界的季度营业收入折线图，可看出该序列基本不存在趋势特征，但折线有规律的交替起伏证明季节特性显著，考虑到该公司的所处行业，这一特征显然在意料之中。在视觉检测方面，除了普通折线图，季节性检测还可借助季节周期图（cycle plots）、箱线图（box plots）等。

前已说明，季节现象按固定的间隔期重复。假设一个完整的季节周期（如年）内包含 k 个季节（如季度），季节性在图像上展现为以 k 个数据点为间隔的重复形态。从前文介绍的自相关角度看，季节性的含义是时间序列中的第 i 个元素和第 $i \sim k$ 个元素之间存在依赖关系，意味着 k 阶自相关系数通常会较显著。因此，计算自相关系数也是检测季节性的一种途径。

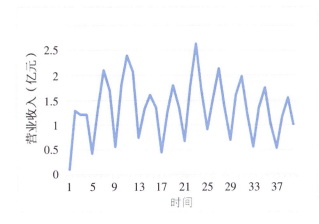

图 8-20　季度营业收入时间序列

图 8-20 中季节特征表现清晰，部分是因为未受到其他成分的干扰。在较复杂的情形下，视觉检测可能未必能给出确切答案。例如，在图 8-18 中，在长期上升趋势之外，折线的上下起伏是否反映季节现象？简单的回归分析可给出量化参考。回归检测的基本思路是，观测值的数据变异中，除了相当一部分可归因于时间变量（趋势）外，不同的季节属性是否也有解释作用？为此，可以将季节属性作为解释变量纳入回归模型。此类属性变量通常采用 0/1 编码方式，一般称为虚拟变量或哑变量（dummy variable）。

· 操作实务

具体来说，本例包含 4 个季节（季度），即季节属性包含 4 个可能取值，为此只需加入 3 个哑变量即可，分别为季度 1、季度 2 和季度 3[1]。例如，对于第一季度的观测值，变量季度 1 的取值为 1，其余变量取值为 0。对于第四季度的观测值，上述 3 个变量的取值均为 0。图 8-21 展示了回归分析的运行结果。

❶ C 列为季度营业收入时间序列（图 8-21，#1）。

❷ D:G 列为 4 个解释变量，分别是代表趋势成分的时间变量 t 以及 $q1$、$q2$、$q3$ 3 个季节哑变量（#2），注意季度 4 的取值均为 0。

❸ 使用 8.3 节介绍的回归分析工具，以 C 列为因变量、D:G 列为自变量运行回归分析。输出结果显示，3 个季度变量系数 t 检验的 P 值都很大（#3），不能拒绝系数为 0 的零假设，表明季节性不显著。

事实上，如果仔细考察 C 列的原始数据，可发现在 2008 年之前，营业收入通常在第二季度最低、第四季度最高，表现出明确和稳定的季节性。季节性在此后逐步消失的原因值得进一步探究。

	A	B	C	D	E	F	G	H	I	J	K	L	M
1	年度	季度	营业收入	t	q1	q2	q3						
2	2003	1	7..8.9	1	0	0	0		SUMMARY OUTPUT				
3	2003	2	2..5.8	2	0	1	0						
4	2003	3	54369.7	3	0	0	1		回归统计				
5	2003	4	84827.4	4	0	0	0		Multiple R	0.90582			
6	2004	1	85343.2	5	1	0	0		R Square	0.82051			
7	2004	2	46067.7	6	0	1	0		Adjusted R	0.80912			
8	2004	3	75632.9	7	0	0	1		标准误差	276184			
9	2004	4	93935.5	8	0	0	0		观测值	68			
10	2005	1	114401.7	9	1	0	0						
11	2005	2	54212.7	10	0	1	0		方差分析				
12	2005	3	89417.5	11	0	0	1			df	SS	MS	F
13	2005	4	135019.6	12	0	0	0		回归分析	4	2.2E+13	5E+12	71.9996
14	2006	1	135300.6	13	1	0	0		残差	63	4.8E+12	8E+10	
15	2006	2	66048.7	14	0	1	0		总计	67	2.7E+13		
16	2006	3	123889.1	15	0	0	1						
17	2006	4	165099.2	16	0	0	0			Coefficient	标准误差	t Stat	P-value
18	2007	1	158753.8	17	1	0	0		Intercept	-291342	90954.5	-3.203	0.00213
19	2007	2	104155.1	18	0	1	0		t	28847.4	1709.14	16.878	4.6E-25
20	2007	3	182929.3	19	0	0	1		q1	-19319	94868.8	-0.204	0.83929
21	2007	4	277904.9	20	0	0	0		q2	-107417	94791.8	-1.1	0.26143
22	2008	1	199349.6	21	1	0	0		q3	-58323	94745.6	-0.616	0.54039
68	2019	3	2144687.0	67	0	0	1						
69	2019	4	2449491.5	68	0	0	0						

图 8-21　使用回归方法检测季节性

· 总结和拓展

除了以上介绍的检测方法，较新版本的 Excel 大幅扩充了时间序列数据的预测

---

[1] 季度 4 可由其他 3 个季度变量完全限定。哑变量个数如果等于属性总数，会导致严重的多元相关问题，该现象也被称为"哑变量陷阱"。

功能，其中包括一个能用于季节性检测的全新函数，相关内容将在后文详细介绍。

顾名思义，分解法的含义就是将时间序列中的结构成分逐一分解。趋势和季节成分的性质不同，对时间序列的作用各异。在确认时间序列包含相关成分的基础上，需要通过适当的分解才能分别量化各自的影响，并在此基础上开展预测。一般来说，分解过程可通过回归或某种形式的移动平均实现，具体选择需要视时间序列的特征而定。

趋势分解

本节要点

常用的趋势分解方法。使用回归分析工具和函数方法分解趋势。

·应用场景

明确了趋势的含义及检测方法后，本节进一步介绍如何从时间序列数据中分离出趋势成分。常用的趋势分离方法大致可分为两个不同类别：回归方法和移动平均。

如果数据序列包含稳定的长期趋势，经历短期扰动后仍倾向于回到趋势线水平，一般可使用回归方法。回归方法构建观测值和时间变量之间的回归模型，用于拟合时间序列中的趋势成分。模型形式并不限于类似 $y_t=b_0+b_1t$ 的简单线性回归，根据具体的趋势特征，可能采用指数或多项式回归等多种形式（表 8-1）。

·操作实务

图 8-22 中的 C 列是贵州茅台各季度营业收入的时间序列，即图 8-18 的绘图数据。E 列为时间变量，绘图显示较适合使用指数回归模型，因此在 D 列使用 LN 函数对营业收入进行对数转换。简单起见，该数据未经价格因素调整。

使用 Excel 数据分析工具内的回归分析功能，分别以 D 列和 E 列为因变量 y 和自变量 x，返回结果如 G:L 列所示。K19 单元格的 P 值极小，表明时间解释变量 t 统计显著。H6 单元格的 R 平方值将近 95%，说明模型解释了观测值数据变异中的绝大部分，反映在图表中是拟合线基本和原始数据折线几乎同步。

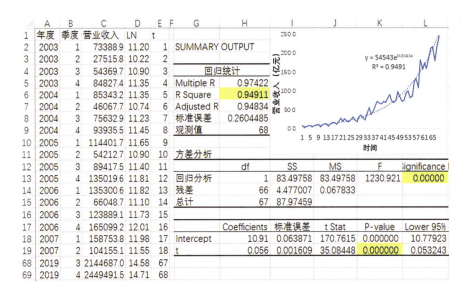

	A	B	C	D	E	F	G	H	I	J	K	L
1	年度	季度	营业收入	LN	t							
2	2003	1	73388.9	11.20	1		SUMMARY OUTPUT					
3	2003	2	27515.8	10.22	2							
4	2003	3	54369.7	10.90	3		回归统计					
5	2003	4	84827.4	11.35	4		Multiple R	0.97422				
6	2004	1	85343.2	11.35	5		R Square	0.94911				
7	2004	2	46067.7	10.74	6		Adjusted R	0.94834				
8	2004	3	75632.9	11.23	7		标准误差	0.2604485				
9	2004	4	93935.5	11.45	8		观测值	68				
10	2005	1	114401.7	11.65	9							
11	2005	2	54212.7	10.90	10		方差分析					
12	2005	3	89417.5	11.40	11			df	SS	MS	F	ignificance
13	2005	4	135019.6	11.81	12		回归分析	1	83.49758	83.49758	1230.921	0.00000
14	2006	1	135300.6	11.82	13		残差	66	4.477007	0.067833		
15	2006	2	66048.7	11.10	14		总计	67	87.97459			
16	2006	3	123889.1	11.73	15							
17	2006	4	165099.2	12.01	16			Coefficients	标准误差	t Stat	P-value	Lower 95%
18	2007	1	158753.8	11.98	17		Intercept	10.91	0.063871	170.7615	0.000000	10.77923
19	2007	2	104155.1	11.55	18		t	0.056	0.001609	35.08448	0.000000	0.053243
68	2019	3	2144687.0	14.58	67							
69	2019	4	2449491.5	14.71	68							

图 8-22　拟合时间序列趋势

前已说明，TREND 函数可用于计算线性回归的拟合值及预测值（图 8-19，#6），但该函数仅适用于线性回归。对于指数回归模型，Excel 提供了执行相同功能的 GROWTH 函数。图 8-23 中，O 列直接使用 GROWTH 函数计算指数回归的趋势拟合值。

	A	B	C	D	E	F	O	P	Q	R
1	年度	季度	营业收入	LN	t		趋势			
2	2003	1	73388.9	11.20	1		57711	{=GROWTH(C2:C69,E2:E69,,1)}		
3	2003	2	27515.8	10.22	2		61063			
4	2003	3	54369.7	10.90	3		64610			
5	2003	4	84827.4	11.35	4		68362			
6	2004	1	85343.2	11.35	5		72333			
7	2004	2	46067.7	10.74	6		76534			
68	2019	3	2144687.0	14.58	67		2395997			
69	2019	4	2449491.5	14.71	68		2535157			

图 8-23　时间序列的趋势分解：回归方法

公式和函数

GROWTH 函数和 TREND 函数的语法形式完全相同，区别在于后者使用线性模型拟合，前者则使用指数模型（或对数线性模型）。因此，两者之间可使用以下公式直接转换：GROWTH(y,x)=EXP(TREND(ln(y),x))。

例如，图 8-23 中的公式"=GROWTH(C2:C73,E2:E73,,1)"如使用 TREND 函数，应改

为 "=EXP(TREND(D2:D73,E2:E73,,1))"，即解释变量应为原始数据的对数值，返回结果再用指数函数还原。

・总结和拓展

显然，本例目的在于演示如何使用回归方法分离趋势，现实当中没有任何公司能够长期维持指数增长，数据曲线的走势高度依赖于样本期间的选择，多数看似指数增长的曲线最终都会逐步过渡到其他形状。

在实际应用中，使用回归方法分解时间序列的趋势成分也存在一些限制因素。回归方法使用单一方程描述、界定所有观测值与时间变量之间的关系，意味着每一期的趋势变化特点（如等差或等比）都固定不变，因此一般仅适合呈现单调特征（持续上升或下降）的数据曲线。而现实世界的时间序列要复杂许多，上升或下降趋势会在某些阶段加速、在另一些时期趋缓，并受到周期等因素的干扰，导致回归方法的拟合误差通常较大。如果时间序列展现出长期起伏的周期性特征，一般来说更适合使用非参数的移动平均方法。移动平均有多种版本，简单移动平均（SMA）是其中最初始的形式。

简单移动平均

本节要点

简单移动平均的基本概念。使用中心移动平均方法，去除时间序列的噪声和季节影响，从中分解出趋势周期成分。

・应用场景

给定一个时间序列，如何预测下一期的数据？有两种最简单的办法，分别位于两个不同的极端上：使用历史观测值的平均值或是最近一期观测值，作为下期值的最佳预测。前者假定未来取决于所有历史数据的平均水平，后者则认为只有最近观测值才会影响下期值，除此之外的全部过往数据都可忽略。

移动平均则介于以上两个极端之间。移动平均采取折中办法，侧重较近窗口期的观测值，并采用某种滚动方式计算平均值，以此作为下期数据的预测参考。常见的移动平均方法包括简单移动平均、加权移动平均和指数平滑等。简单和加权移动平均都是对最近 n 期数据求平均值，在随时间推移的计算过程中，不断使用新的数据点替换最早的数据点，区别在于前者使用等权重的简单平均，后者则为各期数据点指定不同的权重，如赋予较新数据更大权重等。

移动平均在金融市场的技术分析中应用广泛，常用于在趋势市场中寻找买卖信号和阻力支撑位等。图8-24中，A:B列是上证综指日收盘数据，C:D列计算了两条简单移动线。

❶ 在 F1 单元格和 F2 单元格内输入需计算的移动平均周期数（图8-24，#1）。将周期参数作为引用而非直接写在公式内，可提高公式灵活性，修改单元格值就可以更改计算周期，不需要编辑公式。

❷ 在 C 列中计算第一个简单移动平均，计算 n 期移动平均至少需要 n 个数据点。因此，以 C6 单元格为例，公式使用 IF 函数检查当前行数是否超过移动平均周期，如果判断结果为真，则使用 OFFSET 函数获得动态引用地址并求平均，图8-24中箭头展示了 OFFSET 函数的引用参数，过程和图8-4相同（#2）。

❸ 在 D 列计算第二个简单移动平均，过程同上（#3）。

	A	B	C	D	E	F	G	H
1	日期	上证综指	SMA(5)	SMA(10)	MA1=	5	①	
2	2019/4/1	3170.36			MA2=	10		
3	2019/4/2	3176.82	②					
4	2019/4/3	3216.3						
5	2019/4/4	3246.57						
6	2019/4/8	3244.81	3210.97					
7	2019/4/9	3239.66	3224.83					
8	2019/4/10	3241.93	3237.85	③				
9	2019/4/11	3189.96	3232.59					
10	2019/4/12	3188.63	3221.00					
11	2019/4/15	3177.79	3207.59	3209.28				
36	2019/5/23	2852.52	2880.62	2902.4				
37	2019/5/24	2852.99	2874.76	2893.78				
38								
39		C6公式	=IF(ROW()>$F$1, AVERAGE(OFFSET($B6,0,0,-$F$1)),"")					
40		D11公式	=IF(ROW()>$F$2, AVERAGE(OFFSET($B11,0,0,-$F$2)),"")					

图8-24 计算简单移动平均

移动平均有助于过滤时间序列数据中可能存在的各种"噪声"。单个数据很容易受各种不可测的随机因素的冲击，但这些因素通常不会连续存在，并倾向于相互抵消，通过计算数期数据的平均值，移动平均能够起到过滤作用，有助于揭示时间序列内真正的数据信号。

在设计合理的情况下，移动平均也能够消除时间序列中的季节影响，从而分解出趋势周期成分。此处，"设计合理"的含义是移动平均的计算期数必须和季节周期①完全一致：移动平均的计算窗口应包含一个完整季节周期的观测值，通过对一个周期内所有不同季节的数据求平均，可合理推断不同时期的季节效应会相互抵消、净影响为零，从可确保分离出的数据不受季节影响。例如，对于季度和月度时间序列，移动平均的计算期数分别是 4 和 12，以保证每个移动平均值都涵盖了连续的 4 个季度和 12 个月。

· 操作实务

图 8-25 的 D 列是图 8-20 的绘图数据。图 8-25 中实线显示，曲线基本围绕一条基准线上下波动，缺乏明显的线性趋势。而后进入下降趋势至今。与此同时，曲线展现出明显的季节性波动特征。和前文介绍的简单移动平均略有不同，图 8-25 采用中心移动平均（CMA）方法从原序列中分离趋势周期成分。两者的区别如下。

❶ 简单移动平均是从当期数据点向前推，采用的是回顾式计算。例如，SMA_t (5)$=\frac{y_{t-4}+y_{t-3}+y_{t-2}+y_{t-1}+y_t}{5}$。在图 8-24 中，每个移动平均值都落于计算窗口的最后一个观测值上。

❷ 中心移动平均则是以当期数据点为中心，结合回顾和前瞻，计算窗口覆盖前后相同数量的观测值。例如，5 期中心移动平均 CMA_t (5)$=\frac{y_{t-2}+y_{t-1}+y_t+y_{t+1}+y_{t+2}}{5}$，相当于中心移动平均总是和计算窗口的中间数据点对齐。当周期数为奇数时，上述对齐很容易实现，但当周期数为偶数时（如 4 个季度、12 个月），一般做法是对两个相邻的 CMA 值再求平均。

图 8-25 中的时间序列为季度数据，因此移动平均的计算周期为 4。以 F4 单元格中的第 3 期中心移动平均计算为例，公式及引用关系如图 8-25 所示，计算过程如下。

❶ 对 D2:D5 即第 1~4 期求平均值，计算期的中心点位于第 2.5 期。

❷ 对 D3:D6 即第 2~5 期求平均值，该计算期中心点是 3.5。

❸ 对以上两个移动平均值再求平均值，得到第 3 期的 CMA 值。

❹ 其余各期依此类推。

---

①此处及后文"季节周期"一词的含义是一次完整的季节循环（1~4 季度、1~12 月等）所包含的季节（时期）数，和趋势周期成分中的"周期"含义不同，后者的长度和规律通常不确定。

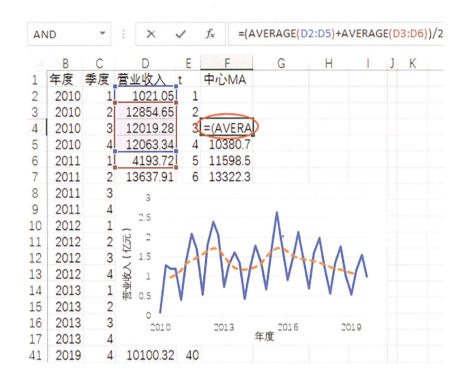

图 8-25 时间序列的趋势分解：中心移动平均

· **总结和拓展**

图 8-25 折线图中的虚线就是最终得到的趋势周期系列。根据分解法理论框架，时间序列内的系统成分主要由趋势和季节性构成。前面的介绍一直围绕如何分解趋势，进一步的任务是如何分解出季节性成分。

事实上，分解趋势和分解季节性是同一个过程的两面：分解趋势首先通过某种方式消除或隔离季节性的影响，反过来，分解季节性成分也需要先剥离趋势的作用。从时间序列中以某种方式移除趋势的过程通常称为去趋势化（detrend），去除趋势后的时间序列即可进一步用于计算季节效应。从时间序列中移除该季节效应的过程称为去季节化（deseasonalize）或季节调整。

去趋势化和去季节化

本节要点

两种不同的时间序列分解模型及其成因。使用不同的模型实施去趋势化和去季节化操作。季节效应的含义、计算方法以及标准化转换的基本原理。

采用何种方式进行去趋势化以及随后的去季节化，在很大程度上取决于时间序列的季节特征。季节现象在时间序列数据中十分常见，成因多种多样，如气候、地理等自然因素、节假日和文化以及各类日历、时间因素等。

季节波动的绝对幅度可能在整个时间序列内保持稳定，不依赖于时间序列水平的高低。例如，假设无论平均失业率的总体水平如何，春季失业率总是较正常水平低 0.5%。此时，如需对春季的失业率数据进行季节调整，只需在观测值的基础上加回 0.5% 即可，调整结果代表如果不受季节影响、春季失业率应有的正常水平。在时间序列建模中，具备以上季节波动特征的时间序列应使用加法（additive）模型，即：时间序列 = 趋势 + 季节 + 随机。

显然，不是所有时间序列的季节波动都符合上述特点。季节波动幅度可能跟随时间序列的总体水平而变，如营业收入越高、季节变动的幅度也越大。如果存在季节效应，股票指数在 10,000 点和 1,000 点时的波动幅度显然会有巨大差异。但如将绝对幅度转换为百分比来衡量，上述波动则基本保持稳定。这种类型的时间序列应使用乘法（multiplicative）模型：时间序列 = 趋势 * 季节 * 随机。

· 操作实务

图 8-26 首先采用加法模型展示去趋势化、计算季节效应[①]以及季节调整的过程。

❶ F 列是使用中心移动平均计算的趋势周期序列（图 8-26，#1），反映时间序列在各时间点上、不受季节因素影响的正常水平。

❷ G 列计算趋势分离后的季节和随机序列，根据加法模型"时间序列 = 趋势 + 季节 + 随机"，转换得"季节 + 随机 = 时间序列 − 趋势"，即 G 列 =D 列 −F 列（#2）。G 列代表了每一个特定季节的观测值与所在特定季节周期的平均水平的偏离。在图 8-26 的折线图中，实心圆圈代表的是所有季度 3 的观测值，可以发现这些值全都位于平滑线的上方。如 2015 年季度 3 的观测值较正常水平高 9 152 万元，反映的是 2015 年季度 3 观测值和所属季节周期正常值的偏离幅度，在图中表示为垂直虚线。如果将所有季度 3 的偏离即所有虚线长度求平均，就可以得到消除随机扰动后的季节效应，代表不同年度的季度 3 与其正常水平的平均偏离，也就是季度 3 的季节效应。

❸ 根据以上逻辑，下一步使用 AVERAGEIF 函数将 G 列结果按所属季度

① 从公式可以看出，季节成分在加法和乘法模型中分别体现为绝对数值和比例值，因此在不同模型中经常有不同叫法，如"季节因子""季节系数"等，本书为简化理解，统一使用"季节效应"一词。

分别计算条件平均值（#3）。例如，J4 单元格计算季度 3 的季节效应，公式"=AVERAGEIF($C$4:$C$38,I4,$G$4:$G$38)"判断条件区域$C$4:$C$38 中的季度是否为 3，如满足条件，对计算区域$G$4:$G$38 中相应的数据行求平均值。

❹ 问题是，J2:J5 区域计算结果的合计（以及平均）不为零，导致不同的季节效应无法直接对比。例如，假设所有季节效应的平均值为 20，有两个季节的季节效应分别是 100 和 −100，两者在强度上并不相等（分别为 80 和 120）。为此，需要将上述季节效应进行标准化转换，方法是首先计算平均数，然后从各个季节效应中减去该值，转换后的季节效应全都以零值为基准，不同季节效应间可直接比较大小。图 8-26 中，K2:K5 区域的值等于 J2:J5 区域的值减 J6 单元格的平均值。（#4）

❺ M 列使用 VLOOKUP 函数，根据 C 列的季度值，从 I2:K5 区域内检索并在 K 列内读取对应的标准化季节效应，生成季节性序列（#5）。

❻ 继续根据加法模型，随机 = 时间序列 − 趋势 − 季节，即 N 列 =D 列 −F 列 −M 列，最终得到剔除趋势和季节后的随机残余序列（#6）。

❼ 加法模型的季节效应衡量各个季节相对正常水平的偏离值。例如，季度 3 的标准化季节效应是 5,929 万元，含义是季度 3 营业收入较正常季度营收高 5,929 万元，将实际观测值减去该值，即可得到经季节调整或去季节化的数据。季节调整数据如 O 列所示，所用公式为：O 列 =D 列 −M 列（#7）。

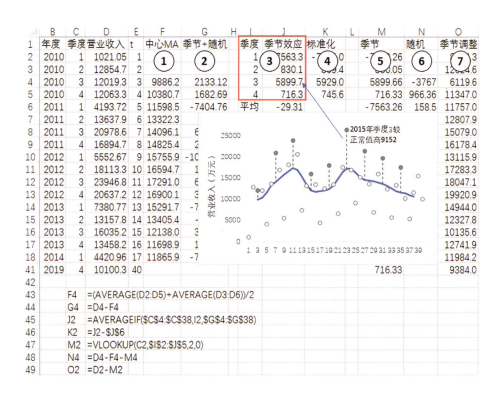

图 8-26 使用加法模型分解时间序列

图 8-26 步骤 1~6 完成了加法模型的时间序列分解，分别将 F 列、M 列和 N 列数据绘图，得到分解后的时间序列三项构成，从上到下依次代表趋势、季节性和随机因素（图 8-27，#8）。

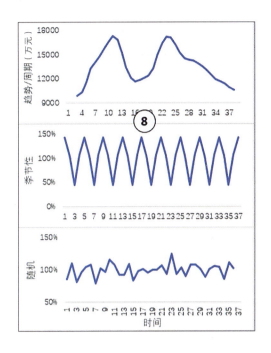

图 8-27　营业收入时间序列的三部分构成

使用乘法模型分解时间序列的基本逻辑和实施过程和图 8-26 完全相同，只是在各步骤的具体计算公式存在差别，季节效应的含义以及标准化转换方法也有所不同。图 8-28 展示了使用乘法模型执行去趋势化以及季节调整的过程。

❶ F 列分离趋势成分，方法和加法模型相同（图 8-28，#1）。

❷ G 列计算去趋势化，根据乘法模型"时间序列 = 趋势 * 季节 * 随机"，转换得"季节 * 随机 = 时间序列 / 趋势"，即 G 列 =D 列 /F 列（#2）。和加法模型不同，G 列将每个季度和所属季节周期正常水平的偏离表示为百分比。

❸ 使用 AVERAGEIF 函数将 G 列结果按所属季度分别计算平均，得到消除随机扰动后的季节效应（#3）。

❹ 类似地，J2:J5 区域的平均值不为零，导致不同季节的百分比不能直接对比。为此，需要将上述季节效应进行标准化转换，方法是首先计算平均数，然后将各个季节效应除以该值。图 8-28 中，K2:K5 区域的值等于 J2:J5 区域的值除以 J6 单元格的平均值。（#4）

❺ M 列使用 VLOOKUP 函数读取时间序列中每个观测值所对应的季节效应，生成季节性序列（#5）。

❻ 根据乘法模型，随机 = 时间序列 /（趋势＊季节），即 N 列 =D 列 /（F 列 ＊M 列），最终得到剔除趋势和季节后的随机残余序列（#6）。

❼ 乘法模型的季节效应衡量特定季节数据相当于正常水平的百分比例。例如，季度 1 的标准化季节效应为 44.8%，含义是季度 1 营业收入是正常季度营收的 44.8%，将实际数字除以该比例，即可得到经季节调整的数据。O 列公式为：=D 列 / M 列（#7）。

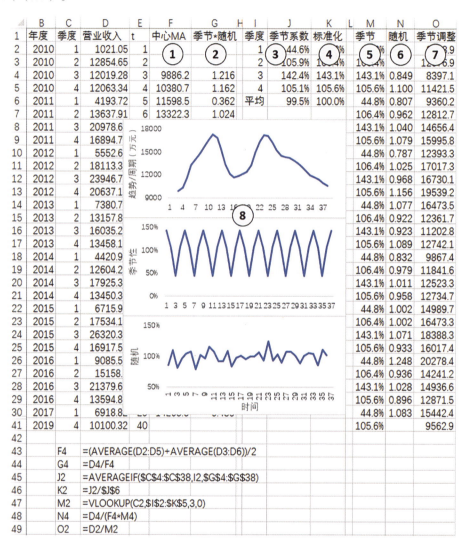

图 8-28　使用乘法模型分解时间序列

以上完成了乘法模型的时间序列分解，同样将 F 列、M 列和 N 列绘图，得到分解后的三项构成，从上到下三张图表分别代表趋势、季节性和随机因素（图 8-28，#8）。由于本例数据的趋势特征不显著，季节波动基本保持稳定，可以看出，加法模型和乘法模型的分解结果十分接近。

· 总结和拓展

在图 8-26 和图 8-28 中，步骤 7 分别使用不同的公式将原始数据转换为季节调整数据，转换后的数据剔除了季节性的影响，季节调整的意义主要体现在两个方面。一方面，从时间序列中分离季节因素后，有助于展现时间序列中的真实信号。另一方面，时间序列预测模型在处理季节性问题上，通常存在两种做法。一是先将原始数据转为季节调整数据，对调整后数据执行预测模型，最后再将先前被移除的季节性加回（通常是季节调整的逆运算）。二是对季节成分直接建模，预测模型中内置了对季节性的量化和计算过程。就第一种做法而言，计算季节效应以及季节调整是预测前的必经步骤。

图 8-26 或图 8-28 中的 O 列是季节调整后的数据，在此基础上选用何种预测方法需要视情况而定。回归是可选的预测方法之一，但前文已介绍相关限制因素。此外，新增观测值后如果重新运行回归，还会导致系数及对应趋势线形状的改变，在稳定性方面也有一定不足。移动平均是另一种常见选择。例如，在 t 期时点上，以包括 t 期在内的最近 N 个数值的简单移动平均作为对下一期（$t+1$）的预测值，可记为 $\hat{y}_{t+1}=SMA_t^N$。

显然，用于求平均的期数 N 越大，移动平均的过滤作用就越显著，表现在图表上，移动平均线会越平滑。例如，在大多数股票价格图表中，20 天均线的变动通常会比 5 天均线的变动缓慢得多。不过，平滑并非没有代价。以股票价格变动为例，在横盘整理的市况下，均线系统会倾向于相互缠绕，表面上看似乎紧随价格波动，而一旦横向震荡结束，价格发生趋势改变，此时均线系统往往会严重滞后于价格，需要较长时间才会和上述变化同步。当然，在股票市场，作为最常用的滞后信号指标之一，移动平均的意义主要不在于预测，而在于为交易决策提供参考信号，对价格趋势变动适当的延后确认，有助于过滤大量虚假信号，因此过滤功能相对更重要。但就预测用途而言，能否及时识别、跟踪上述趋势变化更加关键，否则就失去了预测的意义。

对于 N 期简单移动平均，N 期以前的观测值被直接丢弃，也可理解为权重为零，最近 N 期观测值的权重均为 $1/N$。为了更加灵敏地跟踪趋势变化，简单的思路是赋予近期数据点更大权重。指数加权移动平均（EWMA）或指数平滑就是该思路的具体运用之一，在时间序列分析领域的使用十分普遍。指数平滑包含一个或多个平滑系数，并据此计算赋予每个观测值的权重。无论平滑系数的取值如何，总体来看，在指数平滑中，所有历史数据都会被赋予某种权重，但权重逐步向前衰减，越近期的数据的影响力越大。指数平滑存在多种形式，后文将从单一（single）或简单指数平滑开始，逐步过渡到双重及三重指数平滑。

简单指数平滑

本节要点

简单指数平滑的基本原理和平滑系数的含义。分别使用公式函数方法及 Excel 指数平滑工具，对上节得到的季节调整营业收入数据实施基于简单指数平滑模型的预测。

· 应用场景

简单指数平滑公式的一般形式是 $\hat{y}_{t+1}=ay_t+(1-a)\hat{y}_t$ [1]，即第 $t+1$ 期的预测值等于平滑系数 a 乘以 t 期实际值加上 $1-a$ 乘以对 t 期的预测值。其中，平滑系数是介于 0 至 1 之间的数值，指数平滑预测通常从第 3 期开始。从公式可以看出，和简单平均的增加一个新数据点同时丢弃一个旧数据点不同，指数平滑保留了所有的历史数据并赋予不同的权重。平滑系数 a 越大，则最新数据点的影响越大，历史数据的权重衰减得越快 [2]。

· 操作实务

以图 8-26 的季节调整数据为基础，图 8-29 演示了使用简单指数平滑的预测过程。

❶ 假设平滑系数 a=0.1（图 8-29，#1）。

❷ 对 t=1 期没有预测，P2 单元格留空。把 t=1 期的实际值作为对 t=2 期的预测值，因此将单元格 O2 的值写入 P3 单元格（#2）。

❸ 指数平滑从第 3 期开始实施。在 P4 单元格写入公式后拖动复制至 P42 单元格。例如，P4 单元格是对第 3 期的预测，公式为平滑系数 a 乘以第 2 期实际值即 O3 单元格的值，加上 1 减 a 乘以对第 2 期的预测值即 P3 单元格的值（#3）。

❹ S6 单元格至 S9 单元格计算了几个用于衡量预测误差的常用指标（#4），如下所示。

S6 单元格：残差平方和，即 O 列实际值和 P 列预测值的差的平方之和，使用函数 SUMXMY2 计算。

S7 单元格：均方误差，将残差平方和除以预测期数。

S8 单元格：均方根误差，对均方误差求开方。

---

[1] 指数平滑公式有误差修正形式和平滑形式两种，两种形式可相互推导，运行结果完全相同，本书采用更容易理解的后一形式。

[2] 将公式展开后可以证明，历史观测值权重以 $a\llbracket(1-a)\rrbracket^t$ 的形式几何递减。

S9单元格：平均绝对百分比误差，对每一期预测误差的绝对值和实际值之比求平均。

❺ 绘图对比实际值和指数平滑预测值（#5）。

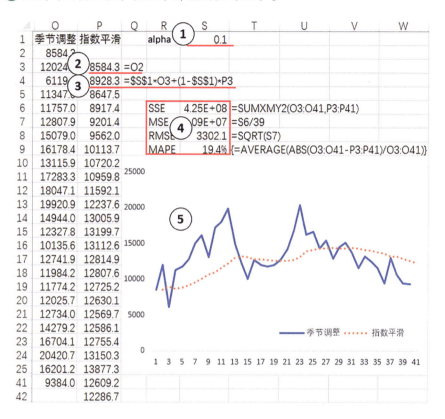

图 8-29 对季节调整后的数据实施简单指数平滑预测

公式和函数

Excel提供了多个可用于数组元素汇总运算的快捷函数，如下所示。

函数名	参数	公式	含义
SUMXMY2	(x,y)	$\sum(x-y)^2$	x 与 y 之差的平方和
SUMX2MY2	(x,y)	$\sum(x^2-y^2)$	x 平方与 y 平方之差的和
SUMX2PY2	(x,y)	$\sum(x^2+y^2)$	x 平方与 y 平方之和的和
SUMSQ	(x)	$\sum x^2$	x 内各元素的平方和
SUMPRODUCT	(x,y)	$\sum(xy)$	x 与 y 乘积的和

例如，=SUMXMY2(O3:O41,P3:P41) 等价于 {=SUM((O3:O41−P3:P41)^2)}。

除了使用公式，指数平滑还可以通过Excel数据分析工具界面完成。打开"数据分析"对话框，在列表内选择"指数平滑"，打开如图8-30所示对话框，主要输入和输出项如下。

❶ 输入区域（图8-30，#1）：引用的时间序列数据地址。

❷ 阻尼系数（#2）：也称衰减因子，对应指数平滑公式中的$1-a$。图8-29的平滑过程根据给定的平滑系数a执行计算，而Excel指数平滑工具则要求输入$1-a$，因此使用时应注意转换。

❸ 标志：输入区域是否包含标题行。

❹ 输出区域（#3）：指定指数平滑的输出位置。

❺ 标准误差（#4）：使用预测值和实际值的残差平方和计算的预测误差，类似均方根误差。但Excel指数平滑以滚动方式返回最近几期数据的均方根误差，通常意义不大。

❻ 指数平滑工具的输出如Y列所示（#5）。可以看出，计算结果和P列的公式计算完全相同。和回归等其他工具不同，Excel指数平滑输出的是计算公式而非静态结果，唯一不便之处是平滑及阻尼系数两项参数被"写死"在公式内。

图8-30 Excel数据分析工具－指数平滑

· **总结和拓展**

图8-29的平滑过程依赖于事先给定的平滑系数a。显然，不同的平滑系数会

产生不同的计算结果。S2 单元格至 S5 单元格内各项误差指标的意义就是可用于对比不同 a 值的预测效果。例如，当 a=0.1 时，均方根误差为 3,302.1，当 a=0.5 时则降至 2,446，通常表明后者的预测效果更优。因此，伴随指数平滑的一项常见任务是找到最优的平滑系数值，具体含义和过程将在第 9 章进一步介绍。

指数移动平均（EMA）指标在金融市场技术分析中使用广泛。例如，12 天和 26 天 EMA 指标被进一步用于异同移动平均（MACD）指标的计算、50 天与 200 天 EMA 指标经常被用于长期趋势判断等。不过，在金融市场普遍使用的指数平滑模型中，平滑系数一般根据固定公式直接计算，形式如下。

❶ t=1 时，$EMA_1^N = SMA_1^N$：初始 EMA 等同于对应周期数的简单移动平均。

❷ t>1 时，$EMA_t^N = \dfrac{2}{(1+N)} P_t + (1 - \dfrac{2}{(1+N)}) EMA_{t-1}^N$，其中 P_t 为 t 期价格。

上述公式表明，平滑系数 a 等于 $\dfrac{2}{(1+N)}$。以 10 天 EMA 为例，最近一期价格的权重为 2/(1+10)=18.18%，高于简单平均时的 10%。图 8-31 展示了 10 天指数移动平均的计算过程。J11 单元格使用简单移动平均计算首日 EMA，而后从 J12 单元格开始，以前一日的 EMA 和当日收盘价格为基础滚动计算，公式见图 8-31。

	A	B	I	J	K	L	M
1	日期	上证综指		EMA(10)			
2	2019/4/1	3170.36					
3	2019/4/2	3176.82					
4	2019/4/3	3216.3					
5	2019/4/4	3246.57					
6	2019/4/8	3244.81					
7	2019/4/9	3239.66					
8	2019/4/10	3241.93					
9	2019/4/11	3189.96					
10	2019/4/12	3188.63					
11	2019/4/15	3177.79		3209.283	=AVERAGE(B2:B11)		
12	2019/4/16	3253.6		3217.341	=2/(10+1) * B12 +(1-2/(10+1))*J11		

图 8-31　计算指数移动平均

前已说明，指数移动平均通过赋予最近观测值更高权重，在一定程度上可提升跟踪灵敏度和预测能力。观察图 8-29 的折线图，指数平滑线（虚线）的表现也大体可以接受。问题是，本例数据总体上未表现出显著趋势倾向。换种情景，效果可能大不相同。图 8-32 中，虚线代表平滑系数为 0.3 的指数移动平均，可以看出，平滑线在存在趋势变化时表现不佳，预测值和观测值间差异较大。通过加入第二项平滑参数、在模型中引入并量化趋势因素，Holt 双重指数平滑有助于改进指数平滑的预测效果。不过，在理解双重指数平滑模型前，首先需要回顾并修正一下"趋势"一词的概念。

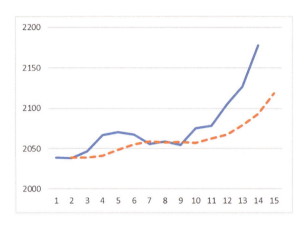

图 8-32　简单指数平滑对趋势序列的预测效果

Holt 双重指数平滑

本节要点

水平和趋势两个概念的区别。双重指数平滑的基本原理和应用场景。使用公式和函数在工作表中部署双重指数模型。

· 应用场景

前文提及，分解法将时间序列分为趋势、季节和随机等三项。随之而来的一个问题是：如果一个时间序列呈横向走势，趋势成分该如何理解。实际上，上述趋势成分可进一步分解成两个部分。以线性模型 $y_t=b_0+b_1t$ 为例，趋势成分指的是拟合值 y_t，但方程右侧表明 y_t 由两部分构成，其中 b_0 为截距，b_1t 是斜率乘以时间变量，代表累积形式的等差变化值。换言之，分解法中的"趋势"实际上是以上两项的合并，其中 b_1t 才是真正的趋势项，当趋势不存在或 $b_1=0$ 时，拟合值始终等于截距项，产生水平方向的拟合线。

类似道理，Holt 模型从增量角度出发，进一步将趋势定义为相邻两期的变动值：$\Delta y=y_{t+1}-y_t$。据此定义，趋势从一个长期概念变成了每一期都在发生变化并可明确量化的短期变量。将上式移项后得到相邻两期之间的关系：$y_{t+1}=y_t+\Delta y_{t+1}$[①]，即

---

① 两点间的斜率为 $\Delta y/\Delta x$，对于相邻两期，$\Delta x=\Delta t=1$，$\Delta y/\Delta x=\Delta y$。因此，$\Delta y$ 等同于两点之间的斜率。

第 $t+1$ 的值等于 t 期值加上本期的改变量。Holt 模型将上述两项分别称为"水平"（level）和"趋势"（trend），y_t 代表时间序列在第 t 期的水平，Δy_{t+1} 是 $t+1$ 期的趋势值，由此，时间序列被分解成了两个部分。

以上关系基于未来视角，即所有数据都是已知的。现在转换到预测模式，假设当前是 t 期，$t+1$ 期的值未知，Δy_{t+1} 自然也未知，该如何预测 $t+1$ 期的值？显然，此时只能依赖最近也即 t 期的已有信息。Holt 模型的思路是首先对 t 期的水平进行指数平滑，然后据此计算 t 期的趋势并同样进行指数平滑，进一步假设该趋势将在下期延续，将 t 期的水平平滑值和 t 期的趋势平滑值加总，就是对 $t+1$ 期的预测值。对 $t+1$ 期的预测记为 $\hat{y}_{t+1}$，t 期的水平平滑值和趋势值分别记为 l_t 和 b_t，得到预测公式：

$$\hat{y}_{t+1}=l_t+b_t \qquad ①$$

在简单指数平滑公式中，$\hat{y}_{t+1}=l_t=ay_t+(1-a)\hat{y}_t$，即 t 期平滑值等于平滑系数 a 乘以 t 期实际值 $\hat{y}_t$ 加上 $1-a$ 乘以对 t 期的预测值 $\hat{y}_t$。在 Holt 模型中，将公式①的逻辑向前推，"对 t 期的预测值"即 $t-1$ 期对 t 期的预测，同样是由 $t-1$ 期的水平平滑 l_{t-1} 和趋势平滑 b_{t-1} 两项构成，即 $\hat{y}_t=l_{t-1}+b_{t-1}$。因此：

$$l_t=ay_t+(1-a)(l_{t-1}+b_{t-1}) \qquad ②$$

得到 t 期的水平平滑值后，t 期的趋势就是 t 期的水平较上期水平的增量，即 l_t-l_{t-1}，记趋势平滑系数为 β，同样进行指数平滑后得到：

$$b_t=\beta(l_t-l_{t-1})+(1-\beta)b_{t-1} \qquad ③$$

最后，假设趋势在 $t+1$ 期延续，将 t 期的水平平滑值和趋势平滑值求和，得到对 $t+1$ 的预测值，推导过程返回至公式①。可以看出，以上过程涉及两次指数平滑，这也是 Holt 方法的名称中"双重"一词的来历。同时，双重指数模型的初始参数由简单指数平滑的 a 变为 a 和 β。

简单指数平滑公式仅反映时间序列的某种平均水平，未包含任何 Δy 项，在 Δy 较大时，也就无法捕捉到时间序列正在发生的趋势变动。Holt 模型通过加入趋势变量，一方面可修正简单指数平滑的前述不足，另一方面也使得多期预测成为可能，回顾线性方程表达式，在 t 期对第 $t+h$ 期的预测可写为：l_t+hh*b_t，即截距 + 时间步长 * 斜率。

· 操作实务

图 8-33 的 E 列是季节调整后的营业收入数据（来自图 8-28 的 O 列），并以此为基础实施 Holt 双重指数平滑，主要步骤如下。

❶ 给定水平和趋势的平滑系数，如 0.3 和 0.1（图 8-33，#1）。

❷ 产生 t=1 期的初始水平和初始趋势。简单起见，假设首期水平等于当期观测值，即 F2=E2，首期趋势等于 0（#2）。

❸ 从第 2 期开始，在 F3 单元格、G3 单元格和 H3 单元格内依次使用公式②、公式③和公式①计算当期的水平平滑、趋势平滑以及对当期的预测值（#3）。

❹ 将公式拖动复制至最后一行。需要注意的是，根据公式①，对当期的预测值是对前一行水平和趋势的求和。例如，对第 41 期的预测等于第 40 期的水平和趋势之和，如图 8-33 中单元格 H42 的引用箭头所示。

❺ 使用函数 SUMXMY2 计算预测的均方根误差（#4）。

	A	B	C	D	E	F	G	H	I	J	K
1	年度	季度	营业收入	t	季节调整	L	b	预测		alpha	0.3
2	2010	1	1021.05	1	8584.3	8584.3	0.0			beta	0.1
3	2010	2	12854.7	2	12024	9616.4	103.2	8584		RMSE	2766.82
4	2010	3	12019.3	3	6119.6	8639.6	-4.8	9720			
5	2010	4	12063.3	4	11347.0	9448.5	76.6	8635			
6	2011	1	4193.72	5	11757.0	10194.6	143.5	9525			
7	2011	2	13637.9	6	12807.9	11079.1	217.6	10338			
8	2011	3	20978.6	7	15079.0	12431.4	331.1	11297			
41	2019	4	10100.3	40	9384.0	10065.9	-313.9	10358			
42								9752			
43											
44						F2	=E2				
45						F3	=$K$1*E3+(1-$K$1)*(F2+G2)				
46						G3	=$K$2*(F3-F2)+(1-$K$2)*G2				
47						H3	=F2+G2				

图 8-33　Holt 双重指数平滑

· 总结和拓展

和简单指数平滑相类似，本例中的两项平滑参数均为事先随意给定，显然不能代表最优值。前已说明，指数平滑通常伴随参数优化，寻找使预测效果最佳的平滑参数值，预测效果如何一般可借助某种误差指标如均方根误差等，进行量化、对比。第 9 章将进一步介绍 Excel 提供的优化工具及具体实施过程。

除了水平和趋势两个平滑参数，Holt 模型还需要提供首期的初始水平和趋势值（图 8-33，#2）。初始值的选择是否以及在多大程度上影响预测结果，主要取决于两方面因素。首先是用于预测的基线数据[①]长度，数据点越多，则初始值的影响会逐渐减弱。其次，初期的数据如果包含异常值，一般也会导致初始值对预测过程造成显著影响。因此，在预计初始值对预测结果有较大作用的情况下，应谨慎对

① 在商业领域的时间序列分析中，基线数据（baseline）可理解为用于产生预测的一系列实际观测值。

比不同方法并选择合理的初始值。在图8-33中，初始水平和趋势平滑值分别被假定为同期观测值和0，这是最简化的一种情形。其他常用的方法包括回测、多期平均、回归、优化等。

回顾本节和上节内容，一个基本结论是简单指数平滑较适合走势平稳的时间序列预测，但如时间序列中包含趋势特征，则双重指数平滑的预测效果通常更好。到此读者或已发现，两种方法都不涉及季节性问题。原因是，无论是简单平滑或是Holt模型，都要求将季节性先行剔除，得到去季节化或季节调整数据再执行预测，最后再将季节成分反向加回。但正如Holt模型通过引入趋势项，扩展了指数平滑的应用范围，如果按类似方法将季节因素纳入模型当中，通过对季节效应的量化和直接建模，上述去季节化和重新季节化步骤就可完全省去，实现Holt模型的再次拓展，以上就是三重指数平滑的由来。

Holt-Winters 三重指数平滑

本节要点

三重指数平滑的基本原理和应用场景。对比三重指数平滑对季节效应的处理方法，与此前介绍的计算方法的差异。

・应用场景

与常规分解法逐步分离趋势和季节效应的做法不同，Holt-Winters 三重指数平滑模型尽管也建立在相同的分解框架之上，但模型将包括趋势和季节在内的成分全部内置，以"集成"的建模方式将各项构成同步分离，并据此直接开展预测。

在双重指数平滑模型中，由于已排除季节效应，水平平滑 l_t 反映的是各期的正常水平。但三重指数平滑面对的是包含季节效应的基线或原始数据，也就是说实际观测值 y_t 中包含了季节影响，在计算 l_t 时，需要将这部分季节效应从实际值中剔除。记第 t 期的季节效应为 s_t，上节的公式②需要调整为：

$$l_t = a\,(y_t - s_t) + (1-a)\,(l_{t-1} + b_{t-1})$$

上式第 1 项从 t 期的实际观测值剔除季节效应 [1]，再进行指数平滑，才能获得不受季节影响的正常水平值。现在再次回到预测视角，在第 t 期，第 t 期的季节效应暂不可知（由于 l_t 尚未计算得到），而每个季节的季节效应各不相同，此时显然不能采用类似趋势的处理办法、将 $t-1$ 期的季节效应作为替代（假设季度 3 的趋势

---

[1] 剔除季节效应的方式取决于使用加法或是乘法模型，此处假设使用加法模型，详情参考"去趋势化和去季节化"一节。

在季度 4 延续是一回事，将季度 3 的季节效应视作季度 4 的替代则完全是另一回事）。更合理的做法是使用距离当期最近的相同季节的效应值，即 s_{t-m}，其中 m 代表每个季节周期的长度或所含的季节数量，对于年度季节现象，本式可理解为上年同期。例如，对于季度数据，假设 $t=5$，则 $s_{t-m}=s_{5-4}=s_1$，含义是在第 5 期时可参考的最近季节效应来自第 1 期而不是第 4 期。对于月份数据，假设 $t=15$，则 $s_{t-m}=s_{15-12}=s_3$，在第 15 期时可用的最近季节效应来自第 3 期。因此，应从实际观测值中扣除滞后 m 期的季节效应，水平平滑公式应调整为：

$$l_t=a\left(y_t-s_{t-m}\right)+\left(1-a\right)\left(l_{t-1}+b_{t-1}\right) \qquad ④$$

趋势平滑的计算公式保持不变：

$$b_t=\beta\left(l_t-l_{t-1}\right)+\left(1-\beta\right)b_{t-1} \qquad ⑤$$

接下来需要对模型的第三项构成即季节效应实施指数平滑。简单指数平滑的基本逻辑和之前相同，等于平滑系数乘以当期季节效应，加上 1 减平滑系数乘以上期季节效应。其中，当期效应表示为 y_t-l_t，原因是经公式④处理后，l_t 代表排除季节影响的水平平滑值，将 t 期观测值减去该值，可以代表 t 期观测到的季节效应。至于上期季节效应，上文已说明应使用 s_{t-m} 而不是 s_{t-1}。综上，引入针对季节因素的全新平滑系数 γ（gamma），得到公式：

$$s_t=\gamma\left(y_t-l_t\right)+\left(1-\gamma\right)s_{t-m} \qquad ⑥$$

最后将水平、趋势和季节三项求和，得到对 $t+1$ 期的预测。需要注意的是，由于预测的是 $t+1$ 期，$t+1$ 期的"上年同期"是 $t+1-m$，因此公式中的季节项应使用 $t+1$ 期而不是 t 期的滞后季节效应，即 s_{t+1-m}。

$$\hat{y}_{t+1}=l_t+b_t+s_{t+1-m} \qquad ⑦$$

· 操作实务

图 8-34 以 B 列的营业收入数据（即图 8-33 的 C 列）为基础，实施 Holt-Winters 三重指数平滑，主要步骤介绍如下。

❶ 给定水平、趋势和季节效应的平滑系数初始值，分别为 0.3、0.2 和 0.3（图 8-34，#1）。

❷ 根据公式⑦，三重指数平滑的预测期应从 $m+1$ 期即第 2 个季节周期开始（否则 $t+1-m\leq0$），原因是需要预留一个完整季节周期的数据点，用于产生不同季节的季节效应初始值即 s_1 至 s_m。将"去趋势化和去季节化"一节计算的季节效应（图 8-26，#4）复制至 G2 单元格至 G5 单元格，分别代表 1~4 季度的季节效应初始值（#2）。

❸ 预测期从 $m+1$ 期开始，初始的水平和趋势值应放在 $t=m$ 期位置。本例为季

度数据，$m=4$，因此在 E5 单元格内输入初始水平，简单起见，假设首期水平等于当期观测值扣除当期季节效应，即 E5=B5-G5（#3）。

❹ 继续在 F5 单元格内输入首期趋势值，使用的公式是"=(B6-B2)/4"，即第 5 期较上年同期的变动除以期数，作为初始季度趋势的估计值（#4）。

❺ 从第 5 期开始，在 E:I 列的第 6 行内依次输入公式（#5）。

E6 单元格：使用公式④计算当期水平平滑。

F6 单元格：使用公式⑤计算当期趋势平滑。

G6 单元格：使用公式⑥计算当期季节平滑。

H6 单元格：使用公式⑦计算当期预测值。注意对当期的预测值是前一行水平、趋势以及"上年同期"季节效应的求和，如图 8-34 中引用箭头所示。

I6 单元格：计算实际值和预测值的误差绝对值。

❻ 将公式拖动复制至最后一行。

❼ 计算预测的均方根误差和平均绝对误差等指标（#6）。

	B	C	D	E	F	G	H	I	J	K	L
1	营业收入	季度t		L	b	s		预测值	误差	alpha	0.3
2	1021.05	1	1			-7534.0				beta	0.2
3	12854.65	2	2			859.0				gamm	0.3
4	12019.28	3	3			5929.0					
5	12063.34	4	4	11317.7	793.2	745.6				RMSE	2778.2
6	4193.72	1	5	11995.9	770.2	-7614.6	4576.9	383.2	MAE	1932.4
7	13637.91	2	6	12769.8	770.9		13625.4	12.5			
8	20978.62	3	7	13993.4	861.5	62?9.8	19469.7	1508.9			
40	15426.68	3	39	11142.3	-429.8	4910.5	16704.6	1277.9			
41	10100.32	4	40	10856.6	-401.0	-991.4	9620.3	480.0			
42											
43				E5	=B5-G5						
44				F5	=(B6-B2)/4						
45											
46				E6	=$L$1*(B6-G2)+(1-$L$1)*(E5+F5)						
47				F6	=$L$2*(E6-E5)+(1-$L$2)*F5						
48				G6	=$L$3*(B6-E6)+(1-$L$3)*G2						
49				H6	=E5+F5+G2						
50				I6	=ABS(B6-H6)						
51											
52				L5	=SQRT(SUMXMY2(B6:B41,H6:H41)/36)						
53				L6	=AVERAGE(I6:I41)						

图 8-34　Holt-Winters 三重指数平滑

313

第 8 章　最常见的分析方法

・总结和拓展

在双重平滑的基础上，三重指数模型增加了对季节效应的平滑，待解模型参数也因此从 a 和 β 进一步增加到 a、β 和 γ。同理，以上三个初始参数也需要通过优化方法求解。

在前文介绍的分解法中，季节效应是固定值，如图 8-27 和图 8-28 的季节性图表所示，季节波动的规律、绝对或相对幅度始终不变。相比之下，三重指数平滑模型中的季节效应则高度灵活。从公式⑥可以看出，模型测算的季节效应随时间序列不断变化。在某些情况下，这种灵活性能让模型更贴近现实，提高预测效果。例如，在"季节性及检测"一节曾提及（图 8-21），贵州茅台营业收入在不同时段表现出的季节效应变化较大，此时如果使用固定不变的季节效应，难免导致模型预测偏差较大，三重指数平滑就能够较好地处理此类情形。

三重指数平滑模型涵盖了水平、趋势和季节因素，在理论上适合既包含趋势也有季节特征的时间序列预测，但如果将平滑系数 beta（图 8-34，L2 单元格）以及趋势初始值 b_m（图 8-34，F5 单元格）均设为零，就等同于将趋势项从三重模型中移除。类似道理同样适用于季节成分。在此意义上，三重指数平滑可以灵活处理各类特征的时间序列。

除了平滑系数初始值，水平、趋势和季节效应的初始化也是成功实施三重指数模型的关键因素。上例采用了较为简单的假设，如水平初始值假定为扣除季节效应后的当期观测值、趋势初始值简单假定为两期间的平均变动。在实践应用中，需要根据基线数据的具体特点进行选择。

预测工作表

本节要点

预测工作表功能基于 Holt-Winters 三重指数平滑技术。使用关键预测函数开展数据预测，预测工具的界面各选项和函数参数之间的对应关系。

・应用场景

到此为止，实施本章介绍的时间序列预测方法全都需要经过一系列的转换和计算过程。一般来说，需要从原始数据开始，提供参数初始值，然后根据模型逻辑，在工作表中部署相关计算公式，最后才能获得运行结果并评估预测表现。显然，实施上述过程需要对模型原理、流程和公式事先有所了解，对普通用户来说存在较高

314

第 4 篇 统计分析、优化及模拟

门槛。

好消息是从 Excel2016 开始，针对时间序列分析，推出了全新的数据预测模块，该模块包含名为"预测工作表"的功能界面以及数个可独立使用的预测函数，是 Excel 在数据分析领域的一项重大更新。借助现成的界面工具或函数，普通用户也可快速完成高质量的时间序列和预测。在最简单的情形下，只需提供两列数据即实际观测值（基线数据）以及时间标记（时间线），Excel 即可自动完成季节性检测、初始值选择、计算优化并返回预测结果及相关统计信息，用户完全无须再介入相关技术细节。

Excel 数据预测模块正是基于前文介绍的 Holt-Winters 三重指数平滑，并在实施和算法层面采用了一些专有技术，以增强模型对异常值的处理能力和预测表现。数据预测模块的界面选项或函数参数中会出现一些专业词汇，但有了之前介绍的相关理论背景知识，读者理解此类概念应无困难。

·操作实务

延续此前的上市公司季度营收案例，图 8-35 和图 8-36 展示了如何使用预测工作表界面功能开展时间序列预测。

❶ 选中时间序列所在数据区域的任意单元格（图 8-35，#1），数据区域应包含时间线和数值两列，时间线既可以是日期格式，也可以是递增的数字索引。

❷ 在"数据"选项卡下，单击"预测"分组内的"预测工作表"（#2）。

❸ 在"创建预测工作表"对话框内，确认预测结束日期（#3），即预览图内带有置信区间上下限线条的预测期长度。

❹ 单击"选项"可进一步查看和修改相关设置（#4）。

❺ 单击"确定"按钮完成（#5）。

完成以上步骤后，Excel 将自动创建一个新的工作表，工作表内包含和图 8-35 中的预览图相同的图表以及对应的绘图数据。取决于选项设置，输出数据可能包括历史数据、预测期数据、预测置信区间上下限、模型参数及统计信息等。

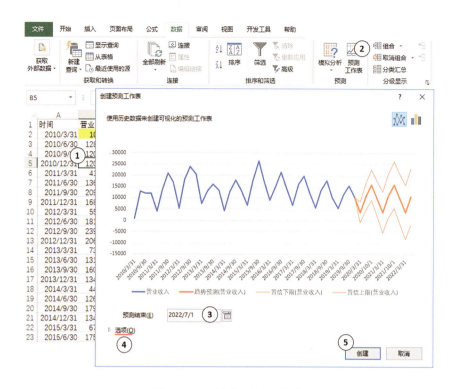

图 8-35　创建预测工作表

单击"选项"（图8-35，#4）可展开选项设置界面，具体包括以下设置。

❶ 预测开始：预测时间线的起始，通常是输入数据的最后一个观测点所在日期或索引（图8-36，#1）。

❷ 置信区间：是否返回预测数据的置信区间以及置信度设置（#2）。

❸ 季节性：由Excel自动检测输入数据的季节性或者指定季节周期的长度（#3）。

❹ 输入数据：包括时间线和数值（#4）。

❺ 缺失数据处理：指定如何处理输入数据中的缺失数据点。支持选项包括零和内插，前者将缺失值全部当作零值处理，后者则用相邻数据点的平均值替代（#5）。

❻ 聚合：指定如何处理输入数据中时间标记重复（如相同日期或相同索引号）的数据点，可选方法包括平均、求和、计数、最大值、最小值、中位值等（#6）。

❼ 是否输出预测统计信息：指定是否在输出的预测工作表内返回详细统计信息（#7）。预测统计信息主要包括两个部分。首先是模型的相关参数，前已说明，预测功能基于三重指数平滑，涉及针对水平、趋势和季节的三个平滑参数 α、β 和 γ，详情参考公式④、公式⑤、公式⑥。其次是衡量模型预测效果的常见误差指标，如均方根误差等。

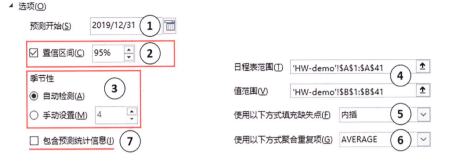

图 8-36　Excel 数据预测选项设置

　　和此前介绍的数据分析工具类似，基于对话界面的预测工具只能返回静态结果。不过，Excel 也同时开放了上述工具所调用的全部函数。这些函数以"FORECAST"开头，通过正确的参数设置，可替代界面功能中的全部选项，输出结果也完全一致，如图 8-37 所示。

❶ FORECAST.ETS.SEASONALITY：季节性检测函数，根据输入数据和时间线，计算时间序列的季节周期，即重复发生的季节规律的长度（图 8-37，#1）。

❷ FORECAST.ETS.STAT：预测模型的统计信息，共可返回包括模型 α、β 和 γ 参数在内的 8 项统计指标（#2）。

❸ FORECAST.ETS：根据历史数据和给定的新日期（#3），预测时间序列的未来值（#4）。

❹ FORECAST.CONFINT：计算指定日期预测值的置信区间（#5）。

❺ 计算置信上下限：用 FORECAST.ETS 函数返回的预测值加减 FORECAST.CONFINT 函数返回值可得到区间上下限（#6）。

图 8-37　Excel 数据预测函数

公式和函数

4 个预测函数的语法形式十分接近，各参数和工具界面中的选项一一对应。

· FORECAST.ETS(预测日期，值，时间，[季节性]，[缺失值]，[聚合])
· FORECAST.ETS.CONFINT(预测日期，值，时间，[置信水平]，[季节性]，[缺失值]，[聚合])
· FORECAST.ETS.SEASONALITY(值，时间，[季节性]，[缺失值]，[聚合])
· FORECAST.ETS.STAT(值，时间，统计信息，[季节性]，[缺失值]，[聚合])

各个参数的具体含义介绍如下。

· 预测日期：需要预测未来值的目标日期（图 8-37，#3）。
· 值 / 时间：输入时间序列（图 8-36，#4）。
· 置信水平：即数据分析工具界面中的"置信度"（图 8-6、图 8-12），用于计算预测值的置信区间，具体含义请参考第 8 章"回归分析工具"一节。置信水平参数必须是介于 0~1 之间的数值，默认为 0.95。
· [季节性]：指定代表季节周期长度的正整数。1（默认值）=自动检测。0=无季节性，使用线性预测。最大支持值为 8 760（一年内的小时数）（图 8-36，#3）。
· [缺失值]：指定缺失数据点的处理方法，0 或 1 可选。1（默认值）= 插值，使用相邻数据点的平均值替代。0= 零值处理（图 8-36，#5）。
· [聚合]：指定如何处理时间标记重复的数据点，1~7 可选。1（默认值）=平均，2=计数，3=非空计数，4=最大值，5=中位值，6=最小值，7=求和（图 8-36，#6）。
· 统计信息：返回预测模型的统计指标（图 8-36，#7），1~8 可选。

1=参数 a，2=参数 β，3=参数 γ。图 8-37 的 E6 单元格显示模型的 beta 参数极小，表明近期趋势稳定，进而导致模型中的趋势项会受到初始值设置的较大影响，因此，对于趋势特征不明显的时间序列，可考虑改用简单指数平滑。4~7 项均为对模型精度的评价指标，大多基于实际观测值和预测拟合值之差计算，其中：4=平均绝对标准误差，5=对称平均绝对百分比误差，6=平均绝对误差，7=均方根误差，8=序列步长，即时间标记的间隔。

· **总结和拓展**

前文曾提及，传统的时间序列预测方法可分为分解法和 ARIMA 两个分支。Holt–Winters 指数平滑模型基于分解法框架，被广泛应用于时间序列预测，Excel 全新的数据预测模块极大简化了上述方法在工作表中的实施。

简单而言，时间序列建模的目标是尽量解释序列内部存在的所有结构特征或信号，以确保未解释的残留部分是不可预测的随机变量。分解法是一个十分有用的分析框架。不过，现实世界复杂多样，经过水平、趋势和季节分解后的时间序列，有时可能得到了较为理想的解释和建模，有时却依然可能存在各种信号。例如，即使剔除了趋势因素，观测值仍可能会受到之前的一个或多个观测值的影响，预测误差的冲击也可能在时间序列内部延续，这种现象一般被称为自相关。对类似问题的检测、识别及建模分析通常要涉及额外的计量模型和工具，如 Box–Jenkins（博克斯－詹金斯）的差分自回归移动平均（ARIMA）模型结合了自回归（AR）和移动平均（MA）模型，在财经商业数据的时间序列建模中同样运用广泛，相关内容已超出 Excel 功能及本书范畴。

8.5 复盘与思考

本章有选择地介绍了 Excel 面向数据分析应用所提供的部分函数和工具资源，内容包含描述统计、相关分析、回归分析和时间序列建模等，第 10 章还将继续介绍与随机分析相关的功能模块。除了以上功能，Excel 还提供了统计检验和推断方面的函数和分析工具，相关内容未在本书涉及，有兴趣的读者可自行参考相关资料。

相对来说，Excel 的统计和计量分析工具仅能大致满足较为基础的日常应用需求。此外，大多数统计和计量模型都对数据有一些前置性的技术要求，与此相关的检测和转换如果在电子表格内直接实施，操作过程通常效率较低。好在尽管不是专业用户的最佳选择，Excel 在数据分析领域仍具备较大的扩展潜力，市场上存在众多基于 Excel 的增强统计分析插件，其中面向个人应用的免费插件也不在少数，可在保留表格平台和操作模式的同时，极大提升电子表格的统计和计量分析能力。部分较知名的 Excel 统计分析插件名单可参考本书附录。

第9章 寻找问题最优解——优化分析

商业决策分析经常涉及从假设到目标和从目标到假设两条基本路径。从假设到目标执行的是从输入到输出的计算过程，决策者希望了解变量的不同取值对决策目标的影响。例如，在贷款案例中，借款人对比不同贷款利率或期限假设下的分期还款金额。第7章介绍的敏感性分析就是此类典型应用。另外，从目标到假设的逆向分析也十分常见。决策者可能对目标或决策变量有各种限制、要求模型输出具备某些具体特性，进而寻求最佳的输入变量值。例如，借款人有明确的还款预算约束，并以此为目标，寻找满足需求的最优贷款利率或期限。

优化的通俗含义就是寻找完成特定任务的最佳方式，常见任务包括在不同的时间、地点、用途上分配资源、路径规划和网络配送等。Excel 为优化分析提供了单变量求解和规划求解两种界面工具。单变量求解使用迭代方法，计算使输出值达到设定目标的输入解。单变量求解简单易用但功能有限。规划求解则为中大型优化问题提供了基于电子表格的解决方案，在优化算法、决策变量数量和约束条件设置等方面都远远超过单变量求解工具。除了广泛应用于决策分析领域，单变量求解和规划求解工具同时也是强大的数值工具，可用于许多缺乏闭式解的数学问题求解。

9.1 单变量求解

> **本节要点**
>
> 使用单变量求解工具计算内部收益率。将非零值目标转换为零值目标。

·应用场景

单变量求解工具根据给定的目标结果，寻找满足此结果的输入值。例如，在公司金融领域，投资项目的净现值（NPV）是一段时期内现金流入现值同现金流出现值的净差额，公式如下。

$$NPV = \frac{CF_0}{(1+r)^0} + \frac{CF_1}{(1+r)^1} + \cdots + \frac{CF_n}{(1+r)^n} = \sum_{t=0}^{n} \frac{CF_t}{(1+r)^t}$$

上式中，CF_t 为 t 期现金流（正负值分别代表现金流入和流出），r 是与现金流对应的贴现率。当 NPV 等于零时，公式中的 r 又被称为内部收益率，代表投资项目可接受的最低回报水平。*IRR* 是衡量、对比投资项目的重要指标，经常和 *NPV* 一道用于投资决策，但从公式可以看出，*IRR* 无法直接求解，只能通过试错或迭代方法求得。

·操作实务

图 9-1 展示了使用公式①和单变量求解工具计算投资项目内部收益率的过程。

❶ 第 4 行为各期现金流的发生日期，第 5 行使用 Act/365（实际天数 /365 天）日期基准将其转换为距离当前（$t=0$）的年化时间因子 t（图 9-1，#1）。

❷ 根据给定的财务数据及 C1 单元格至 C2 单元格中的利息率、税率假设，第 12 行计算投资项目扣除息税后的净利润，构成了各期的现金流入，第 13 行给定各期投资支出即现金流出，第 14 行计算两者之差即净现金流（#2）。

❸ 根据公式①，已知 CF_t 和 t，为了将各期现金流折成现值，需要提供贴现率 r。为此 C16 单元格假定贴现率的初始值为 10%（#3）。

❹ 第 17 行使用公式①计算各期现金流的现值。例如，图 9-1 中引用箭头表明，I17 单元格公式引用了现金流 CF（I14）、时间因子 t（I5）以及初始贴现率等三个参数（#4）。

❺ C18 单元格将包括当期在内的各期现金流现值 C17:I17 区域求和，得到净现值（#5）。

❻ 内部收益率是使 *NPV* 为零的贴现率。给定初始值 10%，计算出的 *NPV* 为正数，表明假设的贴现率过低。为求解内部收益率，需要以 C18 单元格的净现值等于零为目标，反向求解 C16 单元格的假设值。在"数据"选项卡中，单击"预测"→"模拟分析"→"单变量求解"。

❼ 在打开的"单变量求解"对话框内，设置目标单元格为 C18 单元格，目标值为 0，可变单元格为 C16 单元格（#6），最后单击"确定"按钮求解（#7）。

❽ 求解结果显示 *NPV*=0 时的内部收益率为 33.6%，如接受该求解结果则在"单变量求解"对话框内继续单击"确定"按钮，Excel 会自动将目标单元格和可变单元格的值替换为上述解，否则单击"取消"退出，单元格内的原有值保持不变。

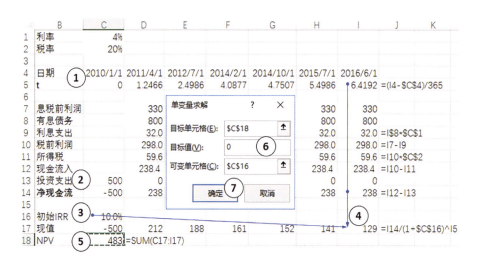

图 9-1 使用单变量求解工具计算内部收益率

　　单变量求解工具中的目标单元格和可变单元格都必须是单元格引用地址，其中目标单元格应包含有效公式，目标值则需直接输入，而不能使用引用单元格。对于数字较复杂的目标值，为了避免输入错误、提升透明度，一般做法是将非零目标值转换为零值。具体办法是首先在单元格内输入期望的非零目标值，然后在新单元格内计算模型输出结果和该期望值的差，最后以该差值单元格为目标单元格，以零为目标值执行求解。

　　延续前例，如期望内部收益率为 10%，并以此为目标求解当期所需要的投资支出，也即计算当期需要多少投资支出，可确保内部收益率达到 10%。具体实施过程如图 9-2 所示。

❶ 在 C20 单元格内使用 Excel 内置函数 XIRR 计算内部收益率（图 9-2，#1）。函数计算结果和图 9-1 单变量求解工具的运行结果（对照图 9-1 最后一步的操作说明）完全相同。

❷ 在 C21 单元格内输入内部收益率的期望水平为 10%（#2）。

❸ 在 C22 单元格内计算 C20 和 C21 单元格之差，并乘以 100（#3），公式将两者之差放大 100 倍的用途是提高运算精度。

❹ 单元"数据"→"预测"→"模拟分析"→"单变量求解"，在打开的对话框内，设置目标单元格为转换后的 C22 单元格而非原始目标单元格 C20，输入目标值为 0，可变单元格为 C13 单元格的当期投资额（#4）。

❺ 单击"确定"按钮执行求解（#5）。

图 9-2 将非零目标值转换为零值目标

从图 9-2 可以看出，将非零值目标转换为零值目标后，由于目标值在 C21 单元格内直接可见，求解过程变得更透明，如需修改目标，只需编辑 C21 单元格而后重新求解即可，便于后续维护。

公式和函数

Excel 内置 3 个内部收益率函数，分别是 IRR、XIRR 和 MIRR。

IRR(values,[guess]) 计算有规则现金流的内部收益率，规则的含义是各期现金流按固定的时间间隔发生。参数 values 为现金流，至少应包含一项负值和一项正值，分别代表现金流出和流入。可选参数 [guess] 为迭代过程使用的初始值，默认为 10%。如果经过 20 次迭代后仍找不到符合指定误差要求的解，则返回 #NUM 错误值。

XIRR(values,dates,[guess]) 计算不规则现金流的内部收益率，因此需要进一步提供现金流发生的日期参数 dates，和现金流参数 values ——对应，XIRR 函数使用 Act/365 日期规则计算现金流发生日期的时间因子用于计算贴现值。如果经过 100 次迭代后仍找不到符合指定误差要求的解，则返回 #NUM 错误值。

IRR 和 XIRR 函数均假定投资期内的现金流入按相同的内部收益率进行再投资，如 t_1 期现金流 238 继续按 33.6% 的内部收益率投资至 t_6 期末，这一假设在现实当中经常难以满足。为弥补上述缺陷，MIRR(values,finance_rate,reinvest_rate) 允许用户另行指定再投资利率和融资利率。参数 finance_rate 为融资利率，用于计算负现金流（即流出）的融资成本，reinvest_rate 为再投资利率，计算正现金流的再投资收益。

　　单变量求解可在 VBA 内使用 GoalSeek 方法调用，语法是：Range.GoalSeek (Goal As Object, ChangingCell As Range)，其中 Range 为目标单元格，Goal 为目标值，ChangingCell 为可变单元格，与对话框内的 3 个选项一一对应。

　　例如，以下代码执行单变量求解。

```
Dim obj As Range, ref As Range          定义目标单元格和可变单元格对象
Dim objval As Double                    定义目标值
Set obj = Range("C22")                  设置目标单元格
Set ref = Range("C13")                  设置可变单元格
objval = 0
obj.goalseek objval, ref                执行求解
```

以上代码也可直接简化为：
Range("C22").goalseek 0, Range("C13")

· **总结和拓展**

　　单变量求解工具简单易用，尤其适合引用链条长、难以简化为单一数学表达式的问题求解，但也存在两个明显缺陷。首先，顾名思义，单变量求解工具只能求解一个输入变量，如上例中的内部收益率，利率、税率、t 期现金流等其他参数则保持不变。其次，单变量求解工具要求为目标单元格设定具体的目标值，无法处理诸如期望目标值最大化或最小化等相对"模糊"的优化问题。

　　单变量求解工具使用牛顿方法迭代求解。牛顿方法需计算一阶导数。以下代码使用更简易的两分法计算内部收益率，和牛顿方法相比，两分法更简单但效率较低：以下代码共执行了 22 次迭代，而牛顿方法只需 5~6 次。

```
low = 0:high = 1                        设定初始上下界
guess = (low + high) / 2                设定初始猜测值为中间值
```

```
tol = 0.0001:iteration = 100          定义容许误差和最大迭代次数
Range("C16") = guess                  将初始值写入可变单元格
Application.Calculate                 重新计算
i = 1
Do While Abs(Range("C18")) >tol And i <= iteration  未达容错和迭代限制，执行循环
If Range("C18") > 0 Then               目标值（净现值）为正数，表明猜测值偏低
    low = guess                        将当前猜测值赋予区间下界
Else                                   负数说明猜测值偏高
    high = guess                       将当前猜测值赋予区间上界
End If
i = i + 1                              更新循环次数
guess = (low + high) / 2               更新猜测值
Range("C16") = guess                   写入猜测值
Application.Calculate                  重新计算
Loop
Range("C16") = guess                   输出结果
```

9.2 规划求解

一个典型的优化问题由决策变量、目标和约束条件三大要素构成，进一步观察 9.1 节单变量求解工具的使用过程，有助于建立对这些概念的初步理解。

决策变量、目标和约束条件

从图 9-1 和图 9-2 可以看出，优化问题通常至少需包含一个目标和一个可变单元格。在决策分析中，后者常被称为决策变量，通常用来衡量需使用的资源数量或需执行活动的水平，如投资金额、产品数量、人员排程、运输规划等。顾名思义，作为决策者可控制的变量，决策变量就是优化问题的求解对象，如上例图 9-2 中 C13 单元格的当期投资支出。单变量求解工具只能处理单个决策变量，但优化问题中包含多个决策变量是常见现象，如需要求解不同项目、不同时期的投资金额、多个产品的生产数量、网络形状的多条配送路径等。

从单变量求解过程可以看出，优化过程的基本思路是不断改变决策变量的取值，并评估其对目标值的影响。这一机制得以生效的前提是，目标可表示为依赖于决策变量的某种函数，在工作表中体现为目标单元格包含公式，并直接或间接引用

了可变单元格。例如，内部收益率目标是投资支出的函数（C22 单元格间接引用了 C13 单元格）、利润目标是产品数量的函数等。单变量求解工具要求目标函数等于一个固定值，但在实际应用中，优化的含义在更多时候意味着实现目标函数的最大化或最小化，而非一个事先确定的数值。

对于单变量求解工具，决策变量和目标就足以界定一个优化模型。不过在现实应用中，决策变量往往要受到各种取值限制，进而也影响到所能实现的目标值。决策变量可能非连续或出于各种原因导致取值受限。例如，投资金额不能为负、预算上限、产品数量只能是整数、政策规定对特定类型的投资不得超过一定比例、决策变量只有是与否两种选择、多个决策变量之间存在某种数量、次序或逻辑层面的依赖关系等。以上限制被统称为约束条件。

优化过程就是不断调整决策变量的取值，在满足约束条件的前提下，实现目标的最大化或最小化，寻求分配稀缺资源的最佳方式。优化问题在制造生产、物流分销、金融投资、科学工程等领域无处不在，Excel 为此类需求提供了功能强大的规划求解工具。事实上，规划求解是 Excel 集成的第三方插件[1]，使用前需首先进入加载宏列表并选中"规划求解加载项"（3.9 节）。在已加载状态下，可单击"数据"→"分析"→"规划求解"，打开规划求解工具对话框，通过该对话框，用户可设置构成规划求解模型的上述三项基本要素：决策变量、目标和约束条件。

建立工作表模型

本节要点

在工作表中部署优化问题的三项基本要素。优化目标和约束条件通常表示为决策变量的函数。

· 应用场景

优化问题可使用文字描述，也可以表示为数学表达式，但在使用规划求解工具实施之前，都需首先在工作表内部署，将决策变量、目标及约束条件之间的数量和逻辑关系转换为单元格之间的公式链接。

---

[1] 规划求解插件的开发商是 Frontline Systems 公司。除了 Excel 内置的标准版本规划求解外，该公司还提供增强版规划求解（Premium Solver）及其他基于电子表格的分析工具。

· 操作实务

图 9-3 是一个简单的生产优化问题，生产 4 种产品需要耗费 3 种不同原料及工时。

❶ 决策变量：C9 单元格至 F9 单元格，分别代表每种产品的生产数量 x_1 至 x_4，假定初始值均为 1（图 9-3，#1）。决策变量的一组确定值代表一个具体的规划方案。求解过程中，仅决策变量单元格的值发生改变，其他所有输入都保持不变（不可决策）。

❷ 优化目标：C11 单元格，代表总利润。已知每种产品的单位利润位于 C8:F8 区域，总利润可计算为 $550x_1+450x_2+700x_3+380x_4$，使用 SUMPRODUCT 函数将该数学表达式转换为 Excel 公式（#2），图 9-3 中引用箭头显示了目标函数和决策变量的依赖关系。上述单位利润反映了不同产品对目标函数的贡献差异，在优化问题中也常被称为价值系数。显然，优化目标是 C11 单元格的最大化。

❸ 约束条件：生产每种产品都需耗费不同资源，可用资源总量有限。C3:F6 区域进一步界定了每单位产品对不同资源的消耗量。由此可计算出不同资源的消耗总量，例如，原料 1 的消耗总量为 $440x_1+400x_2+520x_3+250x_4$，G 列同样使用 SUMPRODUCT 函数将数学表达式转换为 Excel 公式，I 列则给出了不同资源的可用数量上限。因此，约束条件为 G 列的消耗总量小于等于 I 列的可用总量（#3）。从以上表达式可以看出，和目标函数类似，约束条件也依赖于决策变量 x_1 至 x_4，其中的系数部分即单位产品的资源消耗量（C3:F6 区域）也被称为约束系数，和目标函数中的价值系数相对应。

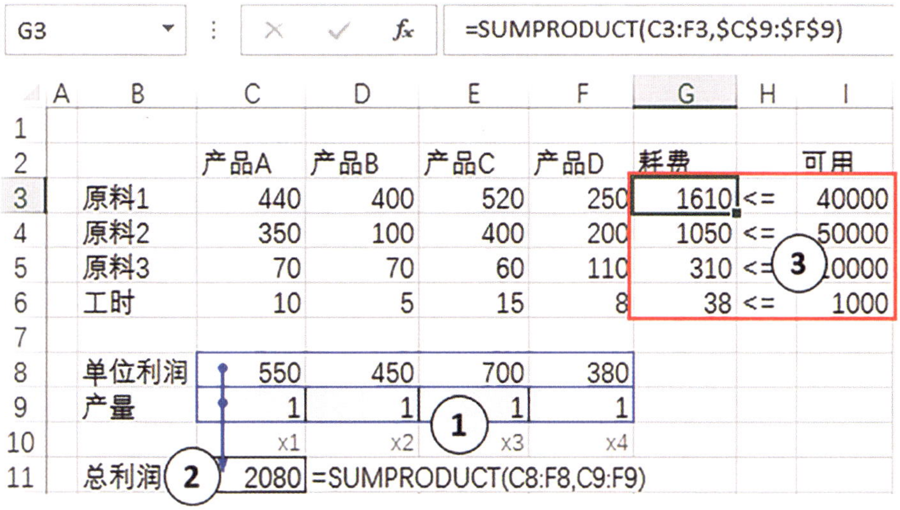

图 9-3　简单优化问题的工作表部署

界面设置和求解

本节要点

在规划求解界面内设置决策变量和目标、创建约束条件。初步了解求解和输出结果选项。

· 应用场景

完成以上工作表部署之后,在"数据"选项卡下打开规划求解界面,通过引用单元格等方式,设置规划求解模型。一个规划求解模型包含了决策变量、目标及约束条件之间的相互关系,界面设置就是该模型的具体化过程。

· 操作实务

图 9-4 简单展示了主要步骤。

❶ 设置目标:目标单元格,引用 C11 单元格(图 9-4,#1)。目标单元格在绝大多数情况下都必须包含一个公式,可以是引用地址或名称。

❷ 优化类型:选择目标的类型为最大化、最小化或具体目标值(#2)。

❸ 通过更改可变单元格:设置决策变量,引用至 C9:F9 区域(#3)。支持引用地址或名称,非连续的可变单元格使用逗号分隔。

❹ 遵守约束:列表内显示当前已定义的约束条件[①],图 9-4 中两个约束的含义分别是决策变量,即生产数量大于等于 0、每种资源的耗费量不超过可用资源总量(#4)。

❺ 约束条件列表右侧的 3 个按钮分别用于创建和管理约束条件(#5)。其中,"添加"按钮可定义新的约束,详见后文及图 9-5 的介绍。选定列表中的特定约束条件后单击"更改"和"删除"按钮,可执行编辑和删除操作。

---

① 标准版本规划求解所支持的约束条件数量和算法有关,单纯型算法的约束数量不限,GRG 和演化算法则最多支持 100 个约束条件。

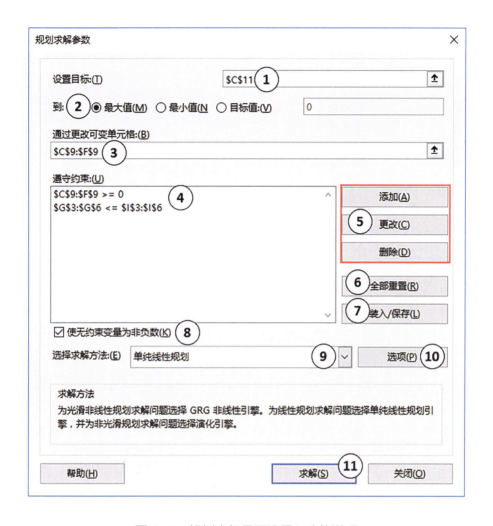

图 9-4　规划求解界面设置和功能说明

❻ 对话框的其他辅助功能和选项如下。

"全部重置"：清空当前对话框内的所有设置（#6）。

"装入 / 保存"：保存操作将包括目标、可变单元格、约束以及规划求解选项在内的全部模型设置保存在工作表的指定单元格区域。装入操作则将已保存的模型设置载入当前界面（#7）。

"使无约束变量为非负数"：对未明确定义任何约束条件的决策变量，强制施加非负约束，但如在约束列表已有定义，则该选项无效（#8）。因此，选中该选项后，本例约束列表内的第一个约束条件"C9:F9>=0"可删除。

"选择求解方法"：针对不同类型的优化问题，规划求解提供单纯线性规划、非线性 GRG 和演化等 3 种算法（#9）。

"选项"：和求解方法相关的各类选项和技术设置（#10）。

求解：开始运行规划求解工具（#11）。

规划求解可在 VBA 内调用，但首先需在 VBA 工程中设定对规划求解的引用。步骤如下。

- 进入 VBA 编辑器（按 Alt+F11 快捷键）。
- 在工具菜单内单击"引用"。
- 在引用列表内，找到并选中"Solver"后单击"确定"按钮完成。如"Solver"未显示在"可使用的引用"列表内，可单击"浏览"并定位至规划求解所在文件夹（一般为"\Program Files\Microsoft Office\Office16\Library\SOLVER"），选中"Solver.xlam"后单击"确定"按钮即可。

规划求解提供了众多函数可供调用，这些函数的功能和对话框内的各项操作一一对应。

SolverOK

SolverOK 界定一个基本的规划求解模型，等同于在对话框内设置目标单元格、优化类型、可变单元格（图 9-4 的 #1~#3 各项）以及求解方法（图 9-4，#9）。语法形式为：SolverOK (SetCell, MinVal, ValueOf, ByChange, Engine)。

SetCell 指定目标单元格地址，MinVal 指定优化类型，分别使用 1~3 代表最大值、最小值和指定值。ValueOf 指定目标单元格的目标值，仅在 MinVal=3 时使用，否则可忽略。ByChange 参数指定可变单元格，即决策变量。Engine 指定使用的求解方法，分别用数字 1~3 代表非线性 GRG、单纯型和演化方法。以下代码设置目标单元格为 C11 单元格、优化目标为最大化，可变单元格为 C9:F9 区域，求解方法为单纯型。

```
SolverOK Range("C11"), 1, , Range("C9:F9"), 2
```

单击图 9-4 中的"添加"按钮，将打开"添加约束"对话框，如图 9-5 所示。约束条件由表达式左侧、右侧以及关系类型等 3 部分构成。以可用资源约束为例，左右侧分别引用 G 列和 I 列的相关单元格，并选择关系类型为小于等于。除常见的等式和不等式约束外，规划求解同时支持 int（整数）、bin（0/1 二进制）以及 dif（全不同，多用于序号优化，如要求五个决策变量必须是 1~5 区间的整数且各不相同，从而构成一种排列问题）等约束类型。完成设置后，单击"确定"按钮将创建所定义的约束并返回规划求解主界面，单击"添加"则可在当前的对话框内继续添加下一个约束条件，无须返回主界面。

图 9-5　添加约束

SolverAdd

SolverAdd 函数用于创建约束条件，等同于单击图 9-4 中的"添加"按钮。语法形式为：SolverAdd(CellRef,Relation,FormulaText)，3 个参数分别和图 9-5 对话框内的 3 个控件——对应。

CellRef 指定约束表达式左侧所在的单元格，Relation 为约束条件左右侧的关系类型，数字 1~6 分别代表 <=、=、>=、整数、二进制和全不同。FormulaText 为约束右侧值，仅在 Relation 参数为 1~3 时使用。例如，以下代码为生产案例添加两项限制，等同于通过界面创建前例"遵循约束"列表内的约束条件（图 9-4，#4）。

```
SolverAdd Range("G3:G6"), 1, Range("I3:I6")        G3:G6<=I3:I6
SolverAdd Range("C9:F9"), 4                        C9:F9 区域为整数
```

完成界面设置后，单击规划求解界面内的"求解"按钮（图 9-4，#11）开始执行求解，工作表下方的状态栏同步显示中间计算过程。运算结束后，将打开"规划求解结果"对话框，对话框内的主要信息和选项如下。

❶ 求解信息（图 9-6，#1）：对话框上方显示简短的求解结果信息。对于不同的求解算法，这些信息有着不同的含义，后文将进一步介绍。

❷ 保留解或还原初值（#2）：完成求解后，规划求解会将决策变量解直接显示在工作表的可变单元格内，相当于替换了求解前的初始值，此时用户可选择保留该求解结果或是返回原值。返回原值即回到求解前状态。

❸ 报告（#3）：选择需要输出的求解结果报告。

❹ 制作报告大纲（#4）：运算结果报告以可折叠的大纲形式显示。

❺ 保存方案（#5）：将决策变量的求解结果存入 Excel 方案管理器。

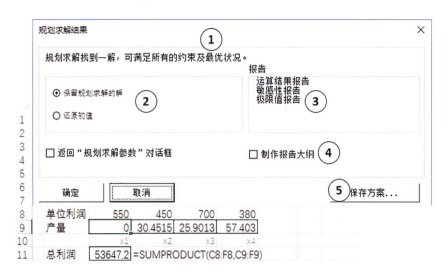

图 9-6 规划求解结果

·总结和拓展

正如界面中的相关选项（图9-4，#9）所示，针对不同类型的优化问题，规划求解会采用不同的求解方法。优化问题的类型主要由目标、约束条件和决策变量之间数学关系的性质决定。线性规划问题是其中最容易求解的类型，本节的生产案例就是一个典型的线性规划问题。

9.3 线性规划

简单来说，线性规划问题的含义是目标和所有约束条件都是形如$20*x_1+50*x_2+100*x_3$的线性函数，式中的x为决策变量，表达式中的价值系数或约束系数均为和决策变量无关的常量。

债券投资优化

本节要点

债券投资优化模型求解。线性规划模型适合采用结构化布局。

·应用场景

实施规划求解的关键是在工作表内合理组织数据，并使用适当的公式函数体现模型中的数量关系，根据线性表达式的性质，一般适宜采用结构化布局并使用SUMPRODUCT函数计算汇总。图9-7是一个简化的债券投资优化案例，以组合的投资收益最大化为目标，根据给定的限制条件，求解每只债券的投资金额。

·操作实务

根据数据特点，图9-7采用了纵向即决策变量在列的数据布局。

❶ 决策变量：B2:B18区域，分别代表每只债券的投资金额（图9-7，#1）。

❷ 优化目标：B24单元格，投资收益最大化，计算公式为B列的投资额决策变量和价值系数即C2:C18区域的收益率逐一相乘后加总（#2）。

❸ 约束条件：本例包含多项代表投资限制的约束条件，具体如下。

单只债券的投资额不超过上限金额，即B2:B18<=D2:D18（#3）。

B20单元格计算了投资总额，B22单元格给定投资限额，要求投资总额等于该限额，该条件构成等式约束即B20=B22（#4）。

F20单元格和G20单元格分别计算长期债、国债的投资总额，公式分别为决策变量B2:B18区域与F2:F18区域、G2:G18区域对应约束系数的乘积之和。其中，约束系数部分使用0或1标识，因此仅符合条件的特定债券进入有效汇总计算。F22单元格和G22单元格给出了对应的下限金额，要求长期债、国债投资总额不低于下限，即F20:G20>=F22:G22（#5）。

类似道理，H列和I列给出了公司债、低评级债券的投资总额及其对应上限，约束条件为H20:I20<=H22:I22（#6）。

单只债券投资额非负，即B2:B18>=0。

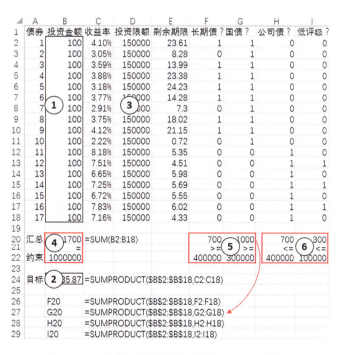

图9-7　债券投资线性规划的电子表格模型

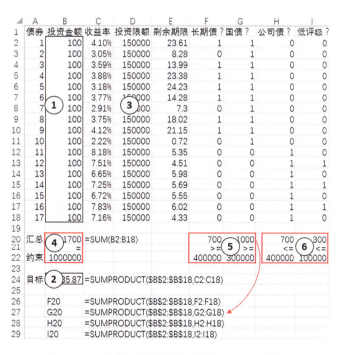

完成上述数据组织和部署后，启动规划求解工具并在对话框内设置决策变量、目标及优化类型、约束条件等，实施求解的具体过程和 9.2 节类似。求解完成后，结果对话框内将显示"规划求解找到一解，可满足所有的约束及最优状况"（图 9-6，#1），工作表内可变单元格的初始值（图 9-7，#1）也随之被替换为所求得的解，进一步的问题是应如何理解这些解的性质及上述信息的具体含义。

VBA

SolverSolve

通过 SolverOK 和 SolverAdd 函数完成规划求解模型设置后，可使用 SolverSolve 函数执行求解。语法形式为：SolverSolve(UserFinish,ShowRef)。

UserFinish 指定是否返回"规划求解结果"对话框（图 9-6），True 代表不返回对话框，False 和忽略则返回提示界面。ShowRef 代表一段宏代码的名称，指定如果规划求解因各种原因暂停，将自动调用执行该宏。例如，如需记录每次迭代的中间值，可启用选项内的"显示迭代结果"，而后编写宏代码执行相关操作，最后将宏名作为参数传给 SolverSolve 函数。以下代码用于执行本节的债券优化案例。

```
SolverReset                                    全部重置
SolverOK Range("B22"), 1, , Range("B2:B18"), 2  定义目标、类型和可变单元格
SolverAdd Range("B2:B18"), 1, Range("D2:D18")   约束（图 9-7，#3）
SolverAdd Range("B19"), 2, Range("B21")         约束（#4）
SolverAdd Range("F19:G19"), 3, Range("F21:G21") 约束（#5）
SolverAdd Range("H19:I19"), 1, Range("I21:I21") 约束（#6）
SolverSolve True                               求解，不返回对话框
```

SolverReset

SolverReset 函数用于清空规划求解界面内的所有设置并恢复默认值。

SolverChange 和 SolverDelete

SolverChange 和 SolverDelete 函数可用于更改当前模型中已经存在的约束条件，语法和 SolverAdd 函数完全相同。例如，以下代码用于删除上段代码中的第 2 个约束条件。

```
SolverDelete Range("B19"), 2, Range("B21")
```

SolverSave 和 SolverLoad

SolverSave 和 SolverLoad 函数分别用于执行模型设置的保存和装载，等同于单击"规划求解参数"对话框内的"装入 / 保存"，参数均为工作表区域地址。例如，SolverSave Range("H1") 表示将模型设置存入 H1 单元格开始的区域内。

算法和解的性质

任何一组满足所有约束的决策变量值都称为可行解，最优解则是令目标函数达到最大或最小值的可行解。最优解分为两种基本类型：全局最优解和局部最优解。局部最优的含义是在当前解附近的可行域（可行解的集合）内不存在更好（目标函数值更优）的解，而全局最优则是在整个定义域内都没有更好的解。在最理想的情况下，规划求解能够返回全局最优解，但更多时候只能获得局部最优解，或是无法确定是否为最优的可行解，最差情形则是无解。解的性质和所使用的求解方法一样，在很大程度上取决于决策变量和目标函数及约束之间的数学关系。

线性规划问题使用单纯形法（Simplex）求解。所有的线性函数都是凸函数，只要由约束条件所界定的可行域非空有界，线性规划问题总是能在多个约束条件的交叉点处找到全局最优解。因此，对于线性规划问题，抛开无解和无穷解等少数情形，总是能够求得全局最优解。图 9-8 给出了线性规划的几何图解，x_1 和 x_2 分别是两个决策变量，3 条虚线是不同的约束条件，重叠部分用粗实线绘出，代表约束条件的交集即可行域的边界。细实线代表目标函数，图 9-8 中画出了多条从下向上推移的细实线，表明目标函数值可在满足约束条件（可行域内）的同时不断改进，直到在可行域边缘的某个顶点处找到无法再令目标值继续提升的解，此处即为全局最优。

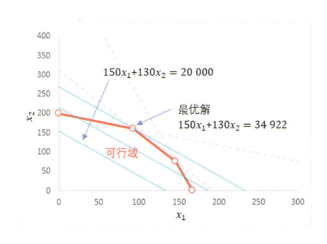

图 9-8 线性规划求解过程的几何图解

输出报告

> **本节要点**
>
> 针对目标函数价值系数和约束条件右侧值的敏感性报告。

·应用场景

图9-6中，"规划求解结果"对话框右侧是报告列表，可供选择的报告种类和数量与求解方法、约束类型以及求解过程是否遇到问题有关。简单而言，在发现最优解且模型中不包含整数约束的情况下，规划求解会提供运算结果、敏感性和极限值等3种报告，这也是线性规划问题中最常见的结果报告（图9-6，#3）。

运算结果报告提供决策变量和约束的详细信息，如目标单元格和决策变量的初值和终值、约束是否达到右侧限制等。极限值报告给出每个决策变量的上下限，即在其他变量保持不变、同时满足所有约束条件的前提下，每个决策变量所能取的最小值和最大值。敏感性报告主要用于评估两方面问题，在实际应用中也最为常用。

·操作实务

首先是针对目标函数系数的敏感性报告。在线性规划问题中，目标函数中的价值系数固定不变，如生产案例中的产品单位利润、投资案例中的债券收益率等，一般来自事先预估或数据采集工作。面对求解结果，决策者通常需要了解：这些系数的估计是否足够精确；系数可能因估计错误或市场情况有变而发生变化，这对求解结果是否会造成影响。规划求解敏感性报告的可变单元格部分就是上述问题的答案。

图9-9给出了生产案例中决策变量价值系数的敏感性报告。

❶ B列和D列分别是可变单元格所在地址以及求解终值。

❷ F列的"目标式系数"为目标函数中的价值系数即单位利润。

❸ G列"允许的增量"和H列"允许的减量"的含义是，在其他系数保持不变的前提下，该系数在此范围内增加或减少，最优解不受影响。例如，产品B的单位利润在450（F10单元格）的基础上增加101.232（G10单元格）或减少22.469（H10单元格），最优解30.451 5（D10单元格）不变。上述允许增减量区间反映了该系数的稳健区间。如果区间很小，说明系数的细小变化可能改变优化结果，意味着该系数的稳健性较差，在估计或收集系数值时需要尽可能精确。反之，如果允

许增减区间较大，则说明系数值即便估计有误，对最优解的影响也十分有限，优化结果更可信。

❹ E 列的"递减成本"仅对终值为 0 的决策变量有效，含义是如果强制要求该决策变量增加 1 单位，对目标函数值会造成多大负面影响。

单元格	名称	终值	递减成本	目标式系数	允许的增量	允许的减量
$C$9	产量 产品A	0	-9.5555	550	9.555	1E+30
$D$9	产量 产品B	30.4515	0	450	101.232	22.469
$E$9	产量 产品C	25.9013	0	700	57.179	20.542
$F$9	产量 产品D	57.4029	0	380	331.333	32.794

图 9-9　可变单元格的敏感性报告

规划求解敏感性报告回答的另一方面问题和约束条件有关。和目标函数类似，线性规划的约束条件也表示为决策变量的线性函数，区别在于，约束条件包含右侧值，一般代表可用资源限制，如原料和工时总量上限等。如果增加该限制值，对目标函数值的贡献会有多大？

以图 9-8 的几何图解为例，将约束条件 $2.5x_1+6x_2 \leqslant 1,200$ 调整为 $2.5x_1+6x_2 \leqslant 1,500$，将导致该约束直线的平行外移和可行域改变。图 9-10 中 E 列的影子价格[①]就是对该问题的答案：约束右侧值每增加 1 单位，目标函数值会增加多少。例如，如果将工时上限由 1,000 提高到 1,001，则目标函数值将增加 14.952 7（E20 单元格）。显然，影子价格只对已达到限制值的约束有效，如对于原料 2，现有资源上限 50,000（F18 单元格）都未耗尽，继续增加可用资源数量显然对目标函数毫无助益。最后，上述影子价格仅在约束限制值的特定变动区间内有效，该变动区间由 G 列和 H 列的允许增减量决定。例如，工时的影子价格仅在 1,000-279.245 3（H20 单元格）和 1,000+206.161 1（G20 单元格）的变动区间内有效。

---

① Shadow price，Excel 敏感性报告译为"阴影价格"，"影子价格"是更通用的译名。

	A	B	C	D	E	F	G	H
14	约束							
15	单元格	名称	终值	阴影价格	约束限制值	允许的增量	允许的减量
16								
17	$G$3	原料1 耗费	40000	0.8698	40000	21866.6667	7435.8974
18	$G$4	原料2 耗费	24886.2443	0	50000	1E+30	25113.7557
19	$G$5	原料3 耗费	10000	0.3903	10000	3794.8718	4823.5294
20	$G$6	工时 耗费	1000	14.9527	1000	206.1611	279.2453

图 9-10　约束限制值的敏感性报告

9.4 非线性规划

非线性规划的含义是目标函数或者至少一项约束条件是决策变量的非线性函数。例如，只要目标函数或任一约束表达式内出现决策变量的倒数、乘方、开方或对数、指数项等，即构成非线性规划。在满足特定条件的前提下，规划求解使用广义简约梯度（GRG）方法求解非线性规划问题。非线性规划广泛用于曲线拟合等应用。第 8 章在时间序列分析部分曾介绍 Holt–Winters 三重指数平滑的含义和具体应用，Excel 数据预测模块就是以该平滑技术为基础，并在异常值处理和优化目标等方面做了一些专有改进。本节继续 8.4 节的季度营业收入案例，介绍如何求解三重指数平滑模型。

三重指数平滑优化

本节要点

针对目标函数价值系数和约束条件右侧值的敏感性报告使用规划求解工具求解三重指数平滑模型的三个待解参数。

· 应用场景

三重指数平滑方法的公式如下所示（分别和 8.4 节的公式④ – 公式⑦相同）。

$$l_t = a(y_t - s_{t-m}) + (1-a)(l_{t-1} + b_{t-1}) \qquad ①$$

$$b_t = \beta(l_t - l_{t-1}) + (1-\beta)b_{t-1} \qquad ②$$

$$s_t = \gamma(y_t - l_t) + (1-\gamma)s_{t-m} \qquad ③$$

$$\hat{y}_{t+1} = l_t + b_t + s_{t+1-m} \qquad ④$$

其中，a、β 和 γ 为三个待解参数，即决策变量。多数时间序列预测模型的目标都是使预测值尽可能接近观测值，评价预测值和观测值差异的常用指标包括均方误差（MSE）、平均绝对误差（MAE）、均方根误差（RMSE）等。以均方误差为例，计算方法是对预测值（$\hat{y}_t$）和实际值（y_t）的差值平方和求平均值。从公式①~公式③可以看出，三重指数平滑使用了递归乘法，因此目标函数均方误差为非线性函数。

· 操作实务

图 9-11 展示了三次指数平滑模型的工作表实施。

❶ 决策变量：K2:K4 区域，分别代表公式中的 a 参数、β 参数和 γ 参数，假定初始值为 0.5（图 9-11，#1）。

❷ E 列根据公式①，使用 K2 单元格的 a 值计算总体平滑值（#2）。

❸ F 列根据公式②，使用 K3 单元格的 β 值计算趋势平滑值（#3）。

❹ G 列根据公式③，使用 K4 单元格的 γ 值计算季节平滑值（#4）。

❺ H 列根据公式④，计算当期预测值（#5）。

❻ E:H 区域各列所使用的公式如 K8:K11 区域所示。

❼ 优化目标：本例以均方误差最小化为优化目标。K6 单元格使用 Excel 函数 SUMXMY2 计算 B 列实际值和 H 列预测值的偏差平方和，求平均值后得到均方误差值（#6）。

❽ 约束条件：本例约束条件较为简单，仅要求 a、β 和 γ 等 3 个决策变量的取值介于 0 和 1 之间。

启动规划求解界面，按此前介绍的方法分别设置优化目标、可变单元格及约束条件，求解方法使用默认的"非线性 GRG"即可。界面设置如图 9-12 所示。

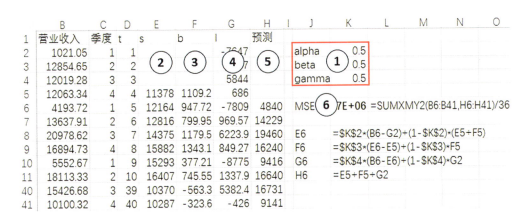

图 9-11　三次指数平滑参数规划求解

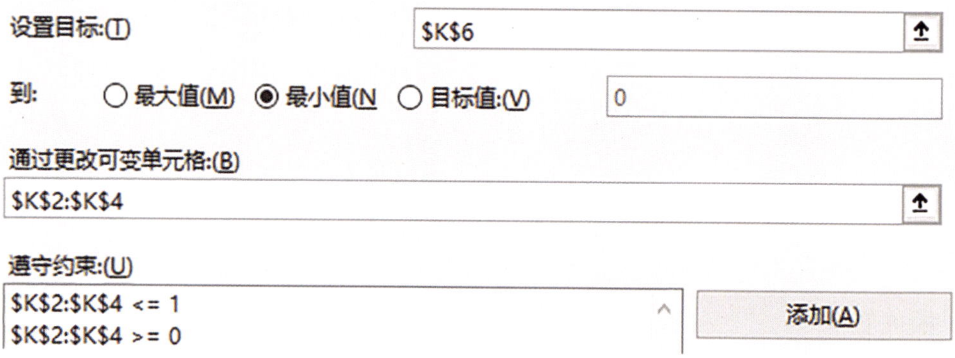

图 9-12　规划求解界面设置

·总结和拓展

8.4 节曾简要介绍过 Holt 以及 Holt-Winters 模型的初始值设置问题，并在示例中使用了较简单的初始值选择。在图 9-11 中，首期水平（E5 单元格）、趋势（F5 单元格）以及首个季节周期的季节效应（G2:G5 区域）的值都是运行三重指数平滑模型所需的初始值。这些初始值可以通过不同的方法酌情确定，在某种程度上意味着，这些值是可控制的决策变量。因此，除了第 8 章介绍的方法，上述初始值也可以直接通过优化过程求解，只需将 E5 单元格、F5 单元格和 G2:G5 区域加入"可变单元格"列表，并视情况增加对应的约束条件即可。

算法和解的性质

和之前的线性规划类似，上例运行结果同样显示"规划求解找到一解，可满足所有的约束及最优状况"，但和线性规划不同，上述消息不足以判断结果为局部最优解或是全局最优解。

和单变量求解相同，GRG 方法也是一种试错算法：通过不断改变可变单元格的值，观察约束单元格和目标单元格的计算结果。在每一次迭代过程中，GRG 方法对目标和约束函数求导，并根据计算结果决定向哪个方向调整决策变量的取值，进而产生下次迭代所使用的试错值。GRG 方法仅在满足特定条件的前提下，才能返回全局最优解，这些条件包括：所有约束条件都是凸（convex）函数[1]、目标为凸函数最小化或凹函数最大化。满足上述条件的优化问题又被称为凸优化。例如，$y=x^2$ 是典型的凸函数，在特定定义域内，如果以最小化为目标，规划求解能够返回全局最优解，当目标为最大化时则只能返回局部最优解。

---

[1] 简单而言，凸函数在几何上表现为"U"形或开口向上的曲线，二阶导数非负是凸函数的充分条件。

不满足上述条件的优化问题称为非凸优化，如三次指数平滑案例中的目标函数。非凸函数可能存在多个可行域，因此规划求解通常只能在给定的初始值附近找到局部最优解，这也是非凸优化所能期待的最好结果。在次优情况下，非线性规划可能返回"收敛于当前结果，并满足所有的约束条件"。该消息的含义是，所求得的解能令所有约束条件得到满足，但这些解无一能通过最优性测试，求解过程被终止只是因为在最近的几次迭代运算过程中，目标函数值的改进极小。

对于规划求解，在较新版本的 Excel 中提供了一些改进功能，有助于提高非凸优化发现全局最优解的可能性，相关内容将在后文继续介绍。

对于非线性问题，无论是凸优化或是非凸优化，GRG 方法都依赖于导数信息用于指引迭代方向。但如果目标或约束函数不可导，也就无法应用 GRG 方法。此类问题一般统称为非光滑（non-smooth）优化，规划求解提供了专门面向该问题的演化算法。

9.5 非光滑优化

如果目标函数或任一约束条件是决策变量的非光滑函数，即构成非光滑优化问题。非光滑大多由两个原因导致。首先是函数不连续，主要表现在优化问题的电子表格模型内使用了导致运算结果不连续的相关函数。例如，假设 A1 为决策变量，则公式"=IF(A1>1,000,2*B1,B1)"非光滑，因为结果值在 A1=1,000 附近不连续。其他导致非连续的常见 Excel 函数还包括 VLOOKUP 等查找函数，INT、ROUND 等各类取整进位函数等。其次是函数连续但不可导，如绝对数函数 ABS 等。一般来说，前一种情况在实际应用中更为常见。

MACD 指标回测优化

本节要点

以回测利润最大化为目标，使用演化算法求解 MACD 指标的最优参数。

· 应用场景

本节使用规划求解的演化算法，对异同移动平均（MACD）指标进行简要的回测验证。MACD 是著名的趋势和动能指标，借助两条不同长度移动平均线之间的相对关系，预测证券价格趋势和动能变化。计算方面，用短期移动平均线（变动较快）减去长期移动平均线（变动较缓）得到 MACD 线，对 MACD 线再次平滑处理后得到信号（DEA）线，最后将信号线和 MACD 线的差值绘制成柱体。移动平均是趋势追踪指标，短期移动平均减去长期移动平均则可衡量价格的变动速率，反映价格动能的变化，因此 MACD 同时具备趋势指标和动能指标的优点，在实践中有广泛应用。

MACD 中的移动平均使用指数平滑方法，如短期移动平均线为 EMA(12) 即 12 期指数移动平均，长期移动平均线为 EMA(26)，信号线是 MACD 线的 9 期 EMA。指数移动平均的具体公式在 8.4 节已有详细介绍。

·操作实务

图 9-13 展示了 MACD 各项指标的计算过程。

❶ A 列至 C 列分别是标普 500 指数的交易日期、收盘和涨跌幅数据。

❷ N2 单元格至 N4 单元格分别给出了用于计算短期移动平均、长期移动平均和信号线的计算周期参数（图 9-13，#1）。将这些参数放在单元格内供公式引用，而不是直接写在计算公式内，有助于提高公式的灵活性，也是后续优化得以实施的前提。

❸ D 列首先计算短期指数移动平均 EMA1（#2）。公式使用 OFFSET 函数，引用 N2 单元格中的参数，自动获得正确的动态地址并计算平均。

❹ E 列根据 N3 单元格参数，计算长期指数移动平均 EMA2（#3）。

❺ F 列计算 EMA1 和 EMA2 的差值，即 D 列减 E 列，得到 MACD（#4）。

❻ G 列进一步根据 N4 单元格的参数，计算 F 列 MACD 线的指数移动平均，得到 DEA 即信号线（#5）。

❼ H 列计算 MACD 线和 DEA 线的差值，该差值用于绘制 MACD 指标中的柱体（#6）。

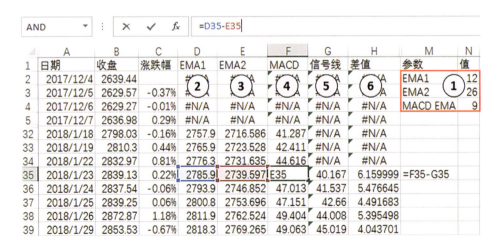

图 9-13　计算 MACD 指标

一般来说，MACD 提供以下四种潜在交易信号。

❶ 交叉：DEA 是 MACD 的指数移动平均。MACD 线和 DEA 线交叉是最常见的 MACD 信号。在图 9-14 中，MACD 线和 DEA 线分别显示为实线和虚线。当 MACD 线向下穿越 DEA 线时为卖出信号，等同于柱体由正转负（图 9-14，#1）；当 MACD 线向上穿越 DEA 线时产生买入信号，等同于柱体由负转正（#2）。

❷ 零轴穿越：MACD 线正负变号产生的买卖信号。MACD 线是两条 EMA 线之差，因此零轴穿越等同于移动平均线的交叉。图 9-14 共产生了 4 次穿越信号，由正转负代表卖出信号（#3），反之为买入信号（#4）。

❸ 背离：当 MACD 线走势和价格趋势不一致时产生背离信号。例如，证券价格创下新低，而 MACD 线却未跌破前低，表明下跌动能减弱，产生底部背离买入信号。相反的情况下，证券价格创新高，MACD 线则未能突破前高，表明顶部背离为卖出信号。

❹ 超买超卖：通过适当的改造，MACD 可以转变为震荡指标，提供超买超卖信号。

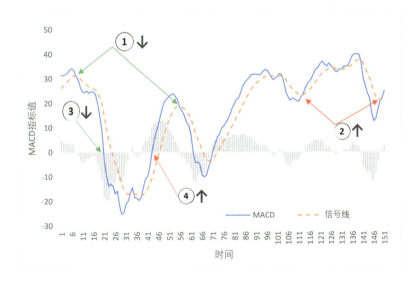

图 9-14　MACD 指标的交易信号

回溯测试一般用于量化和验证某个交易指标或系统的表现及有效性。例如，给定 N2:N4 区域的参数，以 MACD 线及 DEA 线交叉为买卖信号，回测过程如图 9-15 所示。

❶ 根据 H 列计算出的 MACD 和 DEA 差值，I 列产生交易信号（图 9-15，#1），公式判断前后两个单元格是否发生正负变号，代表 MACD 线和 DEA 线交叉与否，并返回 1、-1 和 0 等三种可能结果，分别代表买入、卖出和无信号。

❷ 为方便绘图，J2 单元格假设期初市值和当天指数值相同（#2），该值也可更改为其他任意正数，如 10,000，对模型实施无影响。

❸ 根据 I 列的交易信号，J 列逐行计算当日持仓市值（#3）。

❹ N7 单元格计算回测期的交易利润率（#4）。结果显示，给定参数组合（12，26，9），以 MACD 线和 DEA 线交叉为买卖信号，测试期内的总利润率为 19.09%，即期末市值（J649 单元格）较期初市值（J2 单元格）的增长。

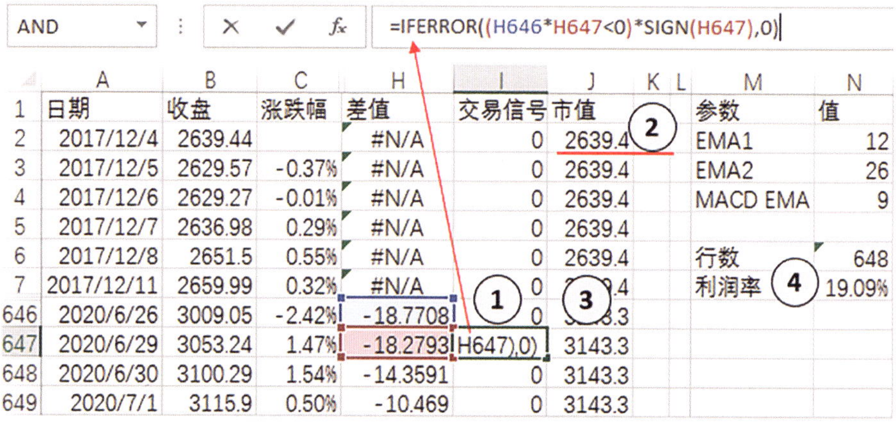

图 9-15 MACD 指标的交易信号

进一步的问题是，是否存在更好的参数组合，可提高指标的回测表现。回答以上问题涉及优化分析过程：以指标最优表现为目标，搜索相关决策变量的值。显然，"最优表现"可能有多种衡量方法，意味着可根据具体需要选择不同的优化目标。简单起见，本例继续以回测期的交易利润率最大化为目标，求解 MACD 指标的各项参数。图 9-16 已完成优化所需的工作表模型，在此基础上，图 9-17 展示了具体实施过程。

❶ 优化目标：N7 单元格的利润率，优化类型为最大化（图 9-16，#1）。

❷ 决策变量：N2 单元格至 N4 单元格，分别为 EMA1、EMA2 和 MACD EMA 的计算参数，假定初始值分别为 12 天、26 天和 9 天（#2）。

❸ 约束条件：为提高计算效率，O2:P4 区域给出了各决策变量上下界约束的右侧值（#3），如规定 EMA1 参数介于 1 天至 30 天区间。

❹ 启动规划求解界面，分别设置上述目标、可变单元格及约束条件，选择求解方法为"演化"（#4）并执行求解。

❺ 图 9-17 对比了指数走势和经优化后的回测市值表现。

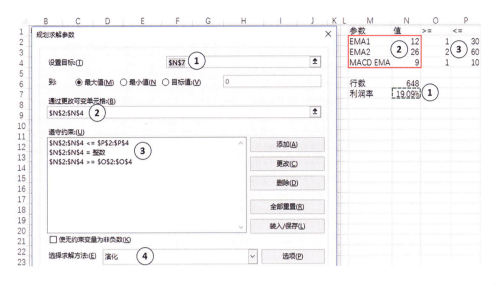

图 9-16　MACD 指标回测优化

图 9-17　标普 500 指数和优化回测表现

算法和解的性质

就技术角度而言，非光滑问题是最难求解的优化类型。由于缺乏导数信息指导迭代优化方向，GRG 方法在多数情况下都无法使用，穷尽所有可能解又不现实，因此绝大多数针对非光滑问题的求解方法都采用某种形式的随机取样。

规划求解的演化算法通过随机取样产生一个候选解集。和单纯形、GRG 方法的确定性不同，随机方法会导致即便在模型没有任何变化、使用相同初始值的情况下，每次运行都可能产生不同的求解结果，这是演化算法和其他算法的一个重要差异。演化算法在每一次迭代过程中都会保留一组候选解群体，而不是单一最优解，同样是因为在没有确定规则指引迭代方向的情况下，保留多个随机候选解，有助于扩大搜索空间，从而避免求解过程受困于某个局部最优点处。

演化算法的名称来源于自然选择，在具体的迭代求解过程中也借用了相关概念。例如，候选解集内的一个或数个成员以"随机突变"方式产生新的候选解成员，将当前候选解成员重新组合以产生"子代"候选解成员，根据约束条件和目标函数值为每个成员计算"适应值"，并以此作为选择机制，保留最佳成员、淘汰最不适应的成员。以上过程不断重复，引导演化算法找到越来越好的解。

正如自然选择没有特定目标，演化算法的求解迭代都是以"相对更好"为基础，并不具备任何可用于判断最优性的数学性质，因此不会返回类似"可满足所有的约束及最优状况"的结果信息，用户只能期待一个较初始值更好的解。在最理想的情况下，规划求解的演化算法会返回消息"收敛于当前结果，并满足所有的约束条件"，含义是当前候选解成员的"适应值"变化非常缓慢，低于规划求解选项内所指定的收敛值。在更多时候，演化算法只会返回"不能改进当前的解，可满足所有的约束"，含义是规划求解在指定时间内无法找到能够进一步提高"适应值"的解。

9.6 整数规划

· 应用场景

无论是线性规划、GRG 方法还是演化算法，规划求解都允许在约束条件中加入整数约束。实际上，在现实应用中，要求决策变量是整数也是常见现象。例如，9.5 节的技术指标优化案例中，计算窗口期数除了上下界约束外，还需要限定为整数。产品生产数量等更是如此。只要在优化问题中加入整数约束，即构成整数规划。整数规划需要额外使用更复杂的求解方法和更长的运算时间。

规划求解支持 3 种不同的整数约束：整数、二进制以及全不同。本例以二进制为例介绍整数规划的实施过程，对于其余两种约束，只需在界限选项内更改类型即可。

· 操作实务

考虑 5 个投资项目，净现值和未来 5 年内的资金需求各不相同，具体信息如图 9-18 所示。

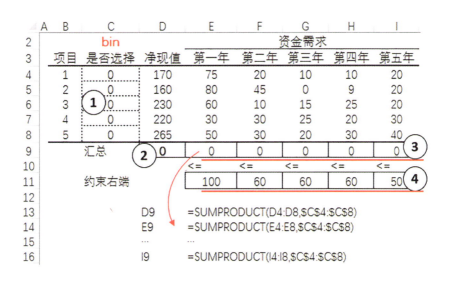

图 9-18　二进制整数规划

❶ 决策变量：C4 单元格至 C8 单元格，代表每个项目是否选择，因此决策变量的取值只能是 0 或 1，分别代表项目未被选中和选中（图 9-18，#1）。

❷ 优化目标：D9 单元格，即净现值合计最大化。净现值合计是决策变量的线性函数，等于 C 列决策变量和 D 列的价值系数逐一相乘后求和（#2）。

❸ 约束条件：本例约束条件是未来 5 年资金需求不超过可用资金上限。约束条件左侧是各年资金需求总量，同样表示为决策变量的线性函数，将 C 列决策变量分别和 E 至 I 各列的资金需求逐项相乘后求和（#3）。第 11 行给出了每项约束条件的右侧值，即可用资金上限（#4）。

依次在规划求解界面内设置优化目标（D9 单元格，最大化）、可变单元格（C4:C8 区域）以及可用资金约束，同时还需限制决策变量即 C4:C8 区域为二进制。打开"添加约束"对话框，左侧引用决策变量单元格，在中间的约束类型下拉列表内选择"bin"即可，此类约束不再需要设置或引用右侧值，操作界面参考如图 9-19 所示。

图 9-19 项目选择整数规划

· 总结和拓展

　　和不带整数约束的问题相比，带有整数约束的优化问题的计算过程更复杂。对于单纯形和 GRG 非线性规划中的整数约束问题，规划求解采用分支定界方法（Branch & Bound）求解。分支定界方法首先忽略整数约束，找到放宽条件下的最优解，然后对所求得的非整数解逐一创建分支，添加更严格的约束条件后继续求解。例如，某变量求得解为 3.5，规划求解会由此进一步创建两个子问题，分别施加"<=3"和">=4"的约束。对于每个整数约束变量，上述过程都不断重复，直到所有的约束变量都得到整数解。因此，多数整数规划问题的计算耗时较长，通过选项中的"整数最优性"设置可调整求解精度和求解时间之间的平衡关系。

| VBA

　　在某些应用中，可能需要赋予同一个目标单元格不同的目标值，求解和不同目标值对应的可变单元格值。再如，对于较复杂的非线性问题，通过指定不同的初始值，对比优化结果的差异等。上述应用都涉及在同一个问题中重复调用规划求解，较适合使用循环语句，而不是反复使用 SolverOK 和 SolverSolve 求解。图 9-20 中的 A 列和 B 列是给定的 x 和 y 数据，使用非线性模型 $y=a+b*(1-exp(cx))$ 拟合，以预测值和观测值之差平方和最小化为目标，求解参数 a、参数 b、参数 c。以下代码随机产生不同的参数初始值并执行规划求解，并记录每次求解的初始值和目标值。从图 9-20 可以发现，不同的初始值所产生的残差平方和差异很大，表明初始值对拟合效果有重大影响。

```
For i = 1 To 10
    Range("B15") = Rnd()              在可变单元格 B15:B17 区域内产生随
                                      机数作为初始值

    Range("B16") = Rnd()
    Range("B17") = Rnd()
    Cells(i + 1, 5) = Range("B15")    记录本次求解的初始值
    Cells(i + 1, 6) = Range("B16")
    Cells(i + 1, 7) = Range("B17")
    SolverOK Range("C14"), 2, , Range
        ("B15:B17")                   设置规划求解模型，目标最小化
    SolverSolve UserFinish:=True      执行求解
    Cells(i + 1, 8) = Range("C14")    记录本次运行结果
Next
```

	A	B	C	D	E	F	G	H	I
1	x	y	y'		a	b	c	SSE	
2	2	26.1	28.4038125		0.71	0.53	0.6	20.76675	
3	4	26.8	29.03317938		0.29	0.3	0.8	7.30333	
4	6	27.9	29.11204846		0.01	0.76	0.8	9.725498	
5	8	28.6	29.12193194		0.71	0.05	0.4	16.67221	
6	10	28.5	29.12317048		0.86	0.79	0.4	20.97708	
7	12	29.3	29.12332569		0.96	0.87	0.1	0.292635	
8	14	29.8	29.12334514		0.95	0.36	0.5	18.80728	
9	16	29.9	29.12334758		0.77	0.05	0.6	9.368829	
10	18	30.1	29.12334788		0.47	0.3	0.6	18.6115	
11	20	30.4	29.12334792		0.65	0.26	0.3	20.89324	
12	22	30.6	29.12334793						
13	24	30.7	29.12334793		=$B$15+$B$16*(1-EXP($B$17*A13))				
14		SSE	20.76674559		=SUMXMY2(B2:B13,C2:C13)				
15	a	23.38							
16	b	5.742	$y = a + b*(1 - exp(cx))$						
17	c	-1.04							

图 9-20　不同初始值对求解结果的影响 [①]

---

① 本例数据及拟合模型转引自《非线性二乘的原则和应用》（Les Kirkup（莱斯·柯卡普），2003 年）。

9.7 选项和设置

规划求解允许用户通过调整选项设置，改变优化过程所使用的参数和方法，如不同优化方法的技术选择、精确度或是求解时间等。这些选项分为 3 类，包括面向所有方法的通用选项、GRG 选项和演化方法选项等，分别对应图 9-21 中的"选项"对话框中 3 个不同的选项卡。

图 9-21　规划求解选项：所有方法

适用于所有方法的选项如图 9-21 所示，界面内各项目的含义依次如下。

❶ 约束精确度（Precision）：约束条件左右侧的差异在此范围之内，则视同满足约束，数值越小、精度越高。

❷ 使用自动缩放（Scaling）：将决策变量、约束和目标值重新按比例调整至近似量级，以减少极大值和极小值对求解过程的影响，默认选中。

❸ 显示迭代结果：显示每次试错求解的值。

④ 忽略整数约束：忽略所有整数、二进制以及全不同约束。

⑤ 整数最优性：当前整数解的目标函数值和已知最优解的最大百分比差异。当该差异小于设定值时，规划求解将停止搜索并接受在此范围内的解。默认值为1%，此差异设置越小，则求解时间越长，找到更好整数解的可能性也越大。

⑥ 最大时间（秒）：允许规划求解运行的时间限制。

⑦ 迭代次数：允许规划求解运行的最大迭代次数。

⑧ 最大子问题／最大可行解数目：仅适用包含整数约束问题以及演化算法问题，规定允许规划求解在求解过程中探索的子问题／可行解数量。

适用于非线性 GRG 方法的选项如图 9-22 所示。

图 9-22 规划求解选项：非线性 GRG

① 收敛：规定规划求解在停止求解并返回提示消息"收敛于当前解"之前的最近五次迭代的相对变化。如连续五次迭代后，目标单元格数值的变化都小于规定的收敛值，则报告收敛于当前解。数值设置越小，一般意味着求解时间越长，但更可能接近于最优解。

② 派生[①]：指定用于估计目标函数和约束函数偏导数的方法。规划求解通过微调可变单元格并观测每个约束单元格和最优单元格的变化速率以估算导数。"向前"差分使用对当前值微调的单一点来计算导数，"中心"差分则使用方向相反的两个点计算，结果更准确但计算量增大，默认使用"向前"差分。

③ 多初始点：要求规划求解自动为决策变量选择不同的初始值并重复运行，

[①] 此处照用界面文字，但"派生"应为"导数"，后面的"向前"差分有时也称前向差分，"总体"应为"群体"更合适。

该过程可能会找到更优解，但比单次非线性 GRG 方法更耗时。前文已介绍过 GRG 求解存在的全局和局部最优问题，此方法是为全局优化而设计的。

❹ 总体大小：多初始点方法所使用的不同初始值的数量，最低为 10，最高为 200。

❺ 随机种子：正整数，多初始点方法使用该随机种子产生候选初始值。如果指定随机种子，规划求解每次都将使用相同的初始点求解，意味着会产生相同的解。在默认留空状态下，规划求解将随机产生初始值，意味着每次运行的求解结果可能不同。

❻ 需要提供变量的界限：规定只有在约束中为每个决策变量规定上下界限，多初始值方法才可运行。决策变量的边界越严格，多初始值方法的运行效果越理想。

适用于演化方法的选项如图 9-23 所示。

图 9-23　规划求解选项：演化

❶ 收敛：规定规划求解在停止运行并返回提示"收敛于当前解"之前，允许其 99% 解集目标值的最大百分比变化。数值设置越小，通常表明求解时间越长，但可能获得更好的解。

❷ 突变速率：介于 0 和 1 之间的数值。演化算法在每次"生成"子问题求解过程中，会改变可能解群体的部分成员以创建一次新的试错解，突变速率规定了这种替换的相对频率。更高的突变速率会增加潜在解集的多样性，提高发现更优解的概率，但会延长求解时间。

❸ 总体大小：规定演化算法候选解群体的数量，最低为 10，最高为 200。

❹ 随机种子：正整数，含义同非线性 GRG 方法的随机种子。

❺ 无改进的最大时间：规定演化算法停止运行并返回提示消息"无法改进当

前解"之前，允许其最优解目标值无显著改善的最长运行时间。

⑥ 需要提供变量的界限：规定只有在约束条件中为每个决策变量规定上下界限，演化方法才可运行。为所有变量定义边界值能够显著提高演化算法的有效性。

9.8 复盘与思考

优化分析从目标出发，寻找完成特定任务的最佳方式，如各类资源在不同时间、地点或用途上的分配。除了决策分析，曲线拟合优化等也是数据分析和金融领域的常见需求，如收益率曲线的拟合、投资组合优化、时间序列预测、技术指标回测等。本章围绕这些优化分析和求解应用需求，介绍 Excel 电子表格为此所提供的两项工具：单变量求解和规划求解。单变量求解使用迭代方法，简单易用但功能有限。规划求解则提供了多种优化算法，支持更多决策变量和约束条件。单变量求解和规划求解完全基于界面操作，无须代码指令，也基本不需要数学背景知识，为解决各类优化和求解问题提供了低门槛、对用户友好的解决方案。

第 10 章 探索不确定因素——模拟分析

优化分析求解使目标最优化、同时满足给定约束条件的决策变量值，这一过程的潜在含义是决策变量可控，决策者可根据优化结果实施相应的资源分配或活动。例如，在贷款问题中，贷款期限和金额在一定程度或区间内是借款人可以进行"优化"的决策变量。但在商业和金融领域，不确定性无处不在，决策主体对各类变量的控制能力可能因时而异、因人而异。例如，在浮动利率条件下，利率对于借贷双方都是不可控的风险因素。在商品市场，处于主导地位的公司可能拥有某种程度的定价权，体现在绝对价格或是相对溢价水平等方面，在这种情况下，价格可以视作某种可优化的决策变量。但对于多数价格接受者来说，价格则是不确定的变量。和决策变量及其优化不同，对此类不确定性及其结果的衡量和探索，构成了风险分析的主题。Excel 是众多可开展风险分析的工具平台之一，以单元格之间的公式函数的链接为基础，结合各类数学、统计函数以及可视化功能，Excel 为各类中小型风险分析应用提供了实用、直观、低门槛的选择。

10.1 模拟分析简介

本节要点

风险分析的含义和主要方法。蒙特卡洛模拟的基本步骤。

·应用场景

风险分析的核心是衡量不确定性及其后果。简单来说，风险分析的过程就是回答未来会发生什么、可能性如何以及后果怎样等 3 个关键问题。

在某种意义上，敏感性分析和方案分析就是一种初步的风险分析方法。通过设定变量的不同取值、不同的方案，而后对比输出结果的差异。但情景分析方法一般只能评估预先定义的变量取值或方案，数量大多有限，如方案分析中常使用基准、乐观和保守等 3 种可能，显然远不足以衡量未来的不确定性。同时，从输出结果看，情景分析在最理想的情况下也只能显示可能的结果区间，却无法量化期望结果为何，更无从得知发生某个特定结果的可能性。另外，和真正的风险分析不同，情景分析并不反映相关变量是否可控，对决策变量或是风险变量未做区分。换言之，情景分析既可能是为了展现有限的不确定性，也可能仅仅作为简化的优化分析，从中选择结果最好的输入变量值。

在实际应用中，风险分析主要使用蒙特卡洛法[①]模拟。在概念层面，模拟的含义是对真实世界里的事件发生过程的模仿，如日常生活中的天气现象、交通事故，生产经营中的产品缺陷、机器故障、顾客数量，金融领域的利率走势、股票涨跌、公司违约等。这些事件全都具有随机性，缺乏可识别的形态和规律，单个事件的发生结果不可预测。蒙特卡洛方法使用随机数字作为这些事件结果的数学描述，每生成一次随机数字就代表一个结果，通过大量重复这一过程，可产生成千上万个可能的结果，并在此基础上计算各类结果的发生概率及其他统计特性。只要模拟次数足够多，生成的结果中既会包含可能性较大的中间结果，也会包含概率极小的极端情况，其中就包括需要引起决策者注意并采取相关行动的"高风险"情景。因此，模拟方法的本质不是为了消除风险，而是使用统计概率工具产生各种可能的结果，并在此基础上形成预测和推断，以供决策参考。

多数商业和金融模拟应用都有一个明确的预测目标，决策者所关注的往往并非随机事件自身，而是以此类随机变量作为输入值的某种输出结果。例如，利率变动对还款额的影响、营业收入增长率对报表净利润的影响、股市涨跌对在险价值（Value at risk）的影响等。因此，在实施蒙特卡洛模拟之前，需要首先建立从输入变量到输出结果的模型，形如 $y=f(x_1, x_2, ..., x_n)$。模型需明确各输入参数以及从输入到输出的计算逻辑。当各参数均采用固定取值时，此时的模型为确定性模型，含义是给定的一组输入参数总是会产生不变的输出值，模型中不含任何随机成分，无论重新计算多少次都不会引起结果变化。例如，给定贷款金额、利率和期限等参数，计算出的等额本息还款额总是固定不变的。在确定性模型的基础上，进一步识别和明确哪些输入变量是确定变量，哪些是不确定的随机变量。例如，利率为随机变量，其他参数为确定输入。通过引入随机变量，确定性模型随之转换为随机模型。蒙特卡洛模拟的一般流程如下。

❶ 针对模型中的每一个随机变量，生成随机输入。

❷ 重新计算模型，存储计算结果。

❸ 重复步骤 1 和步骤 2 直至达到所需的模拟次数。

❹ 使用直方图、描述统计、置信区间等统计方法分析模拟结果。

通过重复产生随机输入参数，模拟方法能够得到大量随机输出结果，为衡量和评估风险提供了可能。显然，问题的关键是如何产生随机输入。蒙特卡洛模拟方法假定每个随机变量都来自某种已知的统计分布，这种分布给出了变量的所有可能取

---

① 蒙特卡洛法（Monte Carlo Method）首创于 20 世纪 40 年代。"蒙特卡洛"一词取自北非国家摩纳哥首都蒙特卡洛，暗示计算机模拟过程和赌博装置的算法原理相似。

值及其发生频率，模拟过程从中进行随机抽样。因此，蒙特卡洛模拟方法的实质是从指定的概率分布中反复随机抽样产生输入变量样本，运行并储存计算结果，最后开展输出分析的过程。基本流程如图 10-1 所示。

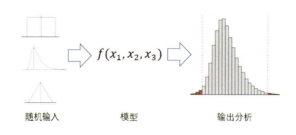

图 10-1　蒙特卡洛模拟基本流程

· 总结和拓展

在不确定和风险分析方面，和情景分析工具相比，模拟方法有着诸多显著优势，如下所示。

❶ 基于概率分布产生的模拟结果覆盖了更大范围的潜在结果区间，对不确定的描述和预测也更符合实际，有助于提高决策质量。

❷ 从模拟结果中可同时了解可能的结果及其发生概率，这些结果信息可直观展现为图表，从而有效提升沟通效果。

❸ 通过对模拟结果的敏感性分析，可进一步揭示不同输入变量对运行结果的不同作用，识别对模型结果影响最大的变量。

❹ 和有限的方案分析不同，模拟分析能够真正展示不同输入变量的各种组合情景下的运行结果。

❺ 蒙特卡洛模拟方法可以将不同输入变量之间的关联关系纳入模拟过程，反映输入变量之间的相关性，从而提高预测准确度。

蒙特卡洛模拟需要执行较大规模的重复抽样和计算，对计算能力有一定要求。但随着硬件性能的提升，普通个人计算机已可应付常规需求。软件方面，电子表格平台已内置随机分析相关功能，本章后文将陆续介绍，此外还有众多第三方风险分析插件可供选择。得益于以上因素，在 Excel 环境下开展蒙特卡洛模拟已日渐普及，在金融、项目管理、工程、研发等众多领域都有着广泛应用。

10.2　分布和随机数

显然，蒙特卡洛模拟方法的关键是确定随机变量的分布形式。在统计学中，分布描述的是变量的可能取值及其相对频率，这些取值可能是实际观测结果，也可能是一种理论推测。上述关系一般使用参数化的数学函数表示。连续随机变量使用概率密度函数（PDF）计算观察到给定值发生的相对可能性，通常表示为 $f(x)$，其中 x 为给定值。概率密度体现的是概率的密度而非概率自身，仅可用来比较不同取值结果的相对可能性高低。对于只能取有限个值的离散随机变量，概率分布一般用概率质量函数（PMF）表示，可直接理解成发生特定结果的绝对概率，即 $f(x)=P(X=x)$。

除了概率密度函数或概率质量函数外，随机变量的分布还可以用累积分布函数（CDF）表示。累积分布函数计算样本空间内小于或等于给定值的所有可能结果的累积概率，提供了观察随机变量概率分布的另一种视角，一般表示为 $f(x)=P(X \leq x)$。显然，累积分布函数是个有界函数，取值总是介于 0 和 1 之间。

统计分布类型数量众多，本节主要围绕部分常用分布，介绍其分布形态、概率的计算以及如何从中随机抽样。

均匀分布

本节要点

连续均匀分布和离散均匀分布。使用 RAND 和 RANDBETWEEN 函数生成均匀分布随机数。

· 应用场景

均匀分布的含义是获得每一种可能结果的概率完全相同，体现在密度函数上是一条恒定的水平线，因此也被称为矩形分布。和其他分布形式相比，均匀分布通常反映除了上下界信息外，对随机变量可能结果的其他了解极少，因此有时又将均匀分布称为"无知"分布。例如，管道泄漏的可能位置、在发车间隔内等候地铁的时间等。除了此类情形，只要对随机变量有额外了解，在选择分布形式时应尽量避免均匀分布。例如，营业收入增长率在0~20%区间内均匀分布，此类假设一般来说应该被更好的选择替代。但在技术层面，均匀分布尤其是介于 0 和 1 区间的标准均匀分布，在蒙特卡洛模拟应用中具有基础性地位，可用于生成其他形式的概率分布，后文将详细介绍。

以上描述主要针对连续均匀分布，即变量在给定的上下界内有无限个取值可能。在实际应用中，离散均匀分布也十分多见。例如，在抛硬币、抽取纸牌、投掷筛子等随机试验中，可能发生的结果数量有限且等概率。

在 Excel 电子表格中，可直接使用 RAND 和 RANDBETWEEN 两个随机函数，生成各类连续或非连续的均匀分布随机数。

· **操作实务**

图 10-2 分别使用上述函数产生 10 个均匀分布随机数。

❶ B 列使用 RAND 函数返回介于 0 和 1 之间的标准连续均匀分布随机数，该函数无须提供参数，每个单元格的公式都相同。

❷ D 列使用 RAND 函数将标准均匀分布转换为任意区间的均匀分布随机数，计算方法是：L+(U−L)*RAND()。其中 L 和 U 分别是给定区间的下界和上界。例如，给定 D2 单元格和 D3 单元格的区间上下界，D 列单元格的公式为：＝$D$2+RAND()*($D$3−$D$2)。

❸ H 列使用 RANDBETWEEN 函数产生 1~6 区间的随机整数，即非连续均匀分布。

	A	B	C	D	E	F	G	H	I	J
2	下界	0		10				1		
3	上界	1		30				6		
4										
5	1	0.86066		24.297				3		
6	2	0.43649		21.257				5		
7	3	0.84733		27.888				4		
8	4	0.71959		28.974				5		
9	5	0.62896		22.550				3		
10	6	0.94425		22.799				1		
11	7	0.36262		17.352				1		
12	8	0.35359		25.229				6		
13	9	0.50341		11.256				2		
14	10	0.31418		10.248				6		
15		=RAND()		=$D$2+RAND()*($D$3−$D$2)			=RANDBETWEEN($H$2,$H$3)			

图 10-2　均匀分布随机数

伯努利分布

本节要点

给定事件的发生概率，结合 RAND 和 IF 函数生成伯努利分布随机数。

· **应用场景**

伯努利分布通常用于描述特定事件发生与否的概率。如果随机变量只有 1 和 0 两种可能结果，对应概率分别为 p 和 $1-p$，则称该变量为参数为 p 的伯努利分布。显然，伯努利分布是离散概率分布，在实际应用中，1 通常代表特定事件发生、成功、为真，0 则代表相反含义，因此也被称为"是 / 否"分布。常见实例包括药物开发、油田探测、电话销售是否成功，是否有竞争对手进入市场，投掷硬币结果等。

· 操作实务

在 Excel 内生成伯努利分布的随机变量非常简单，图 10-3 中，C 列使用 RAND 函数，根据给定的成功概率参数产生 10 个伯努利随机变量。公式的计算逻辑是，以参数 p 为界将 0~1 划分为两个区间，长度分别代表成功和失败概率，然后判断随机数落于哪个区间，并返回对应的是否结果。例如，C4 单元格至 C13 单元格的公式判断 RAND() 产生的随机数是否位于 C2 单元格指定的成功概率 0.3，如果随机数位于 0~0.3 区间，则返回 1 代表成功，如果落于 0.3~1 区间则返回 0 代表相反结果。

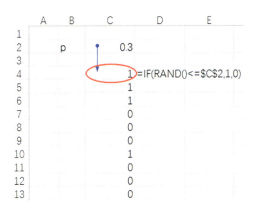

图 10-3 生成伯努利分布随机数

离散分布

本节要点

对包含不止两种结果的离散分布，结合 VLOOKUP 和 RAND 函数获得随机数。

· 应用场景

伯努利分布是仅含两种可能结果的简单离散分布，因此将 0~1 分为两个区间分别代表成败两种结果。对于包含更多可能结果的离散分布，可使用类似的办法将 0~1 划分成多个区间，不同区间的长度分别代表不同结果的发生概率。但此类判断如果继续使用 IF 函数需要多层嵌套，会造成公式过于复杂，因此一般借助 VLOOKUP 等查找函数实现。

·操作实务

图 10-4 展示了产生离散分布随机数的一般过程。

❶ D3:E8 单元格是估计营收增长率的概率分布，不同增长率对应不同的概率水平，不同概率的合计为 100%（图 10-4，#1）。

❷ B:C 列将上述概率转换为累积区间的上下限，不同的区间长度代表不同增长率的发生概率。例如，增长率为 –5%（D3 单元格）的概率是 10%，对应区间为 0~10%，增长率为 0%（D4 单元格）的概率为 20%，对应区间为 10%~30%，其余可能结果在此基础上依次累积（#2）。

❸ B10 单元格使用 RAND 函数生成 0~1 区间的随机数（#3）。

❹ B11 单元格使用 VLOOKUP 函数在给定区间内查找 RAND 函数产生的随机数所在的行（小于等于查询值的最大值），而后返回位于查询区域第 3 列的随机增长率（#4）。

❺ 图 10-4 下方给出了上述过程的示意图：在 0~1 累积概率区间内查找 B10 单元格的值，再返回所属区间所对应的增长率（#5）。

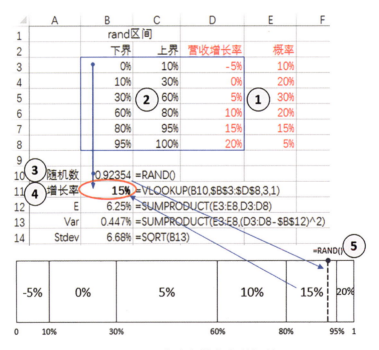

图 10-4　生成离散分布随机数

前已说明，累积分布函数返回小于或等于给定值的所有可能结果的累积概率。从图 10-4 可以看出，以上转换相当于将 RAND 函数产生的随机数视为累积分布值，而后再据此匹配对应的随机变量值。

VBA

Excel 的 RAND 函数无法在 VBA 内调用。如需在 VBA 内产生随机数，应使用 VBA 自带随机数函数 Rnd。例如，以下代码对比了在 A1 单元格内产生均匀分布随机数的不同方法。

- Range("A1") = Rnd()：使用 VBA 的随机数函数。
- Range("A1").Formula = "=RAND()" 使用 Excel 的随机数函数。

公式和函数

随机数的首要特征是随机性，即不存在任何可识别的规律和形态。但大多数计算机程序都借助一个被称为随机种子的初始值和特定算法来生成随机数，许多随机数函数使用系统时间作为初始的随机种子。上述过程决定了此类随机数在本质上并非真正随机，因此常被称为伪随机数。如果使用固定的随机种子，则每次都会产生相同的"随机"数系列。例如，在 VBA 内，无论何时执行函数 Rnd(-1)，返回结果都完全相同，参数 -1 就是指定的随机种子。

随机数算法各不相同。RAND 函数在 Excel 2003 之前存在一定缺陷，Excel 2003 采用了新的随机数算法，多项专业测试对该算法的表现评价不一。从 Excel 2010 开始，RAND 函数再次改用全新算法（Mersenne Twister）并沿用至今。有证据表明，RAND 函数的"随机"质量优于 VBA 的同类函数 Rnd，但 RAND 函数不能指定随机种子，意味着所生成的随机数系列无法重现。

二项分布

本节要点

使用 BINOM.DIST 计算二项分布的概率分布。结合 BINOM.LNV 和 RAND 产生随机数。

· 应用场景

将成功概率为 p 的伯努利试验以互不影响的方式重复 n 次，而后计算成功或失败次数的合计及其概率，就形成了二项分布，一般记为 $B(n,p)$。显然，对于 n 次试验，成功或失败次数有 0 至 n 共 $n+1$ 种可能结果。例如，抛掷 10 次硬币，每次正面朝上概率均为 0.5，就可以用二项分布描述正面朝上次数可能结果的概率分布。二项分布在现实生活中几乎无处不在，如考试通过或不及格的人数、生产线上的故障产品数量、电话销售的成功次数。可以看出，当 $n=1$ 时，二项分布就是伯努利分布，因此伯努利分布是二项分布的一个特例。在 n 次独立试验中，特定事件发生 x 次的概率为：$f(x)=C(n,x)\,p^x\,(1-p)^{n-x}$，其中，$C(n,x)$ 是从 n 个元素中提取 x 个元素的组合数。以上公式无须手动计算，Excel 为二项分布提供了多个内置函数，可用于计算概率、累积概率以及随机数。

· 操作实务

图 10-5 展示了二项分布概率和随机数的计算过程。

❶ H2:H3 区域给定二项分布的两项参数：试验次数 n 和成功概率 p（图 10-5，#1）。

❷ 根据 G 列给定的试验可能结果，H 列使用函数 BINOM.DIST 计算对应的发生概率。H11 单元格的公式如 H12 单元格所示（#2）。

❸ I 列使用相同的函数但不同的参数计算累积概率即 $p(X<=x)$。I11 单元格的公式如 I13 单元格所示（#3）。

❹ L 列使用函数 BINOM.INV，并结合 RAND 函数生成二项分布随机数（#4）。

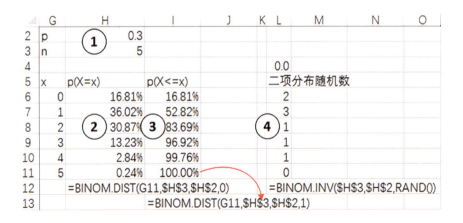

图 10-5　二项分布概率和随机数

·总结和拓展

事实上，函数 BINOM.INV 的计算逻辑和之前介绍的离散分布随机数完全相同。使用 RAND 函数产生一个 0~1 区间的随机数，将其视为累积概率值，而后在代表不同结果发生概率的各子区间内查找与之匹配的变量值。换言之，图 10-5 中 I 列是根据给定变量即成功次数 x（G 列），计算对应的累积概率（CDF，I 列），而 L 列则是根据累积概率，反过来求对应的成功次数，如果该累积概率是随机生成的，则返回的成功次数就是二项分布的一个随机样本。以上过程相当于累积概率分布的逆运算，也是函数名中"INV"的含义。可以看出，分布函数（DIST）及其逆函数（INV）的计算逻辑和第 8 章介绍的 PERCENTRANK 和 PERCENTILE 基本相同。

公式和函数

函数 BINOM.DIST (x, n, p, cumulative) 及其兼容版本 Binomdist 计算在 n 次试验中成功 x 次的二项分布概率。其中，p 为单次试验的成功概率，cumulative 为取值为 1 或 0 的逻辑参数，1 代表计算累积分布函数即返回累积概率，0 代表计算概率质量函数即返回概率。

函数 BINOM.DIST.RANGE 可计算试验成功次数位于两个指定数值之间的区间概率。

函数 BINOM.INV(n, p, alpha) 及其兼容版本 Critbinom 计算给定累积概率水平所对应的成功次数。其中，alpha 代表累积概率。

除了使用内置函数，也可直接使用公式 $f(x)=C(n,x)p^x(1-p)^{n-x}$ 及其求和运算分别计算二项分布的概率和累积概率。公式中的 $C(n,x)$ 组合可借助 Excel 内置函数 COMBIN 计算。例如，图 10-5 中 H11 单元格的公式可以替换成：

=COMBIN($H$3,G11)*$H$2^G11*(1-$H$2)^($H$3-G11)

正态分布

本节要点

使用 NORM.DIST 函数计算正态分布的概率分布。结合 NORM.INV 和 RAND 函数产生随机数。

·应用场景

正态（高斯）分布是最著名的连续分布，因其密度函数呈钟形对称，又被称为钟形分布。许多社会和自然现象都可使用正态分布描述或近似，如人的身高、体重、考试成绩等。正态分布由均值和标准差两个参数定义。均值决定分布的中心点，正态分布的对称性质决定该中心点既是期望值也是中位数，标准差则决定分布偏离均值的分散程度。标准正态分布的均值为 0、标准差等于 1，一般记为 $N(0,1)$，任何正态分布都可转换为标准正态分布，即 $N(\mu,\sigma)=\mu+\sigma N(0,1)$，其中 μ 和 σ 分别是均值和标准差。对于服从二项分布 $B(n,p)$ 的随机变量，当 n 足够大时，一般认为可用均值为 np、方差为 $np(1-p)$ 的正态分布近似。例如，对于 100 道 4 选 1 的选择题，正确答案数量 X 是一个服从二项分布 $B(100,0.25)$ 的随机变量，由于 $np=25$，$np(1-p)=18.75$，可使用正态分布 $N(25,\sqrt{18.75})$ 近似。实际上，任何随机变量，只要可表示为来自任意独立同分布过程的随机样本之和，通常都可以使用正态分布拟合。

· 操作实务

Excel 提供了多个内置函数，可用于计算正态分布的概率密度函数、累积分布函数，如图 10-6 所示。

❶ C1:C2 区域给定正态分布的两项参数：均值和标准差（图 10-6，#1）。

❷ 根据 B 列给定的 x，C 列使用函数 NORM.DIST 计算对应的概率密度（#2）。

❸ D 列使用相同的函数但不同的参数计算累积分布函数即 $p(X<=x)$（#3）。

❹ 将 B 列和 C 列数据绘制成概率密度函数（PDF）曲线，如图 10-6 的右上图所示。

❺ 将 B 列和 D 列数据绘制成累积分布函数（CDF）曲线，如图 10-6 的右下图所示。

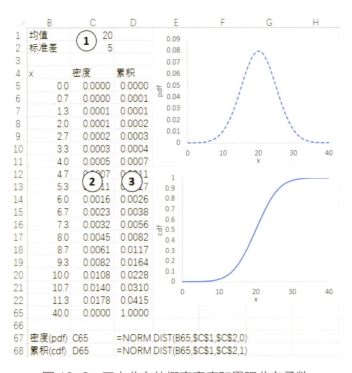

图 10-6　正态分布的概率密度和累积分布函数

第 4 篇　统计分析、优化及模拟

函数 NORM.DIST（x,u,s,cumulative）及其兼容版本 Normdist 根据给定变量的值 x 计算正态分布函数值，其中 u 和 s 分别为均值和标准差，cumulative 为取值为 1 或 0 的逻辑参数，1 代表计算累积分布函数即返回累积概率，0 则返回概率密度。

函数 NORM.INV（p,u,s）及其兼容版本 Norminv 根据给定累积概率计算对应的 x 值。其中，p 为给定的累积概率值，u 和 s 分别为均值和标准差。该函数是 NORM.DIST 的逆运算，即返回使 NORM.DIST(x, u, s,1)=p 成立的 x 值。

除了 NORM.DIST 和 NORM.INV，Excel 另外提供面向标准正态分布的函数 NORM.S.DIST 和 NORM.S.INV，但可被前者替代。例如，NORM.S.DIST（x,cumulative）= NORM.DIST（x,0,1,cumulative），NORM.S.INV（p）= NORM.INV（p,0,1）。

图 10-7 进一步结合 NORM.INV 函数和 RAND 函数产生来自正态分布的随机数。

❶ K4 单元格使用 RAND 函数生成 0~1 区间的随机数（图 10-7，#1）。

❷ 将该随机数视为累积概率，K5 单元格使用 NORM.INV 函数，计算与之对应的正态分布随机变量值（#2）。

❸ 前已说明，上述过程是对累积分布函数的求逆。具体含义可进一步图解为：在 y 轴所代表的累积分布函数的取值区间内产生一个随机数（#3），沿图表横向移动，在累积分布函数曲线上找到该值所对应的点（#4），然后进一步向下移动，找到与之对应的 x 值（#5）。同样，由于累积概率为随机生成，对应的 x 就是一个来自该正态分布的随机数。

❹ 在实际应用中，可直接在 NORM.INV 函数内嵌套 RAND 函数，产生正态分布随机数（#6），无须分解成到两个单元格内计算。

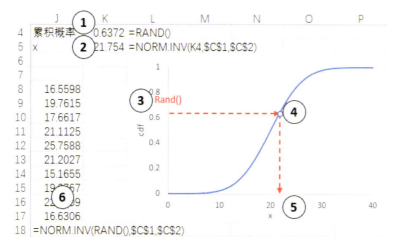

图 10-7　正态分布随机数

对数正态分布

本节要点

使用 LOGNORM.DIST 函数计算对数正态分布的概率分布。结合 LOGNORM. INV 和 RAND 函数产生随机数。

· 应用场景

正态分布以均值为中心向两侧无限延伸，但实践中存在许多有界的随机变量。例如，降雨量、油气储备量、国内生产总值、股票价格等通常都不能小于零，因此不适合使用正态分布描述。以金融资产为例，期末价值等于期初价值和期间一系列增长率的乘积，假设这些增长率来自相同的分布并且彼此独立，在连续乘法作用下，期末价值的结果区间向右侧延伸的幅度要显著超过左侧，导致明显的不对称形态。

在理论层面，对数正态分布正是上述乘积过程的结果。如果随机变量 X 的对数 LN(X) 服从正态分布，则称该随机变量 X 服从对数正态分布。反过来，如果某随机变量 X 服从正态分布，则其指数函数 EXP(X) 服从对数正态分布。由于对数值非负，对数正态分布的密度函数在图像上表现为左侧以零为下限、右侧无界的正偏形态。

· 操作实务

对数正态分布同样由均值和标准差定义，图 10-8 中使用 Excel 内置函数计算对数正态分布的概率密度函数和累积分布函数。

❶ C2:C3 区域给定随机变量 X 的均值和标准差（图 10-8，#1）。

❷ Excel 的对数正态分布函数要求输入参数为 LN(X) 的均值和标准差，因此 D2:D3 区域将变量自身的均值和标准差转换为对数均值和对数标准差（#2）。转换公式如下。

$$m = \ln\left(\frac{\mu^2}{\sqrt{\mu^2 + \sigma^2}}\right), \quad s = \sqrt{\ln\left(1 + \left(\frac{\sigma}{\mu}\right)^2\right)}$$

其中，m 和 s 分别是对数均值和对数标准差，μ 和 σ 是变量自身的均值和标准差。

❸ 根据 B 列给定的 x 值，C 列使用函数 LOGNORM.DIST 计算对应的概率密度（#3）。

❹ D 列使用相同的函数但不同的参数计算累积分布函数即 $p(X <= x)$（#4）。

❺ 将 B 列和 C 列数据绘制成概率密度函数（PDF）曲线，如图 10-8 的右上

图所示。

❻ 将 B 列和 D 列数据绘制成累积分布函数（CDF）曲线，如图 10-8 的右下图所示。

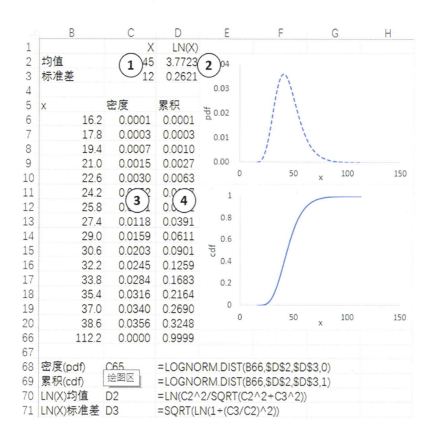

图 10-8　对数正态分布的概率密度函数和累积分布函数

和正态分布逆函数 NORM.INV 类似，为生成对数正态分布随机数，可使用 Excel 提供的逆函数 LOGNORM.INV 和 RAND 函数，过程和正态分布完全相同。

其他分布

图 10-9 汇总了部分常用的分布函数和逆函数计算方法，包括此前介绍的均匀、二项和正态分布等。其中，B 列为分布名称，C 列为任意给定的随机变量值 x，用于计算概率密度函数和累积分布函数。D 列和 E 列为分布所使用的参数，参数的个数和含义因具体分布而异，如二项分布需要提供试验次数 n 和单次试验成功概率 p 两个参数，对数正态分布需要提供 LN(X) 的均值参数 m 和标准差参数 s。F 列根据给定的 x 值计算对应的概率密度函数（连续）或概率质量函数（离散），G 列则

计算与之对应的累积分布函数值。H 列对累积密度函数求逆，产生对应分布的随机数。可以看出：

❶ 对于概率密度函数和累积分布函数，图 10-9 列出的各项分布大都可通过 Excel 内置函数进行计算，如 POISSON.DIST、EXPON.DIST 等。两者的区别通常体现在函数的最后一个参数上，0 代表计算概率密度或质量，1 则代表累积概率。

❷ 不同分布生成随机数的机制完全相同，都是对累积分布函数求逆：使用 RAND 函数生成一个 0~1 区间的随机数作为累积概率值，而后求解使累积分布函数 $F(x)=RAND()$ 成立的 x 值，具体过程可参考图 10-7。

❸ 生成随机数的具体方法可分为以下 3 种情况。

二项、正态、对数正态等分布可以通过以 INV 结尾的内置函数直接计算。

逆函数存在闭式解，通过简单计算即可产生，如均匀分布、Weibull 和指数分布等。

需要通过某种搜索方法才能得到结果，如泊松分布和前文介绍的离散分布等。

	B	C	D	E	F	G	H
1	分布	x	分布参数		概率密度（PDF）	累积分布（CDF）	随机数（CDF求逆）
2	均匀	15	10	30	=1/(E2-D2)	=(C2-D2)/(E2-D2)	=D2+RAND()*(E2-D2)
3			a	b	1/(b-a)	(x-a)/(b-a)	a+Rand()*(b-a)
4							
5	伯努利	1	0.3		=IF(C5=1,D5,1-D5)	=IF(C5=0,1-D5,1)	=IF(RAND()<D5,1,0)
6			p		if(x=1,p,1-p)	if(x=1,1,1-p)	=IF(RAND()<p,1,0)
7							
8	二项	4	10	0.3	=BINOM.DIST(C8,D8,E8,0)	=BINOM.DIST(C8,D8,E8,1)	=BINOM.INV(D8,E8,RAND())
9			n	p	(x,n,p,0)	(x,n,p,1)	(Rand(),n,p)
10							
11	泊松	30	30		=POISSON.DIST(C11,D11,0)	=POISSON.DIST(C11,D11,1)	
12			lambda		(x,lambda,0)	(x,lambda,1)	
13							
14	正态	10	20	5	=NORM.DIST(C14,D14,E14,0)	=NORM.DIST(C14,D14,E14,1)	=NORM.INV(RAND(),D14,E14)
15			u	s	(x,u,s,0)	(x,u,s,1)	(Rand(),u,s)
16							
17	对数	60	3.7	0.3	=LOGNORM.DIST(C17,D17,E17,0)	=LOGNORM.DIST(C17,D17,E17,1)	=LOGNORM.INV(RAND(),D17,E17)
18			m	s	(x,m,s,0)	(x,m,s,1)	(Rand(),m,s)
19							
20	Beta	0.3	5	20	=BETA.DIST(C20,D20,E20,0)	=BETA.DIST(C20,D20,E20,1)	=BETA.INV(RAND(),D20,E20)
21			alpha	beta	(x,alpha,beta,0)	(x,alpha,beta,1)	(Rand(),alpha,beta)
22							
23	Weibull	2	3	2	=WEIBULL.DIST(C23,D23,E23,0)	=WEIBULL.DIST(C23,D23,E23,1)	=E23*(-LN(1-RAND()))^(1/D23)
24			alpha	beta	(x,alpha,beta,0)	(x,alpha,beta,1)	beta*(-LN(1-RAND()))^(1/alpha)
25							
26	指数	3	1.5		=EXPON.DIST(C26,D26,0)	=EXPON.DIST(C26,D26,1)	=-(LN(1-RAND()))/D26
27			lambda		(x,lambda,0)	(x,lambda,1)	-(LN(1-RAND()))/lambda
28							
29	Gamma	10	3	2	=GAMMA.DIST(C29,D29,E29,0)	=GAMMA.DIST(C29,D29,E29,1)	=GAMMA.INV(RAND(),D29,E29)
30			alpha	beta	(x,alpha,beta,0)	(x,alpha,beta,1)	(Rand(),alpha,beta)
31							

图 10-9　在 Excel 中计算常见分布的概率密度函数和累积分布函数及逆函数

VBA

部分工作表内置函数可以在 VBA 中通过 Application.WorksheetFunction 调用。在

内置函数无法满足特定计算需求的情况下，可编写自定义函数以拓展 Excel 的计算能力。和 Sub 过程多用于执行操作不同，自定义函数一般用于执行计算，其使用方法和普通内置函数相同，可在单元格区域中返回计算结果。自定义函数以 Function 和 End Function 为起止标记。

以下是自定义函数 bionomial 的代码，功能和内置函数 BINOM.DIST 完全相同。

```
Function binomial(x, n, p, Optional cummulative = 0)
If cummulative = 0 Then
binomial =WorksheetFunction.Combin(n, x) * p ^ x * (1 − p) ^ (n − x)
Else
    For i = 0 To x
        binomial = binomial + WorksheetFunction.Combin(n, i) * p ^ i * (1 − p) ^ (n − i)
    Next i
End If
End Function
```

图 10-9 显示，Excel 缺乏内置函数可用于生成泊松分布随机值。以下代码对泊松分布的累积分布函数求逆，计算过程调用了 Excel 内置函数 POISSON.DIST。当参数 prob 通过 RAND 函数随机生成时，函数即返回泊松分布的随机数。

```
Function PoissonInv(prob, lambda)
cProb = 0
i = 0
Do Until cProb > prob
    cProb = Application.WorksheetFunction.Poisson_Dist(i, lambda, 1)
    i = i + 1
Loop
PoissonInv = i − 1
End Function
```

分布的选择

选择合适的分布形式是蒙特卡洛模拟的关键，分布形式应尽可能反映在建模时期所了解的变量知识。一般情况下，此类选择离不开主题知识和经验。如果随机变量所在的主题领域已存在某种惯例和共识，则通常需遵循此类准则，如金融市场大量使用正态分布和对数正态分布。在缺乏通用标准的情况下，最常用的方法是求助于历史数据，从中了解随机变量的基本特征。例如：

❶ 从历史数据中重新抽样。历史抽样不做任何分布假设，缺陷是该方法简单假定未来的风险环境和过去相同。从历史数据中抽样只能重现有记录的数据，而这部分数据仅仅代表一组过去实际发生的结果，并不足以代表未来的各种可能情况。此外，如果历史数据量有限，还会经常发生重复样本问题。

❷ 使用某种理论分布。根据对不同类型分布的基本性质的了解，结合历史数据观察和分析，为随机变量假设一种最合适的统计分布。这一方法既有客观依据，也有一定程度的主观估计成分。

❸ 分布拟合。许多专业模拟工具提供分布拟合功能，只需提供历史数据，软件自动使用不同的分布进行拟合，为不同的分布产生最佳参数，并生成衡量拟合效果的各项统计指标。用户只需结合相关主题知识进行选择即可。

❹ 完成分布选择后，往往还需要进一步依靠历史数据推导相关参数信息。

在缺乏历史数据的情况下，则一般只能依靠主题知识或他人意见，对随机变量进行主观估计，力求所选分布能够尽可能捕捉随机变量的不确定特性。

随机数发生器

本节要点

随机数发生器生成静态的随机数字。

· **应用场景**

除了本节介绍的各类公式函数，Excel 数据分析工具中的随机数发生器也是生成各类分布随机数的另一途径。数据分析工具是面向统计分析应用的内置插件，具体功能详见第 8 章。

· **操作实务**

以下继续以"离散分布"一节中的营收增长率为例，给定营收增长率和对应概率数据（图 10-4，D3:E8 区域），使用随机数发生器生成数个随机数样本。

❶ 单击"数据"选项卡下的"数据分析"。

❷ 在打开的"数据分析"对话框的分析工具列表内，单击选择"随机数发生

器"，切换至"随机数发生器"对话框。

❸ 变量个数（图 10-10，#1）：需要生成的样本数量，在输出表格中体现为列数，每一列都代表一个独立同分布的样本。

❹ 随机数个数（#2）：样本大小，在输出表格中体现为行数。

❺ 分布（#3）：指定分布类型，包括均匀、正态、二项式等。

❻ 参数区域（#4）：取决于步骤 3 中所选择的具体分布类型，进一步通过引用单元格区域或是直接输入的方法指定相关参数。例如，正态分布需要输入均值和标准差、二项分布需要输入试验次数 n 和成功概率 p。对于离散分布，需要提供包含可能结果和对应概率在内的两列数据（类似图 10-4 中的 D3:E8 区域）。

❼ 随机数基数（#5）：应为随机种子，具体含义参考前文介绍。可利用该选项产生相同的随机数序列。

❽ 输出选项（#6）：随机数的输出位置设置。

❾ 单击"确定"按钮退出界面（#7）。

图 10-10　随机数发生器

10.3 蒙特卡洛模拟示例

本节以上市公司贵州茅台的部分损益表数据为例，介绍如何使用蒙特卡洛模拟预测下一年度的息税前利润（EBIT）。

历史数据和假设

· 应用场景

图 10-11 给出了简要的损益表数据，第 2~23 行为原始数据，G 列息税前利润所使用的计算公式为：营业收入 − 税金及附加 − 营业成本 − 销售费用 − 管理费用。第 25~46 行为百分比标准化报表，全部科目重新表示为营业收入的百分比。

	A	B	C	D	E	F	G	H	I
1	年度	营业收入	税金及附加	营业成本	销售费用	管理费用	EBIT		
2	1998	62818.4	11907.45	7672.54	5642.68	11610.4	25985.36	=B2-C2-D2-E2-F2	
3	1999	89085.8	17286.77	12913.32	10190.06	12241.1	36454.59		
4	2000	111400	19922.41	19686.34	13482.6	12967	45341.77		
22	2018	7363887	1128892.68	652292.2	257207.7	532594	4792901		
23	2019	8542957	1273329.24	743001.4	327899.1	616798	5581929		
24									
25	1998	100%	19.0%	12.2%	9.0%	18.5%	=F2/$B2		
26	1999	100%	19.4%	14.5%	11.4%	13.7%			
27	2000	100%	17.9%	17.7%	12.1%	11.6%			
45	2018	100%	15.3%	8.9%	3.5%	7.2%			
46	2019	100%	14.9%	8.7%	3.8%	7.2%			

图 10-11　损益表部分科目的历史数据

图 10-11 中，息税前利润基于确定参数计算。为了使用蒙特卡洛模拟方法，需在此基础上明确哪些输入变量是确定变量，哪些是不确定的随机变量。

· 操作实务

本例根据各科目的性质和历史数据，假定营业收入、营业成本、销售费用和管理费用为随机变量，税金及附加则为确定变量，具体假设介绍如下。

❶ 营业收入：假设营业收入增长率是服从对数正态分布的随机变量，即营业

收入的对数增长率服从正态分布。依据是收入数据不能为负值，同时本例中的营业收入表现出显著的指数增长趋势特征，计算对数增长率相当于对原数据执行对数和差分转换，一般来说有助于提高样本的正态性和平稳性。图 10-12 使用历史数据计算出对数增长率的均值和标准差分别为 23.4% 和 12%。

	A	B	C	D	E
1	年度	营业收入	LN增长率		
2	1998	62818.44			
3	1999	89085.82	0.349352		
4	2000	111400.1	0.223528		
21	2017	5821786	0.40417		
22	2018	7363887	0.234981		
23	2019	8542957	0.148519	=LN(B23/B22)	
24					
25		均值	23.4%	=AVERAGE(C3:C23)	
26		标准差	12.0%	=STDEV.S(C3:C23)	

图 10-12　计算对数增长率的均值和标准差

❷ 税金及附加：确定变量，假定占营业收入的比例为 15%。

❸ 营业成本：观察数据发现营业成本占比自 2008 年以来一直保持稳定，因此简单假定营业成本占比在 7%~10% 区间内均匀分布。

❹ 销售费用：历史数据显示，营业成本占比和销售费用占比强相关。和营业成本类似，假设销售费用占比在 3.5%~6.5% 区间内均匀分布。

❺ 管理费用：从图 10-13 可以看出，管理费用占比表现出较强的趋势周期特征，使用第 8 章介绍的指数平滑 FORECAST 函数计算下期预测值，根据预测结果假定下一年度的管理费用占比服从均值为 9.05%、标准差为 1.04% 的正态分布。

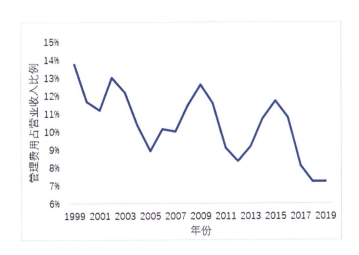

图 10-13　管理费用占营业收入比例

产生一次模拟结果

明确各输入变量的性质及随机变量的分布形式后，进一步使用"随机数发生器"一节介绍的方法生成不同分布的随机抽样用于计算，图 10-14 展示了产生单次模拟结果的过程。

❶ J 列为基期的部分损益表科目数据，来自图 10-11 中的历史数据（图 10-14，#1）。

❷ K:M 列给出各变量的类型、分布形式以及对应的参数（#2）。L 列和 M 列中参数的具体含义依赖于分布形式。例如，营业收入增长率假定为对数正态分布，对应参数是对数增长率的均值（L2 单元格）和标准差（M2 单元格）。营业成本和销售费用占比服从均匀分布，对应参数是均匀分布区间的上下界。

❸ N 列根据给定的变量假设和分布参数，产生随机数（#3）。例如，N2 单元格的公式为"=NORM.INV(RAND(),L2,M2)"，随机数公式及其原理在 10.2 节已有详细介绍。此外，税金及附加已假定为确定输入，因此 N3 单元格为固定值 15%。

❹ O 列使用 N 列产生的变量值执行计算。需要注意的是，由于营业收入增长率为正态分布随机变量，应进行指数转换后再与基期收入相乘（O2 单元格）。其余科目的计算逻辑相同，将营业收入预测值（O2 单元格）和 N 列的占比相乘即可。

❺ O7 单元格根据各科目的模拟结果计算息税前利润（#5）。

❻ 以上步骤完成单次模拟运算。

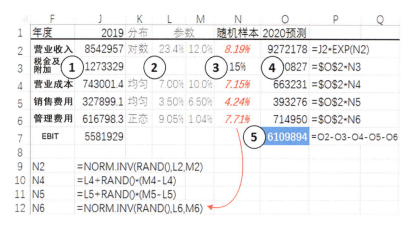

图 10-14　产生单次模拟运算结果

批量模拟

本节要点

批量模拟的两种方法。模拟运算表的表头和输入引用。

· 应用场景

蒙特卡洛模拟需要反复执行图 10-14 所示的计算过程，产生并储存大量可能的计算结果。现实应用中，一般至少需执行成千上万次重算。按 F9 键可触发重新计算，但该方法效率低且无法存储计算结果，显然不适用于大量模拟。在 Excel 中，以上过程主要通过两种方法实现：模拟运算表和 VBA。

第 7 章曾详细介绍模拟运算表功能在敏感性分析中的使用。在真正的随机模拟中，模拟运算表也能在一定程度上发挥简化计算过程、提高计算效率的作用。

· 操作实务

以 1,000 次模拟为例，使用模拟运算表产生批量模拟结果的具体过程如图 10-15 所示。

❶ 在 N 列输入序号 1~1,000，代表模拟次数（图 10-15，#1）。和模拟运算表的常规用法不同，本例的随机模拟运算不需要任何参数，上述序号不是计算参数，输入序号主要是为了方便识别和选择区域，因此本步骤并非必需步骤。

❷ 选中包含序号列、表头单元格在内的完整区域（#2）。表头代表模拟的目标单元格，既可以是原始模型中的结果单元格，如本例中的 O7 单元格，也可以是以 "=O7" 形式引用至该结果的其他任意单元格。

❸ 通过 "数据" 选项卡打开 "模拟运算表" 对话框，本例输出结果为纵向排列，因此在 "输入引用列的单元格" 内引用任意单元格如 N7 单元格（#3）。前已说明，本例不需要输入参数，因此只需确保所引用的单元格不在表头、序号列和输出列内即可。

❹ 单击 "确定" 按钮完成（#4）。在自动重算设置条件下，Excel 将执行模拟计算并在 O 列的结果区域输出 1,000 次运算结果。

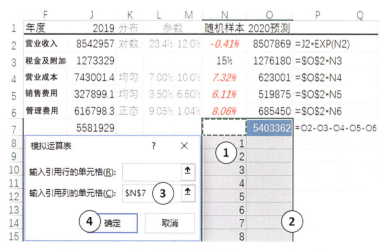

图 10-15 使用模拟运算表执行 1,000 次重算

以下自定义函数可根据给定初始值和步长，在用户选定的任意区域内自动填充自然数序列。例如，为生成类似图 10-15 中 N 列的序号，只需在选定目标区域后，输入"=serialgen(1,1)"并按数组方式返回，即初始值为 1、递增步长为 1。

```
Function serialgen(starter As Integer, Optional increment As Integer = 1)
Dim output() As Double
Nrow = Application.Caller.Rows.Count          计算用户选定区域的行数
Ncol = Application.Caller.Columns.Count       计算用户选定区域的列数
ReDim output(1 To Nrow, 1 To Ncol)            定义数组
For i = 1 To Nrow
    For j = 1 To Ncol
        output(i, j) = starter + increment * (j − 1)
    Next j
    starter = starter + increment * Ncol
Next i
serialgen = output                            将数组返回函数
End Function
```

分析模拟结果

本节要点

根据模拟结果生成直方图、描述统计及概率分布。

· 应用场景

图 10-15 中 O 列的模拟运算表输出包含 1,000 次独立重算，涵盖目标单元格的众多可能结果。蒙特卡洛模拟分析的下一个重要步骤就是要汇总和分析上述结果，以获得进一步的信息。此类结果分析一般包含图表展示、样本统计量计算、敏感性分析等多个层面。

图 10-16 将输出结果分解成 40 个等距区间，而后计算模拟结果落于每个区间内的计数以及累积概率，累积概率的计算方法是从第一个区间开始的累积计数除以样本规模。将 B 列的计数结果和 C 列的累积比例分别绘制成柱形和折线，效果如图 10-17 所示。

除了使用公式函数统计输入数据在各区间内的分布情况，Excel 数据分析工具也提供了基于界面的直方图生成工具。和随机数发生器类似，只需在数据分析界面的分析工具列表内选择"直方图"，而后在界面内引用输入数据和接收区域（接收区域是用于对输入数据进行频度计数的区间临界值，即图 10-16 中的 A8:A48 区域），最后设置输出选项即可，输出结果和图 10-16 类似。显然，由于直方图工具只能返回静态结果，如果输入数据或接收区域有变，则需重新启动上述操作，因此一般来说不适合在模拟分析中使用。

	A	B	C	D	E	F
1	**直方图**					
2						
3	最小值:	4000000	=ROUNDDOWN(MIN(EBIT),-6)			
4	最大值:	10000000	=ROUNDUP(MAX(EBIT),-6)			
5	样本	1000				
6						
7	区间	计数	累积比例			
8	4000000	0	0.0%	B8	{=FREQUENCY(EBIT,A8:A48)}	
9	4150000	0	0.0%	C8	=SUM($B$8:B9)/$B$5	
10	4300000	0	0.0%			
11	4450000	1	0.1%			
12	4600000	0	0.1%			
13	4750000	1	0.2%			
14	4900000	2	0.4%			
44	9400000	4	99.7%			
45	9550000	2	99.9%			
46	9700000	0	99.9%			
47	9850000	1	100.0%			
48	10000000	0	100.0%			

图 10-16 计算模拟结果的频率分布

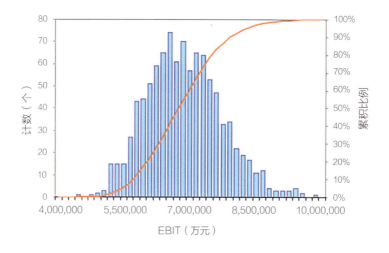

图 10-17　EBIT 模拟结果直方图

公式和函数

图 10-16 的 B 列使用函数 FREQUENCY(data_array,bins_array) 统计数值在不同区间内的频度分布。其中：

- data_array 是需进行频度统计的输入数据，如 B8 单元格公式 "=FREQUENCY(EBIT,A8:A48)" 中，EBIT 为输入数据，是图 10-15 中 O 列输出结果的命名名称。
- bins_array 是接收区域，代表计数区间的临界值。FREQUENCY 函数采用左开右闭的计数规则，即小于等于当前临界值但大于前一临界值的数值计入当前区间。计数区间临界值可使用公式生成，根据原始数据确定区间数量和步长。

FREQUENCY 为数组函数，取决于 Excel 版本，可能需通过 CES 返回。FREQUENCY 函数的计数功能也可通过 COUNTIFS 函数实现。

样本统计量的计算也是结果分析的重要组成，一般来说包含中心趋势、离散测度、百分位和样本均值的置信区间估计等方面。图 10-18 给出了相关计算结果，所使用的公式函数在第 8 章已有详细介绍。

❶ 第 4~6 行为均值、标准差和变异系数指标，均值反映样本中心趋势，标准差反映离散程度，详见第 8 章相关章节。变异系数则剔除均值的影响，是对离散程度的进一步标准化，以方便不同样本之间的对比。

❷ 第 7~10 行给出了均值置信区间估计。

❸ 第 12~16 行为最大值、最小值、中位数和四分位值。

❹ 第 18~20 行使用 PERCENTRANK 函数计算不同区间的概率。例如，EBIT 的值小于等于 610 亿的概率为 22.5%、大于 820 亿的概率为 5.1%，二者中间的概率为 72.4%。图 10-19 进一步给出了以上概率计算的图解。

公式和函数

函数 QUARTILE（array,nth_quartile）计算给定数据的四分位值。其中，array 是输入数据，nth_quartile 指定需要返回的四分位点，该参数的取值范围为 0~4 的整数。多数时候，可直接使用 PERCENTILE 等其他函数替代 QUARTILE。例如：

第 10 章　探索不确定因素——模拟分析

=QUARTILE(EBIT,0)　　返回最小值，等价于 MIN(EBIT)

=QUARTILE(EBIT,1)　　返回第 1 四分位值，等价于 PERCENTILE(EBIT, 25%)

=QUARTILE(EBIT,2)　　返回中位值，等价于 PERCENTILE(EBIT, 50%) 或
　　　　　　　　　　　MEDIAN(EBIT)

=QUARTILE(EBIT,3)　　返回第 3 四分位值，等价于 PERCENTILE(EBIT, 75%)

=QUARTILE(EBIT,4)　　返回最大值，等价于 MAX(EBIT)

	G	H	I	J	K
1		描述统计			
2					
3					
4		均值:	6762861.19	=AVERAGE(EBIT)	
5		标准差	841380.03	=STDEV.S(EBIT)	
6		变异系数	12.44%	=I5/I4	
7		标准误:	26606.77	=I5/SQRT(B5)	
8		% 置信度:	0.95		
9		置信区间	6815009.50	=I4-NORMSINV((1-I8)/2)*I7	
10			6710712.87	=I4+NORMSINV((1-I8)/2)*I7	
11					
12		最大值	9961408.09	=MAX(EBIT)	
13		最小值	4689172.69	=MIN(EBIT)	
14		中位数:	6671342.16	=MEDIAN(EBIT)	
15		四分位(75%)	7330634.17	=QUARTILE(EBIT,3)	
16		四分位(25%)	6162625.52	=QUARTILE(EBIT,1)	
17					
18	P EBIT<=	6100000		22.50%	=PERCENTRANK(EBIT,H18)
19	P EBIT>	8200000		5.10%	=1-PERCENTRANK(EBIT,H19)
20		610-820亿		72.40%	=1-I18-I19

图 10-18　EBIT 模拟结果的描述统计

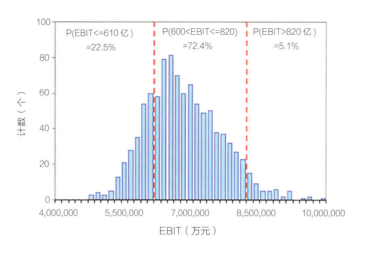

图 10-19 概率计算图解

敏感性分析

本节要点

保存模拟输入输出结果的常用方法。敏感性分析的一般内容。

·应用场景

蒙特卡洛模拟过程可能包含多个随机变量，各随机变量对模拟结果的影响如何？哪些变量对模拟目标的贡献最大？敏感性分析就是回答上述问题的重要工具。第7章曾介绍，使用 Excel 的模拟运算表工具，首先需要列出输入变量的不同取值，而后计算与之对应的输出结果。显然，敏感性分析的前提是存在输入变量和输出结果的一一对应关系，但在蒙特卡洛模拟应用中，输入变量通过随机方式生成，输入变量所在的单元格会在每次重算过程中被更新的随机值替换。从图 10-15 可以看出，模拟运算表并不需要也无从引用不确定的输入变量值，计算过程实际上是由 Excel 的重算机制自动完成的，而与模拟运算表无关。因此，尽管使用模拟运算表方法能够产生所需要的模拟结果，但由于随机输入的值不能保存，也就无法开展敏感性分析。解决上述障碍主要可通过以下三种方法。

❶ 不使用模拟运算表，以表格方式罗列出模拟计算的全部过程，每一行都完整反映从随机输入到输出结果的一次模拟过程。此方法的问题是需要组织的数据量较大，如针对 5 个随机输入变量、1 个输出结果的 1,000 次模拟，至少需列出 1,000 行 6 列共计 6,000 个数据项，而模拟运算表仅需 1,000 个数据项。此外，该方法仅适用于计算逻辑较为简单的情景，不适用于流程较复杂、无法在单行内展现的模型。

❷ 使用 VBA 编程。对于计算逻辑较简单的模型，可直接在 VBA 内执行从产生随机变量到计算输出的完整过程。对于流程复杂、只能通过工作表内组织实施的模型，可使用 VBA 不断更新并记录工作表模型的随机输入，并保存相应的输出结果。

❸ 第三方专业工具。模拟分析在商业、工程和科学等领域应用广泛，市场上有许多基于 Excel 的商用模拟分析工具可供选择，这些工具都能够以图表形式提供详尽的输入、输出敏感性分析报告。

VBA

以下代码以图 10-15 中的计算过程为基础，通过 VBA 代码控制各输入变量及模拟目标单元格的重算，将所有值存入数组并输出。数组方法并非必需的，但能有效提高运行速度。

```
Dim output(1 To 10000, 1 To 5)          定义输出数组，包含 10,000 次模拟
With Worksheets("sim")
For i = 1 To 10000                      执行循环
    .Range("N2:07").Calculate           重算指定区域内的所有公式
    output(i, 1) = .Range("N2")          将随机变量和目标单元格的值存入数组
    output(i, 2) = .Range("N4")
    output(i, 3) = .Range("N5")
    output(i, 4) = .Range("N6")
    output(i, 5) = .Range("07")
Next i
End With
Worksheets("result").Cells.Clear                        清除目标工作表
Worksheets("result").Range("A1").Resize(10000, 5) = output   将数组输出至结果工作表
```

获得完整的模拟数据后，敏感性分析一般按以下步骤执行。

❶ 计算每个随机输入变量的不同百分位值，代表不同的评估点。例如，中位数代表该随机变量的基准值、10% 和 90% 百分位值分别代表下限和上限评估点等，评估点的数量可根据需求灵活决定。

❷ 逐一评估随机变量对输出结果的影响。方法是将其他所有变量均设定为固定的基准值，仅目标随机变量采用不同的评估值，并计算与之对应的输出结果。以上方法可在一定程度上隔离其他变量的影响，该过程对每个随机变量重复进行。

❸ 以图表或数据表格的形式输出评估结果。

·操作实务

例如，图 10-20 是对本章案例 10,000 次模拟结果的敏感性分析。据图 10-20 显示，营业收入增长率变量对模拟结果有决定性影响，考虑本例模型的性质，该结果显然在预料之中。管理费用的影响其次，销售费用和营业成本占比对结果的影响几乎相同。对图 10-20 的具体解读如下。

❶ 图 10-20 中的不同颜色区分导致 EBIT 上升或下降的输入变量变动方向。例如，营业收入增加、成本和费用项下降的影响同向，都会导致 EBIT 上升。

❷ 条形中间的分界线代表各变量的基准情景。当各变量均取基准值时，EBIT 值约为 670 亿元。

❸ 条形两侧的数字标签分别代表各变量的 $P10$ 和 $P90$ 评估点。以营业收入的右侧条形为例，"38.8%" 的含义是当其余三个变量均取基准值、仅营业收入增长率取 90% 百分位值即 38.8% 时，EBIT 大约为 786 亿元。

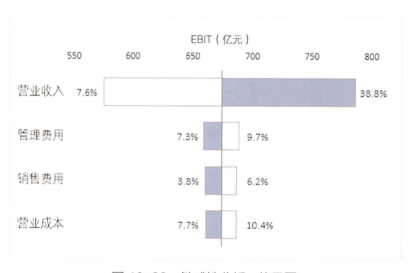

图 10-20 敏感性分析：旋风图

10.4 相关模拟

10.3 节的模拟案例假设营业成本占比和销售费用占比是独立的均匀分布随机变量，对一个随机变量的抽样结果不影响另一个变量的抽样结果。该假设意味着，在模拟过程中，很高的营业成本占比和很低的销售费用占比可能同时出现。图 10-21 展示了 1,000 次独立模拟的结果，从图 10-21 中可以大致看出，两个随机变量之间不存在可识别的关联关系。

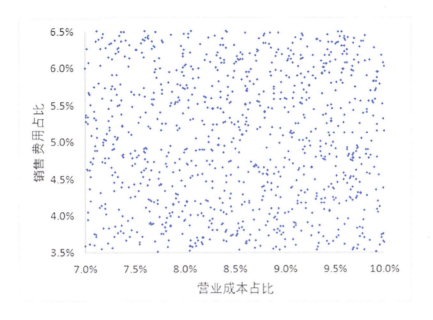

图 10-21　营业成本占比和销售费用占比：1 000 次模拟结果

　　但上述假设与实际情况明显不符。将历史数据（图 10-11 中的 D:E 列）绘图显示，两个变量之间存在极强相关关系（相关系数约为 0.96）。从图 10-22 中可以看出，较高的营业成本占比通常都伴随着同样较高的销售费用占比，反之亦然。图 10-21 的独立取样结果显然未能反映这一事实。

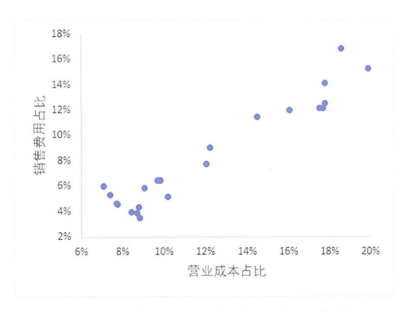

图 10-22　营业成本占比和销售费用占比的相关关系

类似的相关关系在商业金融领域几乎无处不在。在金融市场，许多风险管理方法的失败在很大程度上就是由于低估了各类资产风险之间的相关关系。如果模型结构或模拟过程未能正确体现或处理此类相关性，往往会导致模拟结果不能真实反映未来风险，在极端情况下甚至使模拟分析失去意义。

一般来说，蒙特卡洛模拟中的相关性问题可以归结成三个类别：条件概率问题、序列自相关和抽样相关。

条件概率

本节要点

条件概率反映变量之间的依赖关系。结合 RAND 和 IF 函数处理条件概率问题。

·应用场景

条件概率的含义是随机变量之间存在条件依赖关系，某个随机变量的结果会导致另一个随机变量的概率分布参数甚至分布形式自身的改变。例如，天气变量对航班延误随机变量的影响、新能源技术的突破可能改变石油价格的概率分布、对产品市场份额的模拟预测需要考虑竞品数量等其他随机变量的分布情况等。

显然，条件概率问题建模的重点在于如何正确识别、评估相关的变量关系，这一过程通常需要涉及主题知识和大量历史数据，具体实施方面则相对较为简单。

·操作实务

以油气开采为例[①]，不同海域蕴藏石油的概率可能在一定程度上取决于该区域是否存在有利的地质岩层。是否存在特定岩层（随机变量 1）是一个伯努利分布，假设结果为真的概率 p=60%，为假的概率 $1-p$=40%，该变量的具体取值将改变探测海域是否有石油（随机变量 2）的概率分布。例如，当存在特定岩层时，发现石油的概率为 30%，否则仅为 10%。使用 10.2 节介绍的方法就可以对上述随机变量展开模拟。

❶ 在 A1 单元格内输入公式"=IF(RAND()<0.6,1,0)"，返回随机变量 1 的模拟结果值。

❷ A2 单元格公式"=IF(A1=1,0.3,0.1)"根据 A1 单元格的结果确定随机变量 2 的成功概率。

---

① 本例引自《经济决策的概率模型》（Roger B. Myerson 罗杰 B. 梅尔森，2009 年）。

❸ 在 A3 单元格内输入公式"=IF(RAND()<A2,1,0)"，产生随机变量 2 的模拟结果。

可以看出，从 A1 单元格到 A3 单元格的流程体现了两个随机变量之间的条件依赖关系，在 Excel 模型结构内，体现上述逻辑所使用的公式函数一般都较为简单。以上以伯努利随机变量为例，对于其他分布类型的随机变量，只需更改随机数生成公式即可。

序列自相关

本节要点

使用自回归模型拟合收益率曲线数据。通过蒙特卡洛模拟预测下期数值。

· 应用场景

第 8 章曾提及，时间序列建模的一个重要目标是分离出序列内的结构成分，如趋势周期、季节因素等，以确保残留部分是一个独立的随机成分。但在许多商业和金融时间序列中，实际情况要复杂许多。

图 10-23 是 2002 年以来我国的十年期国债收益率走势。观察图 10-23 可大致判断该序列基本不存在长期的趋势变动和明显的季节特征。不过，折线的起伏变动却清晰展现除了均值回归特性：收益率不会长时期偏离长期均值水平，在经历短期波动之后，倾向于向长期水平逐步靠拢。此类均值回归现象不同程度地存在于许多金融资产的价格、历史回报甚至估值序列中，并在交易策略、衍生品定价、风险管理等领域有着广泛应用。以上现象表明，即使排除趋势和季节因素，时间序列依然表现出显著的非随机性。这种非随机性一般是由序列内部的自相关所导致的。

序列自相关也称滞后相关，衡量变量与其 n 期滞后值之间的 "相似程度"，一般可使用自相关系数（ACF）衡量两者间的线性关系。相关系数越接近 0，意味着时间序列内每一期的观测值彼此独立互不干扰，反之如果相关系数的绝对值向 1 靠近，则代表未来观察值受到过往观测值的影响。显然，一个存在自相关的时间序列不能视为独立的随机变量，在建模时需将该形态考虑在内，以正确反映历史数据的残留影响。例如，自回归（AR）和移动平均（MA）模型都可以用于自相关建模，前者使用滞后的观测值预测未来观测值，后者使用过往的预测误差来预测未来值。

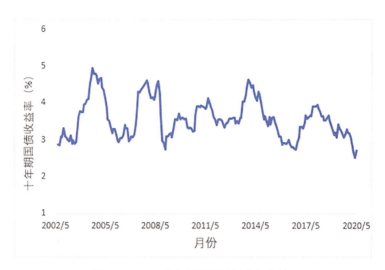

图 10-23　十年期国债收益率走势

　　假设使用二阶[①]自回归即 AR(2) 模型拟合收益率曲线数据并开展简单的残差分析，残差是指实际观测值和模型拟合值的差异。AR(2) 模型形式为：$y_t = \beta_0 + \beta_1 y_{t-1} + \beta_2 y_{t-2} + \epsilon_t$，即时间序列对其一阶和二阶滞后序列的回归。$t$ 期值等于 $t-1$ 和 $t-2$ 期观测值的影响之和加上一个误差项。在理想情况下，该残差系列服从均值为 0 的正态分布。

· 操作实务

　　从模型形式可知，AR(2) 构成多元回归。多元回归分析可使用 LINEST 和 TREND 等函数，第 8 章对具体用法已有详细介绍。但此处目的是获得模型详细的运行结果信息，使用数据分析工具更加便捷。数据组织和基本步骤如图 10-24 所示。

　　❶ B 列为原始数据 y_t，在 C 列和 D 列分别生成滞后 1 期（y_{t-1}）和 2 期（y_{t-2}）的时间序列（图 10-24，#1），引用箭头显示了引用逻辑。

　　❷ 启动数据分析工具，选择回归功能后打开"回归"对话框（#2）。

　　❸ 在"回归"对话框内的"Y 值输入区域"内引用 B4:B216 区域，在"X 值输入区域"内引用 C4:D216 区域（#3）。

　　❹ 选中"残差"（#4），要求输出结果包含拟合残差序列。

　　❺ 单击"确定"按钮完成（#5）。

---

① 一般而言，需要分析偏自相关（PACF）和自相关（ACF）系数以确定 AR 模型和 MA 模型的阶数，具体内容可参考时间序列建模的相关书籍。

图 10-24 二阶自回归模型的实施

返回结果如图 10-25 所示，各项指标显示模型运行良好。

❶ R 平方表明总体解释力度超过 90%（图 10-25，#1）。

❷ 对回归模型总体的 F 检验进一步确认线性模型拟合效果良好（#2）。

❸ 解释变量系数的 P 值很小，说明时间序列与其一阶和二阶滞后序列之间的关系统计显著（#3）。

❹ B238 单元格和 B239 单元格进一步检测拟合残差是否依然存在自相关（#4）。其中，B238 单元格使用 CORREL 函数近似计算残差的一阶自相关系数，后者则使用 DW（Durbin-Watson）方法检测残差是否存在自相关。计算结果显示，残差的自相关系数接近于 0，DW 指标也表明残差不再存在自相关。

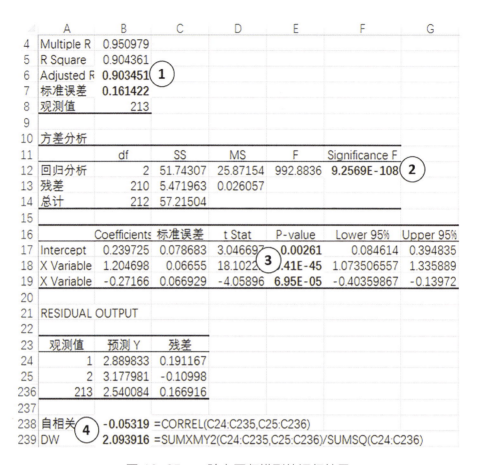

图 10-25　二阶自回归模型的运行结果

图 10-26 进一步将拟合残差数据绘制成折线。通过对残差的必要视觉检测，也可大致看出本例采用的 AR(2) 模型的预测残差不再存在自相关问题，残差序列内的各元素可视为来自独立同分布的随机变量。在此基础上即可开展蒙特卡洛模拟预测，图 10-27 是相关过程的简要展示。

❶ 计算下期预测值（图 10-27，#1）。其中，G4 单元格使用 TREND 函数以本期和上期值为解释变量，产生下期自相关预测。G6 单元格产生一个正态分布随机数，均值为 0，标准差为回归结果的标准误差（均方根误差，图 10-25，B7 单元格）。G7 单元格将二者相加，生成下期值的一次 AR(2) 模拟预测。

❷ 使用模拟运算表执行 1,000 次模拟（#2），具体过程和上节相同。

❸ 对模拟结果的简要分析（#3），计算均值和标准差等，最终给出下期预测收益率的置信区间。

图 10-26　二阶自回归模型的残差序列

	A	B	C	D		F	G	H	I	J	K
1	月份	收益率	lag1	lag2							
2	2002/7/1	2.87									
3	2002/8/1	2.847	2.87								
4	2002/9/1	3.081	2.85	2.87		自相关	2.819	=TREND(B4:B216,C4:D216,B216:C216)			
5	2002/10/1	3.068	3.08	2.847		RMSE	0.1614	='AR2-reg'!B7			
6	2002/11/1	3.322	3.07	3.081		随机	-0.2	=NORMINV(RAND(),0,$G$5)			
7	2002/12/1	3.099	3.32	3.068		下期预测	2.614	=G4+G6			
8	2003/1/1	3.057	3.1	3.322							
9	2003/2/1	3.009	3.06	3.099		均值	2.82	=AVERAGE(G18:G1017)			
10	2003/3/1	2.963	3.01	3.057		标准差	0.1566	=STDEV.S(G18:G1017)			
11	2003/4/1	3.121	2.96	3.009		n	1000				
12	2003/5/1	2.897	3.12	2.963		置信	95%				
13	2003/6/1	2.984	2.9	3.121			0.0097	=1.96*G10/SQRT(G11)			
14	2003/7/1	2.902	2.98	2.897		预测区间	2.8134	=G9-G13			
15	2003/8/1	2.94	2.9	2.984			2.8328	=G9+G13			
16	2003/9/1	3.41	2.94	2.902							
17	2003/10/1	3.627	3.41	2.94			2.614	=G7			
18	2003/11/1	3.784	3.63	3.41		1	2.811	{=TABLE(,F17)}			
19	2003/12/1	3.755	3.78	3.627		2	2.703				
216	2020/5/1	2.707	2.51	2.663			2.77				
1016						999	2.737				
1017						1000	2.625				

图 10-27　对下期收益率的模拟预测

相关抽样

本节要点

相关抽样的含义。两个关联随机变量的相关抽样方法。

本节开头提到，财务报表模拟案例中的营业成本占比和销售费用占比存在很高的历史相关性，模拟过程中如果将类似的相关变量简单处理为独立的随机变量，无疑会导致模拟结果失真。在商业和金融领域，经济周期、法律法规变动、大规模自然灾害等因素经常在广泛范围内改变经营和投资环境，产生系统性风险，导致许多随机变量之间产生关联。例如，由于暴露于相同的经济和利率环境中，不同的公司债券的违约概率会存在系统相关。另外，行业和区域层面的景气和突发因素也会导致局部范围的相关性。例如，同一行业或区域内的不同公司的营业收入、股票走势等存在相关关系。相关抽样是处理类似相关问题的一种较为简单的传统方法。

简单来说，相关抽样的目的是以配对的形式从多个随机变量的联合概率分布中抽样。以两个正相关的随机变量为例，相关抽样能够确保如果其中一个变量处于较高的百分位位置，则另一个变量也有更高概率处于较高的百分位位置。给定两个随机变量的相关系数，通过高斯连接（Gaussian Copula）函数可以将两个服从均匀分布的独立随机变量转换为相关的随机变量，基本思路是将随机变量拆解为相关成分和不相关成分，各个成分的占比由相关系数决定。

· 操作实务

图 10-28 展示了相关抽样过程。

❶ C1 单元格假定两个变量的相关系数 ρ 为 0.7（图 10-28，#1）。

❷ 结合 NORM.S.INV 和 RAND 函数生成两个独立的标准正态随机变量 z_1 和 z_2（#2）。

❸ 将 z_1 和 z_2 转换为相关联的正态随机变量 x_1 和 x_2（#3）。其中：

$x_1 = z_1$

$x_2 = \rho * z_1 + \sqrt{1 - p^2 * z_2}$

❹ 使用 NORM.S.DIST 将关联正态随机变量 x_1 和 x_2 转换回均匀分布随机变量 r_1 和 r_2（#4）。根据 10.2 节介绍，对 CDF 求逆是将累积概率转换成对应的正态分布随机数 x，反过来就是根据 x 值直接计算对应的累积概率，具体过程参考图 10-7。

❺ 使用模拟运算表实施 100 次模拟计算（#5），第 16 行的表头引用步骤 2~4 的计算结果，作为模拟运算表的计算依据，第 17~116 行为模拟运算表的输出结果。

❻ 使用 CORREL 函数验证模拟结果的相关性（#6）。其中，C10 单元格计算独立的正态分布随机变量 z_1 和 z_2 的相关系数，显示相关性微弱。C11 单元格计算相关联的正态分布随机变量 x_1 和 x_2 的相关系数，C12 单元格为相关联的均匀分

布随机变量 r_1 和 r_2 的相关系数，结果显示两者和 C1 单元格给定的相关系数假设十分接近。

	A	B	C	D	E	F	G
1	相关系数	①	0.7				
2							
3	z1	②	-1.41142	=NORM.S.INV(RAND())			
4	z2		0.455261	=NORM.S.INV(RAND())			
5	x1	③	-1.41142	=C3			
6	x2		-0.66287	=$C$1*C3+SQRT(1-$C$1^2)*C4			
7	r1	④	0.07906	=NORM.S.DIST(C5,1)			
8	r2		0.253706	=NORM.S.DIST(C6,1)			
9							
10	相关系数		0.037503	=CORREL(B16:B116,C16:C116)			
11		⑥	0.704014	=CORREL(D16:D115,E16:E115)			
12			0.725391	=CORREL(F16:F115,G16:G115)			
13							
14		z1	z2	x1	x2	r1	r2
15		=C3	=C4	=C5	=C6	=C7	=C8
16	# sim	-1.41142	0.455261	-1.41142	-0.66287	0.07906	0.253706
17	1 ⑤	…2344	1.576232	1.022344	1.841296	0.846691	0.967211
18	2	…69455	-0.78428	0.269455	-0.37147	0.60621	0.355143
19	3	0.566386	0.180223	0.566386	0.525175	0.714434	0.700269
114	98	-0.43907	0.911373	-0.43907	0.343498	0.330304	0.634388
115	99	-0.77189	-0.59053	-0.77189	-0.96205	0.220089	0.168013
116	100	0.168634	0.186216	0.168634	0.251029	0.566958	0.599104

图 10-28　将独立的正态分布随机变量转换为相关随机变量

得到相关的均匀分布随机变量 r_1 和 r_2 后，根据 10.2 节介绍的方法，可进一步转换为符合需要的概率分布随机数。事实上，如果需要生成的是相关正态分布，可直接将图 10-28 中的标准正态随机变量 x_1 和 x_2 转换为其他正态分布，即 $N(\mu,\sigma)=\mu+\sigma N(0,1)$，无须再转换回均匀分布变量 r_1 和 r_2。x_1 和 x_2 或 r_1 和 r_2 中存在的相关关系会被各自对应的转换分布所继承。例如，将 r_1 和 r_2 转换为 $[a,b]$ 区间内的均匀分布随机变量，如果 r_1 和 r_2 之间存在强正相关，意味着从 $[a,b]$ 区间内配对抽样所使用的随机百分位也会倾向于同向变动。

图 10-29 以上证综指和恒生指数日回报模拟为例，对比了独立抽样和相关抽样的区别。左图假设两者为独立正态变量，右图则假设二者相关，相关系数为 0.52，图 10-29 展示了不同假设下 1,000 次模拟结果的显著差异。

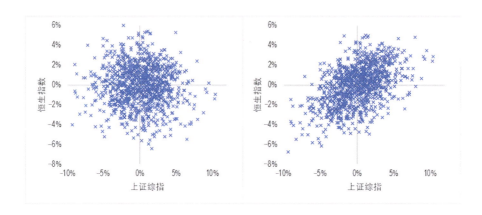

图 10-29　上证综指和恒生指数 1,000 次模拟对比

将两个随机变量的情形拓展到多元变量，上例中的单个相关系数 ρ 需要转变成相关系数矩阵，并使用一种名为 Cholesky 分解的数学方法进行计算，将独立随机变量转换为相关随机变量，最后再使用 10.2 节的概率分布逆运算方法将其转换为符合目标分布的随机数，并用于蒙特卡洛模拟分析[①]。

第 8 章曾提及，相关关系不代表因果关系。同样道理，相关抽样中的相关性并不隐含任何方向或因果假设，但并不意味着此类因果关系不存在。例如，营业成本和销售费用的相关性可能是由于第三个变量如营业收入导致的。相关抽样仅假设从历史数据中推导出来的相关性会在未来延续，对变量之间可能存在的复杂因果关系不做假设也无须了解其具体性质。相关抽样正是凭借此优势在实践中广泛应用。

10.5　复盘与思考

风险分析是对不确定性及其结果的衡量和探索。本章介绍了蒙特卡洛模拟分析的基本概念和在 Excel 中的实施流程，内容重点是如何使用 Rand 函数产生不同概率分布下的随机数以及借助模拟运算表开展批量模拟。以财务报表为例，10.3 节详细探讨了如何从历史数据中获得随机变量的参数信息，并对模拟结果开展常规统计分析和敏感性分析，以增进对随机变量、模拟对象之不确定结果以及二者关系的理解。10.4 节则进一步贴近现实，讨论常见的相关模拟问题，分别说明不同类型相关问题的性质以及在 Excel 中的具体实施。

结合各类数学、统计函数以及可视化功能，Excel 为各类中小型风险分析应用

---

① 相关内容已超出本书范畴。除了商业软件选择外，芝加哥大学 Roger B. Myerson（罗杰·B·迈尔森）教授开发的 SIMTOOLS 插件提供了 CORAND 随机数函数，可根据给定的相关系数矩阵生成相关的均匀分布随机数。该插件供个人免费使用。

提供了实用和低门槛的选择。但 Excel 在模拟分析领域也存在明显不足，如操作和计算过程较为烦琐，需要使用者对模拟分析的技术细节有所了解。功能性方面和商用软件也有一定差距。例如，许多商用软件能提供分布拟合、更强大的相关抽样等实用功能。有些软件甚至进一步提供优化模拟功能，在模型中进一步引入决策变量，针对决策变量的每一个取值或每一种取值组合，反复开展模拟分析，对比不同情景下的模拟结果，寻找决策变量的最优值，增进对不确定环境下的决策结果的理解。

附录　常用快捷方式

工作簿和工作表操作

Ctrl + PgUp/PgDn	同一工作簿内不同工作表间前后切换
Alt + Tab	窗口切换
Ctrl+W	关闭工作簿
Ctrl+S	保存工作簿
Ctrl+P	打印工作表
Ctrl+F10	最大化 / 还原当前工作簿

输入和编辑

Alt+Enter	单元格内换行
Ctrl + '	在当前单元格中插入上方单元格的值
Ctrl + Shift + ;	输入当前时间
Ctrl + ;	输入当前日期
Ctrl +C	复制
Ctrl +V	粘贴
Ctrl +X	剪切
Ctrl +Z	撤销
Ctrl+Alt+V	选择性粘贴

公式和函数

F2	编辑所选单元格
Ctrl + `	显示公式 / 值
Alt + =	插入求和函数
Ctrl +D	向下复制首行单元格
Ctrl +R	向右复制首列单元格
F4	绝对和相对应用切换（公式编辑状态）
F9	重新计算所有工作表
F9	式 / 函数部分计算（公式编辑状态）
Shift+F9	重算当前工作表

区域选择和操作

Ctrl + 方向箭头	选择当前区域的边缘单元格
Shift+ 方向箭头	向指定方向拓展选择一个单元格
Ctrl+Shift+ 方向箭头	将选择范围拓展至指定方向的最后一个非空单元格
Ctrl+A	选择全部（当前连续区域）
Ctrl +Shift + Space	选择整个工作表或当前连续区域
Ctrl+Home	选择 A1 单元格
Tab	切换至右侧或所选区域内的下一单元格
Ctrl+9	隐藏行
Ctrl+Shift+9	取消隐藏行
F4	重复上次操作
F5	启动定位工具
Ctrl+F3	名称管理器
Ctrl+Shift+F3	根据所选内容创建名称
Ctrl+T	创建表格

格式化

Ctrl+1	打开"设置单元格格式"对话框
Ctrl + Shift + !	格式化数字：逗号分隔
Ctrl + Shift + $	格式化数字：货币格式
Ctrl + Shift + #	格式化数字：日期格式
Ctrl + Shift + %	格式化数字：百分比格式

VBA

Alt+F11	VBA 开发环境
Alt+F8	显示"宏"对话框
F2	对象浏览器（VBE）
F5	运行代码（VBE）
F8	单步执行（VBE）
Ctrl+G	立即窗口（VBE）

关于注册估值分析师 (CVA) 认证考试

CVA 考试简介

　　注册估值分析师 (Chartered Valuation Analyst, CVA) 认证考试是由注册估值分析师协会 (CVA Institution) 组织考核并提供资质认证的一门考试，旨在提高投资估值领域从业人员的实际分析与操作技能。本门考试从专业实务及实际估值建模等专业知识和岗位技能进行考核，主要涉及企业价值评估及项目投资决策。考试分为实务基础知识和 Excel 案例建模两个科目，两科目的内容包括：会计与财务分析、公司金融、企业估值方法、私募股权投资与并购分析、项目投资决策、信用分析、财务估值建模七个知识模块。考生可通过针对各科重点，学习掌握中外机构普遍使用的财务分析和企业估值方法，演练企业财务预测与估值建模、项目投资决策建模、上市公司估值建模、并购与私募股权投资估值建模等实际分析操作案例，快速掌握投资估值基础知识和高效规范的建模技巧。

　　·科目一 实务基础知识 —— 是专业综合知识考试，主要考查投资估值领域的理论与实践知识及岗位综合能力，考试范围包括会计与财务分析、公司金融、企业估值方法、私募股权投资与并购分析、项目投资决策、信用分析这 6 部分内容。本科目由 120 道单项选择题组成，考试时长为 3 小时。

　　·科目二 Excel 案例建模 —— 是财务估值建模与分析考试，要求考生根据实际案例中企业历史财务数据和假设条件，运用 Excel 搭建出标准、可靠、实用、高效的财务模型，完成企业未来财务报表预测，企业估值和相应的敏感性分析。本科目为 Excel 财务建模形式，考试时长为 3 小时。

职业发展方向

　　CVA 资格获得者具备企业并购、项目投资决策等投资岗位实务知识、技能和高效规范的建模技巧，能够掌握中外机构普遍使用的财务分析和企业估值方法，并可以熟练进行企业财务预测与估值建模、项目投资决策建模、上市公司估值建模、并购与股权投资估值建模等实际分析操作。

　　CVA 注册估值分析师的持证人可胜任企业集团投资发展部、并购基金、产业投资基金、私募股权投资、财务顾问、券商投行部门、银行信贷审批等金融投资相关机构的核心岗位工作。

证书优势

　　岗位实操分析能力优势 —— CVA 考试内容紧密联系实际案例，侧重于提高从业人员的实务技能并迅速应用到实际工作中，使 CVA 持证人达到高效、系统和专业的职业水平。

标准规范化的职业素质优势 —— CVA 资格认证旨在推动投融资估值行业的标准化与规范化，提高执业人员的从业水平。CVA 持证人在工作流程与方法中能够遵循标准化体系，提高效率与正确率。

国际同步知识体系优势 —— CVA 考试采用的教材均为 CVA 协会精选并引进出版的国外最实用的优秀教材。CVA 持证人将国际先进的知识体系与国内实践应用相结合，推行高效标准的建模方法。

配套专业实务型课程 —— CVA 协会联合国内一流金融教育机构开展注册估值分析师的培训课程，邀请行业内资深专家进行现场或视频授课。课程内容侧重行业实务和技能实操，结合当前典型案例，选用 CVA 协会引进的国外优秀教材，帮助学员快速实现职业化、专业化和国际化，满足中国企业"走出去"进行海外并购的人才急需。

考试专业内容

会计与财务分析

财务报表分析，是通过收集、整理企业财务会计报告中的有关数据，并结合其他有关补充信息，对企业的财务状况、经营成果和现金流量情况进行综合比较和评价，为财务会计报告使用者提供管理决策和控制依据的一项管理工作。本部分主要考核如何通过对企业会计报表的定量分析来判断企业的偿债能力、营运能力、盈利能力及其他方面的状况，内容涵盖利润的质量分析、资产的质量分析和现金流量表分析等。会计与财务分析能力是估值与并购专业人员的重要的基本执业技能之一。

公司金融

公司金融用于考察公司如何有效地利用各种融资渠道，获得最低成本的资金来源，形成最佳资本结构，还包括企业投资、利润分配、运营资金管理及财务分析等方面。本部分主要考查如何利用各种分析工具来管理公司的财务，例如使用现金流折现法 (DCF)来为投资计划作出评估，同时考察有关资本成本、资本资产定价模型等基本知识。

企业估值方法

企业的资产及其获利能力决定了企业的内在价值，因此企业估值是投融资、并购交易的重要前提，也是非常专业而复杂的问题。本部分主要考核企业估值中最常用的估值方法及不同估值方法的综合应用，诸如 P/E,EV/EBITDA 等估值乘数的实际应用，以及可比公司、可比交易、现金流折现模型等估值方法的应用。

私募股权投资与并购分析

并购与私募股权投资中的定量分析技术在财务结构设计、目标企业估值、风险收益评估的应用已经愈加成为并购以及私募股权专业投资人员做必须掌握的核心技术，同时也是各类投资者解读并购交易及分析并购双方企业价值所必须掌握的分析技能。本部分主要考核私募股权投资和企业并购的基本分析方法，独立完成企业并购分析，如私募股权投资常识、合并报表假设模拟，可变价格分析、贡献率分析、相对 PE 分析、所有权分析、信用分析、增厚 / 稀释分析等常见并购分析方法。

项目投资决策

项目投资决策是企业所有决策中最为关键、最为重要的决策，就是企业对某一项目（包括有形、无形资产、技术、经营权等）投资前进行的分析、研究和方案选择。本部分主要考查项目投资决策的程序、影响因素和投资评价指标。投资评价指标是指考虑时间价值因素的指标，主要包括净现值、动态投资回收期、内部收益率等。

信用分析

信用分析是对债务人的道德品格、资本实力、还款能力、担保及环境条件等进行系统分析，以确定是否给与贷款及相应的贷款条件。本部分主要考查常用信用分析的基本方法及常用的信用比率。

财务估值建模

本部分主要在 Excel 案例建模科目考试中进行考查。包括涉及 Excel 常用函数及建模最佳惯例，使用现金流折现方法的 Excel 财务模型构建，要求考生根据企业历史财务数据，对企业未来财务数据进行预测，计算自由现金流、资本成本、企业价值及股权价值，掌握敏感性分析的使用方法；并需要考生掌握利润表、资产负债表、现金流量表、流动资金估算表、折旧计算表、贷款偿还表等有关科目及报表勾稽关系。

考试安排

CVA 考试每年于 4 月、11 月的第三个周日举行，具体考试时间安排及考前报名，请访问 CVA 协会官方网站。

CVA 协会简介

注册估值分析师协会 (Chartered Valuation Analyst Institute) 是全球性及非营利性的专业机构，总部设于香港，致力于建立全球金融投资估值的行业标准，负责在亚太地区主理 CVA 考试资格认证、企业人才内训、第三方估值服务、研究出版年度行业估值报告以及进行 CVA 协会事务运营和会员管理。

联系方式

电话：4006–777–630

E-mail: contactus@cvainstitute.org

新浪微博：注册估值分析师协会

微信公众号：CVAinstitute